浙江省"十一五"重点建设教材
国家精品课程配套教材
高等职业教育"十二五"规划教材

Hangyun Guanli Shiwu

# 航运管理实务

徐 秦 主 编
方照琪 王贵斌 副主编
赵 刚[上海海事大学] 主 审

人民交通出版社股份有限公司
北京

## 内 容 提 要

本书为浙江省"十一五"重点建设教材、国家精品课程配套教材、高等职业教育"十二五"规划教材。本书根据工作过程系统化理论系统论述了航运管理的基本理论和基本知识。全书共设置14个学习情境(附11个学习活动),分别为:船舶认识、港口航线认识、货物积载认识、航运企业设立、航运市场评析、航次生产活动、航运指标体系构建、班轮营运组织、不定期船营运组织、船舶生产计划与调度管理、船舶运输成本管理、航运企业经营管理、航运企业安全管理和航运企业信息管理等。

本书可作为高职院校国际航运业务管理、航海技术、物流管理、集装箱运输管理、报关与国际货运等专业用教材,也可作为本科院校相关专业用教材,还可供航运企业各级管理人员及业务人员岗位培训、业务进修或自修使用。

**图书在版编目(CIP)数据**

航运管理实务/徐秦主编. —北京:人民交通出版社,2011.6

ISBN 978-7-114-09071-4

Ⅰ.①航… Ⅱ.①徐… Ⅲ.①航运–交通运输管理–高等学校–教材 Ⅳ.①F550.6

中国版本图书馆 CIP 数据核字(2011)第 077770 号

浙江省"十一五"重点建设教材
国家精品课程配套教材
高等职业教育"十二五"规划教材

| | |
|---|---|
| 书　　名: | 航运管理实务 |
| 著 作 者: | 徐　秦 |
| 责任编辑: | 袁　方　黎小东 |
| 出版发行: | 人民交通出版社股份有限公司 |
| 地　　址: | (100011)北京市朝阳区安定门外外馆斜街3号 |
| 网　　址: | http://www.ccpcl.com.cn |
| 销售电话: | (010)59757973 |
| 总 经 销: | 人民交通出版社股份有限公司发行部 |
| 经　　销: | 各地新华书店 |
| 印　　刷: | 北京虎彩文化传播有限公司 |
| 开　　本: | 787×1092　1/16 |
| 印　　张: | 17.25 |
| 字　　数: | 432千 |
| 版　　次: | 2011年6月　第1版 |
| 印　　次: | 2023年6月　第10次印刷 |
| 书　　号: | ISBN 978-7-114-09071-4 |
| 定　　价: | 49.00元 |

(有印刷、装订质量问题的图书由本社负责调换)

# 前 言

航运业是资金密集、技术密集的产业，航运企业的生产组织又是在海上完成。因此，航运管理作为一种活动，带有很强的行业特点。它要求参与这一活动的人，无论是基层业务人员，还是中层、高层的管理人员，除了应具备管理人员的基本素质及管理能力以外，还应掌握航运管理的专业知识。

"航运管理实务"课程就是在港、船、货、线、市场等基础知识熟练掌握的情况下，学习有关船舶运输组织的生产管理、安全管理、信息管理及企业管理等专业性知识。该课程既有软科学知识，也有硬科学知识。如何让学生正确理解和应用有关航运管理的方法和理念，成为本教材编写设计的重点。

本教材编写前，编者会同企业、行业专家，针对国内外航运企业的管理活动进行了"核心岗位职业能力"、"典型工作任务及其过程"及"专业能力和素质整体要求"等三个方面职业能力的分析，并针对高职学生的特点和企业岗位需求，选择了相应的学习性工作任务作为编写的依据。教材设计侧重于国内航运活动的管理，围绕职业能力（专业能力、方法能力、社会能力）需求度，结合项目导向、任务驱动等教学模式，根据教学需要合理设计"教"与"学"的活动，重视学生对教学的参与和教学内容的真实性；在突出基础理论教学的同时，加强管理方法的应用与训练，努力实现教学内容与工作实际的一致性。

本教材作为国家精品课程"航运管理实务"配套用教材。全书共设置14个学习情境，分三个阶段：第一阶段介绍有关航运管理的基础知识，包括船舶认识、港口和航线认识、货物积载认识、航运企业设立、航运市场评析等5个学习情境；第二阶段介绍有关船舶营运管理的知识与技能，包括航次生产活动、航运指标体系构建、班轮营运组织、不定期船营运组织、船舶生产计划与调度管理等5个学习情境；第三阶段介绍有关航运企业管理的知识与技能，包括船舶运输成本管理、航运企业经营管理、航运企业安全管理和航运企业信息管理等4个学习情境。

本教材主编是浙江交通职业技术学院徐秦副教授，负责编写学习情境1、8、9、10、11、12、13、14；浙江交通职业技术学院方照琪老师，负责编写学习情境2、3、6；浙江国际海运职业技术学院王贵斌老师，负责编写学习情境4、5、7；宁波远洋运输公司张斌、浙江舟山德勤集团陈忠飞参与了学习情境10、13、14的部分编写工作。全书由徐秦负责统稿，上海海事大学赵刚教授负责主审。

在本教材编写过程中，编者参考了大量国内外的文献资料（参考文献只是一个不完全的列举），在此，谨向这些文献的作者表示衷心的感谢。

本教材的出版，得到了浙江省教育厅的支持，本书被列为浙江省"十一五"重点建设教材。同时，得到了浙江交通职业技术学院、中远网络航海科技有限公司的支持和帮助，得到了有关老师、同行、朋友的热情关心与帮助。上海海事大学赵刚教授能欣然接受本书的主审邀请，并在百忙之中抽出时间对书稿认真审核,在此向他表示衷心的感谢。宁波远洋运输公司张斌副总经理、浙江远洋运输股份有限公司周秀贞高工、浙江舟山德勤集团陈忠飞海务经理、中昌海运股份有限公司马建军副总经理、浙江交通职业技术学院季永青教授、孙秋高副教授、外聘教师常青丽等,对本教材的编写给予了大力帮助,在此一并表示衷心感谢。

最后要感谢人民交通出版社的同志,他们为本书的出版付出了辛勤的劳动。

由于编者水平有限,深入实践还远不够,书中难免存在不少的缺点和问题,恳请读者批评和指正。同时欢迎大家光临"航运管理实务"国家精品课程网站,网站地址为:http://jpkc1.zjvtit.edu.cn/hygl/index.asp。

编 者
2011 年 4 月

# 目　　录

综述 …………………………………………………………………………………… 1

## 学习情境1　船舶认识 …………………………………………………………… 4
任务一　船舶基本知识认知 …………………………………………………… 4
任务二　船舶性能熟悉 ………………………………………………………… 15
　　活动一　船舶解读 ………………………………………………………… 20

## 学习情境2　港口和航线认识 …………………………………………………… 22
任务一　港口基本知识认知 …………………………………………………… 22
任务二　航线认知 ……………………………………………………………… 32
　　活动二　船舶到港模拟 …………………………………………………… 37

## 学习情境3　货物积载认识 ……………………………………………………… 38
任务一　货物分类与特性认知 ………………………………………………… 38
任务二　货物积载与运输要求 ………………………………………………… 46
　　活动三　货物包装标志识别 ……………………………………………… 59

## 学习情境4　航运企业设立 ……………………………………………………… 61
任务一　航运企业组织结构的认识 …………………………………………… 61
任务二　航运企业设立程序 …………………………………………………… 65
　　活动四　航运企业组织结构设计 ………………………………………… 70

## 学习情境5　航运市场评析 ……………………………………………………… 71
任务一　航运市场解读 ………………………………………………………… 71
任务二　航运市场规律解析 …………………………………………………… 74
任务三　运价指数 ……………………………………………………………… 78
　　活动五　航运市场评述 …………………………………………………… 82

## 学习情境6　航次生产活动 ……………………………………………………… 83
任务一　航次生产条件认知 …………………………………………………… 83
任务二　航次活动介绍 ………………………………………………………… 89
任务三　航次活动组织 ………………………………………………………… 93
　　活动六　航次载重量计算 ………………………………………………… 98

## 学习情境7　航运指标体系构建 ………………………………………………… 99
任务一　航运指标体系介绍 …………………………………………………… 99
任务二　航运企业综合指标分析 ……………………………………………… 108

  任务三 航运统计分析方法 ................................................................. 111
    活动七 船舶生产指标体系的应用 ............................................... 117

**学习情境8 班轮营运组织** ............................................................................ 120
  任务一 班轮运输认知 ..................................................................... 120
  任务二 新辟班轮航线方案选择 ..................................................... 125
  任务三 班轮船期表编制 ................................................................. 128
  任务四 班轮运价计算 ..................................................................... 132
    活动八 班轮航线开辟论证 ....................................................... 138

**学习情境9 不定期船营运组织** .................................................................... 139
  任务一 不定期船运输认知 ............................................................. 139
  任务二 航次估算 ............................................................................. 143
  任务三 船舶最佳航速选择 ............................................................. 153
  任务四 不定期船营运组织优化 ..................................................... 164
    活动九 不定期船营运优化 ....................................................... 169

**学习情境10 船舶生产计划与调度管理** .................................................... 170
  任务一 船舶生产计划编制 ............................................................. 170
  任务二 船舶生产调度 ..................................................................... 175
  任务三 航运统计表格设计 ............................................................. 180

**学习情境11 船舶运输成本管理** .................................................................. 189
  任务一 船舶运输成本认知 ............................................................. 189
  任务二 船舶运输成本分析控制 ..................................................... 192
  任务三 船舶投资决策 ..................................................................... 198

**学习情境12 航运企业经营管理** .................................................................. 203
  任务一 航运企业竞争力分析 ......................................................... 203
  任务二 航运企业经营战略 ............................................................. 209
  任务三 航运企业经营策略 ............................................................. 218
    活动十 航运企业案例分析 ....................................................... 232

**学习情境13 航运企业安全管理** .................................................................. 233
  任务一 安全管理规则解读 ............................................................. 233
  任务二 安全管理体系建设 ............................................................. 253
    活动十一 船舶安全管理体系的编写与修改 ........................... 259

**学习情境14 航运企业信息管理** .................................................................. 260
  任务一 管理信息系统概述 ............................................................. 260
  任务二 航运管理信息系统简介 ..................................................... 266

**参考文献** ............................................................................................................ 269

# 综　　述

## 一、课程性质和作用

现代物流是我国支柱产业之一，物流服务业更是入选国家十大产业振兴计划之一。现代物流离不开船舶运输，我国90%以上的对外贸易，80%以上的国内贸易均通过船舶进行运输，航运管理是保证船舶安全运输生产最核心的知识体系。当前形势下，以港口促进地方区域经济持续发展已成为战略首选，随着航运业在地方经济中的地位日益加重，港航及相关企业升级和转型迫切需要大量航运从业人员充实管理队伍，航运从业人员已成为新世纪极具潜力的职业。

本教材学习领域所阐述的知识与技能是航运从业人员必须掌握和学习的核心内容，这决定了本课程在国际航运业务管理、航海技术、物流管理等专业培养体系中的重要地位。通过本课程的学习，培养学生：

(1) 了解和熟悉港口、船舶、货物、航线及航运市场分析等基础知识；
(2) 掌握航运统计、航次估算、航速优化、班轮航线开辟等生产管理的技能；
(3) 掌握航运企业SMS中文件编写、运行与审核安全管理体系的技能；
(4) 掌握利用信息软件在企业从事资料登记、船员管理、生产运作、安全管理等技能。

## 二、课程目标

通过本课程的教学，要求学生熟悉航运管理实务的港、船、货、线、企业与市场等六方面基础知识，掌握航运管理实务的相关理论，能够承担航运企业中航运市场分析、航运管理指标体系的应用、航次估算、航速优化、班轮航线论证、航运单证处理、企业发展战略制定、安全管理体系建设和航运信息系统的使用等工作任务。具体职业能力的培养目标为：

(1) 能根据国内外经济、政治和自然环境等因素，正确分析航运市场的供需变化；
(2) 熟悉各港口的规定及组织作业方式，并了解有关航线的相关知识；
(3) 能准确计算船舶最大载货量，会合理积载与保管货物；
(4) 能正确利用航运指标体系，统计分析航运企业生产、财务、安全、设备等情况，并提出解决措施建议；
(5) 能对不定期船的航次进行准确估算，会合理选择航次，能对不定期船进行航速优化；
(6) 会对新辟班轮航线进行论证，会计算航线配船数，制定船期表；
(7) 能正确选择不定期船的租船合同范本，熟悉标准合同条款；
(8) 会正确评定企业竞争度，客观分析国内外航运企业的环境；能够制定企业的发展战略与经营策略；
(9) 会编写航运企业船舶安全管理体系文件，并能进行合格的保持；
(10) 初步了解航运企业信息管理系统。

同时培养学生良好的国际沟通能力和团队合作的品质、吃苦耐劳和客观科学的职业精神，为发展职业能力奠定良好的基础，以适合如下企业的就业岗位：

(1)航运企业：在商务部、体系办、租船部、海务部及人事部从事相关工作。

(2)港口企业：在港口业务管理部门(集装箱管理、油品管理、货运管理及水路运输管理)、港口生产管理部门(调度部门、堆场管理部门、安全部门)以及港口经营管理部门(市场部、人事部)等从事相关工作。

(3)国际货运代理企业：在单证部、操作部、业务部从事相关工作。

(4)船舶代理企业：在船代企业的外勤部、业务部和办公室等部门从事相应工作。

(5)其他：也可在现代航运服务企业如银行、金融、航运信息处理中心、保险公司、海事处理机构以及港口物流企业等单位的下属部门从事与航运业务有关的工作。

## 三、教学内容

根据上述所需掌握的知识、技能与素质，按照航运管理不同分工，本教材重构了相关学习领域的知识体系和行动体系。在内容编排上从航运管理实务基础着手，逐渐过渡到船舶营运管理、船舶运输成本管理、船舶投融资管理、航运企业经营管理、航运企业安全管理和航运企业信息管理等内容，以"业务类别"为主线，设置了14个教学情境。在内容选取时充分考虑到：

(1)选取航运从业人员必备的有关港、船、货、线、企业、市场等基础知识；

(2)选取航运从业人员必要的管理方法和技能，如航运管理指标体系、航运统计分析方法等；

(3)选取航运从业人员不同岗位必须掌握和具备的专业管理能力，如不定期船营运组织、班轮营运组织、安全管理体系、航运信息管理等；

(4)在每一个学习情境中，教学内容选取充分考虑知识接受的渐进性，做到重点突出并能"以点带面"；

(5)实训活动项目的选取首先考虑企业实际性、实用性和常用性；

(6)开设了能力拓展的学习领域和方向，告诉并开列了学生课外学习的知识和书籍。

## 四、教学实施建议

**(一)教学方法**

(1)本课程教学的关键是把航运管理实务的理论与方法应用到实务中。在理论教学的过程中，应选择典型案例，把实践中存在的问题在课堂上用理论知识加以解释，用科学的方法来分析，使讲授、提问、讨论、解答、分析、点评等有机结合起来，让学生在"教"与"学"过程中，领会理论知识对实践的促进作用。

(2)把航运管理实务中的常见问题设计成实训项目，加强训练，提高学生把知识转化成生产力的能力，提高学生的岗位适应能力。

(3)在教学过程中，要应用多媒体、投影、网络等教学资源辅助教学，帮助学生加深对知识的理解与应用。

(4)在教学过程中，要重视本专业领域新理论、新方法、新技术发展趋势，拓展学生的职业生涯发展空间，努力培养学生的创新意识与精神，引导学生养成良好的职业素养。

(5)鼓励学生参与社会实践，参与科学研究，加强企业锻炼，加强产学结合。

## (二)教学评价

(1)改革传统学生评价手段和方法,采用阶段评价、过程性评价与目标评价相结合,理论与实践一体化评价模式。

(2)关注评价多元性,结合课堂提问、学生作业、平时测验、实践体会,综合评价成绩。

(3)注重学生思考问题、分析问题、解决问题能力的考核,全面综合评价学生能力。

## (三)课程资源的开发和应用

(1)积极开发和利用网络课程资源,充分利用诸如数据库、行业网站和电子论坛等网上信息资源,使教学从单一媒体向多种媒体转变;教学活动从信息的单向传递向双向交换转变。

(2)产学合作开发课程资源,充分利用本行业典型的生产企业的资源,进行产学合作,建立实习实训基地,实践"工学"交替,满足学生的实习实训,同时为学生的就业创造机会。

(3)搭建远程教学平台,扩大课程资源的交互空间,提高课程资源利用效率。

(4)建立一支适应本专业的、稳定的、开放性的、具有丰富实践经验的兼职教师队伍,实现理论与实践教学合一、专职与兼职教师合一,满足学生综合职业能力培养的要求。

# 学习情境 1　船舶认识

船舶是从事水上运输和水上作业的主要设备,其种类繁多,形式不同。货物的不同、航线条件的差异、运输费用的计算等都跟船舶紧密相关。因此,要从事航运管理活动,首先必须正确认识航运活动的载体——船舶。

◆ **教学目标**

| 终极目标 | | 正确认知船舶的种类、结构及特点;理解船舶各种性能对船舶装载货物及安全航行的影响性 |
|---|---|---|
| 促成目标 | 知识点 | ①船舶概念;②船舶分类、用途与特点;③船舶结构、尺度与主要标志;④航行性能与速度性能;⑤重量性能与容积性能 |
| | 技能点 | ①船舶的适航;②船舶的适货;③船舶重量性能的应用 |

◆ **教学要求**

本情境参考学时为 8 学时,其中理论教学为 6 学时,活动教学为 2 学时。活动教学可以根据学校教学设备情况而定,也可由任课教师加以指定。建议有条件的学校可以通过见习实习或参观船舶的形式加以教学,以提高学生的感性认识

## 任务一　船舶基本知识认知

船舶是指能航行或停泊于水域进行运输或作业等任务的载运工具,按不同的使用要求,具有不同的技术性能、装备和结构形式。船舶在国防、国民经济和海洋开发等方面都占有十分重要的地位。要掌握航运管理相关知识与技能,首先需从认识船舶开始。

### 一、船舶分类

船舶分类方法很多,可按用途、推进动力、推进器、国籍等分类,如表 1-1 所示。

船舶分类　　　　　　　表 1-1

| 分　类 | 船舶类型 |
|---|---|
| 按用途分 | 军用和民用船舶,民用船舶一般又分为运输船(商船)、工程船、渔船、港务船等 |
| 按推进动力分 | 蒸汽机船(现已淘汰)、汽轮机船、柴油机船、燃气机船、联合动力装置船、电力推进船、核动力船等 |
| 按船舶推进器分 | 螺旋桨船、喷水推进船、喷气推进船、空气螺旋桨船等 |
| 按机舱位置分 | 首楼型船、中机型船、中尾机型船和尾机型船等 |
| 按船体结构材料分 | 钢船、铝合金船、木船、玻璃钢艇、橡皮艇、混合结构船等 |

续上表

| 分 类 | 船 舶 类 型 |
|---|---|
| 按国籍分 | 国轮(指在国内登记并悬挂本国国旗的船舶)与外轮(指在外国登记并悬挂外国国旗的船舶) |
| 按航区分 | 极区船、远洋船、沿海船和内河船 |
| 按航行状态分 | 排水型船、滑行艇、水翼艇和气垫船等 |
| 按船体数目分 | 单体船和多体船 |

## 二、商船概念与分类

商船又称为运输船,是指载运旅客与货物的船舶。在航运生产活动中,投入营运的船舶类型繁多,大小不一,经济技术性能各异。按载运对象不同,可分为客船和货船两大类。客船通常按航行区域划分为远洋客船、近海客船、沿海客船和内河客船等。货船主要分为干杂货运输船舶、干散货船、液货船和顶推及拖带船队等四大类。

### (一)干杂货运输船舶

干杂货运输船舶主要包括普通杂货船、托盘运输船、集装箱船、滚装船、载驳船、冷藏船以及多用途船等。

#### 1. 普通杂货船

普通杂货船主要是指用于载运各种包装、桶装以及成箱、成捆等件杂货的船舶。杂货船要求具有良好的经济性和安全性,而不必追求高速性。在内陆水域中航行的杂货船吨位有数百吨、上千吨,而在远洋运输中的杂货船可达2万吨以上。通常根据货源具体情况及货运需要航行于各港口,没有固定的船期和航线。

杂货船有较强的纵向结构,船体的底多为双层结构,船首和船尾设有前、后尖舱,平时可用作储存淡水或装载压舱水以调节船舶纵倾,受碰撞时可防止海水进入大舱,起到安全作用,如图1-1所示。船体以上设有2～3层甲板,并设置几个货舱,舱口以水密舱盖封盖住以免进水。机舱常布置中部或尾部,布置在中部有利于调整船体纵倾,布置在后部有利于增大载货空间。普通杂货船往往在舱口前后两侧设有吊货扒杆,若装卸重大件,还装备有重型吊杆。为提高杂货船对载运大件货、集装箱、件杂货以及某些散货等具有良好的适应性,现代新建杂货船常设计成多用途船。

#### 2. 集装箱船

集装箱船指以载运集装箱为主的运输船舶。集装箱船与其他船舶的显著差异在于由船和箱两个部分组成。由于集装箱船装载的是大小及形状为标准规格的"箱货",故具有明显的特征,如图1-2所示。

图1-1 杂货船

图1-2 集装箱船

(1) 船舶外形

集装箱船对航速要求较高,故其外形狭长,型线瘦削,常设球鼻首。机舱通常设在尾部或中部靠后,中部用于装载集装箱。个别集装箱船的上层建筑设在船首部,使船舶驾驶视线好,纵倾调整方便,不影响甲板上装箱,改善船员居住条件,缺点是驾驶室与机舱的距离拉长。

(2) 船体结构

由于集装箱的装载特点,集装箱船的结构采用单甲板、大开口,且常为双船壳,有利于集装箱的装载和卸载。鉴于船用集装箱的尺寸已标准化,因此装载集装箱的货舱尺度也规格化,其长、宽、深尺度依集装箱尺寸和必要的间隙而定。

(3) 技术性能

由于集装箱船装卸效率高,要求其具有较高航速,通常为 20~30n mile/h。集装箱船对稳性要求较高,要求船舶横摇周期要大,摆幅小。首先由于甲板上要堆放货箱来加大装载量,会引起重心升高,使受风面积和风压力臂增大;其次在港内装卸作业时,船的横倾角应不大于 5°,否则集装箱在装卸时易被导轨卡住;第三是为减小甲板上集装箱绑扎系统的受力和箱内货物对箱体的作用力。

(4) 设备装置

集装箱船常在舱室内设有格栅结构,用以防止因船舶摇荡而使集装箱在舱内移动。为防止由于船舶的运动而引起堆放在甲板上的集装箱倾覆或移动,需装置固缚设备。另外,集装箱船上还有集装箱的角配件,以便于集装箱的起吊、堆存和在舱内的固定。

**3. 滚装船**

凡是借助轮子滚上滚下装卸作业的船舶都属于滚装船范畴。其主要特点就是将船舶垂直方向的装卸改变为水平方向的装卸,如图 1-3 所示。滚装装卸系统可分为两大类,一是带轮运输,即是将托盘车连同货件或集装箱一起装入舱内进行运输;二是不带轮运输,即在运输单元被送入船舱后用铲车或跨运车等进行堆放作业,空底盘车拖回码头。滚装船的关键设备是船与码头的连接桥梁——跳板,以及各层甲板之间的连通设备——斜坡道和升降机。

**4. 载驳船**

载驳船又称子母船,是将驳船装在母船上进行运输的船舶。载驳船运输的目的是将船、港、货综合协调,进行直达联系,避免中间倒载,实现水上的"门到门"运输。

载驳船有以下几种类型:

(1) 拉西式载驳船

又称普通载驳船,是为数最多的一种,属分格结构的船舶。舱内设有许多驳格,每一驳格可堆装四层驳船,甲板上可堆装两层。驳船的舱内还设有纵横通道,尾部设有升降井吊卸驳船,起重机可沿船舱两侧轨道运行,如图 1-4 所示。

图 1-3 滚装船

图 1-4 载驳船

(2) 西比式载驳船

又称海峰式载驳船，一般设三层全通甲板，无舱口、无障碍，可放置任何尺度的驳船。船舶甲板下有两道纵向舱壁，装卸靠尾部升降井的升降平台，再由输送机和道轨将驳船拖入舱内存放。

(3) 巴卡特型载驳船

巴卡特型载驳船类似双体船，首部封闭，尾部分开成双体。船舶上甲板可装载巴卡特驳 8～10 只，双体间的隧道中还可绑拖巴卡特驳 3 只，载驳总数最大为 13 只，属小功率低速小型船。

(4) 巴可型载驳船

巴可型载驳船利用闭坞原理，设计成可容纳驳船的大框架结构。船体有载驳舱室，首部可打开，驳船可通过首部浮进浮出，作业时通过调节压载水量改变母船吃水。这类船的甲板面宽敞平坦，可装载相当数量的集装箱，并设有集装箱起重设备。

**5. 冷藏船**

冷藏船是使易腐货物处于冰结状态或某种低温条件下进行载运的专用船舶。冷藏船的货舱为冷藏舱，通常分割成若干个舱室，各自成为一个独立的封闭式装货空间。由于冷藏货物不宜堆积过高，有些货物还须悬挂运输，因此，这类船舶往往设置多层甲板，且上下层甲板之间和甲板至舱室之间的高度较小，通常在 1.5～2.0m 之间。为了减小在装卸和航行过程中对舱室温度的影响，货舱口设计得比较小。也有的冷藏船在舷侧开有绝热的舷门，以便加快货物的装卸速度。冷藏船上一般均设有制冷装置，温度控制在 -15～15℃ 之间。

**6. 托盘运输船**

托盘运输船是指专门用于载运托盘货物的船舶，其主要特点是在船上设置舷门，开启后有可升降调节的平台。

**7. 多用途船**

多用途船是指具备多种装运功能的船舶，主要适用于运输干散货。多用途船可按货物对船舶性能及其设备等要求的不同，常分为四种类型：

(1) 以载运集装箱为主的多用途船；

(2) 以运输重大件、特长件为主的多用途船；

(3) 兼运集装箱及重件货的多用途船；

(4) 兼运集装箱及重件货、滚装货的泛多用途船。

**(二) 干散货运输船舶**

干散货船是指专门用于载运粉末状、颗粒状、块状等非包装类散堆货的运输船舶，这类船舶主要有普通散货船、专用散货船、兼用散货船以及特种散货船等。

**1. 普通散货船**

普通散货船一般为单甲板、尾机型，货舱截面呈八角形，如图 1-5 所示。普通散货船的船体结构较强，以适应集中载荷的需要。由于所运货物

图 1-5　普通散货船

种类单一，对舱室的分隔要求不高，加之各种散货密度相差很大，因此，散货船的货舱容积较大，以满足装载轻货的要求。如需装载重货时，则采用隔舱装载的办法或采用大小舱相间的布

置方式。

**2. 专用散货船**

专用散货船是因载运大宗批量散货而对海上运输技术的特殊要求进行设计建造的散货船，主要有运煤船、散粮船、矿砂船以及散装水泥船等。

(1) 运煤船

运煤船船型最接近于普通散货船，船上设有良好的通风设备，以防止煤发热自燃。

(2) 散粮船

散装粮谷的积载因数较大，船舶相应的舱容系数也比普通散货船大。由于散粮在船舶航行中会出现下沉，为限制其自由液面效应，一般都将散粮船的货舱口围壁加高，并缩小舱口尺度，使货物沉降后的表面积限制在舱口范围内。

(3) 矿砂船

矿砂的积载因数较小，载荷较集中，故矿砂船对货舱的容积要求不大。为适当提高货物重心，改善船舶性能，有利于货物装卸，常将双层底抬高，且货舱两侧设纵向水密隔壁，使货舱剖面呈较小的矿斗型，船体结构强度亦较强。

(4) 散装水泥船

散装水泥船的甲板上不设吊杆式等起货装置，但为装卸水泥，设有气动式或机械式的水泥装卸设备。为防止散装水泥飞扬、水湿结块，因此货舱口需严格水密，有些船还采用双层船壳或在船舱内设水密隔壁。

**3. 兼用散货船**

兼用散货船是根据某些特定的散货或大宗货对海上运输技术的特殊要求设计建造，并具有多种装运功能的船舶，它们各自的特点如下：

(1) 车辆—散货船

装有若干层悬挂式或折叠式车辆甲板，配以轻便的舱盖，用于装载汽车。车辆甲板一般呈网格式，以减轻重量。当装载散货时，可将舱盖吊到甲板上，并将车辆甲板收起悬挂在主甲板下或折叠起来紧贴在横舱壁旁。

(2) 矿—散—油兼用船

船舶吨位都比较大，舱容丰富，中间为矿砂或其他货舱，开有大舱口，能方便抓斗上下。两侧为油舱，能利用回程和矿砂、散货贸易的淡季装油，以提高船舶的营运经济效果。

此外，常见的兼用散货船还有矿—油兼用船和散—油兼用船等。

**4. 特种散货船**

(1) 大舱口散货船

船舶的货舱口宽度达到船宽的70%以上，并装有起货设备。既能装载散货，也能装载木材、钢材、橡胶、机械设备、新闻纸以及集装箱等，适应性很强。

(2) 浅吃水肥大型船

船舶的宽吃水比（$B/T$）值在2.8~3.0以上，与常规船相比，在船长与吃水相似的条件下，能大幅度提高载重量，从而大大提高船舶的经济性。主要适用于港口和航道水深受限制的水域，也是发展江海联运的首选船型。

**(三) 液货船**

液货船主要是指用于载运石油、各种液体化工产品、液化石油气及液化天然气的船舶，并因此而形成各个门类的专用液货船，主要包括油船、液化气船和液体化学品船。

**1. 油船**

油船指载运散装石油及成品油的液货船。现代油船一般采用单层连续甲板,甲板上设置固定的步桥以沟通船舶前后方的联系。对于大型的富余干舷油船也可在主甲板下设封闭的通道。由于货油的装卸依靠岸上和船上专设的油泵和油管,所以甲板上一般不设起货设备和大的货舱口,只设置吊放油管接头的小吊杆或其他起吊装置,如图1-6所示。

**2. 液化气船**

液化气可分为液化天然气(LNG)和液化石油气(LPG)两类。从理化特性来看,两者有较大差别;就运输条件而言,两者采用不同的运输方式,并因此而形成液化天然气船和液化石油气船两类。

(1)液化天然气船(LNG船)

液化天然气船的船型按其液货舱结构可分为独立储罐式和膜式两种:

①独立储罐式LNG船

独立储罐式LNG船是将柱形、筒形、球形等状的储罐置于船内,船体构件对储罐起支持和固定作用,如图1-7所示。

图1-6 超级油船(VLCC)

图1-7 独立储罐式LNG船

②膜式LNG船

膜式LNG船采用双壳结构,船体内壳是液货舱的承载壳体,并有一种镍合金钢薄板制成的膜,膜与内壳之间有良好的隔热层起到屏障作用,直接与低温液货接触,而绝热层则起保低温作用。

(2)液化石油气船(LPG船)

液化石油气船的船型按其液货舱结构可分为压力式和冷冻式两种:

①压力式LPG船

压力式LPG船是将几个压力储罐装在船上,液化石油气在高压下维持其液态。这种结构一般适用容量在6 000 $m^3$ 以内的小船。

②冷冻式LPG船

冷冻式LPG船采用双壳结构,货舱内亦用耐低温的合金钢并衬以优良的绝热材料,可在常压下运输。这种结构一般适用容量在10 000 $m^3$ 以上的船舶。

**3. 液体化学品船**

液体化学品船是专门载运各种散装液体化学品,如甲醇、硫酸、醚苯等的液货船。为确保安全,国际上按货种危险性大小将液体化学品船分为以下三类:

第一类专用于运输最危险的货物,它要求船舶具有双层底和双重舷侧,边舱宽度不小于船宽的1/5,以防船舶碰撞搁浅时液体泄出。

第二类专用于运输危险性相对较小的货物,它在结构上的要求与第一类相同,但边舱宽度相对较小。

第三类用于运输危险性更低的货物,其结构特点与一般油船相似。

### (四)驳船、推船和拖船

**1. 驳船**

驳船是内河运输货物的主要运载工具。它自身一般无推进动力装置,依靠推船或拖船等机动船带动船队运输,其船体结构和类型都比货船简单。根据所运货物的特点,建造最多的驳船有舱口驳、敞口驳、甲板驳和油驳等四种。

**2. 推船**

推船是用以顶推驳船或驳船队的机动船,有强大的功率和良好的操纵性能。内河推船船型总的来说是短、宽、扁。短是为了尽量增加驳船队的长度,宽是为了提高驳船队的操纵性,扁是因吃水受限。推船机舱位置多在船中附近,为便于驾驶,驾驶室较高,有时考虑桥高受限,可作升降设计。推船首部装有顶推设备和连接装置,一般呈方形,装有顶推架,用缆绳或机械钩装置连接驳船。

**3. 拖船**

拖船是专门用于拖曳其他船舶、船队、木排或浮动建筑物的工具。它是一种多用途的工作船,被称为"火车头"。拖船上不载旅客或货物,船上除有一般的航行设备外,在拖船的后部装有专门的拖曳设备,包括拖缆、拖钩弓架、拖缆绞车等。衡量拖船能力大小的是主机功率和拖力,动率越大,拖船的拖曳能力越强,如图1-8 所示。

图1-8 拖船

## 三、船舶结构

船舶由主船体和上层建筑两部分组成。

### (一)主船体

主船体,也可称为船舶主体。它通常是指上甲板(或强力甲板)以下的船体,是船体的主要组成部分。船舶主体是由甲板和外板组成的一个水密外壳,内部被甲板、纵横舱壁及其骨架分隔成许多的舱室,如图1-9 所示。

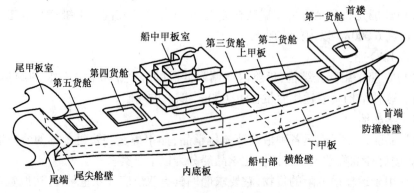

图1-9 主船体与上层建筑

外板,是构成船体底部、舭部及舷侧外壳的板,俗称船壳板。

甲板,是指在船深方向把船体内部空间分隔成层的纵向连续大型板架。按甲板在船深方向位置的高低不同,自上而下分别将甲板称为上甲板、二层甲板、三层甲板等,上甲板是船体的最高一层全通(纵向自船首至船尾连续的)甲板。二层甲板、三层甲板等统称为下甲板。

舱壁,是将船体内部空间分隔成舱室的竖壁或斜壁,沿船宽方向布置的称为横舱壁,沿船长方向布置的称为纵舱壁。

舱室,由机舱、货舱、液舱、锚链舱、锚链舱、舵机间、隔离空舱和应急消防泵舱等。一般商船只设置一个机舱,机舱要求与货舱分开,故其前后端均设有水密横舱壁。货船在内底板和上甲板之间,从船首尖舱壁至船尾尖舱壁的这一段空间,除了布置机舱之外,基本上都是用来布置货舱的。货舱内的布置,要求结构整齐,不妨碍货物的积载和装卸,通风管道、管系和其他设施都要安排在甲板横梁之下或紧贴货舱的边缘。液舱是指用来装载液体的舱,根据所装载液体的不同分为燃油舱、滑油舱、污油舱、淡水舱、压载水舱、深舱和液货舱等。由于液体的密度大,液舱一般都设在船的低处,用以降低船舶重心,保持稳性。同时,为了减少自由液面的影响,其横向的尺寸都较小,且对称于船舶纵向中心线布置。

**(二)上层建筑**

上甲板以上的各种围蔽建筑物,统称为上层建筑。在上甲板上,由一舷伸至另一舷或其侧壁板离舷侧板向内不大于 $0.04B$(常以 $B$ 表示船宽)的围蔽建筑物,称为上层建筑,包括船首楼、桥楼和尾楼。其他的围蔽建筑物称为甲板室。

**1. 船首楼**

位于船首部的上层建筑,称为船首楼。一般只设一层,用来减小船首部上浪,改善航行条件,同时又可兼作储藏室用来储藏物料、设备和食品等。船首楼的长度一般为 $0.1L$(常以 $L$ 表示船长)左右,超过 $0.25L$ 的船首楼称为长船首楼。

**2. 桥楼**

位于船中部的上层建筑,称为桥楼。桥楼主要用来布置驾驶室和船员生活居所,其长度大于 $0.15L$,且不小于本身高度6倍的桥楼称为长桥楼。

**3. 船尾楼**

位于船尾部的上层建筑,称为船尾楼。主要用来减小船尾部上浪,保护机舱,同时也可用作船员住舱或其他舱室。当船尾楼长度超过 $0.25L$ 时,称为长尾楼。

**4. 甲板室**

对于大型船舶,由于甲板的面积大,布置船员房间等并不困难,在上甲板的中部或尾部可只设甲板室。因为在甲板室两侧外面的甲板是露天的,所以有利于甲板上的操作和便于前后行走。

**5. 上层建筑甲板**

(1)罗经甲板。又称顶甲板,是船舶最高一层露天甲板,位于驾驶台顶部,其上设有桅桁及信号灯架、各种电航仪器天线、探照灯和标准罗经。

(2)驾驶甲板。指设置在驾驶室的一层甲板,位于船舶最高位置,操舵室、海图室、报务室和引航员房间都布置在该层甲板上。

(3)艇甲板。用来放置救生艇或救助艇的甲板。该层位置较高,艇周围具有一定空间,便于紧急情况下人员集合并迅速登艇。船长室、轮机长室、会议室、接待室常布置于该层。

(4)起居甲板。在艇甲板下方,用来布置大部分船员住舱及生活服务的辅助舱室的一层甲板。

(5) 上层建筑内的甲板。一般多布置水手长、水手、木匠和机工的住舱,理货室也常布置于该层。

(6) 游步甲板。在客船或客货船上供旅客散步或活动的一层甲板,上有较宽敞的通道及提供人员活动的场所。

## 四、船舶尺度

船舶尺度是指表示船体外形大小的尺度,即船的长、宽、深和吃水等。它是根据各种船舶规范和营运使用要求而进行定义的。按照用途的不同,主要可分为最大尺度、登记尺度和船型尺度三种,如图1-10所示。

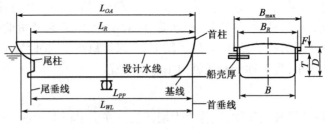

图1-10 船舶尺度

**1. 最大尺度**

最大尺度也称全部尺度或周界尺度,它可以决定停靠码头泊位的长度,是否可以从桥下通过,能否进入某一船坞等。

(1) 总长($L_{OA}$):包括两端上层建筑在内的船体型表面最前端与最后端之间的水平距离。

(2) 最大船长($L_{max}$):指船舶最前端与最后端之间(包括外板和两端永久性固定突出物在内)水平距离。

(3) 最大船宽($B_{max}$):包括船舶外板和永久性固定突出物在内的垂直于纵中线面的最大水平距离。

(4) 最大高度:自龙骨下边至船舶最高点之间的垂直距离。它减去型吃水,即可得水面以上的船舶高度。

**2. 登记尺度**

登记尺度是主管机关在登记船舶和计算船舶总吨位、净吨位时所使用的尺度,它载明于吨位证书上。

(1) 登记长度($L_R$):在上甲板的上表面上,自首柱前缘至尾柱后缘的水平距离;无尾柱时,则量至舵杆中心。

(2) 登记宽度($B_R$):在船舶最大宽度处,两舷外板外表面之间的水平距离。

(3) 登记深度($D$):在船舶纵中剖面的登记长度中点处,从上甲板下表面往下量至内底板上表面的垂直距离。

**3. 船型尺度**

船型尺度作为船舶入级与建造规范中的定义尺度,主要是从船体型表面上量取的尺度。船舶许多性能的理论计算中和一些主要船舶图纸上,均使用和标注这种尺度,也称为理论尺度和计算尺度。

(1) 垂线间长($L_{PP}$):沿设计夏季载重水线,由船首柱前缘量至舵柱后缘的水平距离;对无舵柱的船舶,由船首柱前缘量至舵杆中心线的长度,即船首尾垂线间的长度,但均不得小于设计夏季载重线总长的 96%,且不必大于 97%。

(2)设计水线长($L_{WL}$):是沿设计水线从首柱前缘至尾柱后缘之间的水平距离。

(3)型宽($B$):船体最宽处两舷肋骨外缘之间的水平距离。

(4)型深($F$):在船长中点处,自平板龙骨上缘量至干舷甲板横梁舷端上缘的垂直距离。

(5)型吃水($T$):自平板龙骨上缘量至水面的垂直距离。加上平板龙骨的厚度,为实际吃水。

**4. 船舶主尺度比**

船舶主尺度比是表示船体几何形状特征的重要参数,其大小与船舶的航行性能有密切关系,常用的比值如表 1-2 所示。

航舶主尺度比分类　　　　　　　　　表 1-2

| 分类 | 缩写 | 解释 | 特点 |
|---|---|---|---|
| 长宽比 | $L_{pp}/B$ | 垂线间长与型宽的比值 | 该比值越大,船体越瘦长,快速性和航向稳定性越好,但港内操纵性不灵活 |
| 宽度吃水比 | $B/T$ | 型宽与型吃水比值 | 该比值大,船体宽度大,稳性好,但横摇周期小,耐波性差,航行阻力增大 |
| 型深吃水比 | $F/T$ | 型深与型吃水比值 | 该比值大,干舷高,储备浮力大,抗沉性好,舱容增大,重心升高 |
| 船长型深比 | $L_{pp}/F$ | 垂线间长与型深比值 | 该值越大,对船体强度越不利 |
| 船长吃水比 | $L_{pp}/T$ | 垂线间长与型吃水比值 | 该值越大,船舶的操纵回转性变差 |

## 五、船 舶 标 志

船体的外表面有许多标志,具体介绍如下。

**1. 吃水标志**

船舶的吃水标志称为水尺。它绘在船首、尾及船中两侧船壳上,俗称六面水尺。

水尺采用米制,用阿拉伯数字标绘,每个数字的高度为 10cm,上下两数字的间距也是 10cm,并以数字下缘为基准。

采用英制水尺时,用阿拉伯数字或罗马数字标绘,每个数字高度为 6in(1 in = 0.025 4m),数字与数字之间的间距也是 6in,也以数字下缘为基准,如图 1-11 所示。

在观测船舶吃水时,根据实际水线在数字中的位置,按比例内插取其读数;有波浪时,应取其最高及最低时读数的平均值。现代大型船舶设有吃水指示系统,可在驾驶台直接读取六面水尺的读数。

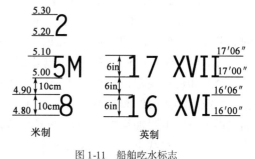

图 1-11 船舶吃水标志

**2. 载重线标志**

船舶载重线标志是指勘绘于船中两舷,标明载重线位置以限制船舶最大吃水,确保船舶最小干舷的标志。船舶装载后实际水线未淹没相应载重线,则视为满足最小干舷的要求。船舶载重线标志的特点如下。

(1)除木材甲板货运输船以外的国际航行船舶的载重线标志

此类船舶载重线标志如图 1-12 所示,由甲板线、载重线圈、各载重线三部分组成。

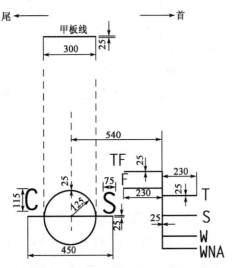

图 1-12 不装载木材甲板货船舶载重线标志(尺寸单位:mm)

①甲板线。甲板线勘绘于船中两舷,其上边缘位于干舷甲板边缘上表面向外延伸与船体外表面的交线上,用以表明干舷甲板位置,作为量取最小干舷的基准线。

②载重线圈。载重线圈由中心位置位于船中的圆环和上边缘中点通过圆环中心的水平线两部分组成。圆环两侧各标有一字母代表船级社名称,如字母"CS"为中国船级社缩写,"LR"为英国劳氏船级社,"BV"为法国船级社。

从甲板线上边缘至圆环中心垂直距离为夏季最小干舷。

③各载重线。位于载重线圈船首方向的若干水平线表示不同种类的载重线,由甲板线上边缘至各载重线上边缘的垂直距离即为相应最小干舷大小。载重线共有以下 6 种:

a. 夏季载重线"S"(Summer Load Line):该水线与圆盘中心线处于同一高度,标有缩写字母"S",通常所说的船舶满载吃水是指龙骨基线至夏季载重线上边缘的垂直距离,称夏季吃水。

b. 热带载重线"T"(Tropical Load Line):标有缩写字母"T",热带最小干舷较夏季最小干舷小 1/48 的夏季吃水。

c. 冬季载重线"W"(Winter Load Line):标有缩写字母"W",冬季最小干舷较夏季最小干舷大 1/48 的夏季吃水。

d. 夏季淡水载重线"F"(Fresh Water Load Line in Summer):较夏季载重线高 $\Delta_s/40TPC$(cm)或夏季吃水的 1/48,标有缩写字母"F"。

e. 热带淡水载重线"TF"(Tropical Fresh Water Load Line):较热带载重线高 $\Delta_s/40TPC$(cm)或夏季吃水的 1/48,标有缩写字母"TF"。

f. 北大西洋冬季载重线"WNA"(Winter North Atlantic Load Line):对于船长不大于 100m 的船舶,尚应加绘北大西洋冬季载重线,较冬季干舷大 50mm,标有字母"WNA"。

(2)国际航行的木材甲板货运输船的载重线标志

公约和规则规定,对于在干舷甲板或上层建筑的露天部分装载木材货物,且船舶结构、设备和装载均满足公约和规则要求的木材船,可勘绘和使用木材载重线。由于木材甲板货给船舶提供了一定的附加浮力,增加了抗御海浪的能力,因而木材最小干舷比相应的其他船舶最小干舷小些。木材载重线在通常载重线以外另行勘绘,位于载重线圈后方一定距离处。各载重线一端在规定字母前加标"L",LT 载重线对应的干舷较 LS 载重线对应的干舷小 1/48 的夏季木材吃水,LW 载重线对应的干舷较 LS 载重线对应的干舷大 1/36 的夏季木材吃水,LWNA 载重线对应的干舷与 WNA 载重线对应的干舷相同,对于淡水木材干舷的规定同其他货船。木材载重线标志如图 1-13 所示。

(3)国内航行船舶载重线标志

对于我国国内沿海航行的船舶,由于沿岸海面风浪较小,对稳性、强度、抗沉性等的要求可低于国际航行船舶,储备浮力也可相应减小,因此,根据法定检验规则规定,其干舷可降低要求。国内航行船舶载重线标志如图 1-14 所示,载重线下半圈与标志同色,两侧标以字母 ZC,共有夏季、热带、淡水和热带淡水 4 条载重线,并在各载重线一端分别标有 X、R、Q、RQ 汉语拼音缩写。

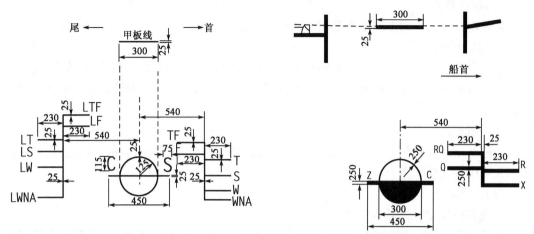

图 1-13 装载木材甲板货船舶的干舷标志(尺寸单位:mm)　　图 1-14 国内航行船舶载重线标志(尺寸单位:mm)

(4)其他标志

其他标志主要包括船名和船籍港港标志、烟囱标志、球鼻首和侧推器标志(图 1-15)、分船标志及顶推位置标志等。

图 1-15 球鼻首和侧推器标志
a)球鼻首;b)侧推器

# 任务二　船舶性能熟悉

船舶性能广义上指船舶各种性能的总和;狭义上指船舶静力性能和动力性能的概括。狭义的船舶性能与船舶的主要尺寸、形状及装载情况等有密切关系。在理论研究中,以流体静力学为基础研究船舶在不同条件下的浮性、稳性及抗沉性等,以流体动力学为基础研究船舶的快速性、适航性及操纵性等,这些都是船舶最基本的性能。

## 一、航 行 性 能

为了确保船舶在各种条件下安全和正常航行,要求船舶具有良好的航行性能,这些航行性能包括船舶浮性、稳性、抗沉性、快速性、摇摆性和操纵性。

**1.船舶浮性**

船舶在一定装载情况下的漂浮能力叫做船舶浮性。船舶是浮体,决定船舶沉浮的力主要是重力和浮力。其漂浮条件是重力和浮力大小相等方向相反,而且两力作用在同一铅垂线上。船舶重力即船舶的总重量,船舶浮力是指水对船体的向上托力。根据阿基米德定理,船舶浮力大小等于船体所排开同体积水的重量。由于船舶重力($W$)和浮力($B$)大小相等、方向相反且又是作用在同一铅垂线上,这时船舶就平衡漂浮在水面上。如果增加载货,重力增大船舶就会下沉,使吃水增加,浮力也就增大,直到浮力和重力又相等,船舶就达到新的平衡位置;同样,若重力减少,船舶上浮,也会到达另一新的平衡点。

船舶的平衡漂浮状态,简称船舶浮态。船舶浮态分为以下四种:

(1)正浮状态

指船舶首、尾、中的左右吃水都相等的情况。

(2)纵倾状态

指左右吃水相等而首尾吃水不等的情况。船首吃水大于船尾吃水叫首倾,船尾吃水大于船首吃水叫尾倾。为保持螺旋桨一定的水深,提高螺旋桨效率,一般未满载的船舶都应有一定的尾倾。

(3)横倾状态

指船首尾吃水相等而左右吃水不等的情况,船舶出现向左或向右倾斜的状态,航行中的船舶不允许出现横倾状态。

(4)任意状态

指既有横倾又有纵横倾的状态。

为了保障船舶安全,船舶必须留有一定的储备浮力(也叫保留浮力)。储备浮力是指船舶主甲板以下至水线之间的水密空间产生的浮力。载货越少,船舶干舷越高,储备浮力越大,浮性越好,越有利于航行安全。所以,为了既保证船舶安全,又能充分利用船舶的载重能力,就必须根据不同季节和航区进行合理配载,使最大吃水不超过载重线标志上规定的满载吃水线。

**2. 船舶稳性**

船舶漂浮于水面上,其重力为 $W$,浮力为 $\Delta$,$G$ 为船舶重心,$B$ 为船舶初始位置的浮心。在一外力作用下船舶发生倾斜,由于倾斜后水线下排水体积的几何形状改变,浮心移至 $B_1$ 点,当外力矩消失后,船舶能否恢复到初始平衡位置,取决于它处在何种平衡状态,船舶的平衡状态分稳定平衡(图1-16a)、随遇平衡(图1-16b)和不稳定平衡(图1-16c)三种。

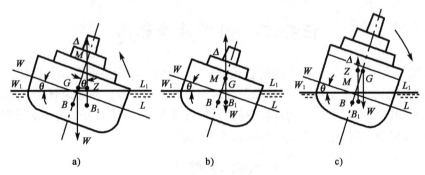

图1-16 船舶的平衡状态

a)稳定平衡;b)随遇平衡;c)不稳定平衡

稳性是指船舶在外力矩(如风、浪等)的作用下发生倾斜,当外力矩消除后能自行恢复到原来平衡位置的能力。它是船舶抵抗一定的外力作用而不致倾覆的一种性能,也是保证船舶安全航行的重要性能。

船舶稳性,按倾斜方向可分为横稳性和纵稳性;按倾斜角度大小可分为初稳性(倾角10°以下)和大倾角稳性;按外力矩性质可分为静稳性和动稳性。对于船舶来说,是否具有稳性以及稳性好坏,决定于重心点($G$)与稳性点($M$)相对位置和之间距离的大小。即 $GM$ 值是衡量船舶稳性好坏的标准,称 $GM$ 值为初稳性高度。它与稳性的关系是:当 $M$ 点在 $G$ 点之上时,

$GM>0$,船舶具有稳性,$GM$ 值越大,稳性越好,但船舶摇摆就会加剧;当 $M$ 点在 $G$ 点之下时,$GM<0$,船舶不具有稳性,一旦受到外力矩作用很容易使船倾覆;当 $M$ 点和 $G$ 点重合一点时,$GM=0$,船舶也不具有稳性,因为一旦受到外力矩作用,船舶处于随遇平衡状态,对船舶也极不安全。

**3. 船舶抗沉性**

抗沉性是指船舶在一个舱或几个舱进水的情况下,仍能保持船舶不至于沉没和倾覆的能力。为了保证抗沉性,船舶除了具备足够的储备浮力外,有效的措施一般是设置双层底和一定数量的水密舱壁。以储备浮力来补偿进水所失去的浮力,保证船舶不沉,也为堵漏施救创造了有利条件。

对于不同用途、不同大小和不同航区的船舶,抗沉性的要求不同。它分"一舱制"船、"二舱制"船、"三舱制"船等。"一舱制"船是指该船上任何一舱破损进水而不致造成沉没的船舶,远洋货船一般为"一舱制"船;"二舱制"船是指该船任何相邻的两个舱破损进水而不致造成沉没的船舶;"三舱制"船以此类推。化学品船和液体散装船一般为"二舱制"船或"三舱制"船。

船舶在破损进水后是否会倾覆或沉没,在一定程度上还与船上人员采取的抗沉性措施有关。船舶破损进水后的措施有很多,如抽水、灌水、堵漏、加固、抛弃船上载荷、移动载荷或调驳压载水等。抽水、灌水、堵漏、加固、抛弃船上载荷、移动载荷是为了保证船舶浮力。有时为了减少船舶倾斜,改善船舶浮态和稳性,常常通过采用灌水或调驳到相应的舱室的办法来实现。

**4. 船舶快速性**

船舶在主机输出功率一定的条件下,尽量提高船速的能力叫船舶快速性。快速性包含节能和速度两层意义,所以提高船舶快速性也应从这两方面入手,即尽量提高推进器的推力和减小船舶航行的阻力。

船舶阻力包括水阻力和空气阻力。由于水的密度比空气大 800 多倍,所以船舶在海上航行时,主要考虑船体水阻力。船体水阻力包括摩擦阻力、涡流阻力(形状阻力)和兴波阻力三个部分,它们的总和就形成了船体总的水阻力。

目前海船的推进器主要是采用螺旋桨,在主机输出功率和转速一定的条件下,正确设计或选择螺旋桨的几何形状,对产生推力大小有很大关系。要提高推进器推力,营运中船舶应适当选择螺旋桨的螺距,调整合适的吃水和吃水差,航行中保持螺旋桨在水下有足够的深度。

**5. 船舶摇摆性**

船舶在外力的影响下,做周期性的横、纵向摇摆和偏荡运动的性能叫船舶摇摆性。这是一种有害的性能,剧烈的摇荡会降低航速,造成货损,损坏船体和机器,使旅客晕船,影响船员生活和工作等。

船舶的摇摆,可以分为横摇、纵摇、立摇和垂直升降四种运动形式。横摇是船舶环绕纵轴的摇摆运动;纵摇是船舶环绕横轴的摇摆运动;立摇是船舶环绕垂直轴偏荡运动;垂直升降是船舶随波作上下升降运动。船舶在海上遇到风浪时,往往是以上四种摇摆的复合运动。

船舶横摇的剧烈程度从外部条件来讲,与风浪大小有关,但从船舶本身条件来讲,又与稳性大小有关。为了减轻船舶横摇,一般船舶在船体外的舭部安装舭龙骨,其结构简单,不占船体内部位置,且有较明显的减摇效果,能减小摆幅20%~25%。舭龙骨的缺点是增加水阻力,影响航速。

**6. 船舶操纵性**

船舶能保持和改变运动状态的能力叫船舶操纵性。所谓运动状态,是指航向和航速,所以操纵性应包括船舶能迅速改变航向的旋回性和保持指定航向的稳定性,也包括船舶改变航速和保持航速以及船舶停车和倒车时的惯性等性能。船舶操纵性能主要是通过车和舵来实现,但在靠离泊作业时,还通过锚、缆和拖轮来协助提高船舶操纵性。

## 二、重量性能

船舶重量性能是通过船舶重量吨位即船舶在各种情况下的总重量来反映的。重量吨位有两种表示方法:一种是排水量,一种是载重量。

**1. 排水量**

船体入水部分所排开的水重量,称为排水量($\Delta$)。船舶排水量等于船舶的总重量,排水量分为空船排水量和满载排水量(图1-17)。

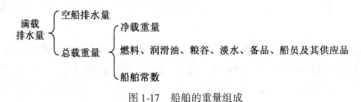

图1-17 船舶的重量组成

(1)空船排水量

船舶装备齐全但无载重时的排水量,称为空船排水量,用$\Delta_{空}$表示。空船排水量等于空船的重量,包括船体、机器、锅炉设备及其里面的水等的重量,但不包括燃料、润滑油、粮谷、淡水、船员及其装备等的总重量。

(2)满载排水量

船舶载重达到载重线时所排开水的重量,称为满载排水量,用$\Delta_{满}$表示。满载排水量包括空船排水量和货物、燃料、润滑油、粮谷、淡水、备品、船员及其供应品以及船舶常数的总和。通常所说的船舶满载排水量是指达到夏季载重线时的排水量。船舶常数指船舶经过营运后,船上存有的残损器材和废品,污水沟、压载舱中残留的积水,船底粘连的附着物等的重量总和。它等于测定时的空船实际排水量减去出厂时的空船排水量。

此外,在实际上还存在另一种排水量,即每个航次实际载重未达到载重线时所排开水的重量,称为实际排水量。

**2. 载重量**

船舶在营运中所具有的载重能力,称为载重量,载重量分为总载重量和净载重量。

(1)总载重量

在一定的水域和季节里,船舶所能装载最大限度的重量,称为总载重量,用DW($D_{总}$)表示。总载重量等于满载排水量减去空船排水量,即装载货物、燃料、润滑油、粮谷、淡水、备品、船员及其供应品的重量以及船舶常数的总和,如图1-17所示。

(2)净载重量

在一定的水域和季节里,船舶所能装载最大限度的客、货重量,称为净载重量,用NDW($D_m$)表示。净载重量等于总载重量减去燃料、润滑油、粮谷、淡水、备品、船员及其供应品的重量以及船舶常数。

（3）载重定额

船舶载重定额是指船舶的航次装载量标准。它是计算船舶运输能力和分析船舶利用状况的基础，其大小主要取决于船舶总载重量、可变载荷、船舶常数、货物特性、航行区域以及航道条件等因素。

（4）定额吨位

定额吨位 $D_定$ 是指由国家机关为了保证安全生产对船舶所核定的最大装载量，并载入船舶证书，不得任意改变。

## 三、容积性能

船舶容积性能是用船舶的容积吨位和货舱容积来反映的。

**1. 容积吨位**

船舶的容积吨位，通常称为登记吨位，它根据一定的丈量公约或规范，按所规定的丈量办法及计算公式确定。我国船检局颁布了《船舶吨位丈量规范》，由于海运的国际性质，目前世界上许多国家的丈量规程及丈量所得的结果均大致接近。为了统一国际航行船舶的吨位丈量制度，联合国海事组织于1969年制定了《船舶吨位丈量国际公约》，此公约已于1982年7月18日生效。容积吨位分为总吨位和净吨位两种。

（1）总吨位

根据船舶吨位丈量公约或规范的有关规定，丈量确定的船舶所有的围蔽处所的总容积，并按一定的公式可算出船舶的总吨位。它是统计船舶吨位、表示船舶大小、区别船舶等级、计算船舶费用及处理海事的依据。

（2）净吨位

根据船舶吨位丈量规范的有关规定，丈量确定船舶各载货处所的总容积，并按一定的公式可算出船舶的净吨位。净吨位是计算船舶交付港口费、引航费、灯塔费、停泊费等各项费用的依据。此外，在国际上，苏伊士运河及巴拿马运河等运河管理当局按照各自制定的丈量办法，计算船舶的容积吨位，称为运河吨位，作为船舶通过运河时交付运河费的计算依据。

**2. 货舱容积**

货舱内实际能够装载货物的空间，称为货舱容积。

（1）散装容积

货舱内实际能够装载散装货物的空间，称为散装容积，亦称谷物容积。它是指由两舷外板内侧、两横隔舱壁和舱底板所组成的货舱周界所包围的理论容积，扣除肋骨、横梁、支柱等所占去的容积。

（2）包装容积

货舱内实际能够装载包装或成件货物的空间，称为包装容积。它是指两舷肋骨护板内侧、两横隔舱壁、舱底板和横梁下端所包围的容积，减去空间内的支柱等所占去的容积，包装容积一般比散装容积小 5%～10%。

**3. 舱容系数**

除了货舱容积以外，在航运生产中，货舱容积系数也有重要作用。舱容系数是表示船舶货舱容积与船舶净载重量的比值，即每一净载吨所能提供的货舱容积，用 $\omega$ 表示：

$$\omega = V/D_净 \quad (m^3/t) \tag{1-1}$$

式中：$V$——船舶货舱容积($m^3$)；

$D_{净}$——船舶净载重量(t)。

当舱容系数与货物积载因素相等时,表明货舱容积与净载重量都得到充分利用。当舱容系数小于货物积载因素时,表明舱容得到充分利用,净载重量有损失。当舱容系数大于货物积载因素时,表明舱容有损失,净载重量得到充分利用。

一般船舶资料中所指的舱容系数是指使用夏季载重线时最大续航能力下的数值。最大续航能力就是指船舶在装载满燃油、淡水及其他消耗品以后,不在途中进行补给而能连续航行的最大距离。由于船舶的净载重量是随航程不同而变化的,因此,舱容系数也是变化的。一般杂货船的舱容系数均在 $1.5 \text{ m}^3/\text{t}$ 以上,且有明显的增大趋势,有时达 $1.8 \sim 2.1 \text{m}^3/\text{t}$,这是为了适应装运轻货的需要。

## ◀ 活动一  船 舶 解 读 ▶

**活动方案设计 1  船舶标志、标尺与结构认识**

| 时间 | 45 分钟 | 地点 | 教室或一体化实训室 |
|---|---|---|---|
| 教学资料 | 船舶模型、船舶挂图等 | | |
| 教学目标 | 通过船模观摩、挂图讲解,让学生充分认识船舶结构、尺度、标志等有关船舶常识 | | |
| 活动要求 | 要求学生画出 1~2 个船舶结构图(任选船型),并回答有关船舶常识包括哪些内容 | | |
| 活动程序 | (1)每班分成四组,把船舶模型和挂图列四组;<br>(2)学生根据挂图结合船模型对船舶结构、尺度、标志进行初步认识;<br>(3)学生互相讨论,教师提问并点评 | | |
| 活动评价方式 | 学生自评与教师点评结合 | | |
| 活动小贴士 | 船舶是货物运输的载体,是航运活动的主体单元,认知船舶是从事航运管理活动的起步 | | |

**活动方案设计 2  船舶航行性能感知**

| 时间 | 45 分钟 | 地点 | 船舶操纵模拟室 |
|---|---|---|---|
| 教学资料 | 船舶选型、航线设计等 | | |
| 教学目标 | 让学生认识船舶设备的组成与功能,体会船舶航行性能对船舶的影响 | | |
| 活动要求 | 通过船舶操纵模拟仿真教学,要求学生:(1)谈谈对船舶航行性能的体会;(2)谈谈保证船舶良好稳性需做好哪些工作 | | |
| 活动程序 | (1)学生分 2 组互相参观船舶操纵驾驶台,熟悉驾驶台各电航仪器等设备;<br>(2)根据事先设定程序,教师讲解航行船舶基本资料、航行环境及航次任务;<br>(3)熄灭灯光,模拟船舶起航,让学生感受船舶的六大航行性能;<br>(4)学生谈感想,教师提问并加以引导 | | |
| 活动评价方式 | 学生自评与教师点评结合 | | |
| 活动小贴士 | 航运管理的最基本目的是使船舶安全地把货物送达目的地,复杂的海况条件给船舶安全航行带来困难 | | |

## 活动方案设计3　解读船舶资料

| 时间 | 45分钟 | 地点 | 课外 |
|---|---|---|---|
| 教学资料 | 某船舶《海上船舶检验证书簿》 | | |
| 教学目标 | 让学生理解船舶的适航和适货的涵义,掌握对船舶价值判断的评估要领 | | |
| 活动要求 | 学生查阅某船舶《海上船舶检验证书簿》,通过对船舶资料的解读,要求学生:(1)对船舶进行估价,说明相关理由;(2)课后思考船舶适航与适货的条件与要求 | | |
| 活动程序 | (1)给出某船舶《海上船舶检验证书簿》,把学生分4组,课后互相阅读与讨论,完成活动要求第(1)小题;<br>(2)学生提交作业,教师批改;<br>(3)教师针对学生作业情况,选择完成较好同学上讲台讲解并分析,展开课堂讨论并由教师作总结点评;<br>(4)完成活动要求第(2)小题 | | |
| 活动评价方式 | 教师评价 | | |
| 活动小贴士 | 了解和认识某一船舶,首先往往从该船舶的检验簿着手,如何根据船舶检验簿所登记的内容来评价一艘船舶,是一个航运管理从业人员必须具有的能力 | | |

# 学习情境 2  港口和航线认识

港口是水路运输的始发地、目的地或途经地,是货物装卸与集散的物流结点。认识和熟悉港口,对运输船舶的组织优化、船舶调度、港口费收的核算及进出港签证等有着十分重要的意义。海运航线是船舶在两港间海上航行的路线。航线具有天然形成的特点,受自然条件的影响和制约明显,了解航线的形成、分类与选择等内容,是开展航运业务活动的重要基础。

◆ 教学目标

| 终极目标 | | 了解港口、航线条件对船舶运输生产的约束性,认知港口对航运的作用,熟悉船舶到港作业程序 |
|---|---|---|
| 促成目标 | 知识点 | ①港口的概念及功能演变;②港口企业种类与业务范围;③港口费收构成;④海上航线的形成与分类;⑤中国—世界各地主要航线 |
| | 技能点 | ①港口费收的计算;②船舶到港签证;③航线的评估与选择 |

◆ 教学要求

本情境参考学时为6学时,其中理论教学为4学时,活动教学为2学时。活动教学可以根据学校教学设备情况而定,也可由任课教师加以指定。建议有条件的学校可以通过见习实习或参观船舶的形式加以教学,以提高学生的感性认识。

# 任务一  港口基本知识认知

港口是具有水陆联运设备和条件,供船舶安全进出和停泊的运输枢纽;是水陆交通的集结点和枢纽,工农业产品和外贸进出口物资的集散地,船舶停泊、装卸货物、上下旅客、补充给养的场所。在整个运输系统中,港口占有十分重要的地位。它的生产活动主要包括各种运输方式之间实现衔接,货物、旅客的集散及其在不同运输方式之间的换装、转乘,货物的临时存储以及为车、船、客、货等提供的技术服务活动。由于港口是联系内陆腹地和海洋运输的一个天然界面,因此,人们也把港口作为国际物流的一个特殊结点。

## 一、港 口 概 述

**(一)港口定义**

《中华人民共和国港口法》规定:"港口是指具有船舶进出、停泊、靠泊,旅客上下,货物装卸、驳运、储存等功能,具有相应的码头设施,由一定范围的水域和陆域组成的区域,港口可以由一个或者多个港区组成。"

与港口有关的主要概念还包括以下这些:

**1. 港界**

港界是港口范围的边界线。根据地理环境、航道情况、港口设备以及港内工矿企业的需要等进行规定。一般利用海岛、山角、河岸突出部分,岸上显著建筑物,或者设置灯标、灯桩、浮筒等,作为规定港界的标志,也可按经纬度划分。

**2. 港区**

在《水运技术词典》中,港区被定义为:"港章中规定的并经当地政府机关划定的港口范围。一般不包括所属小港、站、点。"

在《深圳经济特区港口管理条例》中定义的港区是:"为保证港口生产,经营的需要,按照港口的规划,经政府批准而划定的水域和陆域。"

**3. 码头**

码头是供船舶靠泊、货物装卸和旅客上下的水上建筑物。

**4. 泊位**

泊位是供一艘船舶靠泊的码头长度。

**5. 港口设施**

港口设施是指为港口生产、经营而建造和设置的构造物和有关设备,分为港口基础性设施和港口经营性设施。港口基础性设施包括:防波堤、导流堤、港口航道、护岸、港池、锚地、船闸、道路、码头、趸船、栈桥、浮筒、客运站、铁路、公共通信、供电和环保、助导航设施等。港口经营性设施包括:机械、设备、车辆、船舶、仓库、堆场、水上过驳平台等。

**(二)港域组成**

港域指港界范围内的区域,由陆域和水域两部分组成。

**1. 陆域**

陆域是指港口供货物装卸、堆存、转运和旅客集散之用的陆地面积。陆域上有进港陆上通道(铁路、道路、管道等)、码头前方装卸作业区和港口后方区。前方装卸作业区供分配货物,布置码头前沿铁路、道路、装卸机械设备和快速周转货物的仓库或堆场(前方库场)及候船大厅等之用。港口后方区供布置港内铁路、道路、较长时间堆存货物的仓库或堆场(后方库场)、港口附属设施(车库、停车场、机修车间、变电站、消防站等)以及行政、服务房屋等。为减少港口陆域面积,港内可不设后方库场。

**2. 水域**

港口水上区域所占的面积称为港口水域。港口水域是来往船舶停靠作业所需要的由港口管辖的水上面积。一般来说,港界之内的水上面积均属于港口的水域,可分为港池外水域、港池内水域和连接水域。港池外水域主要指进出港的航道和港池外的锚地;港池内水域一般称为港池,它包括码头前沿水域和掉头区等;连接水域包括港内锚地、港内航道等。

港池指直接和港口陆域毗连,供船舶靠离码头、临时停泊和掉头的水域。港池按构造形式分,有开敞式港池、封闭式港池和挖入式港池。港池尺度应根据船舶尺度、船舶靠离码头方式、水流和风向的影响及掉头水域布置等确定。开敞式港池内不设闸门或船闸,水面随水位变化而升降。封闭式港池池内设有闸门或船闸,用以控制水位,适用于潮差较大的地区。挖入式港池在岸地上开挖而成,多用于岸线长度不足,地形条件适宜的地方。

### (三)港口类型

**1. 按航运业务分类**

(1)基本港和非基本港

基本港是运价表中规定班轮公司的船一般要定期挂靠的港口。基本港一般为区域范围内的较大口岸,港口设备条件比较好,货载多而稳定。运往基本港口的货物一般均为直达运输,无需中途转船,但有时也因货量太少,船方决定中途转运,由船方自行安排,承担转船费用。通过转船到基本港的运输费率,船方按基本港口运费率向货方收取运费,不得加收转船附加费或直航附加费,并应签发直达提单。

基本港口以外的港口都称为非基本港口。非基本港口一般除按基本港口收费外,还需另外加收转船附加费,若到达非基本港口的货物具有一定货量时则改为加收直航附加费。

(2)始发港、中途港与目的港

船舶在航次开始时所在的港口称为始发港。在不同的情况下也可能被称为起运港、装运港(装货港)。

中途港也称经过港,是指船舶在航次过程中为中途装卸货物,以及为船舶补充燃物料、淡水、食品和其他原因需要停靠的港口。这类港口处于航道的要冲和咽喉,是船舶往来必经之地,如北太平洋的火奴鲁鲁。另外,一些位于海峡口岸上的港口也属于这一类的港口。

目的港也称终点港、到达港,是船舶在航次中预期要到达的港口。

**2. 按功能用途分类**

(1)军港、商港

军港是指供军用船舶专用的港口,为舰艇停泊、避风,获得所需补给的军事基地性的港口。

商港是指供商船航行、停靠,进行客货吞吐服务的公用港口。它不仅需要一定的自然条件和设施,如现代商港的港池和航道要求有水深、浪小、少淤、不冻、岸线稳定等条件,港口设施要有航道、防波堤、航标、锚地、码头、装卸机械、库场、港作船舶、港区道路和运输工具及现代化管理等条件,而且需要拥有一定的经济腹地和集疏运条件。

(2)工业港、专业港、综合港

工业港是指固定为沿江、临海大型工业企业运进原料、燃料和运出成品服务的港口,如日本千叶港是日本最大的散货港。

专业港是指主要从事某一种货物装卸、堆存作业的港口。港口配备有相应的装卸机械,其货源一般都较丰富,规模大,货运量比较稳定,有长期进出口的条件。一般来说,该种货物在港口吞吐量中所占的比例大于50%。如澳大利亚的黑德兰、丹皮尔等港口是专门从事铁矿出口的港口,称为铁矿专业港。

与专业港相对应的是综合港,也称通用港,港口从事各种货物的包装、堆存、装卸作业,具有各种相应的装卸设备,这类港口的比例最大。

**3. 按所处位置分类**

(1)海港

海港位于海岸、海湾或潟湖(旧称泻湖)内,也有离开海岸建在深水海面上的。位于开敞海面岸边或天然掩护不足的海湾内的港口,通常需修建相当规模的防波堤,如大连港、青岛港、连云港、基隆港、意大利的热那亚港等。潟湖是被天然沙嘴完全或部分隔开,开挖运河或拓宽、浚深航道后,可在潟湖岸边建港,如广西北海港。也有完全靠天然掩护的大型海港,如东京港、香港港、澳大利亚的悉尼港等。

(2)河口港

河口港位于河流入海口或受潮汐影响的河口段内,可兼为海船和河船服务。一般有大城市作依托,水陆交通便利,内河水道往往深入内地广阔的经济腹地,承担大量的货流量,故世界上许多大港都建在河口附近,如鹿特丹港、伦敦港、纽约港、圣彼得堡港、上海港等。河口港的特点是,码头设施沿河岸布置,离海不远而又不需建防波堤,如岸线长度不够,可增设挖入式港池。

(3)河港

河港位于天然河流或人工运河上的港口,包括湖泊港和水库港。湖泊港和水库港水面宽阔,有时风浪较大,因此同海港有许多相似处,如需修建防波堤等,国内洪泽湖上的小型港口均属此类。

(四)港口技术特征

1. 港口水深

港口水深是港口的重要标志之一,表明港口条件和可供船舶使用的基本界限。增大水深可接纳吃水更大的船舶,但将增加挖泥量,增加港口水工建筑物的造价和维护费用。在保证船舶行驶和停泊安全的前提下,港口各处水深可根据使用要求分别确定,不必完全一致。对有潮港,当进港航道挖泥量过大时,可考虑船舶乘潮进出港。

2. 码头规模

码头是供船舶停靠、装卸货物和上下旅客的水工建筑物。广泛采用的是直立式码头,便于船舶停靠和机械设备直接开到码头前沿,以提高装卸效率。内河水位差较大的地区也可采用斜坡式码头,斜坡道前方设有趸船作码头使用,由于装卸环节多,机械难于靠近码头前沿,故装卸效率低。在水位差较小的河流、湖泊和受天然或人工掩护的海港港池内也可采用浮码头,借助活动引桥把趸船与岸连接起来,这种码头一般用做客运码头、渔码头、轮渡码头以及其他辅助码头。

码头规模包含泊位停船吨级和泊位数量两个指标。

(1)停船吨级

停船吨级主要取决于货种、航线运距和吞吐量。一般情况下,运距越长,船舶吨位越大,单吨运输成本越低。

(2)泊位数量

泊位数量还取决于码头装卸效率和船舶周转量(一年间到港的船舶数量)。

船舶周转量除与吞吐量有关外,还取决于船舶在本港的平均装卸量,与船舶在港的货物装卸量和船型吨级都存在着直接关系。船舶在码头平均装卸量小,则船舶周转量大,因而船舶占用泊位时间中非生产性的辅助作业时间长,影响泊位吞吐能力。

3. 码头结构

码头结构形式有重力式、高桩式和板桩式。主要根据使用要求、自然条件和施工条件综合考虑确定。

(1)重力式码头

重力式码头是靠建筑物自重和填料重量来保持稳定,结构整体性好,坚固耐用,损坏后易于修复,有整体砌筑式和预制装配式,适用于较好的地基。

(2)高桩码头

高桩码头由基桩和上部结构组成,桩的下部打入土中,上部高出水面,上部结构有梁板式、无梁大板式、框架式和承台式等。高桩码头属透空式结构,波浪和水流可在码头平面以下通过,对波浪不发生反射,不影响泄洪,并可减少淤积,适用于软土地基。近年来广泛采用长桩、大跨结构,并逐步用大型预应力混凝土管柱或钢管柱代替断面较小的桩,而成为管柱码头。

(3) 板桩码头

板桩码头由板桩墙和锚碇设施组成,并借助板桩和锚碇设施承受地面使用荷载和墙后填土产生的侧压力。板桩码头结构简单,施工速度快,除特别坚硬或过于软弱的地基外,均可采用,但结构整体性和耐久性较差。

## 二、港口业务

港口业务是指自港口经营人与委托人签订港口业务合同起,从货物运进港区、临时储存、装船作业到船舶离开码头;或相反,从船舶抵港靠码头、卸船作业、货物进入库场储存到货主提货的整个过程。

港口业务流程决定了港口企业的生产过程是从接待车、船开始,至送走车、船为止的一个周期。港口生产过程的组织就是研究从车、船到达后,在港区进行装卸等各项作业,货物在不同运输方式之间完成换装的组织过程。港口企业的生产过程包括生产准备过程、基本生产过程、辅助生产过程和生产服务过程四个方面。

**1. 生产准备过程**

生产准备过程是指在港口基本生产过程之前所进行的全部技术准备和组织准备工作,即编制装卸作业计划,包括装卸工艺、装卸地点、库场和接运工具的确定和准备,装卸机械和属具的准备,货运文件的准备。

**2. 基本生产过程**

基本生产过程即货物在港的装卸搬运过程,或称换装过程,是货物从进港到离港所进行的全部作业的综合。它由一个或一个以上操作过程所组成,包括卸船、装船,卸车、装车,库场作业,以及港内运输等。

**3. 辅助生产过程**

辅助生产过程是指保证基本生产过程正常进行所必需的各种辅助性生产活动,如装卸机械的维修与保养,装卸工属具的维修与保养,港口设施的维修,动力供应,装船前、卸船后对码头、库场的整理等。

**4. 生产服务过程**

生产服务过程是为保证基本生产过程和辅助生产过程所进行的各种服务过程。为基本生产提供理货业务、仓储业务和计量业务等,为辅助生产提供技术供应、生活必需品供应、燃油和淡水供应、船舶检验和修理、压舱污水处理等,为货主服务提供鉴定、检验、包装等,此外还包括集装箱的清洗与检修、集装箱的固定、港内垃圾和污水处理等。

在组织生产过程时,既要组织好基本生产过程,也要组织好其他三个过程。特别值得注意的是,在组织生产过程中,不但要注意物质(即设备、机械)的组织,而且要抓好信息的组织工作。

## 三、船舶装卸货物流程

**(一) 国际航行船舶货物装卸流程**

(1) 由海关、边防、卫生、港监组成的联合检查,即联检。

(2) 在港口导航设备和引航员的引航下(有时还需要拖轮的帮助),通过入港航道进入港口。

(3)在锚地等待停泊。

(4)泊位确定以后在引航员和拖轮的帮助下进入港口准备靠泊。

(5)对港口作业水面清理后,由港口的系缆工人将船舶系在码头的系缆桩上,船舶靠泊完成。

(6)船舶卸货。船舶卸货之前需要办妥有关的手续;港口需要做好卸货前的一切准备工作。如做好货物存放库场的准备工作,准备必要的装卸机械和搬运工具,在理货公司理货的同时由码头工人和机械司机配合进行货物卸船。

(7)在船舶卸货的同时可以进行船舶的供给补充。

(8)船舶的装货和卸货之间可能需要移泊,移泊仍然在引航员和拖轮帮助下进行。

(9)船舶装货。货物装船之前,需要办妥有关的手续,并在船舶到达港口之前做好装货前的各项准备工作。港口必须准备合适的装船机械和工具,并配备必要的码头工人和机械司机。在货物装船之前或同时,还要进行理货。

(10)货物装船完毕后,船舶必须在联检合格之后方可离港。

(11)船舶出港同样需要在引航员和拖轮帮助下才能出港。

**(二)国内航行船舶货物装卸流程**

(1)抵港前与港口调度联系确定靠泊的泊位与时间;在锚地等待停泊。

(2)泊位和时间确定以后准备靠泊,由港口的系缆工人将船舶系在码头的系缆桩上,船舶靠泊完成。

(3)船舶卸货。船舶卸货之前需要办妥有关的手续;港口需要做好卸货前的一切准备工作。如做好货物存放库场的准备工作,准备必要的装卸机械和搬运工具,在理货公司理货的同时由码头工人和机械司机配合进行货物卸船。

(4)在船舶卸货的同时可以进行船舶的供给补充。

(5)船舶的装货和卸货之间可能需要移泊,应按规定要求移泊。

(6)船舶装货。货物装船之前,需要办妥有关的手续,并在船舶到达港口之前做好装货前的各项准备工作。港口必须准备合适的装船机械和工具,并配备必要的码头工人和机械司机。在货物装船之前或同时,还要进行理货。

(7)货物装船完毕后,办理好港口签证后方可离开。

## 四、港 口 费 收

**(一)港口使费概述**

船舶进出港口以及在港停泊期间,因使用港口水域、航道、泊位、码头、浮筒、锚地等,装卸和申请港口有关机构提供的各项服务,如引航、拖轮等,按规定要支付的各种费用,统称为"港口使费"。港口使费是航运公司三大营运成本(船期费、燃油费和港口使费)之一,是船公司计算营运成本的重要指数,是核算航次利润的主要依据。

目前,我国针对国内航行船舶和内贸货物与集装箱的港口收费标准依据的是我国交通部2005年第8号令公布的《中华人民共和国港口收费规则(内贸部分)》(于2005年7月14日公布,自2005年8月1日起施行);国际航行船舶和外贸进出口货物的港口收费标准依据的是我国交通部于1997年4月29日发布的《中华人民共和国交通部港口收费规则(外贸部分)》,该规则于2001年由交通部(2001年第11号令)修改,修改后的规则自2002年1月1日起施行。另外,交通部2000年2月18日发布了《交通部、国家发展计划委员会关于对外贸船舶及货物港口收费实行优惠的通知》(交水发[2000]84号),参照国际惯例并结合我国港口当前的实际情况,决定对国际运输船舶和货物在我国港口的一些收费项目实行优惠。

### (二)港口使费的种类

通常情况下,港口使费可分为船舶费用、货物费用、船员费用、使用服务费和杂费等五类。

**1. 有关船舶的费用**

船舶费用是向船方征收的费用,通常以船舶的总吨位或净吨位为计费的主要依据。

(1)船舶吨税

船舶吨税是指船舶出入国境以吨位作为计费单位的税费,计费方法通常按船舶净吨位计算。船舶进出一国港口均需按规定缴纳吨税,由海关征收,征收方式各国不尽相同。吨税费率根据计征期的不同而不同,有的国家以1个月或3个月为计征期;有的国家以1年为计征期,在一个计征期内,同一船舶不论进出港次数多少只收一次吨税。很多国家对有贸易条约和协定的国家的船舶给予优惠待遇,按优惠税率计征。

我国港口征收吨税办法:以30天为一期缴纳,也可以90天为一期缴纳,以船舶净吨位计收,而且90天为一期的税率仅为30天为一期的税率的两倍;在一期内,无论船舶来港次数多少,吨税只收一次,并实行优惠吨税制。

(2)船舶港务费

船舶港务费是指船舶进出港口和在港停泊期间,因使用港口的水域、航道和停泊地点,按规定向港口管理机关交付的费用。船舶港务费属于港口财政收入,用于维持港口航道畅通,以及船舶安全进出港口和停泊所需设备的有效状态,在我国,由港口管理机关对船舶进港和出港各征收一次,按船舶净吨计收。对于遇难船舶、非载运旅客或货物的船舶,免征此项费用。此外,进港船舶没有卸货或下客时,免征进口港务费;出港船舶没有装货或上客时,免征出口港务费。但对进出港口的旅游船舶,仍征收港务费。

(3)引航费

引航费是因引航员引领船舶进出港口以及在港内移泊向被引船舶征收的费用,作为引航员的劳务报酬。在我国,引航费或移泊费按船舶净吨,一般以次数计收。在国外,有的按船舶吨位加吃水计收,少数按船舶长度或吃水计收,也有的按引航里程计收,并对进港、出港和港内移泊规定不同费率,夜间、星期日和节假日需计收附加费。

(4)停泊费

停泊费是因船舶停泊港口码头或浮筒而由港口管理机关征收的费用。在我国,下列情况下按船舶净吨,以日征收停泊费:①装卸完毕4小时后,船舶因船方原因仍然留泊;②船舶等修或检修;③船舶因避难来港,在危险解除4小时后仍然留泊;④免征船舶港务费的船舶,但政府公务船除外。在国外,此项费用又称为码头费、浮筒费。

(5)系解缆费

系解缆费是指系解缆工人在船舶靠离码头、浮筒或移泊时,系缆或解缆的劳务报酬。一般按船舶吨位或长度,以次数计收。夜间、星期日和节假日计收附加费。

(6)开关舱费

开关舱费是作为港口工人开关船舶舱口的劳务报酬。一般不分船舶大小和开关次数,分别在卸货或装货时,按舱口计收开、关舱费各一次。

(7)拖轮费

拖轮费是因船舶靠离码头、移泊或其他操作时使用拖轮而支付的费用。一般按拖轮吨位或功率、艘数、使用时间计收。夜间、星期日和节假日计收附加费。

(8)船舶代理费

船舶代理费是指船公司委托代理公司为其办理船舶进出港申请手续、联系泊位和装卸作业、安排加燃物料、淡水、船员伙食以及为船舶提供各项服务，而向代理公司支付的劳务费。通常，此项费用按船舶吨位和代理公司为船公司代办的项目计收。

(9)其他费用

其他费用包括检疫费、灯标费、结关费等。这些费用由相关行政管理当局规定并向船方核收。船舶通过运河，需按运河当局规定支付运河费，通常按船舶吨位计收。

**2. 有关货物的费用**

即货物在港口发生的费用。这类费用因货而发生，其数额与货物的种类及数量有直接关系，包括货物港务费、搬运费、堆装费、平舱费、开关舱费、堆存保管费、驳运费、理货费等。除货物港务费由货方负担外，其余费用均应按提单或租船合同规定，由船方或货方或承租人负担。

(1)货物港务费

货物港务费是由港口管理机关对货物征收，属于港口财政收入，用于维持港口航道畅通，以及船舶安全进出港口和停泊所需设备的有效状态的费用。

(2)货物装卸费、搬运费、平舱费

货物装卸费、搬运费、平舱费是指码头装卸工人对货物进行装卸、搬运、平舱等工作的劳务报酬，由装卸公司计收。笨重货物、超长货物，以及作业难度较大、使用装卸机械等情况下，一般征收附加费。

(3)理货费

理货费是指理货人员进行理货的劳务报酬，由理货公司计收。理货费包括分票费、重理费、翻舱理货费、理货人员待时费、单证费等项目。

(4)货物保管费

货物保管费是指对堆存在港口仓库、堆场的货物征收的费用。一般按实际使用面积和保管时间计收，仓库和堆场实行不同费率。在我国，国内外进口货物自进入库场第5天起，国内外出口货物自进入库场当天起，货方须支付此项费用。

**3. 船员费用**

船员费用主要包括船长借支，船员就医遣返费等。

**4. 使用服务费**

使用服务费是因船方或货方租用船舶、机械、设备，或申请港方提供其他作业而支付的费用，主要包括：

(1)租用船舶(如浮吊、起重船)、机械(如吸扬机)、设备(如装卸用防雨设备)的费用；

(2)供应燃料、淡水的服务费；

(3)其他作业劳务费，如扫舱费、洗舱费、拆包费、灌包费、缝包费等。

**5. 杂费**

杂费主要包括邮电通信费、手续费、杂项费等。

## 五、船 舶 签 证

为规范船舶签证行为,保障水上交通安全,依据《中华人民共和国海上交通安全法》和《中华人民共和国内河交通安全管理条例》,2007年5月9日经交通部第6次部务会议,通过《中华人民共和国船舶签证管理规则》(以下简称《签证规则》)。新规则自2007年10月1日起施行,1993年5月17日交通部发布的《中华人民共和国船舶签证管理规则》(交通部令1993年第3号)同时废止。《签证规则》规定中华人民共和国海事局主管全国的船舶签证管理工作,各级海事管理机构具体负责本辖区内的船舶签证管理工作。

所谓船舶签证,是指海事管理机构根据船舶或者其经营人的申请,经依法审查,对符合船舶签证条件的,准予其航行的行政许可行为。船舶签证应当由船舶或者其经营人申请办理;被拖船可由被拖船或者其经营人申请,也可由拖船或者其经营人代为申请。申请人可以委托代理人办理船舶签证,申请办理出港签证的船舶,应当处于适航或者适拖状态。

**(一)船舶签证的申请**

船舶进、出港或在港内航行、作业,均应向海事机构或其设置的签证站点办理签证。出发地或目的地未设海事机关或签证站点的,船舶应到途经就近的海事机构或签证站点办理签证。海事机构及其签证站点办理船舶签证,不收取船舶签证费。

**1. 航次签证**

除《签证规则》另有规定外,船舶有下列情形之一的,应当向海事管理机构申请航次船舶签证:

(1)由港内驶出港外;
(2)由港外驶入港内;
(3)因作业需要在港内航行驶出港内泊位;
(4)因作业需要在港内航行驶入港内泊位;
(5)驶出船舶修造(厂)点、港外作业点、海上作业平台;
(6)驶入船舶修造(厂)点、港外作业点、海上作业平台。

上述(1)、(3)、(5)项船舶签证统称出港签证,申请人应当在船舶开航前24小时内办理。第(2)、(4)、(6)项船舶签证统称进港签证,申请人应当在船舶抵达后24小时内办理。船舶抵达前24小时内已经向拟抵达地海事管理机构报告船舶情况的,进港签证可以与出港签证合并办理。

**2. 定期签证**

定期签证分为短期定期签证和年度定期签证。

在固定水域范围内航行的船舶和定线航行的船舶,应当向对该固定水域有管辖权的任一海事管理机构和航线始发港或终点港所在地海事管理机构分别提出短期定期签证的申请来替代航次签证。海事管理机构应当在受理申请之日起7个工作日内办结短期定期船舶签证,在船舶签证簿内注明签证的有效期限、航行区域或者航线,短期定期船舶签证的有效期限最长不超过3个月。客船、载运危险货物的船舶只能办理有效期限不超过1个月的短期定期船舶签证。

对于安全诚信船舶、安装并按规定使用船舶自动识别系统、在前1个年度签证期内按照规定递交进出港报告、已经与有关金融机构签订船舶港务费交纳协议等四类船舶,可以向船籍港所在地的交通部直属的海事管理机构或者省级交通主管部门所属的海事管理机构申请年度定期船舶签证取代航次船舶签证。海事管理机构应当在受理申请之日起 20 个工作日内办结年度定期船舶签证。准予定期船舶签证的,还应当在船舶签证簿内注明签证的有效期限、航行区域或者航线。年度定期船舶签证在全国范围内有效,有效期限为 12 个月。

船舶超出定期船舶签证的有效期限、核定航区或者航线航行的,或者签证核定的其他内容发生变化的,应当重新申请航次船舶签证。

**3. 重新签证**

船舶有下列情形之一的,应当重新申请出港签证:
(1)船长或者履行相应职责的船员发生变动;
(2)船舶结构、有关航行安全的重要设备发生重大变化;
(3)改变船舶航行区域、航线;
(4)出港签证办妥后 48 小时内未能出港。

**4. 补办签证**

船舶由于抢险、救生等紧急事由,不能按照规定程序办理船舶签证的,应当在开航前向海事管理机构报告,并在任务完成后 24 小时内补办船舶签证。

**5. 免办签证**

船舶因避风、候潮、补给等原因临时进港或者航经港区水域的,免于办理船舶签证。但有下列情形之一的除外:
(1)船长或者履行相应职责的船员发生变动;
(2)上下旅客;
(3)装卸货物。

拖驳船队在中途要加、解驳船时,加、解的船舶应当申请船舶签证,拖驳船队的其他船舶不再办理船舶签证。

**(二)签证方式**

船舶或者其经营人、代理人除了直接向海事管理机构提交申请材料进行签证申请以外,也可以通过传真、电子邮件、电子数据交换(EDI)等其他方式办理船舶签证。可以采用电报、电传、传真、手机信息、电子邮件、电子数据交换(EDI)等方式报告船舶进港情况,并在船舶航海(行)日志内作相应的记载。报告的内容应包括船舶名称、种类、尺度、总吨、吃水、客货载运情况以及拟靠泊地点等。报告应如实反映情况,并对申报内容的真实性负责。

**(三)签证上交材料**

船舶或者其经营人申请办理航次船舶签证,应当向海事管理机构提交以下材料:
(1)船舶签证簿;
(2)船舶电子信息卡(适用的船舶);
(3)船舶国籍证书;
(4)船舶检验证书;
(5)船舶最低安全配员证书;
(6)船员适任证书;
(7)防止油污证书(适用的船舶);
(8)船舶安全管理证书和公司安全管理体系符合证明副本(适用的船舶);

(9)船舶安全检查记录簿;
(10)船舶港务费缴纳或者免于缴纳证明;
(11)经批准的船舶载运危险货物申报单(适用的船舶);
(12)船长开航前声明和车辆安全装载记录(适用的船舶);
(13)护航申请书(适用的船舶);
(14)船舶营运证。

上述第(3)项至第(8)项所列证书信息已经由海事管理机构在船舶签证簿内记载或者存储在船舶电子信息卡的,可以免于提交。第(14)项所指船舶营运证仅要求从事国内运输的老旧运输船舶在办理船舶签证时提供。船舶营运证的发证机关应当向海事管理机构提供船舶营运证的相关信息。

办理定期船舶签证的船舶,除上述资料以外,还需提交相关的证明文件或资料。

### (四)签证簿的申领

**1. 船舶签证簿的作用**

船舶签证簿是办理船舶签证的专用文书,是记载船舶办理签证情况的证明文件,必须随船妥善保管。除海事管理机构外,任何单位、人员不得扣留、收缴船舶签证簿,也不得在船舶签证簿上签注。船舶签证簿的格式、内容和船舶签证印章的样式由我国海事局统一规定。

**2. 船舶签证簿的申领**

船舶首次申领船舶签证簿以及船舶所有人、船舶经营人、船舶名称变更后申领新船舶签证簿的,应当向船籍港海事管理机构申请核发。

船舶签证簿遗失、灭失的,应当向船籍港海事管理机构申请补发。申请补发时,应当提交最近一次经海事管理机构签证的船舶签证申请单复印件。

船舶签证簿使用完毕或者污损不能使用的,可向船籍港或者签证地海事管理机构申请换发。申请换发时,应当交验前一本船舶签证簿。

领取签证簿应交验有关船舶文书。国内航行船舶申领签证簿,应交验下列有关文书:
(1)船舶国籍证书;
(2)船舶检验证书簿或航行安全证书;
(3)船舶最低安全配员证书。

# 任务二 航 线 认 知

航线是船舶在两地间的海上航行路线。航线在广义上是指沟通两地的路线,一般以起讫点命名,如中国至加拿大的中加航线、上海至温州的申温航线;狭义上是指具体的航迹线,包括画在海图上的计划航线,每个航次的具体航线,应根据航行任务和航行地区的地理、水文、气象等情况,以及船舶状况拟定。

## 一、航道与航线

### (一)航道

航道是指在内河、湖泊、港湾等水域内供船舶安全航行的通道,由可通航水域、助航设施和水域条件组成。

按形成原因分,航道分为天然航道和人工航道。

按使用性质分,航道分为专用航道和公用航道。专用航道是指由军事、水利电力、林业、水产等部门以及其他企业事业单位自行建设、使用的航道。公用航道是指由国家各级政府部门建设和维护、供社会使用的航道。

按管理归属分,航道可分为国家航道与地方航道。国家航道包括:①构成国家航道网、可以通航500吨级以上船舶的内河干线航道;②跨省、自治区、直辖市,可以常年通航300吨级以上船舶的内河干线航道;③沿海干线航道和主要海港航道;④国家指定的重要航道。地方航道是指国家航道和专用航道以外的航道。

根据水上航道的技术经济状态和我国具体国情,可把水上航道分为五类:小河流航道、中等河湖航道、大江河航道、沿海航线和国际远洋航线。沿海航线以上海港为中心,联系我国南北沿海各港口,主要是稳定的长途大宗货物运输,其中"北煤南运"最为重要,其他件散货、石油运输和旅客航班亦占一定地位。国际远洋航线为我国对外贸易的通道,联系五大洲三大洋。东行线联系日本、美国、加拿大和拉美诸港;南行线联系东南亚和澳大利亚诸港;西行线联系南亚、西南亚、东非、地中海沿岸和西欧诸港。

我国内河航道分级的控制标准比较严格。根据《全国天然、渠化河流及人工运河通航试行标准》,航道分级的标准有五大项,即:

(1)通航驳船吨数与船型尺度(型长、型宽和满载吃水);

(2)船队尺度(长×宽×吃水);

(3)枯水期最小航道尺度(天然及渠化河流、人工运河的水深、底宽和曲度半径);

(4)船闸闸室有效尺度(长、宽、门槛水深);

(5)桥梁净空尺度(净跨和净高)。

按上述标准,将全国航道分为六级,分别通行满载吃水为3.2、2.5、1.8、1.5、1.2、1.0(m)的船舶。故一、二级是全国性内河干道,三、四级是区域性内河干道,五、六级是地方性航道。

### (二)航线

航线即海上两地点间的船舶航行线路。船舶具体航次的航线是根据航行地区的水文、气象、地理条件和船舶状况及航次的任务拟定的。

海上航线按所经水域可分为大洋航线、近海航线及沿海航线。

海上航线按几何形状可分为恒向航线、大圆航线和混合航线。

(1)恒向航线:与经度线成等角相交,在地球表面为螺旋曲线,但不是最短航线,常在低纬度处或航程不长时都采用。

(2)大圆航线:地面两点间距离最短的沿大圆弧的航线,适用于航程长、跨越纬度高情况下采用。

(3)混合航线:大圆航线、恒向航线与限制纬度航线混合使用的航线。

海上航线按其性质可分为推荐航线、协定航线和常规航线。

(1)推荐航线:由航路指南根据经验形成的习惯航线经总结后,推荐给船舶的航线。

(2)协定航线:为避开恶劣天气与海洋环境,而协商确定在不同季节共同采用的航线。

(3)规定航线:为航行安全,国家和地区在所辖的一些海区规定船舶必须遵循的航线。

# 二、航 线 设 计

**(一)航线设计**

在航线设计的准备阶段,应以"安全、经济、周密、高效"为原则,并充分考虑下列因素。

(1)本船条件:包括船舶的结构强度、船舶设备、载货量、吃水、吨位、航速和船员配备和适岗情况。

(2)水文气象:应充分注意航线所经地区的风带划分、大范围狂风恶浪区分布及有关海流、海浪、雾、流冰和冰山的情况。

(3)载重线公约的有关规定:根据航线相关条件,按国际载重线公约的要求,确定航经海区使用的载重线。

(4)避开航行受限区:受限区主要包括①军事演习区;②水下电缆和管路的铺设;③空中电缆和桥梁(主要考虑净空高度);④避航区;⑤禁区。

(5)定位与避让:航线拟定时,应充分考虑利用各种定位方法的可能性,特别是重要转向点位置应考虑实测求得。接近陆地时,应选有显著物标或明显特征等深线的水域。

(6)船舶定线制:在通航密度大、航区复杂的水域,由以减少海难事故为目的的单一航路或多航路系统和航路指定方式而构成的任何航路体系,例如分道通航制、双向航路等。

**(二)航线设计常用的航海图书资料**

(1)《航海图书总目录》:可用来查找相应的任何有关的航海图书资料,例如英版的 NP131 和中版的 K102 等。

(2)《世界大洋航路》(英文书名 *Ocean Passages for the World*):这是一本介绍世界主要大洋气候航线的书籍,可供拟定远洋航线时参考。书中简略地介绍了气象和其他影响航线拟定的因素以及经常被选用的大量推荐航线的说明和航程,以便推算概略的航行时间。目前使用的是 1987 年第四版本,该书约 15 年左右再版一次,需与最新的补篇配合使用。

(3)《航路指南》:它是航用海图资料的重要补充和拟定沿岸航线、沿岸及狭水道航行的重要参考资料,目前按地区分为 74 卷,需与最新的补篇配合使用。

(4)大洋航路图:共分南/北太平洋、印度洋和南/北大西洋五组图,每组(一年 12 个月)12 张图,五组总计 60 张。它可作为总图使用,但更多的时候是作为设计大洋航线的主要参考图,应仔细领会掌握图上的各种图表、符号的含义,对大洋航路图的详细介绍请参阅英版《海图的登记与改正》一文中的相关内容。

(5)英版《灯标和雾号表》(英文书名 *Admiralty List of Lights and Fog Signals*):简称《灯标表》,全书共 11 卷。它详细地记载了全世界各种灯标和雾号的特性资料,需配合海图使用及根据航海通告第 V 部分进行剪贴改正。

(6)《潮汐表和潮流表》:包括了世界各港的潮汐、某些海峡的潮流情况等,并按地区划分,以方便使用。其中潮汐表经常使用的有英版和中版两种,可以根据港口情况选择使用不同的版本。

(7)《无线电信号表》:共分六卷 13 册,介绍了有关通信方面的情况,对其的详细介绍请参阅英版《航海通告的登记与改正》一文中的相关内容。

(8)英版《航海员手册》:它是航海人员必备的工具书。航海中所涉及的问题大部分都可以在其中找到相应的解答。

(9)《进港指南》:分上下两册,详细介绍了港口及其各种设施的情况及要求。
(10)海图:包括航用海图、空白定位图和专用海图等。

## 三、世界主要大洋航线

### (一)太平洋航线

**1. 远东—北美西海岸航线**

该航线包括从中国、朝鲜、日本、俄罗斯远东海港到加拿大、美国、墨西哥等北美西海岸各港的贸易运输线。从我国的沿海各港出发,偏南的经大隅海峡出东海;偏北的经对马海峡穿日本海后,或经清津海峡进入太平洋,或经宗谷海峡,穿过鄂霍茨克海进入北太平洋。

**2. 远东—加勒比海、北美东海岸航线**

该航线常经夏威夷群岛南北至巴拿马运河后到达。从我国北方沿海港口出发的船舶大多经大隅海峡或经琉球庵美大岛出东海。

**3. 远东—南美西海岸航线**

从我国北方沿海各港出发的船舶大多经琉球庵美大岛、硫黄列岛、威克岛、夏威夷群岛之南的莱恩群岛穿越赤道进入南太平洋,至南美西海岸各港。

**4. 远东—东南亚航线**

该航线是中、朝、日货船去东南亚各港,以及经马六甲海峡去印度洋、大西洋沿岸各港的主要航线。东海、台湾海峡、巴士海峡、南海是该航线船舶的必经之路,航线繁忙。

**5. 远东—澳大利亚、新西兰航线**

远东至澳大利亚东南海岸分两条航线。我国北方沿海港口到澳大利亚东海岸和新西兰港口的船舶,需走琉球久米岛、加罗林群岛的雅浦岛进入所罗门海、珊瑚湖;中澳之间的集装箱船需在香港加载或转船后经南海、苏拉威西海、班达海、阿拉弗拉海,后经托雷斯海峡进入珊瑚海。中、日去澳大利亚西海岸航线经菲律宾的民都洛海峡、望加锡海峡以及龙目海峡进入印度洋。

**6. 澳、新—北美东西海岸航线**

由澳大利亚、新西兰至北美海岸大多经苏瓦、火奴鲁鲁等太平洋上重要航站到达。至北美东海岸则取道社会群岛中的帕皮提,过巴拿马运河。

### (二)大西洋航线

**1. 西北欧—北美东海岸航线**

该航线是西欧、北美两个世界工业最发达地区之间的原燃料和产品交换的运输线,运输极为繁忙,船舶大多走偏北大圆航线。该航区冬季风浪大,并有浓雾、冰山,对航行安全有威胁。

**2. 西北欧、北美东海岸—加勒比航线**

西北欧—加勒比航线大多出英吉利海峡后横渡北大西洋。它同北美东海岸各港出发的船舶一样,一般都经莫纳、向风海峡进入加勒比海。除去加勒比海沿岸各港外,还可经巴拿马运河到达美洲太平洋岸港口。

**3. 西北欧、北美东海岸—地中海—苏伊士运河—亚太航线**

西北欧、北美东海岸—地中海—苏伊士航线属世界最繁忙的航段,它是北美、西北欧与亚太海湾地区间贸易往来的捷径。

**4. 西北欧、地中海—南美东海岸航线**

西北欧、地中海—南美东海岸航线一般经西非大西洋岛屿—加纳利、佛得角群岛上的航站。

**5. 西北欧、北美东海岸—好望角、远东航线**

西北欧、北美东海岸—好望角、远东航线一般是巨型油船的航线。佛得角群岛、加拿利群岛是过往船舶停靠的主要航站。

**6. 南美东海—好望角—远东航线**

南美东海—好望角—远东航线是一条以石油、矿石为主的运输线,该航线处在西风漂流海域,风浪较大,一般西航偏北行,东航偏南行。

### (三)印度洋航线

印度洋航线以石油运输线为主,此外有不少是大宗货物的过境运输。

**1. 波斯湾—好望角—西欧、北美航线**

该航线主要由超级油轮经营,是世界上最主要的海上石油运输线。

**2. 波斯湾—东南亚—日本航线**

该航线东经马六甲海峡(20万吨载重吨以下船舶可行)或龙目、望加锡海峡(20万载重吨以上超级油轮可行)至日本。

**3. 波斯湾—苏伊士运河—地中海—西欧、北美航线**

该航线目前可通行30万吨级的超级油轮。

## 四、大洋航线的货流

世界上国际贸易总量的90%经由大洋航线。在总的货运量中,六类大宗货物:石油、煤炭、铁矿石、铝土矿、磷灰石和谷物占了绝对优势。

**1. 石油货流**

石油货流是远洋货运中最大的一宗,原油及其产品,已占世界出口货运总量的60%。石油输出国主要集中在西亚北部和中部、非洲以及南美北部的发展中国家,石油输入国主要是西欧、日本等发达国家。主要的石油大洋航线有三条:

(1)波斯湾沿岸各产油国家的石油自印度洋南下,绕非洲好望角由大西洋北上,中间又会合北非和几内亚湾的石油,然后主要运往西欧各国,部分到达北美和南欧。

(2)波斯湾沿岸各产油国家的石油东经印度洋,过马六甲海峡,然后北上日本。

(3)南美北岸石油,经大西洋北上到达美国。

**2. 铁矿石货流**

铁矿石货流是仅次于石油的远洋货运,占干货海运总量的46%。铁矿石的主要出口国是澳大利亚、巴西、加拿大、委内瑞拉、印度、瑞典和利比里亚;主要进口国是日本、德国、美国、英国、比利时、法国。最大的货流方向是:澳大利亚—日本,巴西—日本,印度—日本,委内瑞拉—美国,巴西—德国。

**3. 煤炭货流**

煤炭货流在海洋货运构成中,为仅次于铁矿石和谷物的干散货。煤炭的主要出口国是美国、澳大利亚、波兰、加拿大和俄罗斯;主要进口国是日本、意大利、法国、北欧各国、荷、比、卢、德国和英国。最大的货流方向是:北美、澳大利亚、东欧和我国至日本,东欧、北美和澳大利亚至日本。

**4. 谷物运输**

谷物运输是以小麦、玉米、大麦、燕麦、黑麦、大豆、高粱为主,大米和其他粮谷则很少。谷物货流主要由大商品粮基地运往主要缺粮国家,其主要路线有:美国和加拿大—远东(主要是日本),美国和加拿大—欧洲,美国—南亚和西亚,澳大利亚—远东,阿根廷—欧洲。

**5. 铝土矿、磷灰石货流**

世界上铝土矿主要分布在四个地区:西非几内亚湾沿岸,拉丁美洲的巴西、牙买加、苏里南和圭亚那,澳大利亚,印度和印度尼西亚。澳大利亚是主要的出口国,次为牙买加、几内亚和苏里南。美、日、俄罗斯、德国为进口国。磷灰石的三大生产国是美国、摩洛哥和俄罗斯,其中摩洛哥是最大的磷酸盐出口国,磷灰石和磷酸盐的主要货流方向是由摩洛哥、美国至欧洲各国。

## ◀ 活动二 船舶到港模拟 ▶

### 活动方案设计1 船舶到港模拟

| 时间 | 45分钟 | 地点 | 教室或一体化实训室 |
|---|---|---|---|
| 教学资料 | 某船舶到港签证相关文件与证明材料 | | |
| 教学目标 | 通过船舶到港报港事务的模拟练习,让学生充分认识船舶到港作业生产内容与港口签证程序 | | |
| 活动要求 | 通过船舶到港角色扮演的活动,要求全体同学参与到整个活动中来,代表各自扮演方来正确行使权利与义务,活动结束后,要求学生:(1)写出船舶到港作业的程序与内容;(2)写出船舶到港签证需提交的资料 | | |
| 活动程序 | (1)每班分成三组,一组代表海事,一组代表港口,一组代表船舶;<br>(2)海事设签证窗口,港口分成调度与理货,船舶分公司、船长、大副、管事;<br>(3)模拟程序:进港前联系港方,靠泊装卸理货,交货,货物采购,出港海事签证,出港 | | |
| 活动评价方式 | 学生互评,教师点评 | | |
| 活动小贴士 | 港口是货物装卸聚集地,是船舶生产的始点与终点,了解港口生产,是保证船舶安全送抵货物的基础 | | |

### 活动方案设计2 港口费收核算

| 时间 | 45分钟 | 地点 | 教室或一体化实训室 |
|---|---|---|---|
| 教学资料 | 某船舶某航次运输合同和相关数据,以及某港口收费规则 | | |
| 教学目标 | 通过某一案例的测算,让学生掌握港口费收的种类与计算办法 | | |
| 活动要求 | 根据课堂教师分发的教学资料,完成港口费收的计算 | | |
| 活动程序 | (1)教师选定航次资料,做好教学准备;<br>(2)学生分6组,根据教师讲述后,分发实训资料,互相讨论并计算;<br>(3)各组比对,找出差距,教师点评 | | |
| 活动评价方式 | 教师点评 | | |
| 活动小贴士 | 港口使费是航次成本的内容之一,了解港费收种类,是核算航次成本的要求之一 | | |

# 学习情境3　货物积载认识

海上船舶运输的目标就是把旅客和货物从起始港安全地运抵终点港。如何保证货物在空间位移上的安全,必须领会有关货物特性与货物保管等专业知识。只有了解和熟悉货物有关性质,才可以在船舶运输中做到安全装卸、保管、交接与积载等相关运输事项。

◆**教学目标**

| 终极目标 | | 认知货物的种类及特性,掌握船舶运输中对货物的装卸、堆存、保管、交接与积载等相关事项 |
|---|---|---|
| 促成目标 | 知识点 | ①货物的分类与特性;②货物运输包装与标志;③货物积载;④货物运输管理 |
| | 技能点 | ①利用货物积载因数计算最大载货量;②掌握货物运输的注意事项 |

◆**教学要求**

本情境参考学时为4学时,其中理论教学为3学时,活动教学为1学时。活动教学可以根据学校教学设备情况而定,也可由任课教师加以指定。建议有条件的学校可以通过船舶积载软件教学,以提高学生对货物装积载的实际认识

## 任务一　货物分类与特性认知

货物通常是指运输部门承运的各种原料、材料、商品以及其他产品和物品的总称。了解货物分类,掌握货物的特性,是船舶运输中货物不受损害的重要保证。

### 一、货物的分类

水运货物按装运方式、自然特性、装卸和保管的要求等,一般有以下分类方法。

#### (一)按装运方式分类

**1. 散装货物**

散装货物是以散装方式进行运输的,以重量承运的,无标志、无包装、不易计算件数的货物,一般批量较大,种类较少。按其形态可分为:

(1)固体散货,如矿石、化肥、煤等;

(2)液体散货,如原油、动植物油等。

**2. 件装货物**

件装货物又称为件杂货或杂货,是以件数和重量承运的,一般批量较小,票数较多,有标志,包装形式不一,性质各异,货种极为广泛。

(1)件杂货按包装特点分类

①包装货物,是指装入各种材料制成的容器或捆扎的货物,如袋装货物、桶装货物、捆装货物等。

②裸装货物,是指在运输中不加包装(或简易捆束),而在形态上却自成件数的货物,如汽车、铝锭等。

(2)件杂货按清洁程度分类

①清洁货物,是指在运输中本身不易变质,外观清洁干燥,本身不能被沾污而且对其他货物无污染的货物,如棉毛丝品、纸浆等。

②污秽货物,又称污染货、脏货,是指在装卸运输中因本身无包装或包装不良,受损时对其他货物容易造成污染损害的货物,包括:易扬尘货物,如水泥、矿粉等;易潮解货物,如糖、盐等;易渗油货物,如煤油、小五金等;易渗漏货物,如酒、蜂蜜等;散发强烈异味的货物,如氨水、油漆等;带虫害病毒的货物,如未经消毒的生牛羊皮、破布、废纸等。

(3)件杂货按装运要求分类

①特殊货物,又称特种货物,是指货物的本身性质、体积、重量和价值等方面具有特别之处,在积载和装卸保管中需要采取特殊设备和措施的各类货物,包括:贵重货物,如金银、历史文物、名贵药材、高级仪器和电器等;笨重长大的货物,即单件超长、超重的货物,如机车头、钢轨等;易腐性冷藏货,如新鲜的肉、鱼、果、菜等;活的动植物,又称活货,是指在运输过程中,仍需不断照料,维持其生命和生长机能,不使其发生枯萎、患病或死亡的动植物货物;邮件货物。

②危险货物,是指具有燃烧、爆炸、腐蚀、毒害和放射性等危险性质,在运输过程中能引起人身伤亡、财产毁损的货物,如黄磷、硝酸等。

③普通货物,是特殊货物之外的一般货物的统称。

④成组货物,是指用托盘、网络、集装箱等将件杂货或散货组成一个大单元进行运输的货物,包括托盘货物、网络货物、集装箱货物。

**(二)按自然特性分类**

货物按其自然的物理化学特性可以分为:

(1)吸湿性货物,是指吸收空气中的水蒸气或水分的货物,如茶叶、香烟、糖等。

(2)热变性货物,指环境温度超过一定范围时会引起形态变化的货物,如石蜡、松香、橡胶等。

(3)自热性货物,指不受外来热源影响而会自行发热的货物,如棉花、煤炭等。

(4)锈蚀性货物。

(5)染尘性货物,指具有吸收周围环境的灰尘的货物,如纤维、液体、食品等。

(6)扬尘性货物。

(7)易碎性货物。

(8)吸味性货物,指容易吸附外界异味的货物。

(9)危险性货物。

(10)冻结性货物,指含有水分,在低温条件下易于冻结成为整块或产生沉淀的货物。

**(三)按装载场所分类**

货物按装载场所可分为:

(1)甲板货。

(2)舱内货。

(3)舱底货,一般是较重且坚实的货物。

(4)衬垫货,指装载于舱内可用作填补舱内空位的小件货物。

**(四)按批量大小分类**

货物按批量大小可分为:

(1)大宗货物,指运量很大的同批货物,如化肥、粮谷等。大宗货物通常采用租船方式进行运输。

(2)零星货物,指运量很小的同批货物,如生丝和贵重、高级商品等。此类货物常用订租班轮部分舱位方式进行运输。

(3)满载货物,指可以装满整艘船的同种货物。航次租船运输的货物多属此类。

(4)部分满载货物,指运输中只占用货舱部分容积,需与其他货物混装的货物。班轮运输的绝大多数件杂货都属此类。

**(五)按运输过程分类**

货物按运输过程可分为:

(1)直达货,指在装货港装船后直接运到目的港的货物,也指船舶在航运途中靠港时不予卸下的过境货物。

(2)挂港货,指船舶中途靠港时卸下的货物。

(3)转船货,指船舶到港卸下后,再由其他船舶运往目的地的货物。转船货在运输过程中,往往会出现多套(通常为两套)提单。

(4)联运货,指采用水陆、水水、水陆水或水陆空等不同方式联运的货物。目前常见的是集装箱多式联运货。

(5)选港货,指装船前指定两个或两个以上的卸货港,货主在一定时限内确定在其中某个港口卸下的货物。

(6)变更卸货港的货物,指装货后原定卸货港有所变更的货物。

## 二、货物的特性

在水路运输过程中,所运输的货物由于本身的自然属性、化学组成与结构不同,当受到温湿度、日光、雨水、微生物等不利环境因素,以及运输中装卸搬运作业的外力影响时,可能引起质量变化。为了保证货物运输安全和货物质量,有必要掌握不同货物所具有的特性(包括化学性质、物理性质、生物性质和机械性质)。

**(一)货物的化学性质**

货物的化学性质是指货物在光、氧、水、酸、碱等作用下,发生改变物质本身的化学变化的性质。在运输中,货物发生化学变化的形式主要是氧化、腐蚀、燃烧、爆炸等。

**1. 氧化**

氧化是指货物与空气中的氧或放出氧的物质所发生的化学变化,又称氧化作用。易于氧化的物质很多,如金属类、油脂类、自燃类货物等。一般情况下,氧化作用的进行是十分缓慢的。如果氧化产生的热量没有很好地散发而积聚起来,就会发生自热、自燃现象,因此,对于一些发热量较大、燃点较低的货物(如黄磷、废电影胶片、赛璐珞制品等),要特别注意防止自燃事故的发生。

金属锈蚀也是一种氧化现象。

**2. 腐蚀**

引起腐蚀作用的基本原因是由货物的酸性、碱性、氧化性和吸水性所致。在运输中常见的腐蚀品主要是酸类、碱类物质。

**3. 爆炸**

爆炸分为化学性爆炸和物理性爆炸。化学性爆炸是指物质受外因的作用,产生化学反应而爆炸。物理性爆炸是指货物包装容器内部气压超过容器的承受强度而发生的爆炸。

### (二) 货物的物理性质

货物的物理性质是指货物受外界的湿、热、光、雨等因素的影响而发生物理变化的性质。货物发生物理变化时,虽不改变其本质,但却能造成货物的损坏或质量降低。

在运输中,货物发生物理变化的形式主要是货物的吸湿、散湿、吸味、散味、挥发、热变、膨胀、溶化、凝固、冻结等。

**1. 吸湿**

货物的吸湿是运输中货物常发生质量变化的一个重要原因,它是指货物具有吸附水蒸气或水分的性质。货物吸湿有两个主要因素:一是货物的成分与结构,即在货物成分中含有亲水基团,如羟基($-OH$)、羧基($-COOH$)、氨基($-NH_2$)等,或是货物结构疏松多孔,如棉、麻、茶叶等。二是货物本身的水汽压小于空气中的水汽压时,货物就出现吸湿,反之,会出现散湿。

在运输中,货物含水量过多,超过其安全水分标准时,会造成货物潮解、溶化、分解、生霉等变质现象;含水量过少,会致使货物损耗、发脆、开裂等。因此,在运输中须熟悉各类货物的安全水分,加强温湿度控制和防潮措施,谨慎地做好配积载。

**2. 挥发**

货物挥发是指液体货物表面能迅速汽化变成气体散发到空间去的性质。如汽油、酒精等是易挥发的货物。

在运输中,货物的挥发,不仅会造成货物重量、质量损耗,而且,包装内气压过大,还会造成包装破裂或爆炸。有些货物挥发出有毒、腐蚀、易燃性气体,也会引起危险事故。因此,在运输中要求货物包装坚固完好,封口严密,避免受高温、外力作用;对沸点低的液体货物应选择低温季节或冷藏运输,作业前必须充分通风。

**3. 热变**

货物的热变是低熔点的货物在超过一定温度范围后引起形态变化的性质。货物在受热后,产生的形态变化有软化、变形、粘连、溶化等,这样就会造成货缺、货垛倒塌及沾污其他货物,影响装卸作业。易产生热变的货物有松香、橡胶、石蜡等。

在运输中,为防止货物热变,低熔点的货物应装载在阴凉的场所,远离热源部位,炎热季节应采取防暑降温措施。

### (三) 货物的机械性质

货物的机械性质是指货物的形态、结构在外力作用下发生机械变化的性质。其机械变化决定于货物的质量、形态与包装强度。在运输中,货物所受的外力分为静态作用力(堆码压力)和动态作用力(振动冲击、翻倒冲击、跌落冲击)。

抗压强度即抗压性,是最常用的机械性能指标,它决定着货物的堆码高度或耐压强度。其次是韧性,即物质抵抗冲击力的能力。相反,缺乏韧性,则称之为脆性。在运输中,货物受振动、翻倒、跌落冲击是不可避免的,因此要求货物和包装具有抵抗运输中正常堆压冲击的能力,防止受外力作用造成破损。

在运输中,货物发生机械变化的形式主要是破碎、变形、渗漏、结块等。

**(四)货物的生物性质**

货物的生物性质是指有机体货物及寄附在货物上的生物体,在外界各种条件的影响下,为了维持其生命而发生生物变化的性质。在运输中,货物发生生物变化的形式主要有酶、呼吸、微生物、虫害的作用等。

**1. 酶的作用**

酶又称酵素,是一种生物催化剂。粮谷的呼吸、后熟、发芽、发酵、陈化等都是酶作用的结果。影响酶的催化作用的因素有温度、pH 值、水分等。

**2. 呼吸作用**

呼吸作用可分为有氧呼吸和缺氧呼吸。

有氧呼吸是有机体货物中的葡萄糖或脂肪、蛋白质等,在通风良好、氧气充足的条件下受氧化酶的催化,进行氧化反应,产生二氧化碳和水,并释放出热量。

缺氧呼吸是在无氧条件下,有机体货物利用分子内的氧进行呼吸作用。如葡萄糖在各种酶的催化下,转化为酒精和二氧化碳,并释放出热量。

**3. 微生物作用**

有机体货物在微生物作用下,会引起生霉、腐烂和发酵发热等质量变化的现象。易受微生物作用的货物主要有肉类、鱼类、蛋类、乳制品、水果、蔬菜等。

常见危害货物的微生物有细菌、霉菌,酵母菌等。一般来说,含水量多,温暖潮湿的环境最适宜微生物的生长,所以,控制货物含水量和环境温度以及预防感染是防止微生物危害的主要措施。

**4. 虫害作用**

虫害作用与一般环境的温湿度、氧气浓度、货物的含水量有关系,其中温湿度是最重要的因素。为防止虫害,应控制有关因素并做好防感染工作。在运输中,常见易受虫害作用的货物主要有粮谷类、干果类、毛皮制品等。

## 三、货物运输包装与标志

为了在流通过程中保护产品、方便储运、促进销售,而采用一定技术方法的容器、材料及辅助等的总体名称,称为货物的运输包装。根据货物的不同特点,应有各种适合于保护不同货物的包装。我国有关部门对货物包装的基本要求作了具体的规定。在国际贸易中,货物包装也被列为主要条件之一,可见包装对货物运输的重要性。

**(一)货物运输包装**

**1. 货物运输包装的作用**

(1)防止货物受水湿、破损、污染、变质等,确保货物质量完好;

(2)防止货物散落、泄漏、丢失、短缺,以求货物数量完整;

(3)防止货物本身的毒害或其他危险的扩散;

(4)便于理货、交接、计数,提高装卸运输的效率,加快船舶、货物的周转;

(5)便于货物的运输、装卸和堆码保管。

## 2. 货物运输包装的分类

货物的运输包装,可按包装形式和包装材质加以区分,通常可分为以下几种:

(1) 箱状包装

这种六面体形状的包装由天然木板或胶合板或瓦楞纸板等材料所构成,它是最常用的一种包装。其中,纸板箱坚实程度较差,仅适用于较轻的货物;木板箱较为坚实,适用于各类较重的货物(包括大型的机械设备)。

(2) 捆包状包装

一种直接贴附在货物外表的包装,通常使用棉、麻等织物体作为包皮,类似护套,但加以捆扎。它适用于纤维及其织品的包装,可以起到防止包内货物松散和沾染污物的作用。

(3) 袋状包装

包装袋可由以下各种材料制成,如:多层牛皮纸、麻织料、布料、塑料、化纤织料和人造革等。它也是使用极为广泛的一种包装,适用于盛装粉状、结晶状和颗粒状的货物。

(4) 桶状包装

一种圆柱形密封式包装,属于这种包装的有钢制桶、胶合板桶、纸板桶、塑料桶和鼓形木桶等,它们分别适合于装载块状或粉状固体、糊状固体、液体,以及浸泡于液体中的固态物质。

(5) 其他形状包装

指上述四种基本包装以外的其他形状的包装,又可分为捆扎状、卷筒状、编筐状、坛瓷罐瓶状等多种形式。

(6) 裸状包装

通常将不加包装而成件的货物称为裸装货,但实际上有相当数量的裸装货需有必要的简单捆扎,如将一定数量的钢管或钢条捆扎成一体等。

各种包装形式及它们通常所装货物见表3-1。

包装形式及适用货物　　　　　　　　　　　　　　　　　　　表3-1

| 包装形式(附英文及其复数简写) | 通常所装货物 |
| --- | --- |
| 箱状包装 | |
| 　箱(case) C/S | 箱装总称:装件杂货 |
| 　木箱(wood case) C/S | 杂货等 |
| 　纸箱(carton) Ctns | 日用百货等 |
| 　胶板箱(plywood case) C/S | 日用百货、茶叶等 |
| 　板条、亮格箱(crate) Crt | 机械设备、大理石、瓷砖等 |
| 袋状包装 | |
| 　袋(bag) Bgs | 袋装总称:装粉粒状货物 |
| 　麻袋(gunny bag) Bgs | 粮谷、糖、化肥等 |
| 　纸袋(paper bag) Bgs | 水泥、化肥、塑料原料等 |
| 　布袋(sack) Sks | 面粉、淀粉等 |
| 　人造革袋(leatheret bag) Bgs | 化学原料、矿粉等 |
| 桶状包装 | |
| 　桶(drums) Drms, D/S | 桶装总称:装液状或散件货物 |
| 　金属桶(iron drums) Drms, D/S | 油类、染料、危险性化学原料等 |
| 　塑料桶(plastic drums) Drms, D/S | 液体类 |
| 　鼓形木桶(barrel) Brls | 肠衣、酒、松脂等 |
| 　大木桶(hogshead) Hghds | 烟叶、农副土产等 |
| 　小木桶(keg) Kgs | 小五金等 |

续上表

| 包装形式(附英文及其复数简写) | 通常所装货物 |
|---|---|
| 其他形状包装 | |
| 包、捆(bale) B/S | 棉麻、纤维、纺织品、羊毛等 |
| 捆扎(bundle) Bdle | 平叠纸张、金属锭、钢材等 |
| 卷筒等(roll,reel,coil) | 卷纸、电缆、铅丝、绳索等 |
| 篓筐(basket) Bkts | 水果、蔬菜 |
| 坛(jar) | 腐蚀性液体、酒、榨菜等 |
| 瓶(bottle) Btls | 酒、化学品等 |
| 钢瓶(cylinder) Clds | 各种压缩液化气体等 |
| 罐(can) | 油漆等 |
| 裸状包装 | |
| 锭(ingot) Igts | 铝、锌、锡、铜等 |
| 块(pig) | 生铁、铜、建筑石块等 |
| 管(pipe) | 大型钢管、铁管等 |
| 条、棒(bar) | 条形钢材等 |
| 张(sheet) Shts | 钢板 |
| 个、件(piece) Pcs | 各种奇形钢材或设备等 |
| 头、匹(head) Hds | 活的动物 |
| 裸装(unpacked) | 大型机件、车辆、舟艇、设备等 |

除了上述包装以外,还可将它们集成在一起,组成更大的"包装",称为成组包装。这种包装通常附有成组工具(货板、网络、集装箱等),并符合一定的重量和尺度要求。

(二)标志

凡在货物表面、包装表面、专门的号牌或供贴用的标签上,用颜料、印痕、烙印或其他方法记载的任何有一定含义的图形、文字和数字统称为标志。货物投入运输,必须附有标志,便于识别和区分不同的货物,说明装运作业要求,以保护货物的安全质量。

在国际贸易货运中,根据各种标志所起到的不同作用,可将标志分为以下四种。

**1. 识别标志**

识别标志包括主要标志、副标志、件号标志和目的地标志。它用于运输过程中辨认同批货物。通常,主要标志、副标志被记载在国际贸易合同、发货单据和运输、保险文件的相应记事项内。

(1)主要标志亦称基本标志或发货标志。它可用图形及附加文字记号表示,也可以仅用文字记号表示。在国际商品流转中,只需将主要标志记载在合同、发票、提单、保险单、关单、检验证书及其他与贸易运输有关的单据上,收货人、发货人、承运人、保险人及海关、检验等部门,根据文件的记载,即可在包装外形相似的众多货物中识别区分出相应的货物,顺利地进行交接或检查工作。在国际贸易中,主要标志采用什么形式,大多数由出口公司决定,并在合同中具体约定。

(2)副标志亦称附属标志。它是主要标志的补充,是附加在主要标志范围内的某种记号,用于区分同批货物中不同情况的货物。具体而言,这种标志主要用于区分以下四种不同情况的货物。

①区别不同生产厂商的货物。当出口公司的一批货物由数家不同的工厂提供时,可用副

标志区别不同的供货人所提交的货物。这样,当发生生产质量方面的索赔时,有利于划清责任。

②区别不同订户的货物。当数个小贸易行联合向一个大出口公司以一个合同使用同一个主要标志购买一批货物,而这些货物分属于数家用户时,应用副标志,在货物运到时即可方便地分清不同订户的货物,有利于及时交付货物。

③区别不同品质、等级的货物。当同批货物中有不同的品质、等级或规格时,应用副标志,就不会影响不同品质、等级、规格的商品分拨和销售,以及不同规格零部件的成套装配。这方面,通常还应用其他标志。

④区别不同买主(或卖主)的货物。当主要标志采用出口公司或进口公司的专用标志时,可应用副标志表示不同的买主或卖主。如某一进口同时采用本公司的专用标志,同时与几个贸易对象有业务往来,可以应用副标志,以区分不同对象的货物。

(3)件号标志也是主要标志的一种补充,它的作用是区分货组和明确各货组的货件数量。当一批货物同时投入运输时,应按顺序号码对货件制作件号标志(品质、规格和每件重量相同的大宗货物,无需逐件编制这种件号标志)。对于具有成套性的设备零部件,当同时发运多套,且每套分装成若干件时,应首先分清套号,然后在同套内编制件号,例如,"set No. (2)-3/8"即表示该货件属第 2 套(组),该货件为其中的第 3 件。由于货物件号与货物发运的批次、本批货件总数有关,所以常在件号标志内反映这些内容。

(4)目的地标志或称港埠标志,表示货物运往的目的地。它不能使用简称、代号或缩写,而必须是完整的名称,否则会造成货物错运或使船舶在中途港发生翻舱、倒载等事故。当运往某一目的地的货物有 2 条以上的运输线路可供选择时,还应表明选定的经由路线;若目的地在内陆,应表明中转港口名称;对于过境货物,当过境后应运往的目的地尚未明确时,可表明过境以示还需继续转运。

**2. 运输标志**

广义上讲,运输标志可包括全部货物标志内容,但实际上这里所指的是供运输部门处理费用计算、考虑舱容量利用,以及便于运输部门区分货组(国内调运时)的标志。就贸易进出口货物运输而言,运输标志是指反映货件尺寸和重量的记载。在出口货物由产地向口岸调运时(通常,出口标志尚未确定),它还包括仅在国内适用的运输货组方面的记载。

(1)货件尺寸、重量标志。货件尺寸是指包装件或裸装件的外部尺寸,它应明确标明丈量单位。包装货件的重量应包括毛重、净重、皮重,同时应标明计量单位。这一标志所记载内容是运输部门确定货件以重量计费或体积计费的依据,也是区分货件是否超重、超长,以及考虑具体装载安排的重要依据。

(2)运输货组标志。它仅用于国内调运过程,货物出口时这种标志不起作用,所以,应防止与其他出口标志混淆。

**3. 注意标志**

注意标志是指明货物在搬运、装卸、保管过程中应予注意的具体事项。它包括如下两种标志:一是用于普通易损坏货物的指示标志,二是用于表明危险品危险特性的警戒标志。

（1）指示标志又称保护标志。它根据货物特性,指示船、港货运工作人员按一定的要求操作和保管货物,以保护货物质量。在国际贸易运输中,货件一般不标明商品名称,即使有些货件标明商品名称,但货运作业人员不一定都具有足够的经验,所以给予指示是十分重要的。这种标志一般包括三方面内容:

①装卸作业注意事项,如"小心轻放"、"勿用手钩"等;

②存放保管注意事项,如"勿近锅炉"、"怕湿"等;

③开启包件注意事项,如"此处打开"等。

（2）警戒标志用于指示危险货物的危险特性,又称危险品标志。国际上按危险品货类制定有专门的指示图形,我国也有相关的标准。警戒标志除用图形表示外,还同时附以警戒性的简要文字,如"谨防漏气"（有毒气体）、"切勿坠落"（压缩气体、爆炸品）等。

### 4. 原产国标志

它是国际贸易中特殊需要的一种出口标志,标明货物在某个国家生产制造。不少国家规定禁止无原产国标志的商品进口,大多数国际对不符合原产国标志规定的进口商品要处以罚款。必须有这种标志的原因有以下几个方面:

（1）许多国家根据互惠原则或实行贸易歧视政策,对来自不同国家的进口货物规定不同的关税税率,因此,为保护税收,要对货物的原产国实行严格的检查和控制。

（2）有些国家限制某些国家的商品进口为防止被禁止进口国家的产品冒充其他国家产品进口,所以也需要货物明确标明原产国,以便进行严格检查。

（3）某些国家为维护国内产业,防止进口货物与本国货物混淆,因此要求进口货物标明原产国。

正确制作货物标志是非常重要的。货物承运人对托运货物的标志有具体要求,既要求完整正确,又要求在目的地交货时仍能保持完整清晰。通常,在运输合同中有这样的条款:"由于货物标志不清、消失等原因引起的货损事故,运输人不负责任"。然而,为保障运输安全质量,船方在遇有标志不清的货物时,应主动敦请货方及时按规定要求加以补正,否则可以拒绝装船。运输部门应充分使用货物标志。船方在货物积载工作中,必须严格按货物标志分隔货物,给货物以合适的舱位和防护。港方在装卸、搬运和保管货物的作业中,必须严格按标志所指示的要求处理货物,否则,虽有明确的标志,仍会发生严重的混票和货损等事故。

# 任务二　货物积载与运输要求

在航运实务中,做好货物积载工作不仅有利于运输船舶合理利用舱容增加营收,同时也可以提高货物运输途中的安全性。

## 一、货物的计量和货物积载因数、亏舱率

### （一）货物的计量

货物的体积和重量,不仅直接影响到船舶等运输工具的载重量和货载容积的利用程度,还关系到有关库场堆放货物时如何充分利用场地面积和空间等问题,而且还是计算运费的基础,

同时与货物的装卸、交接也有直接的关系。

依照航运业务的惯例,对于除贵重或高价货物以外的一般货物,均按货物的毛重或货物的体积计算运费。货物的计量单位也因使用的场合和货物的轻重而不同。

**1. 货物的计量单位**

(1) 重量吨

重量吨是通常惯用的货物重量计量单位,如吨(公吨)、长吨、短吨等。此外,还有的国家采用应英担。按照国际惯例,通常把每 $1.1328m^3$ 体积的货物,其重量大于 1t 者称为计重货物或重货。我国采用公制单位,规定每立方米体积的货物,其重量大于 1t 者为重货。

在计算货物装运、交接和计算运费时,重货均以重量吨为计量单位。

(2) 容积吨

国际上通常把每 $1.1328m^3$ 体积的货物,其重量小于 1t 者称为容积货物或轻货。其在计算运费时采用的计量单位为容积吨。1 容积吨 = $1.1328m^3$。我国采用公制单位,1 容积吨 = $1m^3$。

目前,世界各国在货物计量方面多趋向于采用公制。在计算费用时,不论重量吨还是容积吨,统称为计费吨。

注意,容积吨只在计算轻货的运费时用,而货物的装运、交接等,均以重量吨为依据。

**2. 货物体积的丈量与计算**

一定重量的货物体积,不仅与计算运费有关,而且也是船舶配载时计算货物所需舱容的重要技术资料。货物的丈量体积是指货物外形最大处的长、宽、高三个尺码组成的立方体的体积。此方法称为满尺丈量法。

货物托运人申报的和货物清单上提供的一般为货物的丈量体积。

### (二) 货物的积载因数和亏舱率

**1. 货物的积载因数**

货物的积载因数是配积载工作中一个十分重要的数据。在水路运输中,由于货物的轻重、包装尺寸规格的不同,重量相等的货物,其体积有时会相差很大。如生铁和棉花,如果全部装载生铁,则当船舶载重量已满载时,舱容尚空余许多,造成船舶亏舱;相反,如果全部装载棉花,虽装满船舶全部舱容,但载重量还剩余许多,造成船舶亏载。可见,确切掌握反映货物体积与重量之间关系的货物积载因数,对于正确制订配积载计划极为重要。

货物的积载因数是指每吨货物所具有的体积(货物的丈量体积),即货物的体积与重量之比,即

$$\mu = \frac{V}{Q} \tag{3-1}$$

式中: $\mu$ ——货物积载因数($m^3/t$);

$V$ ——货物的体积($m^3$);

$Q$ ——货物的重量(t)。

货物的积载因数是表示货物轻重的重要性能指标。

对于同一种类的货物而言,由于其包装形式、规格、品质、等级等的差异,其积载因数也不尽相同。常见货物的积载因数列于表 3-2 中。

常见货物的积载因数　　　　　　　　　　表 3-2

| 货 物 名 称 | 包 装 形 式 | 积载因数($m^3$/t) | 货 物 名 称 | 包 装 形 式 | 积载因数($m^3$/t) |
|---|---|---|---|---|---|
| 铁矿砂 | 散 | 0.45~0.51 | 石蜡 | 箱 | 1.2~1.35 |
| 圆钢 | 捆 | 0.57~0.62 | 细布 | 捆 | 1.75~1.89 |
| 槽钢 | 捆 | 0.84~0.91 | 原木 | 根(散) | 2.88~3.96 |
| 钢板 | 张 | 0.45~0.51 | 木板材 | 捆 | 2.2~2.54 |
| 钢管 | 捆 | 1.13~1.69 | 玻璃 | 大箱 | 1.5~1.58 |
| 滑石粉 | 袋 | 1.01~1.08 | 大米 | 麻袋 | 1.44~1.5 |
| 石棉 | 袋 | 1.21~1.27 | 小麦 | 散 | 1.27~1.33 |
| 水泥 | 纸袋 | 0.79~0.91 | 玉米 | 散 | 1.44~1.5 |
| 煤 | 散 | 1.1~1.4 | 面粉 | 布袋 | 1.35~1.42 |
| 盐 | 草包 | 1.08~1.13 | 大豆 | 散 | 1.38~1.42 |
| 啤酒 | 纸箱 | 1.27~1.35 | 烤烟 | 布包 | 4.1~4.53 |
| 罐头 | 纸箱 | 1.55~1.61 | 香烟 | 纸箱 | 0.57~5.09 |
| 鲜蛋 | 塑料箱 | 2.54~2.71 | 茶叶 | 箱 | 3.39~3.96 |
| 烧碱 | 铁桶 | 1.18~1.3 | 棉花 | 捆 | 2.83~3.11 |
| 汽车轮胎 | 裸装 | 6.09~6.22 | | | |

**2. 亏舱率**

按货物丈量的体积和重量,经计算得出的货物积载因数为不包括亏舱的货物积载因数。在计算货物所占的舱容时,必须加上货舱容积的损失部分,即亏舱,才能得出该货物所需的实际舱容。

所谓亏舱,是指船舶货舱中未被货物充分利用的那部分容积。产生亏舱的原因有:
①货物与货物之间的不正常空隙;
②货物须留出通风道或膨胀余地的空间;
③货物衬隔材料所占的空间;
④货物与货舱舷侧和围壁间无法利用的空间等。

亏舱的多少通常用亏舱率来表示。

所谓亏舱率,是指货舱中未被货物充分利用的空间占整个货舱容积的百分数。其计算公式为:

$$\beta = \frac{(W-V)}{W} \times 100\% \tag{3-2}$$

式中:$\beta$——亏舱率(%);
　　　$W$——货舱的容积($m^3$ 或 $ft^3$);
　　　$V$——货物的丈量体积($m^3$ 或 $ft^3$)。

亏舱率的大小一般取决于货物种类、包装形式、货舱部位以及货物的装舱质量、配积载水平等因素。各种包装形式的货物亏舱率参见表 3-3。

不同货种的亏舱率  表3-3

| 货物的包装形式 | 亏舱率(%) | 货物的包装形式 | 亏舱率(%) |
| --- | --- | --- | --- |
| 各种杂货混装 | 10~20 | 大木桶 | 17~30 |
| 同一规格的箱装货物 | 4~20 | 煤炭 | 0~10 |
| 同一规格的袋装货物 | 0~20 | 谷物 | 2~10 |
| 同一规格的捆装货物 | 5~20 | 盐 | 0~10 |
| 同一规格的桶装货物 | 15~30 | 矿砂 | 0~20 |
| 同一规格的铁桶装货物 | 8~25 | 木材 | 5~50 |

下面举例说明货物积载因数和亏舱率在船舶配载中的应用。

**例 3-1** 某船某航次有一票箱装罐头共 3500 箱,每箱 0.029m³,重 18kg,拟配载于尾舱底部。试估算需要多少立方米的舱容才能装下这票货物。

解:罐头积载因数为:

$$\mu = 0.029/0.018 = 1.611 \text{m}^3/\text{t}$$

该票货物的重量为:

$$Q = 0.018 \times 3500 = 63\text{t}$$

该票货物为小木箱装,尾舱底部形状不规则,按表3-3,亏舱率取13%,则装下该票货物所需的舱容为:

$$W = 1.611 \times \frac{63}{(1-0.13)} = 116.66\text{m}^3$$

## 二、货物运输条件

为保证货运安全质量,应充分了解水上货物运输的条件。这些条件通常包括:船舶货舱适货条件及货舱通风管理条件,船舶航行中的摇摆对货物的影响,港口作业及保管货物的条件等。此外,还应了解产生水上货运事故的主要原因,从而在运输过程中满足保证货运质量的要求。

下面主要讨论海上货物运输领域的货物运输条件。

### (一)船舶货舱适货条件

**1. 杂货船货舱应具备的条件**

杂货船为了适应大多数货种的装载,应具备清洁、干燥、无异味、无虫害和严密等条件。

(1)清洁:指货舱内不残留易污染其他货物的污秽物及其他有害物质,如有残留化肥、煤屑、盐、糖、油脂、氧化剂或毒害性物质等,应彻底清除。

(2)干燥:指舱内应无积水、漏水及潮湿现象,特别是舱底部的污水沟应畅通,木质舱底板应干燥。

(3)无异味:指应无油味、漆味、腥味、臭味、烈性酸味等足以影响拟装载货物品质的异味。必要时,应通过专门方法除臭。

(4)无虫害:指舱内无仓储害虫、检疫对象及鼠迹等。

(5)严密:指舱内污水沟木盖板、木质舱壁、木质舱底板以及各种固定设备处的构建紧密,能防止各类块粒物质漏入。

为切实保证舱具备装载(适货)条件,必要时,船方应向公正性检验部门申请验舱,并获得证明船舱符合装载条件的证书。这种检验包括干货舱清洁检验、油船清洁检验、油船密固检验、冷藏舱室检验等。

**2. 衬垫和隔票**

为了保证货物完好,防止产生货损货差等现象,在货物运输中,应选择适合其用途的材料充当货物的衬垫和隔票。

衬垫是保证货物完好、保证船货安全的重要措施之一,其作用如下:

(1)防止货物水湿。如装载包捆类怕湿货物时,根据货种、航区的温度变化的可能性及航行时间的长短,需要在舱底、舱壁、舷壁及露天甲板下面等部位衬垫防水湿的材料,通常在载重水线以上的舷壁和甲板下面、舱口附近、通风筒下面最容易产生较多的汗水。

(2)防振。有些危险货物的底部要衬垫防振的材料,特别是易爆炸的危险货物,为防止撞击产生火花,在铁质舱底上一定要衬垫锯木料或木屑、碎泡沫塑料、草席等防振动、防撞击材料。有时,每层之间也要求衬垫防振材料。防止散装撒漏、清洁货物被污染,应视货种情况不同,需要在散装货物和污染扬尘性货物的底部、面部和清洁货物的底部、面部和清洁货附近的前后舱壁和舷壁的不洁部位,衬垫1~2层帆布。

(3)防止货物压损、移动及甲板局部强度受损。当底舱高度较大,舱内装载包装不太牢固的货物时,每层或隔几层应衬垫木板,以防止压坏货物;当舱内装载大的箱装货物的裸装的重大件时,为防止货物移动影响船舶安全和损坏货物,常用撑木或木楔支顶固定;在重大件货物的底部,应衬垫一层钢铁或厚木板或方木以增加受力面积,减少单位面积负荷量,防止甲板局部强度受损。

隔票是为提高理货工作效率、减少和防止货差事故、加快卸货速度而进行的一项工作。隔票的具体方法很多,如可用包装明显不同的货物作分隔,也可以用专门的隔票物(如绳网、绳索、草席、帆布等)作分隔,也可用油漆作标记(如钢材、木材等)加以区分。在具体工作中,应根据货物品种的不同,灵活地采用相应的隔票方法和隔票材料,对不同卸货港、不同货主、不同关单号的货物做好隔票工作。

**(二)货舱通风条件**

由于调节货舱内的温度、湿度和排除有害气体对保证货运安全质量有重要的作用,所以船舶必须具备货舱通风条件。同时,船舶货运作业人员必须掌握货舱通风的基本原理,做到勤检查、勤测量,采取正确的通风方法,做好保管货物的工作。

为了使货舱经过通风能达到控制舱内温、湿度和气温的变化,必须掌握正确的通风管理措施。

**1. 防止舱内产生汗水的通风**

空气中含有一定量的水蒸气,如果船舱内出现的水滴是由空气中的水蒸气凝结而产生的,则这种水滴的生成俗称"出汗"。

船体出汗:船舶在温、湿度大的亚热带或热带装货时,船舱内空气的温度和湿度较高,同时,所装的货物已从空气中吸收了不少水分,起航后,当航行到气温更高的地区,或受外界阳光照射等热量影响时,货物在舱内会随着气温升高而散发水分,结果使舱内空气的绝对湿度不断提高,舱内的露点也逐渐升高。当船舶紧接着开始驶向较寒冷的地区时(或从白天转入夜间),船体水线以上的钢板湿度逐渐下降,舱内绝对湿度较高的空气遇到这些船体钢板温度不断下降的部位,就会出现相对湿度不断提高的情况。如果这些部位的钢板温度低于舱内空气的露点,则该部位就会结露"出汗",这种现象称为"船体出汗"。

货物出汗：船舶在寒冷地区装载钢材、金属制品及罐头食品等货物时，该类货物在空气中已被冷却，温度较低。起航后，船舱内这类货物的温度随周围气温变化而上升的速度较慢，它们的温度达到与周围环境温度一致往往需要较长时间。当该船向温暖海区行驶时，舱内温度逐渐升高，一些含水分较多的货物开始向外散发水分，使舱内绝对温度较高。如果舱内空气这时的绝对湿度达到金属表面较低温度所对应的饱和湿度，则在金属表面就会结露"出汗"。这种现象称为"货物出汗"。如果船舶航行沿途将湿热的热带空气送入舱内，则货物出汗更为严重。

通过正确的方法进行通风，使舱内空气露点降低到不致使空气中水蒸气形成水滴的程度，或将相对湿度控制在一定程度，就可以消除或减轻舱内出汗的情况。

当船舶装运吸湿性货物由寒冷地区向温暖海区航行时，可能发生货物出汗，而不会发生船体出汗。此时，舱内空气露点较低于外界空气露点，所以进行通风换气是有害无益的。当船舶装运吸湿性货物由温度地区向寒冷海区航行时，外界空气温度及露点逐渐下降，船体水上部分（舷壁及露天甲板）的温度也随着降低。此时，货舱内的该部位就会出现"汗水"。为了防止船体出汗，应不断加以通风，但如果通风不当，如用对流循环通风方法，则难免在冷空气进入的部位出现汗水，因此，一般应采用自然通风法或机械通风快速换气。如若因货舱通风换气后温度降低，将使货物更多地吸收水分（温度低时的平衡水分较高），并由此会影响货物的质量或产生其他不良后果，则此时该货舱宁可不进行通风。在这种情况下，该货舱只能在换入的低温空气十分干燥时，才能进行通风。

当船舶装运非吸湿性货物，由寒冷地区向温暖海区航行时，货舱内逐渐上升，但仍较外界气温为低；另一方面，外界气温上升时，它的露点也在升高，此时，如果货舱通风换气，会产生货物出汗。由于外界气温升高，货舱内气温也在升高，货舱内也在升高，而舱内货物温度上升较慢，所以，货温总是低于舱内的气温，在这种情况下，货温有可能低于舱内的露点，如一旦出现，即会发生货物出汗。在舱内温、温度湿度出现这种情况时，运用一般的通风换气方法是无法防止货物出汗的。此时，要进行有效的通风换气，必须先将拟换入的空气作干燥处理。上述的航行条件对于钢铁制品的影响最为严重，这类货物连续受到汗湿后会严重生锈，在出汗虽有中断的情况下，仍会留下严重锈迹。

**2. 防止舱内温度上升的通风**

舱内温度上升的原因很多，如机舱热源的传导，阳光照射，气温、水温上升的影响；货物发生氧化、呼吸作用及腐败发酵发热等。如不及时通风散热，可能使舱内温度不断上升，以致造成货物变质（如粮谷）、熔解（如沥青、松香等），腐败并大量蒸发水分，提高舱内空气的露点。

当运输棉花、黄麻、煤炭、鱼粉、椰干等货物时，由于货物不断氧化放出热量，如果货舱通风不良会使热量积聚，直至引起自燃。对装有这类的货舱进行通风，虽然可以驱散热量，但也能促进其氧化作用或助长其自燃。所以，对装载这类货物的货舱的通风应特别慎重。

**3. 排除有害气体的通风**

凡是有生命的货物，如谷物、水果、蔬菜、鸡蛋等，它们不断地进行呼吸，从空气中吸入氧气，呼出二氧化碳并放出微量的热和水分，从而使舱内中的氧气数量减少，二氧化碳增加，造成呼吸不足，妨碍正常生长而导致腐败变质。因此，有些有生命的货物在运输中需要进行通风换气，及时排除危险性气体。

有些货物会产生有毒性气体，或者在熏舱消毒后舱内残存着有毒气，此时也必须进行通风换气,以排除有害气体。特别是某些有毒气体的密度较大,往往会停滞在舱底或污水沟内,如果没有排除干净,可能会造成严重后果。所以,通风后必须进行检验(用仪器、试纸或动物检验),待确认无毒害气体后,才可进行舱内作业。

### (三)保证货运质量的条件

货物运输就是指承运人在发货人处接受货物,用船舶等运输工具装载货物经过运输后,在目的地卸货交给收货人的一系列活动。

一艘杂货船一次所承运的货物可多达数百种,这些货物的特性、包装、规格、运输保管要求各不相同。而且,由于外界自然条件的变化,货物又要经过装货港、卸货港及中途港的装卸作业,这样,往往容易造成货损货差。根据产生水上货运质量事故的主要原因,可以有针对性地采取预防措施,保证货物运输质量。

**1. 库场、船舱及其设备符合所装货物的要求**

库场、船舱应保证符合清洁、干燥、无异味、无虫害等各项要求。必要时,应进行消毒、熏蒸等工作,以保证库场、船舱条件满足所装运货物的要求。

各种设备应处于良好的工作状态。如货舱舱壁护板、木质舱底应齐全,水密甲板、外板、舱口应确保水密,通风设备良好、污水沟、污水阱畅通,装卸货设备完好。

**2. 正确选配货位及堆装货物**

为了使货物在运输过程中保持完好无损,应该正确地为各不同目的港、不同种类的货物选配不同的库位和舱位。在库场和船舱选配货位时,应注意以下几项原则:

(1)正确隔离忌装货

正确隔离相互之间易引起化学反应的忌装货,正确隔离相互之间易串味的货物。保证清洁货物不受其他货物的污染,使易油污货不受油污,不使怕潮、怕热货受潮、受热等。

(2)正确配置货物

库场出口处应配置先发送的货物,船舱的上层舱或舱面应配置先卸的货物;库场宽敞处、舱口大、舱形比较宽的中部货舱配置批量大、体积大、包装硬的货物。同时,根据库容、舱容的大小、货物包装的软硬、积载因数的大小,正确解决不同货物的合理搭配问题,以充分利用库容和船舱载重量及载货容积。

(3)按货物包装类型进行正确的堆积装载工作

对于箱装货物,应根据箱子的坚固程度来决定其正确的堆积和装载方法。木箱较坚实耐压,其堆高一般不受限制,大小相同的箱子可以"砌砖式"堆码,并应注意紧密稳固。对于袋装货物,可使用"重叠式"和"压缝式"的堆垛形式,谷物、糖、面粉、水泥及颗粒状、粉末状的化肥、化工产品等都要分别用麻袋、布袋、塑料袋及草编袋等装载,包袋堆垛时,应注意垛形的稳固及堆高的限制。对于捆装货物,可在船舱的各个舱室内堆码,棉花及棉制品、生丝及丝织品、禽毛、纸张等捆包货不怕挤压,可堆放在形状不规则的首尾舱室,以充分利用舱容;盘元、钢丝、电缆、卷钢、筒纸、席子及油毡等捆卷、捆筒货易滚动,故堆放时应将其滚动方向朝着船舶首尾方向,这类货物可配装在舱形规则的中部大舱内;马口铁、金属等短小捆扎货及金属线材、管材等长大的捆扎货,在堆码时应注意勿使其受损变形,故应堆码紧密、平整。对于桶装货物,要直接堆放,桶口向上,鼓形木桶因桶口的腰部、桶口向上堆放时应在空隙部位用木楔塞紧,防止滚动和坍塌,桶的堆高根据其重量不同而有一定的限制,每层货桶之间应衬垫一层木板使其受力均匀、垛堆稳固。对于箩筐装货物,应根据箩、篓、筐所装的水果、蔬菜及不耐压的易碎品等货物的性质,按冷藏货及易碎品的要求进行正确的装载堆积作业。对于裸装货物,应根据机械设备、货车、挖掘机、钢轨、金属件、大理石等重大件的要求处理装载堆积问题。

**3. 正确地进行货物的装卸作业**

装卸货过程中,装卸作业人员应熟悉装卸工具的性能,选用适当的装卸工具,正确地操作使用,防止超负荷使用装卸工具,夜间应有足够的照明设备,作业中注意天气变化,防止骤雨淋湿货物。在接受货物时,要注意来货的质量应符合要求,数量正确。同时,库场、船舱工作人员应与装卸工人相互合作,使货物按计划进出库场和装船卸船。

**4. 运输中做好管货工作**

应根据外界天气变化情况采取的通风措施,防止库场、船舱内产生汗水,造成货物受潮变质,定时检查测量和排除污水沟内的存水;对易燃、易自燃的货物定时测温;保证温度、湿度满足冷藏货的要求。恶劣天气造成运输中货物受损时,承运也应恪尽职责将货损程度减至最小。

## 三、特殊货类运输与业务注意事项

### (一)成组货运输及业务注意事项

成组运输,作为一种运输方式,是运输领域生产变革和技术发展的重要特征。这种运输方式把分散的单件货物组合在一起,成为一个规格化、标准化和大的运输单位进行装船运输,为货物搬移和运载机械化、自动化,大量货物的编组运输,以及多种方式的结合运输创造了条件,从而提高货物操作效率,减少货损货差,节省人力、物力,降低物流成本。采用成组运输,可以利用原有码头、货站等设施、设备,以及传统的杂货船或多层甲板船等造价相对较低的船舶,因此,不需要设备和设施等方面的巨额投资。

成组运输的货物,主要是那些便于成组堆垛的各类件杂货,适合于散杂货船和多用途船等运载。货物成组的形式有集装袋成组、托盘成组和货物集装箱化等。成组运输货物交接时,因为堆垛有规则、排列清楚,所以便于点数、理货交接和对外包装的查验。其中,集装袋成组运输,适用于软体外包装质料的货物,如袋装大米、袋装化肥等,每关(或每吊)数量应该相等,成组重量以便于轻型机械搬移、吊放为宜。托盘成组运输,是把外包装规则、大小相同的货物按一定要求在一个标准托盘上成组堆放,并把这个成组单位作为运输单位进行搬移、装卸、堆垛、运载乃至交接等。

托盘的常用种类有平板托盘、箱型托盘和柱型托盘等。托盘一般采用规格化的底面积和加固设计的底板结构。货物堆放高度,应以便于货物在托盘上堆垛、成组搬移、装车、装船、卸船和货舱内操作为原则,同时还需考虑船舶货舱空间的充分利用,便于托盘货物捆扎加固、使用铲车和托盘升降机等。托盘运输的货物,以人手可以搬动的、外包装规则的件杂货为宜,如箱装罐头食品、纸板、盒装物品和消费品、袋状、包状、桶状等其他有规则外包装的货物。为方便点数、理货交接和查验,确保搬移、装卸、载运安全,在托盘上堆垛货物应符合托盘积载的规定,做到每个托盘上的货物是属于同一货主的同一货物,数量、重量一致,外包装的标志清楚可见、方向一致,堆垛平整,捆扎牢固。海运托盘成组货适合用托盘专用船、多层甲板船、多用途船,以及传统杂货船和滚装船等运载。

### (二)危险品运输及业务注意事项

根据《国际海运危险货物规则》(以下简称《国际危规》,IMDG CODE)的定义,凡具有燃烧、爆炸、毒害、腐蚀、放射等性质,运输过程中能使人身伤亡、财产毁损的物品,均属危险货物。

**1. 危险货物分类**

为确保货物操作、运输与保管安全,防止人身伤亡、货物和运输工具等损害的种类事故发生,各国都制定有关于危险货物的运输规则。国际海事组织在制定相应规则的同时,对海运危险货物的分类特性和运输、要求等作了详细说明与规定。《国际危规》关于危险货物的分类是:

(1)爆炸品,是指具有易燃、易爆性能的货物。这种货物,当受到高热、摩擦、冲击等外力作用或与其他物质接触时能发生剧烈的化学反应,产生大量气体与热量,进而急剧膨胀引起爆炸。《国际危规》将爆炸品又分成5类,即:

①具有瞬间爆炸的物品,如炸弹、炸药、雷管等;

②有射出危险但无瞬间爆炸危险的物品,如导爆信管、爆炸性探深装置、爆炸性地雷等;

③有燃烧危险和较小爆炸或较小射出危险,或者几种危险都有,但无瞬间危险的物品,如发射性炸药、爆炸性小兵器弹药、彩色焰火等;

④无显著危险的爆炸品,如炮用爆管、烟雾手榴弹、电引爆的爆破雷管等,发火起燃的物品只限于货件本身,而外部的火对货件本身并不引起有效的瞬间爆炸;

⑤极不敏感的爆炸品,如引爆炸药或引爆剂等,这类货物在运输情况下基本上没有引发爆炸的可能性或基本上没有从燃烧变成爆炸的可能。

(2)气体,包括压缩、液化或加压溶解的气体等,它们通常采用钢瓶、气桶等容器储装,具有因受热、撞击或气体膨胀而引起爆炸的危险,且有易燃、助燃、有毒等特征。《国际危规》将气体分成3类,即:

①易燃气体,如溶解的乙炔等;

②非易燃气体,如液化二氧化碳等;

③有毒气体,如氯气等。

(3)易燃液体。《国际危规》将其划分为3类,即:

①闪点低于 $-18℃$ 的低闪点类液体,如汽油等;

②闪点为 $-18 \sim 23℃$ ,但不包括 $23℃$ 的中闪点类液体,如甲苯等;

③闪点为 $23 \sim 61℃$ ,并包括 $61℃$ 的高闪点类液体,如松节油等。

闪点越低,液体越易燃烧。同时,易燃液体除具有燃烧性外,还具有挥发性、流动扩散性和较大的蒸气压等特点。

(4)易燃固体或易燃物质,这里是指除爆炸品以外的易于燃烧及可能引起或促成火灾的物质。它们中有的在遇火、受热、撞击、摩擦或与某些物品接触后,易引起强烈的、连续的燃烧甚至爆炸,燃烧时放出有毒或刺激性气体。《国际危规》把它分为3类,即:

①易燃固体,如赛璐珞、红磷、镁粉等;

②易自燃物质,如黄磷、棉花等;

③潮湿时放出易燃气体的物质,如电石、镁合金等。

(5)氧化剂,是指氧化还原反应中得到电子的物质。由于其具有强烈的氧化性能,遇酸碱,或受潮、强热、摩擦、冲击,或与易燃有机物还原剂接触,即能分解引起燃烧和爆炸。有些氧化剂如活性金属的过氧化物遇水会分解。《国际危规》将其分成2类,即:

①氧化剂,其本身不一定可燃烧,但若产生氧气会导致或促成其他物质燃烧,如硫酸铝、二

氧化钙等；

②有机过氧化物，其中，有些易产生爆炸性分解，有些在液态、糊状或固态下会与其他物质发生危险反应，分解后产生有毒物质或散发易燃气体，如苯等。

氧化剂大多燃烧快，对热敏感，有的对摩擦或碰撞敏感。

（6）毒害品，是指能引起人或畜体局部或全身机体功能障碍性疾病以至死亡的物品，可以是固体、液体或气体。《国际危规》将其分成2类，即：

①毒性物质，如三氧化二砷（砒霜）；

②感染性物质，即含有致病生物的物质。

（7）放射性物质，是指能自发地、不断地向四周放射穿透力很强且人们感觉器官不能察觉到的、能导致人们伤害的射线的物质。海运放射性货物一般包括以下2类：

①放射性化学试剂和化工制品；

②带放射性矿石、矿砂以及涂有放射性发光剂的工业制品等。

（8）腐蚀性物质，是指一些化学反应比较活跃，能与很多金属、无机物、有机物及动植物机体等发生化学反应，具有强烈的腐蚀性，在其原来状态下会多少损害生命组织的物质。同时，这类货物中，有的具有毒性，如溶盐酸、氢氟酸等；有的具有燃烧性，如硝酸、硫酸等与食糖、纸张、松节油等接触会因发热而引起燃烧；有的在日光下会加速分解等。

（9）杂类危险货物，即除上述八类以外的其他危险货物，其特性应由货主提供。

**2. 危险品运输业务注意事项**

承运人在接受危险货物运输委托时，应注意以下事项：

（1）弄清楚危险货物的中英文名称，了解货物的基本性质、特点以及在本国和《国际危规》中的分类。若有疑问，必须向托运人和有关部门询问清楚。

（2）许多港口关于危险品的进出口及其作业有专门规定，有的码头拒绝接受高危品作业与装卸，有的船公司也不接受高危品运输等。承运人的代理人接受此类货物订舱时必须事先了解和掌握委托人公司、出运港、挂靠港、转运港与目的港有关危险品进出口的规定；了解接受危险品运输以及承运危险货物的条件与要求，并经审核许可后才能接受订舱、安排入仓和装船等。同时，应要求托运人递交与危险品安全运输相关的资料与文件。

（3）货物托运订舱，必须在托运单上填写清楚货物品名、编号及所属危险货物的类别。通常情况下，承运人的代理人在接受危险品运输时，要求托运人签署一份 SOLAS 公约、MAPPOL 公约等有关国际公约以及《国际危规》要求的"危险货物申报表"等，承运人还须向当地监管部门提出装船出运申请并只有获得签证后才能载运。托运放射性货物时，应提交经剂量核查单位检查的"剂量检查证明书"。承运人的代理人在缮制货运单证时，应正确和清楚地表明危险品的相关内容，并专门制作危险品载货舱单等。危险品载货舱单在货运文件传送时，一般要求单独分列。

（4）交运包装合格的危险品。危险品运输包装，是防止货物本身数量和质量发生变化，防止运输过程中燃烧、爆炸、腐蚀、毒害、放射等事故的重要措施。我国有关部门和《国际危规》就危险货物的装运包装有特别规定。其一般要求如下：

①包装材料应根据所装危险品的性质和运输规则的要求正确选用；

②包装应坚固完好，具有一定强度，经得起搬移、装卸、运输过程中正常的冲撞、振动、挤压和摩擦，内装货物不受污染，并经得起一定温度、湿度的变化等；

③包装容器的封口应符合所装货物的性质要求；

④容器内的衬垫应适当,且材料应根据所装货物的性质正确选择;
⑤包装的重量与规格应适合装卸与搬运条件。

(5)所有包装,包括集装箱,都必须有正确的标记与标志。每个盛装危险货物的容器应以正确的学名(不应单独使用商业名称)并用显著的标志或标签条加以标记与识别,同时应标有运输包装的指示标志。若货物同时具有几种危险性质,或不同品名的危险货物配装在一个容器中,根据不同性质,须同时标以相应的几种标志,以便分别进行防护。包装标志应正确、明显、牢固。危险品包装标志若浸没海中应至少3个月后依然能辨认。

(6)危险品进出港口,搬移、装卸、运输等操作,应按《国际危规》要求认真核对货物特性、包装及运输保管的要求,按规定向港口有关部门或海事监督管理部门办理申报手续,并接受相关监管部门的审查、监督和实施安全保障措施。作业时,应提醒船方对货舱、载运工具进行检验,向操作人员说明货物性质、特点及相关注意事项。检验要出具证明。

(7)应协助船上做好货物配载、堆垛、衬垫、绑扎与固定工作。积载应符合危险品配舱隔离要求,尤其应注意性质互忌货物的合理分隔和选择适宜的舱位,如:
①漂粉精不得与有机氧化剂、剧毒气体、助燃气体、自燃物品等同装一舱;
②爆炸品、压缩和液体气体、易燃和易自燃物品、氧化剂等,应远离热源、电源、水源和机舱;
③有毒品不得与食品、饲料、牲畜同舱装载;
④遇水燃烧并分解出有毒气体的货物,应远离易渗水的货物或冷却管系,不得装载甲板上和水湿、潮湿的地方;
⑤装卸放射性物品,必须远离装卸、储存食物、饲料的码头、库场,在船上应远离船员舱室、机舱、厨房、食品库和蒸汽管系;
⑥腐蚀品中,怕水的货物应装于干燥通风处,怕冻的货物在冬季应装于舱内并应保持适当的温度,不得与食品、氧化剂、氰化物同装一舱,并应远离船员舱室、机舱与厨房;
⑦装有易散发、易燃气体危险品的载运工具或容器,不应与可能提供火源的冷藏或保温载运工具或容器装载于同一舱室,若装载于舱面也应与之隔离。危险品的移动、吊落、堆放,应严格按照货物性质与包装所显示的专门标志与要求进行,装船和卸船应遵循后装先卸的基本原则;
⑧危险品的海运运价一般高于普通货物运价。船公司定价,有的规定在普通货物运价基础上,全危品运价增加100%,半危品运价增加50%,并预付运费。

### (三)冷藏货运输及业务注意事项

海运冷藏货,包括动物性食品和植物性食品两大类。其中,动物性食品,包括肉、鱼、蛋、奶及其制品;植物性食品,包括水果、蔬菜及其制品。保持冷藏货原有的使用价值,防止腐烂,是运输的基本要求。影响运输质量的原因是多方面的,主要是货物本身的特性与外部环境条件。前者,主要是指因微生物作用导致对食品的破坏,以及因呼吸使酶的介入而使有机物质分解、腐烂,或外力碰撞使食品结构破坏而变质。其中,因微生物作用对食品的破坏,主要是动物性食品;呼吸作用对食品的破坏,主要是植物性食品。

**1. 保证冷藏货运输质量的基本要求**

(1)控制温度是确保易腐货物运输质量的基本要求。但控制好温度不是唯一要求,除温度外,环境湿度、通风情况和卫生条件对食品的质量有直接影响。它们之间互为矛盾又相互统一,对不同食品在了解其性质的基础上妥善处理上述关系,才能保证运输质量。

易腐货物运输保管的温度不是越低越好,而应根据其特性予以调节,因为就限制微生物繁殖角度考虑,温度太低会使食品的细胞膜遭到破坏,且不能恢复至原状。一般地说,根据食品种类、性质,可进行冷藏和冷冻两种处理方法。所谓冷藏,就是把食品的保管温度降到尚不致使细胞膜结冰的程度,通常在 0~5℃ 之间。鲜蛋、乳品、水果和蔬菜等常采用冷藏运输。所谓冷冻,就是把食品的温度降到 0℃ 以下使之结冰。肉类、鱼类等食品通常采用冷冻运输。动物性食品中含有各类盐的水溶液,随着冷冻温度的降低,溶液中的水分将会不断析出,浓度不断增大,食品的冰点也就不断降低,若要使冷冻的食品全部冻结,一般需将温度降低到约 -60℃,但当降到 -20℃ 时,大约仅有 10% 的未冻结水,所以,一般情况下,动物性食品的冷冻温度要求不低于 -20℃。

(2)舱内空气湿度对货物质量影响甚大。空气湿度若过小,会增加货物的干耗,破坏货物的正常呼吸、维生素和其他营养物质,若过大,会使微生物迅速繁殖,所以,舱内应保持适合货物要求的湿度。相对湿度是指湿空气的绝对湿度($1m^3$ 湿空气中所含有的水蒸气重量)与同温同压时湿空气的饱和状态下所含有的绝对湿度之比。

(3)根据货物及环境情况进行正确的通风。一般地说,货物通风宜在夜间进行才能起到降温作用,同时还应掌握通风时间的长短与次数。

(4)在整个作业、储运过程中,应注意保持环境、货舱、货仓、装卸用具、机械和服装的清洁卫生,确保货物不受污染。

**2. 冷藏货运输的交接与注意事项**

承运人或其代理人接受冷藏货托运,应要求托运人提供详细的货物资料,包括品名、特性、包装形式、温度、湿度、装载方法和其他运输条件,以及检验检疫证书等,并缮制专门的冷藏货载货清单等。冷藏货订舱,托运人一般会选择具有冷藏运输能力的船公司。货物装舱前,必须向有关部门申请对货物、制冷设备及其管系、通风道口等进行专门检查,并在符合制冷、温度、清洁等要求和取得相关证书后,才能装载。货物装卸应避免在温度高的中午或雨天进行。

冷藏货交接,若是散件形式,应首先申请有关部门对货物进行品质和卫生检验,并取得合格证书;应防止货物在交接装卸过程中温度及外部环境变化的影响;应事先备妥货物接运工具和交接的各项事宜;货物换装与装卸应集中在最短时间内完成。若是集装箱货运形式,应首先对箱体、箱锁及其铅封、制冷设备及其运转情况进行检查,确认正常后按规定办理交接手续。对于进口货物,应请求专门机构和专业部门对货物品质、卫生进行查验,做好验货记录和签署,按规定及时处理存中问题的货物。注意对货物在出仓、场站、装船、运输、卸船保管期间及交接等整个过程的温度查验和测数的连续监管,做好文件记录与保管工作,以备日后追查。

**(四)重大件货物运输及业务注意事项**

重大件货物,一般是指单件重量超过 40t、单件长度超过 12m 的超长货及单件的高度或宽度超过 3m 的超高超宽货物(在有的杂货运输提单中,重件是指重量达到或超 2 000kg 的单件货物,笨件是指长度达到或超过 9m 的单件货物)。实务中接触的重大件货物有货车、车厢、车头,各种成套设备、机械和构件,塔、井、驳、艇、船等。

**1. 承运重大件货物的船舶种类和运载方式**

(1)带有船吊的重大件专用船舶载运方式。该类船舶一般配置 1~2 部能负荷几百吨的重吊对货物进行吊装吊卸。比如,荷兰 Jumbo 航运公司于 1998 年投放使用的新造的 6500 载重吨的重大件运输船,配置了提升能力为800t的新式高科技吊机。

(2)半潜式重大件运输船载运方式。

(3)离岸驳运方式。

(4)多用途船的传统运载重大件方式等。

**2. 重大件货物运输注意事项**

重大件货物,由于体积庞大,又有相当重量,形状不规则,设备一般由主件和附件组成,有的又属于高机械性能设备,价格昂贵,因此接受货运委托或业务处理时,必须注意如下事项:

(1)详细和充分地分析、论证运输的可能性、条件及其方案,以确定承接的能力。

(2)要求委托人提供货物详细清单,包括主、附件的数量,各货件的长、宽、高,各货件的形状、尺码与重量,进出口地、港口、码头,运输途径、道路交通等运输技术要求的各类详细资料。清单上还要求载明货物及部件的名称、建造地点、年份、包装形式和委托运输的要求。必要时,承运人或其代理人应亲自或委派专门技术人员去现场和运输线路进行勘察和丈量,与货主共同研究搬运、装卸作业、堆放位置、运输线路及相关事项的方案。

(3)若需要分包方,则必须对该分包方的承载和作业能力、经验和信誉作出评估。

(4)交接时,详细核对所有部件,做好交接的检验和记录,并在货运文件上标记清楚。

(5)重大件货物进出口必须向海关提供进出口许可证,以及主、附件的详细资料。

(6)了解和掌握适用于进出口港口、码头及运输途径的有关重大件拖运的法律法规,按规定做好申报工作。

(7)要求发货人对托运货物进行运输全额保险。

(8)必须与委托人(托运人或收货人)签订重大件货物承运业务专门合同,明确双方的权利、义务与责任,包括交货和运抵时间、地点、方式、主附件、运输保险、进出口报关、安装、随行人员及其相关的责任与要求、费用负担。

(9)运费一般要求预付,或采用分期付费的办法。采用分期付费,首付一般要求80% ~ 90%,其余在货物运抵后付清。

**(五)活的动植物运输及业务注意事项**

海上运输活的动植物,主要有水产品、牲畜、家禽、野生和珍奇动物等,以及养殖和野生的食用植物良种、瓜果苗种、花草、树木等。这类货物具有生命,需要水分、食物、养料、呼吸和日照,在运输过程中需要不断地、有规律地照料。一般采用牲畜集装箱,或具有良好通风装置、光照的集装箱,或者圈笼,或者带有专门设备进行保管和照料的载运工具进行运输,货物通常装载于杂货船的甲板上。

这类货物的运输需要委托人提供进出口许可证,以及动植物检验证书和卫生检疫合格证书。只有具备相应的证书,才允许代办出口托运或进口事宜。出口时,要求托运人提供详细的货运资料,包括种类、品名,以及表明动植物特征的所有资料、数量、标记,提出运输条件与要求,包括食物、饮水、温度、湿度、光照、清洁与卫生等常规照料和特殊处理等。货物及其特征的相关资料、运输要求等在合同及货运文件上应清楚地得以反映,必要时应与货主另订协议。由于运输这类货物有其特殊风险,所以应向货主声明有关风险责任以及海运法规对运输活的动植物等固有的特殊风险不负赔偿责任,并要求货主对货物进行相关保险。

**（六）贵重品运输及业务注意事项**

海运贵重品,主要有金银珠宝、钱币、精密仪器、高精技术产品、文物古董、名贵书画等。其数量不多但价值较高,一般采用集装箱或传统货物的贵重舱进行运输。承运人或其代理人承接这类业务时,应注意:

(1)货主是否具备有关部门核发的进出口许可证,是否经海关审定批准。

(2)专门托运及交接安排,包括搬运、装箱、装船、积载与保管、卸载、交货。

(3)认真核对相关资料,检查包装或箱体、锁封,正确记录,确保各个环节完好无损。

(4)通常采用从价计费,要求预付运费。

**（七）展览品运输及业务注意事项**

海运展览品,近几年随着世界经济文化交流的增多其运输量也明显增加。海运展览品的种类依据交流与展览的内容而不同,一般采用集装箱班轮运输,有的也采用杂货班轮运输。海运展览品,一般要求承运人或其代理人在较短的时间里把展览品从装运港往目的港以及门到门运输和一条龙服务。货到目的港提取后,要求直送展览场馆。展览完毕后要求在当地直销,或运往某地,或安排运回。因此,承运人或其代理人处理这类货物委托时,其关键要点是:

(1)有时间观念,确保展览品及时装箱、装船或装于其他运载工具,及时运抵目的地。

(2)保证货运质量,确保展览品完整无损地运抵目的地。

(3)要与货主保持密切联系,以便根据需要对展览品做出后续安排。

(4)因门到门运输的一条龙服务涉及各个环节,必须对发生的费用进行测算,一般采用包价或海运费加杂费的计收费用的办法。

## ◀ 活动三　货物包装标志识别 ▶

**活动方案设计1　货物包装标志识别**

| 时间 | 15 分钟 | 地点 | 教室或一体化实训室 |
|---|---|---|---|
| 教学资料 | 货物包装标志 | | |
| 教学目标 | 通过货物包装标志的识别,让学生认识货物运输中标志的重要性及意义,正确认识标志的作用 | | |
| 活动要求 | 教师随机抽取标志标识牌,在课堂提问,要求学生能正确认识海运货物包装形式及货物的适用 | | |
| 活动程序 | (1)教师提前做好教学准备工作,制作货物包装运输标志标识牌;<br>(2)每班按6人一组进行分组;<br>(3)教师分发教学用标志标识牌,学生互相辨认并展开讨论 | | |
| 活动评价方式 | 课堂评价 | | |
| 活动小贴士 | 认识货物的运输包装标志、标识,是保证货物质量完好、数量完整的前提条件,也是便于交接、理货、计数与堆存,提高装卸运输效率的基础 | | |

## 活动方案设计2　货物积载因数、亏舱率测算

| 时间 | 30分钟 | 地点 | 教室或一体化实训室 |
|---|---|---|---|
| 教学资料 | 船舶及货物相关资料等 | | |
| 教学目标 | 通过教学使学生了解货物积载因数、船舶舱容系数和亏舱率之间的关系,确保船舶的合理积载 | | |
| 活动要求 | 给出某船舶相关参数及货物情况,要求学生进行测算,通过测算来正确了解在货物装载中如何合理减少亏舱 | | |
| 活动程序 | (1)教师做好教学准备,选定教学案例;<br>(2)根据教师讲述,各人独立完成后分组展开讨论;<br>(3)各组比对,找出差距,教师点评 | | |
| 活动评价方式 | 教师点评 | | |
| 活动小贴士 | 货物计量不仅直接影响船舶等运输工具的载重量和货载容积的利用程度,还关系到合理堆存、计算运费、货物交接等 | | |

# 学习情境 4　航运企业设立

航运服务的内容广泛、系统性强，面对的客户层次需求不一，且还不断受到新的服务需求和理念的挑战，这就要求航运企业既要按照国家有关法规规范其基本行为，又要设计符合时代发展要求的管理组织结构，以增强航运企业的竞争能力。

◆教学目标

| 终极目标 | | 熟悉航运企业组织结构职责，充分认识设计合理的组织结构对航运企业的重要性，学会能根据企业的自身发展情况设计出合理的组织结构，并掌握航运企业设立申请程序 |
|---|---|---|
| 促成目标 | 知识点 | ①航运企业的组织机构；②航运企业的种类；③航运企业设立的条件；④航运企业设立的程序 |
| | 技能点 | ①航运企业组织结构设计；②航运公司设立申请 |

◆教学要求

| 本情境参考学时为4学时，其中理论教学为3学时，活动教学为1学时，活动教学可以根据学校情况进行选择 |
|---|

## 任务一　航运企业组织结构的认识

企业组织结构，是指为了实现企业组织的目标，在理论指导下，经过组织设计形成的组织内部各个部门、各个层次之间固定的排列方式，即组织内部的构成方式。如果把组织比喻成一个人，组织结构就相当于这个人的骨骼架构。建立合适的组织结构对于组织的正常运行和提高效率起着至关重要的作用。现代组织如果没有一套分工明确、权责清晰、协作配合、合理高效的组织结构，其拥有的各种资源及各种内在机制就不可能得到充分的利用，组织目标也将难以实现。可以说企业组织结构的好坏将直接影响企业目标的实现，因此，非常有必要探讨企业的组织结构的有关问题。

### 一、航运企业部门划分及职责

航运企业的部门大多是按保证船舶正常生产的职能来划分的。为了保证船舶的正常运行周转，必须有人负责承揽货载及办理有关承运手续；必须有人掌握船舶动态，指挥船舶生产活动；船舶必须保持良好的技术状态及各类适航证书的有效性；各类船员必须配备齐整并有相应的适任证书；必须按时给船舶供应必要的燃物料、备用品及船员生活用品、生活用水等；必须有专人负责船舶的航行安全监督；必须对船舶的生产活动开展经济核算；另外，还应有行政管理人员处理日常行政事务。

航运企业一般设置以下几个基本职能部门：

**1. 市场部**

航运公司围绕运输服务，以市场为导向，首先进行航运市场信息调研，市场细分；然后是选择目标市场，进行市场开拓，即确定航线布局，合理配置船舶，安排班期密度，制定价格，建立揽货网络和分销渠道，开展促销活动；接着是向托运人提供优质运输服务，接受客户意见反馈；最后进行总体分析评价以及未来市场预测，并对现有服务进行调整改进，制订新的市场策略。

**2. 运输部**

负责自有或租入船舶运行计划的编制和监督执行；负责船舶生产调度；掌握船舶动态，保证船舶不间断地进行生产；及时与港口及有关部门联系，掌握船舶在港口的作业安排情况；及时掌握气象和水文情况，确保运输生产的安全和高效率；统计生产进度及有关的成本项目，在此基础上提出改进意见，采取改进措施；监督和检查船舶运输质量；处理货运事故；编制运输任务的财务预算和成本核算；以及实现船货结合的其他商务性事务，确保企业的服务质量和经济效益。

**3. 技术部**

负责企业船舶订造、船舶修理，船舶技术设备的维护与保养，船舶的技术改造与更新，船舶节能工作，航海及轮机技术的应用推广，船舶技术资料的管理，船舶海损、机损事故的处理和统计分析等。

**4. 人力资源部**

负责干部的选拔和技术干部职务的评定与聘用，船员的调配和管理，高级船员晋级训练和普通船员的培训安排，企业一般职工的招收、考核、录用、管理，以及薪酬、劳动保护、外事及职业发展培训等工作。

**5. 物资供应部**

负责制定各类船舶对各类物资的消耗定额，负责物资的采购及库存管理；适时适地向船舶供应所需的物资，进行物资消耗的统计分析及提出改进措施。

**6. 航务监督部**

负责船舶安全监督、海事处理、环境保护、船舶驾驶员的技术考核和海图管理等工作。

**7. 财务部**

负责编制企业年度经营业务的财务收支计划和运输成本计划，负责企业全面的经济核算，负责企业资金的统筹管理，及时上缴税款，定期组织财产清查，办理固定资产的增添、减少、转移、报废、变卖和盘盈、盘亏等财会业务，统一组织贷款和还本付息等。

**8. 经营计划部**

负责企业内、外部经营环境的分析研究，制定企业发展战略；组织编制企业中、长期发展规划和年度综合经营计划；编制并下达船舶运输年度计划，船舶购置、基本建设、技术改造及更新的年度计划，组织有关部门制订完成计划的技术组织措施，促进计划的全面实现；组织投资项目可行性研究；组织办理国内外船舶购置工作；编制船舶运输生产等各类统计报表，负责统计资料的汇编，统一对外发布统计数字。

**9. 信息部**

负责航运信息系统需求分析，航运信息系统的设计、开发，航运信息系统的维护、升级；航运电子商务方案研究,航运电子商务网站的建设、维护,航运电子商务的业务推广以及航运信息的收集、处理、分析及发送。

**10. 行政部**

负责协调企业各部门之间的关系;围绕企业领导的工作重心,协助领导进行调查研究,当好参谋;做好企业的文秘工作、对外接待工作和后勤事务管理工作等。

以上是各航运企业一般都具有的基本职能部门。各航运企业还可以根据自身的业务性质和需要设立一定的职能部门,如经营集装箱班轮航线的企业可设立集装箱管理部门。

## 二、航运企业的组织结构类型

航运企业的组织机构类型很多,代表类型主要有四种形式。

**(一)直线制式**

主要特点是自上而下的垂直领导,没有职能部门,要求行政主管人员亲自处理各项业务。这类模式只适用于规模小,业务较单一的企业。为了适应并胜任全面管理工作,行政主管人员必须具备各种专业知识和管理才能,如图4-1所示。

**(二)直线—职能制**

目前国内航运公司企业中最常用的结构形式为直线—职能制,如图4-2所示。

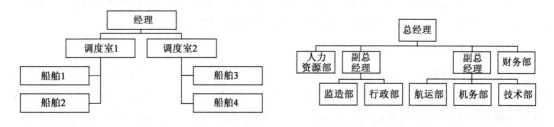

图4-1 直线制　　　　　　　　　图4-2 某航运有限公司组织结构

在这种模式下,管理人员分为二类,即直线管理人员和职能管理人员。直线管理人员对他所管辖的工作全面负责和统一指挥。如公司经理对整个公司负责,直线管理部门(营运部和航运部)对船队直接指挥。职能部门的职能管理人员是指挥人员的参谋,只能对下级机构进行业务指导,而不能对他们进行直接的命令和指挥。这种模式避免了多头指挥和无人负责的混乱局面,保证了每一个生产单位内部有一个统一的指挥和管理。

这种结构分工细密,各职能部门的职责有明显的界限,并对自己应做的工作负责,因此有较高的效率。这种结构的稳定性较高,当外部环境变化不大时,易于发挥组织的集团效率。其不足之处是各部门缺乏全面观点,不同职能机构之间及职能人员与指挥人员之间的目标不易统一,企业最高领导的协调工作量大。为克服这一不足,航运企业建立了一套会议制度,通过会议(主要是调度会议)进行信息交流,相互协调。

**(三)事业部制**

在一个企业内的各部门,分别有其独自的利益和独自的产品或市场,各部门成为利益责任单位,进而实行分权化管理的一种经营组织形态。这种形态下企业内的各部门即所谓事业部门。采用事业部制的企业由三部分组成,如图4-3所示。

最高管理层是企业最高的决策机构,其最大任务是制定企业的战略决策和长期规划。企业的各职能机构是企业的参谋部门,主要任务是向最高领导层及各事业部门做出建议、劝告和提供服务,没有独立的利益责任。各事业部门是企业日常经营决策的中心,是有很大经营自主权的单位。

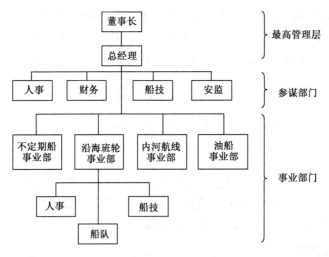

图 4-3 事业部制式组织结构图

事业部结构较为适合规模较大而且各下层单位的业务能力及管理水平均达到一定水准的航运企业,特别适应于正在筹划或已经在进行多种经营的大型航运企业。

**(四)矩阵制**

在一个组织形态下,为某种特别任务,另外成立专案小组负责,此专案小组与原组织配合,在形态上有行列交叉之式,即为矩阵式组织。在组织结构上,它是把职能划分的部门和按产品(项目)划分的小组结合起来组成一个矩阵,一名管理人员既同原职能部门保持组织与业务上的联系,又参加项目小组的工作。各公司或部门的员工在执行日常工作方面,接受本公司和部门领导。由于这种由两个方向纵横交错形成的企业组织管理结构很像一个矩阵图形,所以称为矩阵组织结构。

矩阵组织结构适用于规模比较大或相当大的公司。其突出优点是:可以加强各部门间的协作,提高中低层管理的灵活性和责任感,使各部门能协调地执行任务;还可以集中专业知识、技能、经验,制定专业计划去解决问题,收到集思广益、知识共享的效果;也可以使高层管理者集中精力制定决策、目标、计划,并有足够的时间进行执行情况的监督。它的突出缺点是:矩阵组织结构中的一些项目小组或管理委员会,会因任务完成而自然解散,因而容易使成员产生临时观点,影响工作的认真性;研制新产品等新项目设计完成后,接管和正式投产的管理工作比较困难;因交叉的相关部门太多,有时也影响工作效率与产出。

从管理沟通角度来看,矩阵组织结构根据大企业实际管理工作的需要,在大量简单的上行和下行沟通渠道的基础上,简单明了,管理沟通的信息既能保证其专业化水平,又能保证部门间合作的沟通比较顺畅,在许多情形下,不失为一种较好的管理沟通渠道模式。但其缺点也明显:由于沟通渠道纵横交错,造成同一个公司、部门接受多个上级公司、领导的管理,容易因信息量大或信息差异而产生沟通困难,如图 4-4 所示。

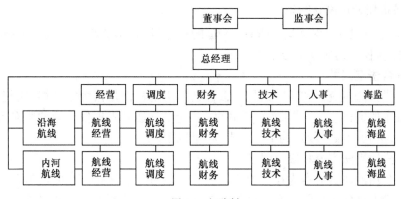

图 4-4 矩阵制

## 任务二　航运企业设立程序

欲设立新的航运企业,则根据我国现行法律,既要符合《中华人民共和国公司法》(以下简称《公司法》)及其相关行政法规规定的法定条件,也要满足《中华人民共和国水路运输管理条例》(以下简称《水路运输管理条例》)规定的行业经营条件。

### 一、航运企业的种类

现代航运企业多数属于公司企业,通常都以"某航运(或船务)公司"称谓。按照我国《公司法》要求建立的现代企业制度,航运公司主要有两种形式:有限责任公司和股份有限公司。

**1. 有限责任公司**

指由 2 个以上、50 个以下的股东所组成,股东以其出资额对公司承担有限责任,简称有限公司。它是社会上最为大量的、主要的公司组织形式。

有限公司不对外发行股票,股份不得任意转让。若要转让,其他股东享有优先购买权,甚至后代想取得股份的继承权也只能排位第二。有限公司通常由亲朋好友组成,筹资及经营规模均不大,属于中小企业。有限公司的设立程序较为简单,且因股东只承担有限责任,故风险较小。但是也因股东只承担有限责任,而且不具有公开性,故公司的信用程度不高。

**2. 股份有限公司**

指由 5 个以上的股东所组成,全部的资本均分为股份,股东以其所购的股份数为限对公司的债务负有限清偿责任的公司。它是最典型的法人组织,它的设立必须有法定的发起人、明确的章程。股份有限公司与有限责任公司的主要区别是:前者股东数量较多,后者股东数量较少;前者注册资本金数量要求较高,后者注册资本金数量不多;前者公开向社会发行股票,股票可以依法转让或交易,后者不发行股票,权益证明不上市流通,但可以在股东内部转让;前者保持高度的透明性,公司的财务必须向全体股东、政府有关部门、潜在的投资者、债权人及其他社会公众公开,后者透明度没有那么高,往往只在内部向股东汇报并接受股东监督,而不对社会公开。

### 二、航运企业设立的条件

目前,我国的航运企业多以有限责任公司形式存在。也有一些公司准备改制成股份有限公司,以便在资金筹措上多一种途径和使资本运营实现规模扩张,从而实现规模经济。

## (一)有限责任公司设立的条件

依照我国《公司法》、《水路运输管理条例》的规定,结合国务院颁布的有关行政法规等的规定,设立有限责任公司应具备以下条件:

**1. 股东符合法定人数**

法定人数是指法定资格和所限人数两重含义。法定资格是指国家法律、法规和政策规定的可以作为股东的资格。法定人数是《公司法》规定的注册有限责任公司的股东人数。《公司法》对有限责任公司的股东限定为2个以上50个以下。

**2. 股东出资达到法定资本最低限额**

有限责任公司的注册资本为在公司登记机关登记的全体股东认缴的出资额。公司全体股东的首次出资额不得低于注册资本的百分之二十,也不得低于法定的注册资本最低限额,其余部分由股东自公司成立之日起两年内缴足;其中,投资公司可以在5年内缴足。有限责任公司注册资本的最低限额为人民币3万元。法律、行政法规对有限责任公司注册资本的最低限额有较高规定的,从其规定。

按照《公司法》的规定,股东可以用货币出资,也可以用实物、工业产权、非专利技术、土地使用权出资。股东以实物、工业产权、非专利技术或土地使用权出资的,必须由国家核准登记的资产评估机构按照国家有关规定进行评估。股东的全部货币出资一般不得少于有限责任公司注册资本的50%;股东以货币出资的,应当将货币出资一次足额存入准备设立的有限责任公司临时账户。股东以工业产权、非专利技术作价出资的金额不得超过有限责任公司注册资本的20%。以实物、工业产权、非专利技术或者土地使用权出资的,应当依法办理转移财产的法定手续。

**3. 股东共同制定公司章程**

公司章程是设立公司行为的重要准则,更是规范公司的组织和活动的根本准则。根据我国《公司法》的规定,设立有限责任公司必须制定公司章程。应当载明下列重要事项:公司的名称和住所,公司的经营范围,公司的注册资本,股东的姓名或者名称,股东的权利和义务,股东的出资方式、出资额和出资时间,公司的主要机构及其产生办法、职权、任期、议事规则,公司的法定代表人,股东会会议认为应当订明的其他事宜。

制定有限责任公司章程,是设立公司的重要环节,公司章程由全体出资者在自愿协商的基础上制定,经全体出资者同意,股东应当在公司章程上签名、盖章。

**4. 有名称和住所,建立符合要求的组织机构,具备必要的生产经营条件**

设立有限责任公司,除其名称应符合企业法人名称的一般性规定外,还必须在公司名称中标明"有限责任公司"或"有限公司"。建立符合有限责任公司要求的组织机构,是指有限责任公司组织机构的组成、产生、职权等符合《公司法》规定的要求。有限责任公司以其主要办事机构所在地为住所。固定的住所之所以成为设立有限责任公司的必要条件,主要是因为它对于确定合同的履行、案件的管辖、法律的适用、法律文书的送达、股东会和董事会的召开等都具有十分重要的意义。对航运公司来说,住所地往往还决定了公司所拥有的船舶的注册登记地和注册方法,进而影响到公司经营过程中的一系列决策依据。公司的组织机构一般是指股东会、董事会、监事会、经理或股东会、执行董事、1~2名监事、经理。股东人数较多,公司规模较大的适用前者,反之适用后者。

**5. 要依法办理审批手续**

航运企业的设立,同样要根据不同的经营范围向交通主管部门办理审批手续。设立国内水路运输企业必须具备下列条件：

(1) 具有与经营范围相适应的运输船舶；
(2) 有较稳定的客源或货源；
(3) 经营旅客运输的，应当落实客船沿线停靠港(站)点，并具备相应的服务设施；
(4) 有经营管理的组织机构和负责人；
(5) 有与运输业务相适应的自有流动资金。

### (二) 股份有限公司设立的条件

由于股份有限公司在运作上较有限责任公司涉及的面广，对外开放程度大，其社会责任也相应多一些。如股份有限公司的设立虽然在很大程度上取决于发起人的活动，包括他们出资，但一旦股份有限公司成立，它就要吸取更多的社会公众向本公司投资。这样，如果不对设立股份有限公司的条件作严格规定，容易出现欺诈行为，也给社会经济的稳定和繁荣带来消极影响。因此，我国《公司法》对设立股份有限公司比设立有限责任公司规定了更为严格的条件。按照我国《公司法》的规定，设立股份有限公司必须具备以下相应条件：

**1. 发起人符合法定的资格，达到法定的人数**

发起人的资格是指发起人依法取得的创立股份有限公司的资格。股份有限公司的发起人可以是自然人，也可以是法人，但其中须有过半数的发起人在我国境内有住所。《公司法》对设立股份有限公司发起人的法定数量作了明确规定：①对于新设股份有限公司，其发起人的数量不能低于5人；②对于国有企业改组设立股份有限公司的，发起人可以少于5人。

**2. 经国务院授权部门或省级人民政府批准**

设立股份有限公司，不像设立有限责任公司那样，只有法律、行政法规要求审批的才报请审批，除此之外，符合法定条件的就能办理设立登记。《公司法》规定，股份有限公司的设立，必须经过国务院授权的部门或省级人民政府审批。即组建股份有限公司，无论是否涉及特殊行业，无论是否有国有资产和外商投资者出资，必须要获国务院授权的部门或省级人民政府批准。当然，对涉及特殊行业、国有资产投资或外商投资者出资的，也要报请有关部门另行审批。《公司法》规定的设立股份有限公司的审批，只有设立行为经审批，方能开始设立股份有限公司的其他活动。

**3. 发起人认缴和向社会公开募集的股本达到法定的最低限额**

股份有限公司须具备基本的责任能力，为保护债权人的利益，设立股份有限公司必须要达到法定资本额。我国股份有限公司的资本最低限额不得低于1000万元人民币。对有特定要求的股份有限公司的注册资本最低限额需要高于上述最低限额的，由法律、行政法规另行规定。

发起人可以用货币出资，也可以用实物、产权、非专利技术、土地使用权作价出资。发起人以货币出资时，应当缴付现金。发起人以货币以外的其他财产权出资时，必须进行评估作价，核实财产，并折合为股份，且应当依法办理其财产权的转移手续，将财产权由发起人转归公司所有。发起人以工业产权、非专利技术作价出资的金额不得超过股份有限公司注册资本的百分之二十。

**4. 发起人制定公司章程，并经创立大会通过**

股份有限公司的章程，是股份有限公司重要的文件，其中规定了公司最重要的事项，它不仅是设立公司的基础，也是公司及其股东的行为准则。因此，公司章程虽然由发起人制订，但以募集设立方式设立股份有限公司的，必须召开由认股人组成的创立大会，并经创立大会决议通过。

我国《公司法》规定,股份有限公司章程必须经发起人一致同意,并必须记载有关内容。我国《公司法》要求股份有限公司章程必须记载的事项有:公司名称和住所,公司的宗旨和经营范围,公司的设立方式,公司资本总额、股份总数及每股金额和注册资本总额,发起人的姓名或者名称及住所,发起人入股方式、金额或者折合股份数,公司股份种类及其占股份总数的比例,股份转让办法,股东的权利、义务,股东大会的职权和议事规则,董事会的组成、职权和议事规则,公司法定代表人及其职权,监事会的组成、职权和议事规则,公司利润分配办法,公司财务会计制度的原则,公司章程的修改程序,公司的解散事由与清算办法,公司通知的公告办法,其他需要载明的事项。

**5. 公司名称、固定的住所和必要的生产经营条件及建立相符合的组织机构**

名称是股份有限公司作为法人必须具备的条件。公司名称必须符合企业名称登记管理的有关规定,股份有限公司的名称还应标明"股份有限公司"字样。

股份有限公司以其主要办事机构所在地为住所。固定的住所之所以成为设立股份有限公司的必要条件,是因为固定的住所对于确立合同的履行、案件的管辖、法律的适用、法律文书的送达、股东大会和董事会的召开等都具有十分重要的意义。

股份有限公司必须有一定的组织机构,对公司实行内部管理和对外代表公司。股份有限公司的组织机构是股东大会、董事会、监事会和经理。股东大会是由股东组成的公司权力机构,公司的一切重大事项都由股东大会做出决议;董事会是执行公司股东大会决议的执行机构;监事会是公司的监督机构,依法对董事、经理和公司的活动实行监督;经理由董事会聘任,主持公司的日常生产经营管理工作,组织实施董事会决议。

**6. 要依法办理审批手续**

同样要根据不同的经营范围向交通主管部门办理审批手续,与有限责任公司要求一样。

## 三、航运企业设立的程序

在具备了上述条件后,就可以按国家规定的程序开始设立航运企业,但具体的设立程序根据公司性质的不同而有所差异。此处只讨论有限责任公司的设立程序。

设立有限责任公司,视所采取的出资设立方式的不同,具体步骤也有一定的区别。一般来讲,国家单独出资设立公司,其步骤简单一些。2个以上50个以下股东共同出资设立公司,其步骤就复杂一些。现按照我国《公司法》及其他有关法律、法规的要求,以非国家单独出资设立有限责任公司为例,对设立有限责任公司的一般程序分述如下。

**1. 工商登记**
(1)在拟办企业所在地区县工商局领取申请表格;
(2)查询拟办企业名称;
(3)由会计事务所验资;
(4)准备文件向交通主管部门报批;
(5)向工商局提交公司注册申请表并准备的文件,审批执照,工商局颁发执照。

**2. 刻制图章**(凭工商执照刻制法人章、财务章)

**3. 申请企业代码证**(凭工商执照介绍信去技术监督局办理企业代码证书)

**4. 税务登记**
(1)在企业所在地就近开立银行账户;
(2)向企业所在地区县税务局申领税务登记申请书;

(3)向税务局提交税务登记申请书并准备的文件(参见税务登记所需文件);
(4)税务局审核后颁发税务登记证后,领购发票。

具体流程如图4-5所示。

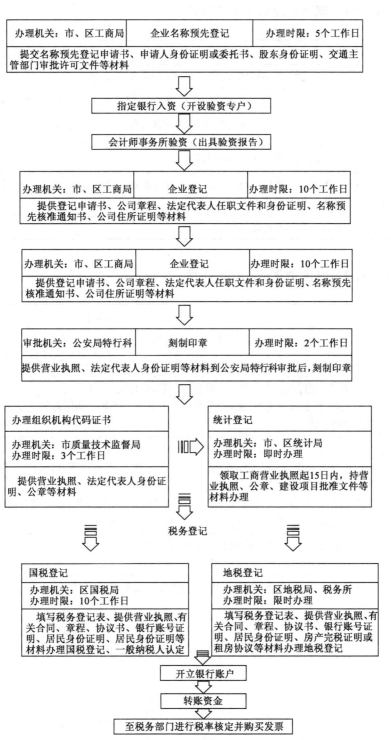

图4-5 设立有限责任公司的流程(不含专业性前置审批)

## ◀ 活动四　航运企业组织结构设计 ▶

**活动方案设计 1　航运企业组织结构设计**

| 时间 | 45 分钟 | 地点 | 教室或一体化实训室 |
|---|---|---|---|
| 教学资料 | 有关航运企业组织结构图、岗位分布情况以及企业简介 ||||
| 教学目标 | 通过对某航运企业组织结构进行设计,充分认识航运企业的部门和组织架构 ||||
| 活动程序 | (1)6 人一组,组数由班级人数确定,以团队合作完成该活动;<br>(2)学生根据所给资料,结合航运企业组织结构,完成结构图的设计和职责说明;<br>(3)每组分别陈述组织结构的设计理由 ||||
| 活动要求 | 请为一家刚成立的经营有 5 艘 5 000～10 000 吨级沿海散货船运输的中小型民营航运公司设计组织结构和职责 ||||
| 活动评价方式 | 学生自评与教师点评结合 ||||

**活动方案设计 2　航运企业设立程序熟悉**

| 时间 | 90 分钟 | 地点 | 课外 |
|---|---|---|---|
| 教学资料 | 《中华人民共和国公司法》、《中华人民共和国水路运输管理条例》等 ||||
| 教学目标 | 通过航运公司的申请设立,让学生充分认识航运公司设立的条件和申请程序 ||||
| 活动程序 | (1)6 人一组,组数由班级人数确定,以团队合作完成该活动;<br>(2)学生根据所给资料,结合《公司法》、《中华人民共和国国际海运条例》,完成航运公司设立的申请 ||||
| 活动要求 | 甲、乙、丙三人欲成立一家航运有限责任公司,现具备以下条件:①三人共筹得货币资金 100 万元;②租用办公楼 300m²,拥有相关电话、传真、计算机等办公设备。请您为他们进行有限责任公司的设立申请。<br>(1)审查该公司是否具备申请设立有限责任公司条件,如不满足,请补足所需资料;<br>(2)条件满足后,请为他们申请设立有限责任公司 ||||
| 活动评价方式 | (1)教师选择完成较好小组上台讲述,学生自评;<br>(2)教师点评 ||||
| 活动小贴士 | 组织是进行有效管理的手段,建立、健全合理的管理组织是实现航运企业目标的基础和保证 ||||

# 学习情境 5　航运市场评析

从 18 世纪末到 19 世纪初,航运活动逐渐从贸易活动中分离出来而形成独立的航运业,即专业航运。专业航运一经出现,便形成了以航运服务为对象的需求者与供给者的交易关系,于是就形成了航运市场。只有充分了解航运市场和认识航运市场规律,才能更好地进行航运企业的经营管理。

◆ **教学目标**

| 终极目标 | | 学会对航运市场相关敏感性因素的把握,掌握航运市场规律,学会评析航运市场,并能撰写航运市场评析报告 |
|---|---|---|
| 促成目标 | 知识点 | ①航运市场概念;②航运需求与供给;③影响航运市场供给与需求的因素;④航运价格与价格指数 |
| | 技能点 | ①航运供需平衡分析;②撰写航运市场评析 |

◆ **教学要求**

本情境参考学时为 4 学时,其中理论教学为 4 学时,课外活动教学为 4 学时

## 任务一　航运市场解读

市场是商品经济的产物,航运企业生产的商品是人或物的"空间位移"。熟悉航运市场,把握航运市场的发展规律,是航运企业经营管理中重要的一个内容。

### 一、航运市场

#### (一)市场的含义

市场指从事商品买卖的交易场所或接洽点。即一个市场可以是一个有形的买卖商品的交易场所,也可以是利用现代化通信工具进行商品交易的接洽点。从本质上讲,市场是商品买卖双方作用并得以决定其交易价格和交易数量的一种组织形式或制度安排。狭义的市场是商品交换的场所。随着科技的发展,凭借着发达的通信工具,现代市场是很难用特定的空间范围来确定的,市场的内涵早已大大超越了原始概念的内涵。广义上讲,市场是商品或劳务买卖双方交易关系的总和。这个概念有以下三层含义:

(1)包括了市场的狭义概念;
(2)市场是供需过程和关系的总和;
(3)市场是生产、消费、流通、商品与劳务等经济信息的中心。

#### (二)航运市场的含义

航运市场的概念可分为狭义和广义两种。

**1. 狭义的航运市场**

狭义航运市场是指拥有船舶、能为货主提供运输劳务为目的的供给方与拥有货物、需要寻找船舶将货物运往目的地的运输劳务需求方在特定场合下的结合。狭义的航运市场是指设在各地的航运交易所，它包括以下内容：

(1) 表示一定的交易场所，如上海航运交易所（SSE）。

航运交易市场，是需要船舶的承租人和提供船舶运力的出租人进行船舶租赁活动的场所。上海市场是我国最大的航运市场，并且以国际航运中心为目标而高速发展。除集中了大陆的中远、中海、长航集团等大中型国有航运企业外，国际上大的航运公司也大举进军上海，使上海航运市场日益繁荣。在国家有关部门和上海市的共同努力下，建立了上海航运交易所（SSE），于1997年初开始运作。

(2) 表示一定地理区域间的航运劳务状况，如香港市场、南美市场等。

(3) 表示需求方对某种劳务的需求，如租船市场、散货市场等。

**2. 广义的航运市场**

广义的航运市场是指一种交易关系。交易的对象是航运服务，即运用海上运输的手段，将某一件或某一批货物，从一个国家（或地区）运至另一个国家（或地区）。这种服务的实现，既可以通过海上公共承运的方式（班轮运输服务），也可以通过船舶租赁的方式（不定期船运输服务）。交易主体之一的买者是航运服务的需求者，或服务的顾客（对象）。具体来说，航运服务的需求者有贸易商、生产商、经纪人、政府和船公司。这里需要说明的是，船公司也是航运服务的需求者，这是指一家船公司当自身的海运能力短缺时，会在市场上租入一些船舶，这时，该船公司就成为航运服务的需求者。当然，在船公司作为航运服务的需求者时，服务不是一种"最终服务"，而是一种"中间服务"，因为船公司租用船舶并不是为自己运输商品，而是为最终的顾客运输商品。但以上所指的"中间服务"和"最终服务"是不可分割的，是同时开始、同时结束的。交易主体之二的卖者是拥有船舶的船东。船东既可以是船舶的所有者——船主，也可以是具有船舶经营权或出租权的二船东、三船东等。

随着航运业的发展，造船工业、修船工业、拆船工业等也得到了相应的发展，并且形成了与航运业相适应的市场规模。为航运贸易服务的行业，如船舶代理、货运代理、保障业务等也已成为航运市场不可缺少的组成部分。因此，广义的航运市场的概念可以定义为航运服务与其相关行业结合、协调、运作等活动及其相互关系的总和。

## 二、航运市场的经济特征

航运市场具有周期性循环的经济特征，航运市场的平衡往往是短暂的，绝大部分时间内表现为航运市场繁荣与市场萧条两种特征。

**1. 航运市场繁荣**

当航运市场的需求大于供给时，运价上涨。此时航运市场会出现如下经济现象：

(1) 船龄较大、效率较低的船舶会重新回到航运市场。

(2) 船东为了利润最大化，一般会将船舶的经营速度提高以及减少一切非营运时间。

**2. 航运市场萧条**

当航运市场上的供给大于需求时，航运市场将出现如下经济现象：

(1) 一些在经营上不经济的船舶的买卖价格将下降至报废的价格，使得这些船舶被迫拆解，从而长期地离开航运市场，此时航运市场上船舶吨位开始绝对下降。

(2)大量船舶在二手船市场被出售,产生许多新的船东。通过二手船市场,过剩船舶的利用率得到提高,如将超大型油轮用来储存原油或者将大型散货船当作转运装置等,使供给过剩得到暂时缓解,此时航运市场的船舶吨位开始相对下降。

(3)船东为了节约成本,一般会将船舶的经营速度降低以及减少一些开支。

## 三、航运市场供给与需求的影响因素

### (一)影响航运需求的因素

**1. 世界经济**

毫无疑问,对航运需求具有最重要影响的变量是世界经济。贸易自由化、金融自由化、生产一体化极大地改变了航运需求。

**2. 海运贸易量**

海运贸易量对航运需求的影响可以分为短期影响和长期影响。短期影响主要表现在季节性产品和存货上,长期影响主要表现在一个产业的加工程序及布局的变化。产业布局的变化不仅减少了船舶的运量,同时也改变了航运需求的方式。

**3. 平均周转量**

航运需求的大小与运输距离、周转量存在较大的相关性。

**4. 运输成本**

航运之所以得到迅速的发展,主要原因是因为海上运输的经济性所致。如果船舶运输能降低总费用或者能保证工业制成品获得利润,原材料就可以从距离很远的地方进口,因而运输成本成为影响工业化发展的一个非常重要的因素。

**5. 政治事件**

政治事件一般指地区战争、对外国财产的国有化等事件。政治事件对航运需求的影响一般是非预期的和突发的。这些政治事件并不直接对航运需求产生影响,关键是对航运需求的间接影响。

### (二)影响航运供给的因素

**1. 世界商船总吨位**

建造一艘商船需要几年的时间,导致航运供给对需求的反应滞后,而一旦船舶被建造出来,使用寿命长达15~30年。因此,为了迎合市场的需求而对供给的调节,需要较长的时间。尤其是供给大量过剩时,需要更长的时间才能使航运市场恢复到需求与供给均衡的状态。世界商船总吨位的大小由原有船舶的数量、船舶拆解与失踪量、新下水船舶数量三个因素决定。由于船舶的经济寿命一般是20年左右,每年只有小部分船舶被拆解,因此航运市场供给变化的周期一般不用"年"而是用"十年"来衡量。

**2. 新造船量**

从本质上来说,造船量是对航运需求的反应。但还是受到多方面的影响,如订船到交船之间的时滞、政府一定程度上的干预。此外,船型结构的变化和船舶的营运效率对航运市场也具有非常重要的影响。

**3. 拆船与失踪量**

世界商船船队规模的增长主要决定于新造船舶的下水量以及船舶的报废量。报废是减少船舶总吨位的一条非常重要的途径,而决定一艘船舶是否报废是一项非常复杂的课题,因为报废是由许多相互制约的因素决定的,其中主要包括船龄、技术磨损、报废钢材价格、当前利润和市场预期等因素,其中船龄是决定船舶是否报废的一个非常重要的因素。决定船舶是否报废的另一个非常重要的因素是报废钢材的价格。此外,船东对未来船舶经营利润的预期也是决定船舶是否拆解的一个影响因素。如果是在萧条时期,船东可能会认为不久航运市场将进入繁荣时期,通常就不会报废他的船舶,因为在繁荣时期较高的运价能够弥补船东萧条时期所损失的经营成本。只有那些非常破旧的船舶,船东们认为即使在繁荣时期也无利可图时,才被迫报废。

**4. 船舶经营效率**

船舶的经营效率一般定义为每载重吨的船舶在一年内所完成的货运量或货物周转量。在船舶吨位一定的前提下,船舶的经营效率越高,供给量就越大。经营效率主要由以下因素决定:

(1)船舶营运速度。平均营运速度决定了一艘船舶一个航次所需要的航行时间。由于经济的需要、营运条件的限制以及气候因素的影响,船舶营运速度一般低于船舶的设计速度。

(2)载重量利用率。船舶载重量不能得到充分利用,主要是因为燃料、淡水的储存。另一个主要原因是货源不足所导致的亏舱。

(3)重载时间。船舶在海上的航行时间可以划分为重载航行时间和空载(压载)航行时间。空载(压载)航行时间越短,船舶重载航行时间所占的比例越大,船舶的营运效率就越高。

**5. 经营环境**

在经营环境方面,影响供给量大小的主要因素包括港口拥挤、通航条件的限制、安全和环保等方面的因素。此外,一个非常重要的因素是各国对航运的干预程度。

# 任务二　航运市场规律解析

航运市场和其他市场一样,其运行过程中行情的涨落也是一种周而复始的循环。航运市场供求关系的变动是国际、国内贸易活动,国内外经济形势、政治风云的变幻,自然条件的变化,以及船舶的合理使用和技术更新等多方面因素的综合反映。航运企业经营管理人员就是要在变化的经营环境中,分析当时的供求行情,找到自己的市场位置,制定相应的经营方针政策,进而取得良好的经济效益。

## 一、航运需求分析

### (一)航运需求的特点

需求是指在一定时期内、一定的价格水平下,消费者愿意并且能够购买的某种商品或劳务的数量。这种需求可以通过需求表格、需求函数、需求曲线来表达。航运需求是指在一定时期内、一定的运价水平下,地区和国家之间的贸易对海上运输能力和劳务的需求,用货物吨数与运距的乘积表示,习惯上称为需求吨位。航运需求与一般的市场需求相比有以下特点:

(1)航运需求是由贸易派生出来的需求。市场需求分为本源需求和派生需求两种。本源需求是指消费者对最终产品的需求,而派生需求则是因对某最终产品的需求而引起的对生产它的某一生产要素的需求。航运需求的这种派生性在很大程度上限制了航运企业所能采取的经营手段,增加了企业经营的难度与风险。

(2)航运需求在个体需求上具有多种多样的特殊性。如货类不同、运输需求不同、地区与国家不同、运输性质不同等因素组合的个别需求具有各自的特殊性。为了满足这些个别需求,在运输组织过程中采取相应的技术措施,必须分析和掌握运输需求的特殊性。

(3)航运需求虽然在个别上呈异质性,但在总体上却有一定的规律性。这种规律性反映在时空两个方面:在时间上,表现为每隔若干年这种需求就有一次峰值出现;在空间上,表现为一定时期内货物流向的规律性。

(4)航运需求的同一性。所有的航运需求都表现为运输对象的空间位移,并没有实物形态。

(5)运输的不平衡性。这种不平衡性反映在时间和空间两个方面。在时间上,运输活动有旺季、淡季的不同,旺季需要一定的运输能力,而到了淡季运输能力就有多余。在空间上,由于大多数货物存在运输方向上的单向性,因而往返航程的运量分布是不平衡的。如去往方向上的运量大,需要一定的运输能力,那么其返回的运输能力就多余,势必造成一定的运力浪费,反之亦然。而航运企业的运力浪费会影响其经济效益。因此,一个航运企业如何适时地调整自己船队的运力规模与结构,合理安排生产,尽量减少各种各样的运力浪费现象,是至关重要的。

**(二)航运需求曲线及需求价格弹性**

航运需求曲线是表示在其他自变量保持不变的情况下,运价与航运需求量之间关系的曲线。纵坐标代表单位货物的运价,横坐标代表货物的航运需求量。航运需求曲线是一条向右下方倾斜的曲线(图5-1),即这条曲线的斜率是负值。这表明运价与航运需求量之间存在着相反方向变动的关系。

需求价格弹性是表示需求状况的一个重要概念,是指某种商品需求量的变化率对该商品价格变化率的反映程度。需求价格弹性的计算公式为:

$$E_d = -(\Delta Q/\Delta P) \cdot (P/Q) \quad (5\text{-}1)$$

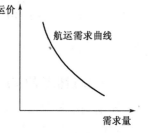

图5-1 航运需求曲线

式中:$E_d$——需求价格弹性;
$Q$——需求量;
$P$——商品本身的价格;
$\Delta Q$——需求变动量;
$\Delta P$——价格变动量。

因为价格和需求量的变化方向一般是相反的,所以其比值为负值。为了方便起见,在计算公式中引入负号,使比值变为正数。

在利用需求价格弹性计算公式分析航运需求状况时,不必求出具体值,只要求出需求价格弹性的程度即可。其大小分以下5种情况:

(1)$E_d = 1$,表示航运需求量变化的百分率等于运价变化的百分率,称为航运需求具有单元弹性。

(2)$1 < E_d < \infty$,表示航运需求量变化的百分率大于运价变化的百分率,称为航运需求富有弹性。

(3)$0 < E_d < 1$,表示航运需求量变化的百分率小于运价变化的百分率,称为航运需求缺乏弹性。

(4) $E_d = 0$,表示不论运价如何变化,航运需求量固定不变,称航运需求完全缺乏弹性。

(5) $E_d = \infty$,表示在既定运价下,航运需求量可以任意变动,称航运需求完全富有弹性。

航运需求价格弹性主要取决于以下因素:

(1) 商品承担运费的能力。承担运费能力强的商品,它们在运价上升时被削减或取消航运需求的可能性很小,即航运需求价格弹性很小;而货价较低的大宗初级产品因承担运费的能力较弱,就有较大的航运需求价格弹性。

(2) 货类有代用物资的可能性。工业生产中的某些物资在稀缺或价格昂贵时,如果可以找到代用物资,那么在航运需求上就会有较大的价格弹性;难以由其他物资替代的商品,在运价上升时对航运的需求不会有显著的减少,这类物资的航运需求价格弹性就很小。

(3) 运输技术上的取代性。可由其他运输方式取代的货类,它们对航运需求有较大的价格弹性;凡运输技术上被取代的可能性很小或不可能被取代的货类,它们的航运需求价格弹性很小,甚至是非弹性的。

这里需要指出的是,需求量的运动和需求的移动是两个完全不同的概念。需求量的运动不是指需求状况的变化,而是指在同一条曲线上,随着价格的不同,需求量发生的变化。需求的移动,是指航运需求曲线发生的移动,这表明需求状况发生了变化。航运需求曲线的移动是消费者的爱好、收入及其他有关商品的价格等因素变化的结果,并非由于商品本身价格的不同所致。如图5-2所示,需求量增加时,航运需求曲线 $DD$ 右移到 $D_1D_1$ 的位置;需求量减少时,则左移到 $D_2D_2$ 的位置。

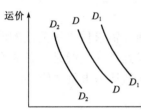

图5-2 航运需求曲线的移动

## 二、航运供给分析

### (一) 航运供给的特点及主要影响因素

航运供给是指在一定时期内、一定的运价水平下,船舶所有人能够并且愿意提供的船舶运力数量即船舶吨位数量。航运供给一般具有以下特点:

**1. 航运产品的非储存性**

与其他物质生产部门不同,航运企业的产品不是有形的物质产品,是通过船舶运输使运输对象发生空间位置的变化。运输产品的生产和消费是同时进行的,运输产品不能脱离生产过程而独立存在,这就是运输产品的非储存性。航运市场的供给便是生产手段,即船舶本身。航运市场不能对需求进行调整,而只能直接利用船舶吨位的变化去适应运量上的变化,而且这种调整还有一个时间差,因此供给不能随时与需求相适应。

**2. 运力供给与运输需求的不一致性**

运输产品的消费,只能在运输生产过程,即运输船舶的位移过程中实现。船舶提供一定的货运能力,但不一定刚好有那么多货可运,此时就会造成运力浪费。如果再等一些时间,可能会使船舶满载,但船期不一定允许。从经济上来说,船舶也不该等。有时某地有货要运出,但船舶来此地运货只有单程重载,而有一段则需空载航行,这也会造成运力浪费,影响企业的经济效益。所以,运输活动的经济效果取决于供、需在时间与空间上的结合程度。

由于航运供给基本上取决于航运需求,因此所有影响航运需求的因素都会对航运供给产生影响。

**(二)航运供给曲线及供给价格弹性**

航运供给曲线是表示供给量和运价对应关系的曲线,一般用纵坐标表示运价,用横坐标表示供给量。航运供给曲线的一般形状是自左下方向右上方倾斜,如图5-3所示。从航运供给曲线中可以直观地看出,航运供给量与运价之间存在着相同方向的变化关系,即运价提高,船东就会增加船舶吨位的供给;运价下降,船东则会逐步减少船舶吨位的供给。这种规律称为航运供给规律。

同航运需求价格弹性一样,航运供给价格弹性是运价变动引起的航运供给量变动的程度。航运供给价格弹性的计算公式为:

$$E_s = (\Delta R/\Delta P) \cdot (P/R) \tag{5-2}$$

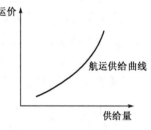

图5-3 航运供给曲线

式中:$E_s$——航运供给价格弹性;

$R$——供给量;

$P$——运价;

$\Delta R$——供给变动量;

$\Delta P$——运价变动量。

同样,在利用航运供给价格弹性计算公式分析航运供给状况时,只要指出航运供给价格弹性属于什么程度就可以了。航运供给价格弹性按程度可分为以下5类:

(1)$E_s > 1$,表示航运供给量变动的程度大于运价变动的程度,称为航运供给富有弹性。

(2)$E_s = 1$,称为航运供给具有单元弹性。

(3)$E_s < 1$,称为航运供给缺乏弹性。

(4)$E_s = 0$,表示不管运价怎样变化,航运供给量固定不变,称为航运供给完全缺乏弹性。

(5)$E_s = \infty$,表示对于某一给定的运价,航运供给量可以任意增加,称为航运供给完全富有弹性。

## 三、航运供需平衡

航运市场均衡,是指航运市场需求和供给两种力量达到一致时的状态。这时,航运的需求价格与供给价格恰好相等,该价格称为均衡价格;航运需求量与航运供给量也一致,这个量称为均衡运量。图5-4中,需求曲线$DD$与供给曲线$SS$之交点$A$,表示当运价为$B$时,供给量与需求量相等,运价不再有变动的趋势,称为航运市场达到均衡状态。$B$为均衡价格,此时与之相对应的$C$即为均衡运量。在自由竞争的不定期船市场,价格的形成和波动取决于市场上供给与需求的平衡状况。当运价低于$B$时,市场需求量大于供给量,此时,需求者必然以高价吸引更多的船舶经营者为市场提供吨位并降低市场需求,使运价产生一种向上的压力;当运价高于$B$时,市场供给量大于需求量,此时竞争中的供应者必然以低价迫使一部分船舶经营者退出市场并吸引更多的需求,使价格产生一种向下的压力。因此,不论在什么情况下,运价总是在运动中向$B$逼近。

当需求曲线$DD$与供给曲线$SS$相交于$A$点时,供需双方平衡的运量为$C$(需要注意的是,$C$为实际所能达到的船舶货运量,要由所能提供的船舶载重量根据船舶营运率及船舶吨天产量等数据折算成船舶货运量)。此时的运价对船舶经营者来说,既不愿增加新船,也不想把现有船舶从市场中撤出,运价恰好等于船舶经营者提供的运输劳务中的最高边际成本,这个运价正是某些货主可以承受的最高运价。

同时,均衡状态只是在理论上存在或只是在瞬间存在,这是因为,市场上供需双方对外界的各种影响因素都是十分敏感的,且都是在不断运动变化的,外界条件一旦变化,就会马上引起运价的较大幅度的变动。如图5-5所示,如果航运需求上升,需求曲线由 $DD$ 移至 $D_1D_1$,从理论上说,供需的平衡点亦将由 $A$ 点移到 $E$ 点,运价由 $B$ 上升至 $F$,运量由 $C$ 上升到 $G$。然而,由于航运供给的增大是需要一定时间的(这是因为船舶的买卖、建造直至营运安排都需要一个过程),不能马上适应这种随机的突出的增长,因而事实上不能马上增到 $G$,而仍然维持在 $C$,这势必引起运价向上的压力,使运价增到 $I$ 的水平,迫使实际需求量仍控制在 $C$ 的水平。运价 $I$ 的水平维持多久,要取决于当时运力供给的弹性特征。一般来说,由于高运价的刺激,市场外的船舶或新船将纷纷进入市场,使运力逐渐扩大到 $J$,运价也由 $I$ 降到 $K$,此后,运价在不断的上下波动中向 $F$ 逼近。可见,由于均衡条件下的不断变化,运价会在短期内有较大波动,但市场法则又使市场向新的均衡逼近。因此,从长期来看,运价又具有相对的稳定性。

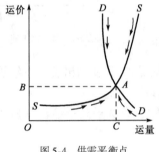

图5-4 供需平衡点　　　　　图5-5 供需平衡点的转移

## 任务三　运价指数

运价指数就是运价变动的相对数,反映不同时期运输价格变动程度的相对数指标,是交通运输行业销售价格指数,航运市场常采用运价指数来反映运价水平和动态。

### 一、指数的概念与种类

指数产生于分析研究现象的动态变化,如物价的变动、产量的变动、劳动生产率的变动、工资的变动、成本的变动等。指数的概念,有广义和狭义之分。

**(一)指数的概念**

广义的指数,是指一切动态相对数。如一种商品价格的动态相对数;一种商品销售量的动态相对数。同时,也包括多种商品价格的动态相对数;多种产品产量的动态相对数等。这一切动态相对数,统称为指数。

狭义的指数,是指反映不能直接相加、不能直接对比的社会现象变动的相对数。它是一种特殊的动态相对数。例如,统计在研究全国或一个地区的全部工业产品的变动,首先碰到的一个问题是这许多种类不同的产品不能直接相加。既然不能直接相加,当然也不能直接对比,因而也无法研究现象的变动。而指数可以解决这个问题。因此,指数是一种特殊的动态相对数。

## (二)指数的种类

常用的指数分类方法,有以下几种:

**1. 按照指数所说明社会现象范围的不同,指数可以分为个体指数和总指数**

个体指数是指反映某一种现象变动的相对数。即说明某一种产品的产量、单位成本或某一种产品的销售量、价格在不同时间上的变动程度。例如,我国的小麦产量1990年为9 823万吨,1991年为9 595万吨,1991年小麦产量为1990年的97%。97%就是表示小麦产量的动态相对数,成为产量的个体指数。个体指数用公式表示如下:

$$个体指数 = \frac{报告期水平}{基期水平} \tag{5-3}$$

总指数是综合反映多种或全部社会现象变动的相对数。例如,我国工业总产值1990年为23 924亿元,1991年为27 273亿元,1991年工业总产值为1990年的114%,这个动态相对数,是综合说明全国工业产品产量变动程度的,所以,称为总指数。总指数也通常简称指数。总指数按其表现形式不同,又分为两种:综合指数和平均指数。

**2. 按照指数所反映社会现象性质的不同,指数可分为数量指标指数和质量指标指数**

数量指标指数是反映社会现象总体规模、水平或总量变动的相对数。如反映多种产品产量变动的相对数;反映多种商品销售量变动的相对数。这些产量指数、销售量指数,都是数量指标指数,也称为物量指标指数。

质量指标指数是反映经济工作质量变动的相对数。如产品单位成本指数、价格指数、劳动生产率指数、工资水平指数等。这些指数都是根据质量指标计算的,反映了质量的好坏,所以,成为质量指标指数。

**3. 按照指数所采用的基期不同,可以分为定基指数和环比指数**

定基指数是指采用固定基期而计算的指数。它反映某种社会现象在一个较长时期内的变动程度。环比指数是用报告期总体总量与前一期总体总量对比,所得的相对数。或者说,环比指数都是以前一期指标作为对比基期,而计算的动态相对数。它反映某种社会现象逐期的变动程度。

## 二、运价指数介绍

运价指数就是运价变动的相对数。航运市场广泛采用运价指数来反映运价水平和动态。世界上一些主要航运国家和研究机构定期发表包括各种运价指数的市场报告。如英国海运交易所每月发表不定期船运价指数,德国不来梅航运经济研究所、美国纽约航运研究院均定期发表运价指数报告。

### (一)波罗的海运价指数

由于波罗的海交易所能够根据航运市场的发展和变化,对运价指数的构成及时予以修订,而运价指数又是根据严格、明确以及航运市场的规则计算出来的,所以,它能够反映出全球干散货航运市场的运价水平,成为了干散货航运市场发展和变化的晴雨表。此外,波罗的海运价指数还是运费期货交易的基础,因此它对于干散货航运市场的分析和预测,对指导干散货船的租船业务,有着至关重要的作用。波罗的海运价指数分为波罗的海好望角型船运价指数(BCI)、波罗的海巴拿马型船运价指数(BPI)、波罗的海灵便型船运价指数(BHI)以及波罗的海干散货船期租费率指数(BDI)。

(1) BCI:波罗的海好望角型船运价指数,于1999年4月27日开始发布。该指数是基于遍布世界11条好望角型船的煤、矿航线当日费率通过加权计算得出的,其中,包括四条期租航线,具体见表5-1。

波罗的海好望角型船运价指数　　　　表5-1

| 序　号 | 航　　线 | 货　　种 | 权重(%) |
|---|---|---|---|
| 1 | 汉普敦路—鹿特丹 | 煤 | 5 |
| 2 | 图巴朗—鹿特丹 | 矿 | 10 |
| 3 | 图巴朗—北仑和宝山 | 矿 | 10 |
| 4 | 里查兹湾—鹿特丹 | 煤 | 5 |
| 5 | 西澳大利亚—北仑和宝山 | 矿 | 15 |
| 6 | 纽卡斯尔—鹿特丹 | 煤 | 10 |
| 7 | 波里瓦—鹿特丹 | 煤 | 5 |
| 8 | 直布罗陀与汉堡地域交船,大西洋往返 | 期租 | 10 |
| 9 | 欧洲大陆与地中海区域交船,至远东单程 | 期租 | 5 |
| 10 | 中国、日本地区交船,远东往返航线 | 期租 | 20 |
| 11 | 中国、日本地区交船,至欧洲大陆单程 | 期租 | 5 |

(2) BPI:波罗的海巴拿马型船运价指数,于1998年12月21日开始发布。该指数是共包含4条粮谷航线和4条期租船线,通过将各自费率进行加权计算得出的。

(3) BHI:波罗的海灵便型船运价指数,于1999年4月27日与BCI同时开始发布。该指数是将43 000载重吨船在4条期租航线上的期租费率通过加权计算得出的。

(4) BDI:波罗的海干散货船期租费率指数,于1999年11月1日开始发布。该指数在BCI、BPI和BHI的基础上,先将每种船型运价指数中4条期租航线上的期租费率计算出平均值,再将三种船型的平均租金进行加权计算得出的。从2009年7月1日起,波罗的海干散货综合运费指数(BDI)改以期租数据计算。按照新计算方式,由各地船舶经纪提交的海岬型船、巴拿马型船、超灵便型船和灵便型船四种船型的租金市场交易数据,会各占BDI四分之一的计算比例。该指数不再以每程运费计算,而改以期租或日租金。

**(二) 中国出口集装箱运价指数**

为了适应我国集装箱运输市场迅猛发展的需要,由交通部主持、上海航运交易所编制发布的中国出口集装箱运价指数(简称CCFI)于1998年4月13日首次发布,成为继波罗的海干散货运价指数之后的世界第二大运价指数,被联合国贸发会海运年报作为权威数据引用。中国出口集装箱运价指数客观反映了集装箱市场状况,成为世界了解我国航运市场的重要指标,为各大航贸企业日常经营决策提供有力依据,引起了新闻单位和相关研究咨询机构的高度重视,为政府部门对我国集装箱航运市场宏观调控提供了决策依据。中国出口集装箱运价指数编制与发布方式:

(1) 基期。中国出口集装箱运价指数以1998年1月1日为基期,基期指数1000点。

(2) 样本航线的选择。根据典型性、地区分布性、相关性三大基本原则,筛选出11条航线作为样本航线,分别为香港、韩国、日本、东南亚、澳新、地中海、欧洲、东西非、美西、美东、南非南美航线。其国内出发港口包括大连、天津、青岛、上海、南京、宁波、厦门、福州、深圳、广州等十大港口。

(3)运价信息的采集。目前,有16家商誉卓著、航线市场份额大的中外船公司,按照自愿原则,组成运价指数编制委员会,提供运价信息。他们是(以英文名称首字母排序):法国达飞轮船(中国)有限公司、中远集装箱运输有限公司、中海集装箱运输有限公司、韩进海运(中国)有限公司、赫伯罗特船务(中国)有限公司、川崎汽船(中国)有限公司、马士基(中国)航运有限公司、大阪商船三井船舶(中国)有限公司、日本邮船(中国)有限公司、东方海外货柜航运(中国)有限公司、铁行渣华(中国)船务有限公司、太平船务(中国)有限公司、上海海华轮船有限公司、上海市锦江航运有限公司、中外运集装箱运输有限公司、新海丰船务有限公司。

(4)发布方式:上海航运交易所每周五编制、发布中国出口集装箱综合运价指数及11条分航线指数。

### (三)中国沿海(散货)运价指数

为全面反映我国沿海运输市场运价变化情况,配合国内航运市场全面整顿工作,交通部于2001年11月在上海航运交易所正式启动中国沿海运价指数。中国沿海运价指数(简称CBFI)的发布揭开了中国运价指数体系新的一页,适应了水运价格体制改革需要新的工具去描绘市场发展变化这一市场客观的需求,推动了沿海运输市场健康有序地发展。同时作为沿海运输市场的"晴雨表",中国沿海运价指数及时反映了沿海航运市场的价格变动趋势,有利于政府部门对沿海运输市场的宏观调控,有利于船公司、货主、贸易企业、港口、代理等相关企业获取市场信息,掌握市场动态。中国沿海运价指数编制与发布方式为:

(1)基期。中国沿海运价指数以2000年1月为基期,基期指数1 000点。

(2)样本航线的选择。依据重要性原则,选择列入我国沿海港口散货吞吐量前5位的货种作为沿海运价指数样本货种,包括原油、成品油、金属矿石、粮谷和煤炭。基于运量规模,兼顾区域覆盖性,结合考虑航线未来发展形势,选取21条样本航线,分别是:

原油:宁波—南京、舟山—南京、广州—南京;

成品油:大连—上海,大连—广州,天津—温州、台州,天津—汕头、广州;

金属矿石:北仑—上海、北仑—南通、青岛—张家港、舟山—张家港;

粮谷:大连—广州、营口—深圳;

煤炭:秦皇岛—广州,秦皇岛—上海,秦皇岛—宁波,天津、京唐—上海,秦皇岛—福州,天津—南通,天津—宁波,黄骅—上海。

(3)运价信息的采集。目前,有27家港航单位提供运价信息。他们是(以中文名称首字母排序):长航上海海运公司、大连金恒航运有限公司、大连辽河油田海运有限公司、大连万通船务股份有限公司、大连远昌船务有限公司、大连远洋运输公司、德勤集团有限公司、福建国航远洋运输(集团)股份有限公司、福建省轮船总公司、福建省厦门轮船总公司、广东顺峰船务有限公司、广东海运股份有限公司、广州港集团有限公司、河北省海运总公司、江苏省炜伦航运有限责任公司、南京长江油运公司、宁波港集团有限公司、宁波海运股份有限公司、秦皇岛港务集团有限公司、日照市腾翔海运有限公司、上海国际港务(集团)有限公司、深圳远洋运输股份有限公司、天津港集团有限公司、浙江省海运集团、中国海运(集团)总公司、舟山中昌海运有限责任公司、舟山浙华石油运输有限公司等。

(4)发布方式:上海航运交易所每周三编制、发布中国沿海综合运价指数及21条分航线指数。

除此之外,世界上一些主要航运国家和研究机构也定期发布运价指数报告。

## ◀ 活动五　航运市场评述 ▶

| 时间 | 180 分钟 | 地点 | 课外 |
|---|---|---|---|
| 教学资料 | 请搜索 2010 年某月份或对某年的相关运价指数,进行航运市场评述,可以参阅教材的相关内容 | | |
| 教学目标 | 学会运价指数的查找,会根据指数变化趋势对航运市场进行简单的评述,并学会撰写航运市场评析报告,使学生充分认识运价指数的波动和航运市场与运价指数的关系 | | |
| 活动要求 | 根据教师布置任务,查找运价指数图,针对某一特定时期,对运价指数的变化趋势作出分析,并撰写简要的航运市场评析报告 | | |
| 活动程序 | (1) 6 人一组,组数由班级人数确定,以团队合作完成该活动;<br>(2) 学生根据所查资料,作出运价指数趋势图,结合航运市场相关知识,完成航运市场评述 | | |
| 活动评价方式 | (1) 教师选择完成较好小组上台讲述,学生自评;<br>(2) 教师点评 | | |
| 活动小贴士 | 航运市场和其他市场一样,其运行过程中行情的涨落也是一种周而复始的循环。航运市场供求关系的变动是国际、国内贸易活动,国内外经济形势、政治风云的变幻,自然条件的变化以及船舶的合理使用和技术更新等多方面因素的综合反映。学会航运市场的态势分析,是企业战略决策的首要条件 | | |

# 学习情境6　航次生产活动

船舶在海上从事营运活动的基本条件是从船、港、货、线四个方面反映出来的。船、港、货、线之间的相互协调,为船舶的营运活动提供了保障。但是,船舶营运活动本身必须具备一定的基本条件,主要是船舶营运的自然环境条件、船舶适航条件等。无论是班轮运输还是租船运输,都是以船舶航次生产活动为基础展开的,因此,对于航运管理人员来说,熟悉和掌握船舶航次生产活动的规律,具有十分重要的意义。

◆**教学目标**

| 终极目标 | | 了解航次活动生产程序,能在航次载货量计算中正确考虑影响因素,学会正确计算航次最大载货量 |
| --- | --- | --- |
| 促成目标 | 知识点 | ①船舶营运条件与方式;②船舶航次生产活动与适航;③航次生产活动的组织程序 |
| | 技能点 | ①合理利用航次时间;②船舶生产活动的组织;③正确编制航次计划 |

◆**教学要求**

| 本情境参考学时为6学时,其中理论教学为4学时,活动教学为2学时,活动教学可以根据学校设备情况进行选择教学 |
| --- |

## 任务一　航次生产条件认知

船舶营运的适航条件是船舶能顺利地在水上航行并提供运输服务的必要保证,也是船舶承运人在从事航运活动中必须高度重视的一件大事。为了使船舶营运达到或具备技术、安全、法律等方面所规定的适航条件,航运管理人员应通过船舶登记、船舶检验、船舶入级、船舶签证、船舶保险及船员配备等方式对其进行控制、监督。

### 一、船舶营运的自然环境条件

**(一)水上航道**

现代的水上航道已不仅是指天然航道,而且应包括人工航道、进出港航道,以及保证航行案例的航行导标系统和现代通信导航系统在内的工程综合体。对航运管理人员来说,主要应熟悉和掌握海上航道、内河航道和人工航道的自然环境条件。

**1. 海上航道**

海上航道属自然水道,其通过能力几乎不受限制。但是,随着船舶吨位的增加,有些海峡或狭窄水道会对通航船舶产生一定的限制。因此,对于航运管理人员来说,必须知道通行的海上航道有无限制条件。

#### 2. 内河航道

内河航道大部分是利用天然水道加上引航的导标设施构成的。对于航运管理人员来说,应该了解有关航道的一些主要特征,如航道的宽度、深度、弯曲半径、水流速度、过船建筑物尺度,以及航道的气象条件和地理环境等,必须掌握以下通航条件:

(1)通航水深,包括潮汐变化、季节性水位变化、枯洪期的水深等。

(2)通航时间,包括是否全天通航、哪些区段不能夜航等。

(3)通航方式,包括航道是单向过船还是双向过船等。

(4)通航限制,包括有无固定障碍物,如桥梁或水上建筑等,有无活动障碍物,如施工船舶或浮动仓库等。

#### 3. 人工航道

人工航道又称运河,是由人工开凿,主要用于船舶通航的河流。人工航道一般都开凿在几个水系或海洋的交界处,以便使船舶缩短航行里程,降低运输费用,扩大船舶通航范围,进而形成一定规模的水运网络。对于航运管理人员来说,应熟悉的人工航道主要是苏伊士运河、巴拿马运河和基尔运河,并且应了解和掌握这些通航运河的自然环境条件,包括通航水深、通航船舶尺度限制、通航方式以及通航时间等。

### (二)港口

对于航运管理人员来说,应从以下几个方面了解和掌握有关港口的通过能力。

#### 1. 港口水域面积

港口水域面积决定了该港口同时能接纳的船舶艘数。

#### 2. 港口水深

港口水深决定了该港口所能接纳的船舶吨位。

#### 3. 港口的泊位数

港口的泊位数决定了该港口同时能接纳并进行装卸作业的船舶数。

#### 4. 港口作业效率

港口作业效率直接影响着船舶在该港口的泊港时间。港口作业效率一般需综合以下各种情况才能作出较正确的估算:①装卸机械的生产能力;②同时作业的舱口数或作业线数;③作业人员的工作效率;④业务人员的管理水平等。

#### 5. 港口库场的堆存能力

由于海船、河船、火车、汽车的装载量差别很大,货物交接手续有快有慢,繁简不一,因此,需要换装或联运的货物往往需在港口储存、集疏。因此,库场的堆存能力将会影响到港口通过能力,从而也影响到船舶的周转速度。

#### 6. 港口后方的集疏运能力

港口后方有无一定的交通网和一定的集疏运能力,不仅影响到港口的通过能力,同时也影响到船舶的周转时间。

## 二、船舶营运的适航条件

### (一)船舶登记

船舶登记的目的在于确定船舶国籍,以保障船舶所有人对登记船舶的所有权及其他合法权益,有利于加强船旗国对船舶的监督管理。

**1. 船舶所有权登记**

主要用于确认船舶的所有权关系以及受哪一个船旗国法律的保护。船舶经所有权登记后,应领取船舶国籍证书,或船舶登记证书,或船舶执照。此时,船舶才取得有关法律和公约规定的航行权。

**2. 船舶临时登记**

凡属于以下情况之一的,船舶所有人或承运人应向有关船舶登记机关申请临时登记：

(1)在国外买进或新造船舶合同约定离岸交船的;

(2)在国内为国外新造船舶合同约定到岸交船的;

(3)新造船舶出海试航的;

(4)以光租条件从国外租进船舶的。

此外,对旧老船舶提供不出所有权证明文书者,在公告期内可由经营人出具证明,申请临时登记。上述船舶经临时登记后,可领取临时船舶国籍证书。在国外取得的船舶,可向驻所在国的中国使领馆申领该证书。临时船舶国籍证书在船舶进行所有权登记以前有效,但有效期最长不超过1年。凡在国外登记的船舶,未注销原登记国籍的,不得再行登记。船舶不得拥有双重国籍,且每艘船舶只能有一个船名,同一船籍港的船舶不得重名或同音。

**3. 船舶抵押、租赁登记**

凡船舶抵押给他人或光船出租给国外经营时,船舶所有人应向船舶登记机关提出申请,办理登记手续。申请书应载明上述各项有关内容并呈验抵押契约或经主管机构批准光船出租的文件和租赁契约。

**4. 船舶变更登记**

凡船舶在营运过程中出现以下情况之一的,应向船舶登记机关办理变更登记：

(1)船舶所有人的名称变更;

(2)船舶所有权转让给他人,以致船舶所有人变更;

(3)船舶的船籍港变更等。

**5. 船舶注销登记**

船舶注销登记适用于以下各种情况：

(1)报失登记,用于船舶灭失或沉没;

(2)失踪登记,用于船舶失踪已届满6个月;

(3)报废登记,用于船舶已经主管机关核准拆解;

(4)撤销登记,用于船舶已被政府征用,或经主管机关核准已将船舶所有权转移给国内外新的船舶所有人。

办理注销登记时,船舶所有人应陈述事由,连同证明文书向原船舶登记机关申请注销登记,并交还原国籍证书、船舶登记证书或船舶执照。

**6. 船舶航线登记**

船舶航线登记主要适用于国际航行的船舶。船舶所有人或经营人应首先向船舶检验机构申请船舶技术检验,在取得有关航行区域的合格证书后,向船籍所在港口的港务监督部门申办船舶登记,领取船舶国籍证书后才能航行于国际航线。

**(二)船舶检验**

船舶检验的目的,是使船舶及其有关设施具备正常的技术条件,以保障海上航行的船舶,有关设施和人命的安全,以及使海洋环境免受污染。就船舶营运的基本条件而言,船舶检验也是保证船舶适航的法定程序之一,其中包括船舶建造检验、初次检验、船级检验、法定检验、临时检验、公证检验等。

**1. 船舶建造检验**

该检验适用于新建船舶,其中包括开工前检验、建造中检验和交船时检验,完成上述检验后领取的船舶建造检验证书属于船舶的必备证书之一。

**2. 船舶初次检验**

该检验适用于新购入的船舶,其中包括新建船舶和旧船,但仅指由国外购入、未经我国验船机构监督建造的船舶。这类船舶在投入营运前必须接受初次检验。

**3. 船舶法定检验**

对于国际航行的船舶,船舶所有人或经营人必须遵照有关国际公约的规定,接受对其船舶技术状态进行的全面监督和检查,其中包括定期检验和期间检验,其目的在于督促船舶所有人或经营人通过经常性的维护和有计划的检修来恢复船舶的技术性能,使船舶始终处于良好的技术状态,以保障船舶航行安全。

**4. 船舶临时检验**

凡是船舶在营运活动中发生以下情况之一的,必须按照有关公约和法规的要求,向验船机构申请临时检验:①发生海损;②改变航区;③改变使用目的;④临时增载乘客;⑤有关证书临时展期;⑥其他特殊情况等。

**5. 船舶公证检验**

公证检验是指验船机构根据有关利益方,如保险人、船方、保赔协会及第三利益方的申请,为船舶和海上设施提供的技术鉴定。检验后提出的报告可以作为交接、计费、理赔、索赔时的有效凭证。公证检验主要适用于以下各种情况:①船舶买卖检验;②船舶损坏检验;③船舶起退租检验;④其他需要提供公证证明的检验。

## (三) 船舶入级

船舶入级是对船舶进行经常性技术监督和检验的重要手段。对于国际航行的船舶来说,是否取得船级或取得何家船级社的船级,对船舶的营运活动会有很大的影响。在国际航运市场上,时常会根据船舶是否持有船级来决定运费率及保险率。有些货物规定只允许获得某种船级的船舶才能承运。获得船级的船舶在投保时,其保险费率也相对低一点。在租船业务中,船级是船舶技术状况良好的凭证。

船级是船舶技术性能良好的一种符号,而船级社则是核定船级的行业组织。国际上的主要船级社有英国劳氏船级社(LR)、法国船级社(BV)、意大利船级社(RI)、美国船级社(ABS)、挪威船级社(NV)、德国劳氏船级社(GL)、日本海事协会(NK)以及中国船级社(CCS)等。

中国船级社就有关船舶入级划分了以下各种检验:

**1. 新造船的入级检验**

凡在中国船级社验船师监督下建造的船舶,符合入级规则及建造规范要求时,船级社将对其船体及舾装授予"★CSA"入级符号,对其轮机授予"★CSM"入级符号。

**2. 初次入级检验**

凡未在中国船级社检验下建造的船舶,如欲取得CCS船级,则须接受中国船级社验船师的初次入级检验。初次入级检验的范围基本上相当于入级船特别检验时的要求。如果该船具有经中国船级社承认的船级社所签发的有效证书和文件,则初次入级的检验范围可以缩小。

**3. 保持船级的检验**

凡在中国船级社入级的船舶,要想保持其已获得的船体级及轮机级,须进行保持船级的检验,查明各部分的磨耗和损坏程度及使用情况,以确定能否继续保持原有的船级。保持船级的检验可分为定期检验和临时检验两种。定期检验主要包括年度检验、坞内检验、特别检验、循环检验、螺旋桨轴和尾轴检验、锅炉检验和展期检验等。临时检验与前述的相同。

**(四)船舶签证**

船舶签证的目的在于监督船舶保持适航状态,保障船舶航行安全,维持海上运输秩序。国际航行的船舶在进出各港口时,必须按有关公约和法规规定履行船舶签证手续,主要是向船舶所在港口的主管当局呈验各种证书和文件。

**1. 船舶进出港口签证的条件**

船舶进出港口签证必须具备以下各项条件:
(1)备有有效的船舶种类证书;
(2)种类证书所载内容与实际情况相符;
(3)配备足够的持证船员;
(4)装运危险货物的船舶须符合装载要求,并持有准运证书和文件;
(5)救生、消防设备齐全,符合标准;
(6)装货载客符合载重线规定和乘客定额;
(7)船舶没有违反所在港口的有关规章法令。

**2. 船舶签证应呈验的证书**

对于国际航行的客船及总吨位在500GT以上的货船,应呈验的证书如下:
(1)船舶国籍证书或有关登记证书;
(2)货船构造安全证书;
(3)货船设备安全证书;
(4)国际船舶载重线证书;
(5)乘客定额证书和安全证书(客船);
(6)船级证书;
(7)蒸汽锅炉检验簿;
(8)二氧化碳灭火装置检验簿;
(9)起重设备检验簿;
(10)初次检验与定期检验的签订书等。

船长对全部文件的完整无缺并保证使之始终处于有效状态负直接责任。

**3. 船舶签证的程序**

船舶签证一般是以船舶进出港口签证一次,出港口时符合条件为签证的原则。

船舶应当在进口以后和出口之前的一段时间内,将航行签证簿及进出口报告书一次填好,连同有关证书一并送港航监督部门办理签证手续。未经签证的船舶不得出港。

**(五)船舶保险**

船舶保险是对船舶在运输过程中因自然灾害和意外事故所造成的财产损失的一种补偿办法。凡是可能遭受海上风险的财产(如船舶、货物)、船舶的运输收入(如运费、佣金)以及对第三方所负的赔偿责任(如船舶碰撞责任)等,都可以作为保险利益向保险人投保,以便在保险标的发生承保范围内因风险而遭受损失时,向保险人取得经济上的补偿。我国远洋运输船舶投保的险别主要有以下四种:①全损险;②综合险;③战争险;④油污险。其中战争险和油污险均属船舶保险的特别附加险,不能单独投保。

有下列情况之一的,保险公司不负赔偿责任:①船舶不适航;②船东疏忽或恶意行为所致的损失;③船舶正常维修费用;④滞期费和间接费用;⑤清理航道费用等。

**(六)船员配备**

船员配备的目的在于保证船舶正常生产、安全航行,是船舶适航的重要条件之一。配备足够的持有适任证书的船员和备有船员名册,也是船舶签证时的一项重要内容。对于航运经营人来说,针对每艘船舶的技术条件和营运条件,如何做到既节省船舶营运费用,又科学合理地配备船员,是其进行航运管理的一项重要工作。

船员配备要考虑的内容主要有两项,一是船员的编制,二是船员的分工。船员的编制是指每艘船舶配备船员的职务及数量,它主要取决于以下各种因素:①船舶的用途;②航行的距离;③船舶的大小;④船舶动力装置的功率;⑤船舶自动化的程度。船员的分工,这里所说的船员,主要是指船长、轮机长、大副和水手长等,航运管理人员应了解上述船员的职责。

## 三、船舶的营运方式

运输船舶的营运方式分为两大类,即班轮运输和不定期船运输。

**(一)班轮营运方式**

班轮运输又称定期船运输,它是指固定船舶按照公布的船期表或有规则地在固定航线和固定港口间从事货物(含集装箱)运输,从事班轮运输的船舶称之为班轮。班轮运输与其他运输方式相比具有以下特点:

(1)班轮运输的最基本特征是"四固定",即是固定航线、固定港口、固定船期和相对固定的费率。

(2)班轮运价内包括装卸费用,即货物由承运人负责配载装卸,承托双方不计滞期费和速遣费。

(3)承运人对货物负责的时段是从货物装上船起,到货物卸下船止,即"船舷至船舷"或"钩至钩"。

(4)承运双方的权利义务和责任豁免以签发的提单为依据,并受统一的国际公约的制约。

**(二)不定期船营运方式**

不定期船运输也称租船运输,没有固定的航线、挂靠港口和班期的一种船舶营运方式,不定期船的营运方式概括起来有航次租船、定期租船、包运租船和光船租船四种,有着如下共同特点:

(1)经营不定期船对投资实力方面的要求比较低。不定期船公司规模大小不一,从单船公司到拥有总载重量数百万吨的大公司都有。这是由于不定期船市场基本上属于完全竞争市场这一性质所决定的,任何船东,只要拥有一定的运力,都可以随时打入市场而成为不定期船经营者。

(2)不定期船的经营策略特别重要。由于不定期船所运输的货物的波动性比较大,不定期船市场的竞争又相当激烈,因此,经营策略(发展什么样的船队、采用何种租船方式、制定什么样的租金费率等)的选择就显得特别重要。不定期船经营者要随时了解市场信息,并对运输市场的发展趋势作出正确的判断,抓住有利时机,采取有效措施,作出正确的经营决策,以保证在竞争中取胜。

(3)通过船舶经纪人来承担揽货业务。由于不定期船市场范围广,使船舶出租人和船舶承租人在市场上直接揽货很不容易,船舶出租人与承租人之间的直接谈判也非常困难,因此,不定期船公司一般都委派船舶经纪人来承担揽货业务,船公司与船舶承租人之间的谈判通常也是通过双方的经纪人。

(4)运费或租金水平波动较大。租船运输的运费或租金水平的高低,直接受租船合同签订时航运市场行情的影响。政治经济形势、船舶运力供求关系的变化、通航区域的季节性气候条件等,是影响运费或租金水平高低的主要因素。

(5)以大宗货物整船装运为主。租船运输主要服务于专门的货运市场,承运大宗货物,如谷物、油类、矿石、煤炭、木材、砂糖、化肥、磷灰土等,并且一般都是整船装运的。

## 任务二 航次活动介绍

航次是航运企业组织船舶从事运输生产活动的基本单元。在所有营运船舶航次安排的基础上,核定本企业的运输能力和确定企业未来的运输计划。针对单一船舶,通过制订航次计划组织好每一航次的生产活动,并在此基础上进行航次经济核算,既确保运输生产任务的完成,又可以最大程度地选择好航次。

### 一、航次概念

水运生产过程是以船舶航次生产活动为基础展开的,货、客船的航次是指它从事货物或旅客运输的一个完整的生产过程。船舶在其营运期内周而复始地、有规律地完成一个又一个航次,对船舶航次的认识可以归纳为以下几个方面:

(1)航次的船舶运输生产活动的基本单元,航次生产活动过程中关于时间、船舶载重能力的利用,以及投入和产出的详细记载和测算是考核船舶生产效率和经济效益的基础。

(2)航次是船舶从事客货运输的一个完整过程,即航次作为一种生产过程,包括了装载准备、载货、海上航行、卸货等完成客货水上运输任务的各个环节,因此,航次也称为船舶运输的生产周期。

(3)对于客船、货船、驳船,航次起止时间的规定是:自上一航次终点港卸空所载货物(或下完旅客)时起,至本航次终点港卸空所载的货物(或下完旅客)时止,即为本航次的时间。对运输推(拖)船的航行起止时间的规定是:将驳船送达终点港的锚地,或将驳船转交给另一推(拖)船换推(拖),本船收毕拖缆,或将驳船送达终点港并使得驳船分别靠好岸的时间作为本航次结束与新航次的开始。运输推(拖)船自航的航次时间计算,以上一航次结束时起,至本航次到达终点港调度码头系好第一根缆或系好新的被推(拖)船舶的第一缆时止。

(4)船舶一旦投入营运,所完成的航次在时间上是连续的,即上一个航次的结束,意味着下一个航次的开始。除非船舶进船坞维修。若航次生产活动中遇有空放航程,则应该从上航次船舶在卸货港卸货完毕时起算;若遇有装卸交叉作业,则航程的划分仍应以卸货完毕时为界。

(5)报告期内尚未完成的航次,应纳入下一个报告期内计算,即年度末或报告期末履行的航次生产任务:如果需要跨年度或跨报告期才能完成的,则该航次从履行时起占用的时间和费用都要结转入下一年度或下一报告期内核算。

(6)航次可以分为简单航次和复杂航次两种。简单航次是指船舶仅在两个港口间进行一次货物或旅客运输的完整过程,复杂航次是指船舶不仅运输从始发港到终点港的货物或旅客,而且途中还要进入一个以上的港口进行货物装卸或上下旅客。

(7)在运输生产中还有往返航次的名称。即船舶从出发港出发,到终点港(或中途港后又重返原来的始发港)。根据航次的定义及航次时间界限的规定,往返航次可分为两种形式:一种为单向有货、返程空载(大多数专用散货船及石油运输船属于这一类),这时,一个往返航次计为一个航次;另一种为去向及返向都有货(班轮航线基本上都属于这一类),这时,一个往返航次船舶完成了两个运输生产周期,计为两个航次。往返航次的共同特点是船舶完成了一次空间位移的循环。

## 二、航次生产活动过程

图 6-1 描述了在国际航线上营运的商船主要生产作业过程。航次所包括的一系列作业可分为三类:一类为基本作业,即装卸货物或上下旅客,船舶航行;二类为辅助作业,如装卸货前的准备作业,办理文件签证,编解船队,供应燃物料、淡水等;三类为非生产性作业,如因等泊位、等货、等调度命令的停泊等。完成一个航次的时间就是完成上述三类作业时间的总和(重叠部分时间应扣除)。

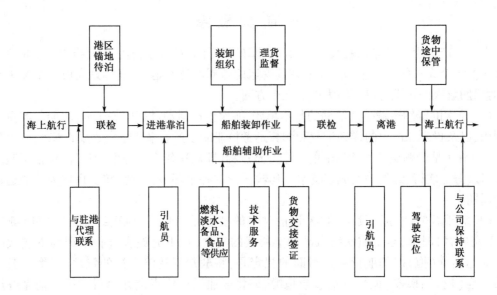

图 6-1 船舶生产作业流程图

简单航次的生产过程主要由以下一些环节组成:
**1. 订舱配货**

托运人向承运人(船务公司)预订货运舱位后,船方根据托运人提出的有关托运货物的种类、数量、流向运送时间等情况,以及能利用的船舶的营运技术性能,为船舶分配货载。分配给各船每一航次的具体任务,即装什么货、各装多少吨以及装货港、卸货港等,以航次命令及装货清单的形式下达给船长。

**2. 船舶配载**

船舶接到航次命令及装货清单后,由大副负责配载。在保证船舶安全、货物完整无损和力求获得最佳营运效果的前提下,将装货清单上列出的货物正确合理地分配在货舱内(或甲板上)的适当位置上,以配载图的方式表达出来,它是理货员理货、装卸公司装船的依据。

**3. 装船**

船舶在装货前必须做好一切装货准备工作。对某些要求较高或有特殊要求的货物,在装船前需经商品检验局(在国外为相应的公证鉴定机构)验舱,取得合格证明后方可装船;装散货时,需申请商检检量;装危险货物时,在我国要向港务监督部门申请监装;为了核实交接货物数量和检查货物外表质量,还需申请理货公司代船方理货。在货物装船过程中,往往由于各种原因需对原配载计划作出部分调整,使货物实际装载位置可能会与原定的配载图有差别。为了确切反映货物的实际装舱位置,理货员在货物全部装完后要绘制积载图。它是船员在航行途中看管货物必要资料,也是卸货港安排卸货、理货的依据。

**4. 运送**

船方在航次开始之前和开航时要尽职尽责,使船舶处于适航状态。船舶适航的含义包括以下三个方面:

(1)船体结构、船舶稳性、轮机设备等的性能和技术状态能够抵御航次中通常出现的或能合理预计的风险,并不要求船舶必须具备抵御航次中出现任何风险的能力。如果航次中能合理预计的超过通常的风险,则船舶必须具有抵御预计风险的能力。

(2)妥善地配备船员及装备船舶和储备供应品。配备船员妥善与否,应从船员数量和质量两方面考察。在数量上,要满足正常航行值班与作业的需要;在质量上,各级船员都能胜任本职工作,具有相应的知识和技能,高级船员应持有相应的职务证书,没有不适合船上工作的缺陷。妥善装备船舶是指船舶在航行、载货等各方面的设施完善,使其能装载、运送、保管和卸下货物;要求雷达、罗经等助航仪器,锚、缆等系泊设备,以及海图、航路指南等航行资料齐全,且使用可靠。妥善储备供应品是指船舶必须携带能航行到下一个补给港的充足的燃料、物料、淡水、食品等。在准备这些物品时,除了按正常航程或时间计算外,还要考虑风浪等各种不利因素的影响,增加一定量的安全储备。

(3)船舶适于货载。要求货舱及其设备功能正常,满足该航次货载的要求,包括货舱应清洁、干燥、无味,汗水沟和通风筒应畅通,舱盖应水密、吊装、索具待设备应齐全并处于有效状态,如装运冷藏货物,冷藏设备应运行正常。如果在船舶开航前,船方疏忽了这些问题,而对这些问题的疏忽,又恰好是形成事故的原因,那么即使这些事故相当于规定的免责事项,承运人也难以免责。比如,由于没有注意到主机运转失常而照常出港,途中主机停止运转而导致无法操纵船舶,结果与其他船舶发生碰撞,对于这种损失,承运人就不能免责。

船舶起航后,要经常测量和调整浮态,使其处于最佳状态,如测算船舶稳性、调整船舶吃水等。在船舶适航的条件下,还要在整个运输期间妥善和谨慎地做好途中货物的保管,如测量货舱内的温、湿度,进行合理通风。风浪天气里,对甲板货要注意检查绑扎的可靠性,防止移动和损坏;运输大宗散货时,检查货物在舱内移动的可能性;对危险货物,更要按有关运输规则经常检查,防微杜渐。

**5. 卸货**

船靠码头后,由港方安排卸货。卸货期间,船方应向理化公司申请理货。如果对货物质量、数量发生争议,还可以申请商检人员来检验,出具检验证明。货物卸完后,船方与港方(或货主)办理交接、签证手续。交货签证标志着船舶承运一批货物运输过程的结束,通过签证表示船方对货物的数量、质量及信用期内所承担的法律责任已经解除。如果在签证中发生分歧,应根据各种原始记录和单据做结论。所有卸货业务完成后,开始下一航次的活动,或等待下一航次命令。

国际航线船舶运输涉及船员及货物出入国境,各国为了维护本国主权在船舶进出港方面都有一系列的规定,如进出港强制引航,办理出入境手续,联检等。航行在国内各港口之间的近、沿海船舶通过经常的联系,港方基本都能够掌握其动态,故不需要进行联检,绝大多数船也不需要申请引航员,船舶可根据港方通知直接进港。

一条船在一年中的营运活动次序可用航次顺序号来标记。年初第一次发船所进行的航次就是该年度内的第一航次,以后各航次的编号依次类推。如果来回都有货,则一个往返为两个航次。

### 三、船舶航次时间划分及影响因素

交通部规定:客船、货船或驳船"自上航次终点港卸完所载货物(或下完旅客)时起,至本航次终点港卸完所载货物(或下完旅客)时止,计为本航次的时间"。因此,要合理利用航次时间,首先必须对航次时间的划分界限加以明确。

(一)船舶航次时间的划分

划分船舶航次时间,对于合理组织船舶运输活动、科学分析船舶的营运经济效果、准确核算有关船期损失的费用等,具有十分重要的现实意义。

航次时间由航行时间、装卸时间以及其他时间三部分组成。仅在两个港口间进行一次货物或旅客运输的简单航次的航次时间计算公式为:

$$t_{次} = \frac{L}{v} + \frac{2\alpha_{发} D_{定}}{M_{纯}} + t_{其他} \tag{6-1}$$

式中:$t_{次}$——航次时间(d);

$L$——航行距离(n mile);

$v$——船舶航速(n mile/d);

$\alpha_{发}$——船舶发航装载率(%);

$D_{定}$——船舶定额装载量(t);

$\overline{M}_{纯}$——港口平均装卸纯定额(t/d);

$t_{其他}$——航行和装卸作业时间以外的其他作业时间(d)。

船舶在这三部分时间中进行两大类作业:第一类作业为基本作业,包括装卸货、上下旅客和航行等具有周期性特点的作业;第二类称为辅助作业,包括装卸准备、燃油与物料供应、办理文件及推(拖)船队的编解作业等。显然,从单船运行角度看,应尽量缩短基本作业时间,争取使辅助作业和基本作业同时进行,这是缩短航次周转期的重要途径。但从整个船队的生产组织角度看,还应注意着眼于优化航线配船,在长航线上配置高速船,在装卸效率高的航线上配置大吨位的船,这样可以收到缩短多船时船舶平均航次周转期的效果。

(二)航次时间的影响因素

与航次时间关系密切的主要因素分别为航次距离、装卸货量、船舶航速和装卸效率。对于航运管理人员来说,应通过对上述因素的分析研究,寻找缩短航次时间的途径,加速船舶周转率,提高船期的经济性。

### 1. 航次距离

在既定的航次生产活动中,当装卸货量、船舶航速和装卸效率不变时,若航次距离长,则航行所需的时间就长,进而导致整个航次的时间相对较长。缩短航次时间的通常做法是:①合理选择安全、经济的驾驶航线;②合理利用通航水域内的海流、季风等。

### 2. 装卸货量

在既定的航次生产活动中,当航次距离、船舶航速和装卸效率不变时,若装卸货量大,则船舶泊港作业所需的时间将延长,进而导致整个航次的时间相对较长。缩短航次时间的通常做法是:①及时安排好船舶到港后的开工准备工作;②船舶在港的基本作业与辅助作业同时并举等。

### 3. 船舶航速

在既定的航次生产活动中,当航次距离、装卸货量和装卸效率不变时,若船舶航速高,则船舶的航行时间就短,进而整个航次所需的时间也将缩短。但是,提高船舶的航速,意味着将大幅度提高船舶的燃油费用,从船期的经济性考虑往往是不可取的。提高船舶的速度性能的通常做法是:①加强船舶动力装置的维护保养;②定期铲底,使船舶水下部分保持清洁流畅,减少船舶的运动阻力;③正确积载,防止船舶前倾;④合理选择燃油,使船舶的热工效率得到充分利用等。

### 4. 装卸效率

在既定的航次生产活动中,当航次距离、装卸货量和船舶航速不变时,若港口的装卸效率高,则船舶的泊港时间就短,进而整个航次所需的时间也将缩短。缩短航次时间的通常做法是:①在船舶挂靠的基本港口尽量使用岸吊和高效率装卸机械;②尽量安排船舶挂靠专业化码头;③加强码头作业现场的调度、疏港力量;④提前做好装卸准备工作,减少辅助作业的次数等。

## 任务三  航次活动组织

"及时、准确、经济、安全"被称为运输组织的"八字方针"。在船舶运输的航次活动组织中,要根据产、供、运、销情况,及时地把货物从产地运到销地,尽量缩短货物的在途时间,及时满足供应工农业生产和人民生活的需要。在货物运输的途中,要切实防止各种差错事故,不发生霉烂、残损、丢失、燃烧、爆炸等事故,保证货物安全运到目的地,做到不错不乱,准确无误地完成运输任务。要采用最经济、最合理的运输方案,有效利用各种运输工具和运输设施,节约人力、物力和运力,提高运输经济效益,降低货物运输费用。

### 一、合理组织航次货载

#### (一)船舶配载的基本要求

(1)要掌握船舶的主要技术性能、结构条件、设备特点以及营运经济性能等。
(2)要掌握受载货物的理化特性、积载因数、装卸要求,以及仓储保管和疏运等要求。
(3)要掌握和贯彻国家有关外交外贸政策和航运政策,熟悉并执行以下配载顺序:①救灾物资；②援外物资；③出国展品；④驻外机构物资；⑤信用证到期无法展期的外贸货物；⑥一般贸易货物等。

(4)要求货主提供以下货物资料：①油类性质；②温度；③密度；④凝固点；⑤密度变化系数；⑥膨胀系数；⑦装卸时应保持的温度等。

### (二)货源组织的基本要求

(1)班轮运输。应在班轮挂靠的基本港口加强市场营销力度，广泛地编织揽货网络，建立稳定的货源渠道，提高班轮运输服务质量的知名度，扩大航运企业在货源市场内的占有率，以保障班轮航次生产活动的供货量。

(2)租船运输。应在船舶适航的航线范围内建立广泛的船货供求信息网络，及时捕捉航次租船机会，精心选择程租目标市场，合理地安排各航次租船之间的衔接，充分利用航线上船货供求在时空方面的间隙，以保障航次租船的载重量利用率。

## 二、合理选择航线挂港

### (一)基本港口的选择

(1)核心班轮。其基本港口的选择需通过一系统科学的航线经济论证后方能确定，因为核心班轮的基本港口一经确定，通常不再轻易地变更。

(2)弹性班轮。其基本港口的选择应考虑以下三个因素：①适载货物的种类和数量；②适载货物的流向和均匀度；③货物是否适宜组织转口等。

(3)航次租船。其基本港口的选择与目标市场和市场机会密切相关，因此，通常应考虑以下四个因素：①是否位于船舶的适航航线之内；②适航航线内有无回程或转载的货物；③有无足够保本或保利的货量；④是否属于保本或保利的运费等。

### (二)中途挂港的选择

无论是班轮运输还是租船运输，在既定的航线中选择中途挂港时，通常应考虑以下几个问题。

(1)该港有无适宜的货载。所谓"适宜的货载"，是指符合以下两种情况之一：
①货物的数量已达到挂靠该港的保本或者保利水平；
②货物的运价已达到挂靠该港的保本或者保利水平。

(2)该港是否适宜给船舶提供补给和保养。衡量"适宜"的标准归纳为以下两点：
①可以从该港的油水补给中获得经济利益；
②适合船舶作例行维修保养并保证船期。

### (三)航次挂港顺序

由于核心班轮的挂港顺序一经确定，基本保持不变，因此，其挂港顺序需经过严格的航线经济论证后方能确定。对于弹性班轮运输和租船运输来说，航次的挂港顺序主要考虑以下一些因素：

(1)航线途经港口的自然顺序；

(2)回程货受载港口所处的地理位置；

(3)航次油水补给港口在航线上的地理位置；

(4)航修保养港口在航线上的地理位置;
(5)航次受载货物在积载上的特殊要求;
(6)航线上大洋海流的特点等。

## 三、合理安排油水补给

在航次生产活动组织中,往往会面临这样的问题,即:对于长线营运的船舶来说,想一次性加足全程所需的油水往往是行不通的;而对于短线营运的船舶来说,一次性加满油水则可能在经济上是不合算的。因此,对于航次生产活动中的油水补给业务,管理人员应周密考虑、合理安排,以提高船舶的航次营运经济效益。概括地说,合理安排油水的补给,应从以下几个方面着手。

**1. 拟定油水补给方案**

在拟定具体航次的油水补给方案时,需考虑以下几个因素:

(1)航程终点港是否为理想的补给港。其衡量的标准归纳为两点:一是油水价格水平;二是油水的种类和质量。

(2)航线上船舶载重线的变化情况。由低载重线区域驶往高载重线区域时,一般宜选择中途港或终点港补给;反之,则应选择始发港或理想港补给。

(3)航线内同期的货源是否充足。如果货源充足,应优先考虑提高船舶净载重量,减少富余油水量。如果货源不足,应分以下两种情况进行考虑,即:如果船舶货载有重向和轻向的区别,选择轻向补给港;如果双向货源均不足,则选择理想港补给。

**2. 选择油水补给港口**

航次的油水补给应根据经济合理的原则选择补给港,同时,船舶应严格执行国家的外交外贸政策。就经济合理的原则而言,航运管理人员在选择油水补给港口时,应考虑以下几个因素:

(1)补给港的油种、油价和油质;
(2)补给港的港口使费;
(3)补给港的补给作业效率等。

**3. 核算油水补给量**

核算航次所需的油水补给量,应根据具体航线和货载特点来确定。可先通过航次油水消耗量的计算,再扣除船上的油水剩余量,就可得到航次所需的最低油水补给量。

## 四、正确估算航次最大装载量

在计算船舶具体航次的装载量定额 $D_{定次}$ 时,需分别根据不同的情况予以确定。

(1)当船舶吃水在给定的航次营运条件下不受限制时,有:

$$D_{定次} = D_{净} = D_{总} - \sum J - C \tag{6-2}$$

① $D_{总}$ 值的确定。

$D_{总}$ 值的确定,应根据以下各种情况区别对待。

其一,船舶整个航次全程在同一载重线的区域时,$D_{总}$ 等于该区域所使用的载重线确定的船舶总载重量。

其二,航次的始发港处于低载重线区域,目的港处于高载重线区域时,$D_{总}$ 等于低载重线所确定的船舶总载重量。

其三,航次的始发港处于高载重线区域,目的港处于低载重线区域时,应根据以下一组差别式来确定 $D_{总}$:

$$\left.\begin{array}{ll} 当 J_{a-b} > \delta\Delta_{高-低} 时 & D_{总} = \Delta_{高} - \Delta_{空} \\ 当 J_{a-b} < \delta\Delta_{高-低} 时 & D_{总} = \Delta_{低} - \Delta_{空} + J_{a-b} \end{array}\right\} \quad (6-3)$$

式中:$J_{a-b}$——自始发港 $a$ 至载重线变更地点 $b$ 的油水消耗量;

$\delta\Delta_{高-低}$——高低两载重线的船舶排水量之差,即等于 $\Delta_{高} - \Delta_{低}$。

② $\sum J$ 值的确定。

$\sum J$ 为航次的油水消耗量,可按下式求得:

$$\sum J = \left(\frac{L}{v} + t_{储}\right) \cdot g_{航} + t_{停} g_{停} \quad (6-4)$$

式中:$L$——航次距离(n mile),其长短取决于补给港的选择;

$v$——船舶航速(n mile/d);

$t_{储}$——航行安全储备天数(d);

$g_{航}$——船舶航行时油水消耗定额(t/d);

$g_{停}$——船舶停航时油水消耗定额(t/d);

$t_{停}$——船舶为等待补给所花的停泊时间(d)。

此外,式(6-2)中的 $C$ 为船舶常数。

(2)当船舶吃水受航道或港口水深限制时,有:

$$D_{定次} = D'_{总} - \sum J - C \quad (6-5)$$

式中:$D'_{总}$——船舶吃水受限制时的船舶总载重量,其计算如下:

$$D'_{总} = D_{总} \cdot \frac{T_{允}}{\text{适用的载重线满载吃水}}$$

求得近似值。其中,$T_{允}$ 为允许吃水,则有:

$$T_{允} = H_{基} + H_{潮} + \delta T_{耗} \pm \delta T_{密} - H_{富} \quad (6-6)$$

式中:$H_{基}$——吃水受限处的基准水深(m);

$H_{潮}$——吃水受限处可利用的潮高(m);

$\delta T_{耗}$——船舶自始发港至吃水受限处所消耗的油水量对吃水的影响值(m);

$\delta T_{密}$——水密度变化对吃水的影响值(m),船舶由海入江取负值,反之取正值;

$H_{富}$——吃水受限处应留有的富余水深(m)。

$\sum J$ 值的确定方法,与前述相同。

(3)当航次货载由不同货种构成时,首先计算平均积载因数 $\bar{\mu}$,然后分以下情况确定航次装载量定额 $D_{定次}$:

$$\left.\begin{array}{ll} 当 \bar{\mu} \leq \omega 时 & D_{定次} = D_{净} \\ 当 \bar{\mu} > \omega 时 & D_{定次} = \dfrac{W}{\bar{\mu}} \end{array}\right\} \quad (6-7)$$

式中:$W$——货舱容积($m^3$);

$\omega$——舱容系数($m^3/t$)。

## 五、船舶航次计划

船舶航次计划(又称"航次命令"或"航次指示")是根据船舶作业计划对具体船舶提出的

一个航次的具体任务。它是在航次开始之前由企业调度部门发给船舶的必须执行的正式文件。

每一个航次的质量都关系到运输计划完成得好坏及经济效果,组织好航次生产(如正确选择停靠港口、充分利用船舶的装载能力、合理选择燃油补给地点等)活动,对航运企业能否取得最大赢利至关重要。

**1. 航次计划的主要内容**

(1) 本航次的营运航线及航线上挂靠港口的顺序;
(2) 航次起讫时间及各挂靠港口的到离时间;
(3) 航次装载的货类和运量;
(4) 各挂靠港口装卸货物的数量;
(5) 船舶的有关技术定额和消耗定额;
(6) 船舶燃油、淡水补给计划;
(7) 有关货运业务方面的事项(承租合同中的有关内容,货物装载与保管具体要求等);
(8) 航次安全生产方面的注意事项及某些具体指示等;
(9) 船舶在各挂靠港口的代理机构;
(10) 航次中可能存在的其他问题及具体指示等。

**2. 航次计划的格式**

航次计划的格式,各航运企业和不同的船舶类型略有不同。某航运企业的"船舶航次计划书"格式如图6-2所示。

航次计划必须在航次开始前按规定的时间下达到船舶。如果船舶不在本企业所在的港口,应以专用密码电报将航次计划下达到船舶。船长在接到航次计划以后,应组织船员讨论,提出保证航次计划完成的组织技术措施。航次结束以后,船长应按规定填写"航次总结报告"送交或寄交计划统计部门。若船舶在外港结束航次,船长应按规定格式向调度室拍发电报,报告航次结束。

```
                  船舶航次计划书
                               编号:
          _____轮船长,你轮第____航次计划如下:
          航线_____,港序_____,计划航次时间____天。
          计划运量_____吨,其中:
             港/    港共      吨,主要货类    (吨)
             港/    港共      吨,主要货类    (吨)
          载重线及吨位利用情况:
             港/   港  载重线;  港/  (港)  载重线;
          平均航速      海里/小时。
          注意事项:(包括:航行、港口代理、特殊货载处理及其他安排等)
          海务部(调度室):
                                    年   月   日
```

图 6-2  航次计划书格式

## ◀ 活动六　航次载重量计算 ▶

| 时间 | 90 分钟 | 地点 | 教室或一体化实训室 |
|---|---|---|---|
| 教学资料 | 教学案例 | | |
| 教学目标 | 要求学生掌握根据不同航次的船舶、货源、航线、港口、燃油价格等条件,以最大利润收益为目标,在安全、适航的前提条件下,合理计算船舶最大载货量,并能正确编制航次计划 | | |
| 活动要求 | 1. 某船某航次有一票装罐头共 3500 箱,每箱 0.029$m^3$,重 18kg,拟配载于尾舱底部。试估算需要多少立方米的舱容才能装下这票货物? <br> 2. 某货船在 A 港装运积载因数 $\mu = 1.2 m^3/t$ 的散货后往 C 港,其航行海区所使用的载重线如下图所示。已知该船热带排水量 $\Delta_T = 20\,200t$,夏季排水量 $\Delta_S = 19\,700\,t$,冬季排水量 $\Delta_W = 19\,200t$,空船排水量 $\Delta_k = 5\,500t$,散装舱客 21 000$m^3$,食品、船员与行李及备品等船舶常数 $C = 200t$,船舶航速为 16n mile/h,航行储备时间 $t_{rs} = 4$ 天,航行每天的燃油及淡水消耗 $j_b = 40t/d$,到达 C 港后需停泊 2 天才可补给燃油、淡水,停泊每天的燃油及淡水消耗为 12t/d。试求该船在此航次的最大货载量。<br><br>　　A　　热带载重线　　B　　夏季载重线　　C<br>　　├──4 000n mile──┼──6 500n mile──┤<br><br>3. 根据上题,自设相关条件,编制一份航次计划 | | |
| 活动程序 | (1)教师提前做好教学准备工作;准备航次载重量计算的教学资料;<br>(2)收集船舶、货物、港口、航线等基本信息,并进行适当分析;<br>(3)在航线载重线条件下,核算燃油和淡水的补给方案,并考虑航线的储备;<br>(4)计算船舶最大载重量;考虑货物积载因数与船舶舱容系数等因素;<br>(5)结合其他条件,选定载货量确定的目标,对上述计算进行修正;<br>(6)编制某航次计划 | | |
| 活动评价方式 | 教师点评 | | |
| 活动小贴士 | 正确计算船舶航次最大载货量,是能否完成航次任务、保证船舶安全航行、充分利用船舶装载能力、赢得最佳经济效益的最根性问题 | | |

# 学习情境 7　航运指标体系构建

航运企业同其他的企业一样,面临着生存与发展的挑战,要提高航运企业的船舶营运效率,构建航运企业管理指标体系是不可缺少的一部分。企业管理层应格外重视通过对影响船舶运输量及单位运输成本的因素进行深入的分析和研究,来更好提高船舶的营运效率和吨船利润。

◆ **教学目标**

| 终极目标 | | 掌握航运生产管理指标体系,学会在航运企业生产管理实务中建立符合企业要求的指标体系,会对指标进行计算和分析,并为企业经营决策提供科学依据 |
|---|---|---|
| 促成目标 | 知识点 | ①航运管理指标体系;②船舶营运生产指标;③航运企业财务分析指标 |
| | 技能点 | ①船舶运输量指标分析;②吨船利润分析 |

◆ **教学要求**

本情境参考学时为6学时,其中理论教学为4学时,活动教学为2学时;课外活动教学为6学时,任课教师可以根据学生掌握的情况选择教学

## 任务一　航运指标体系介绍

航运业属第三产业,其生产过程和条件不同于一般企业,它的产品是运输对象的空间位移,船舶是它的唯一生产工具,所以用以反映船舶营运工作的指标和企业经济效益的财务成果指标是航运企业管理指标体系中不可缺少的一部分。

### 一、航运管理指标体系概述

所谓指标,是指反映总体数量特征的范畴及其具体数值。范畴是对指标内涵的界定,是取得指标数值的科学依据。在长期的生产实践中,人们通过对航运企业生产活动变化规律的研究,了解和掌握了其中各种因素的特征及其相互关系,逐渐总结、创造出一些用以反映航运企业生产活动各方面特征的指标,如运输量、运输周转量、船舶生产效率、单位运输成本等;这些指标可以表明航运企业生产活动在一定的时间、地点条件下的规模、水平、速度和比例关系等。

指标体系是由若干相互联系的指标所组成的整体。由于航运经济活动是一个复杂的有机体,具有许多相互联系、相互制约的方面和特征,需要若干指标从不同的方面相互联系地反映总体的全貌以及发展全过程。航运管理指标体系就是由一系列全面反映企业投入、产出和经济效益的指标所组成,其体系结构如图7-1所示。

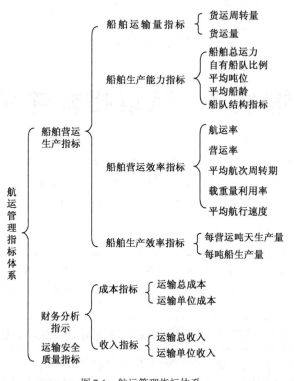

图 7-1　航运管理指标体系

下面主要介绍船舶营运生产指标以及财务成果指标的含义及计算公式。计算公式中采用规范化表达,其含义解释如下:

$\sum_{j=1}^{n} x_j$ ——某一艘船舶在 $n$ 个航次中,指标值 $x$ 的总和,$j=1,2,3,\cdots,n$ 为航次编号;

$\sum_{i=1}^{m}\sum_{j=1}^{n} x_{ij}$ ——某 $m$ 艘船舶在 $n$ 个航次中,指标值 $x$ 的总和,$i=1,2,3,\cdots,m$ 为船舶编号;

$\sum_{k=1}^{r}\sum_{i=1}^{m}\sum_{j=1}^{n} x_{kij}$ ——$r$ 条航线上(或分公司)$m$ 艘船舶在 $n$ 个航次中,指标值 $x$ 的总和,$k=1,2,3,\cdots,r$ 为航线(分公司)编号。

## 二、船舶营运生产指标

船舶营运生产情况可从四个方面来反映,即船舶运输量、船舶生产能力、船舶使用效率以及船舶生产效率。

**(一)船舶运输量指标**

**1. 货(客)运量**

即将货物(或旅客)由甲地运送到乙地的数量。

单位:货运量(吨);客运量(人)。

计算公式:单船 $\sum_{j=1}^{n} Q_j$ ;多船 $\sum_{i=1}^{m}\sum_{j=1}^{n} Q_{ij}$

其中,$Q$ 代表货运量或客运量。

**2. 货(客)运周转量**

将一定数量的货物(或旅客)位移一定的距离送达目的地,其运量与运输距离的乘积即为货(客)运周转量。

单位:货运周转量(吨海里);客运周转量(人海里)。

计算公式:单船 $\sum_{j=1}^{n}(Ql)_j$;多船 $\sum_{i=1}^{m}\sum_{j=1}^{n}(Ql)_{ij}$

其中,$l$ 表示所载货物或旅客的运输距离。

这里应注意,货(客)运量一律按到达量进行统计,其中的货运量按运输单据上记载的实际重量统计,货(客)运送距离亦按运输单据上所记载的到发港之间的距离计算。

因船舶在实际航程中有可能按多角航线运行或因故绕道航行,其距离同货(客)运送距离的概念是有区别的。

以上这两项指标反映航运企业满足市场要求,如工农业生产、对外贸易以及人们旅行需求的程度,是考核航运企业生产状况的基本指标,同时也是计算企业内部劳动、成本、财务收支、供应和船队建设等计划的主要依据。

**3. 换算周转量**

在统计工作中,为便于计算及比较船舶运输效率,将货物与旅客的周转量换算成同一单位。根据我国交通运输部的规定,交通运输部直属航运企业 1 人(海)里 = 1 吨(海)里,而地方航运企业,分铺位运客和座位运客的不同,换算比例也不同,前者 1:1,后者 3:1,这种换算的数量称为换算周转量。

**(二)船舶生产能力指标**

决定船舶生产能力的要素是拥有船舶的总运力和船舶的技术性能,对于具有相当数量船舶的船队,船队的各种类型和船龄也是反映运输能力的指标。反映船舶生产能力的主要指标如下。

**1. 船舶总运力**

用来表征航运公司的船队总运输能力的一个指标,该指标可以分成定额载重吨和船舶吨天。

(1)定额载重吨

定额载重吨是指船舶的航次装载量标准,用 $D_{定}$ 表示。总定额载重吨用 $\sum_{i=1}^{m}D_{i定}$ 表示,其中,$m$ 为船舶艘数,$D_{i定}$ 为第 $i$ 艘船舶的载重定额。

(2)船舶吨天

船舶吨天是指船舶定额载重量与该船舶相应工作时间的乘积,表示船舶在一定时期内的动态状况,有三种基本形式:船舶在册吨天 $\sum_{i=1}^{m}D_{i定}\cdot T_{册}$;船舶营运吨天 $\sum_{i=1}^{m}D_{i定}\cdot T_{营}$;船舶航行吨天 $\sum_{i=1}^{m}D_{i定}\cdot T_{航}$。

船舶在册时间 $T_{册}$ 是指历期内航运企业使用所拥有的船舶的营运时间和非营运时间之和。拥有船舶指自有船舶及租入船舶,包括正在使用、修理、待报废的船舶,但不包括国家征用、出租、封存、卧冬等船舶。增减船舶时间起止按如下规定计算:新增船舶自办妥固定资产登记之日起计算,报废船舶自主管机关批准之日起不再计算。调入及调出船舶以双方接船舶之日为期,调出方不再计算,调入方开始计算。

营运时间 $T_{营}$ 是指技术状况完好,可以从事客货运输工作的时间。它包括航行、停泊和其他工作时间。

航行时间 $T_{航}$ 是指船舶实际航行的时间。按船舶是否受载,它可以分为重航时间(有载)和空航时间(无载)。

停泊时间是指各种原因在港口和途中的全部停泊时间,包括生产性、非生产性和其他原因停泊时间。生产性停泊时间是指船舶在运输过程中,为完成客货运输任务所必需的停泊时间,包括上下旅客、装卸作业、熏舱、洗舱、检验以及补给供应、港内必要的移泊作业。非生产性时间是指运输生产过程中非必需的停泊时间,包括货物、等候调度命令以及发生机械故障、处理货差货损、因船货衔接不好造成移泊等引起的停泊。其他原因的停泊时间是指风、雷、雨、雾等气象原因造成的停泊时间。

其他工作时间是指营运时间中除去航行、停泊时间之外,临时从事港内作业或为救援遇难船舶等从事特殊任务作业的时间。

非营运时间是指因技术状况不良,不能从事运输生产的时间,包括修理时间、等待修理时间、等待报废时间、航次以外进行检修时间,以及专为修理船进出船厂的航行时间。船舶在册时间可按图 7-2 所示的方法划分。

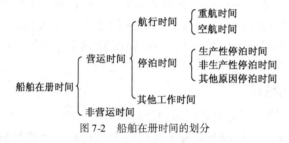

图 7-2 船舶在册时间的划分

**2. 自有船队比例**

表征航运企业经营的船队中本企业船队所有的吨位比重情况。目前,有一些公司除了经营自有船舶外,还从其他企业或者专门从事租船经营的公司租用船舶。该比例用公式表示为:

$$自有船队比例 = \frac{\sum_{i=1}^{m} D_{自有}}{\sum_{i=1}^{m} D_{总经营}} \times 100\% \tag{7-1}$$

**3. 平均吨位**

表征企业船队总体吨位大小的指标,用公式表示为:

$$平均吨位 = \frac{\sum_{i=1}^{m} D_{i定}}{n} \tag{7-2}$$

**4. 平均船龄**

表征船队发展潜力程度大小的一个指标。一般来说,平均船龄越小,船队的发展后劲越大。平均船龄用公式表示为:

$$平均船龄 = \frac{\sum_{i=1}^{m} Y_i D_{i定}}{\sum_{i=1}^{m} D_{i定}} \tag{7-3}$$

其中 $Y_i$ 为第 $i$ 艘船舶的船龄。

**5. 船队结构指标**

表征企业船队组成结构的一个指标,合理的船队结构对航运企业竞争力影响很大,由以下两方面组成:

(1)主船型结构比例

表征企业主要船型在船队中所占的份额。公式表示为：

$$\text{主船型结构比例} = \frac{\sum D_{\text{主船型}}}{\sum D_{\text{总运力}}} \times 100\% \tag{7-4}$$

（2）主营船队市场份额

表征企业主营船队在市场上所处的地位，用主营船队占市场中该船型总船队运力的比重来表示。公式表示为：

$$\text{主营船队市场份额} = \frac{\sum D_{\text{主营}}}{\sum D_{\text{总市场}}} \times 100\% \tag{7-5}$$

### （三）船舶营运效率指标

船舶营运效率指标可以从船舶工作时间的利用以及船舶技术营运性能的应用程度这两方面来加以反映。该指标主要包括：营运率、航行率及船舶平均航次周转期。

**1. 营运率**

营运率指船舶在册时间中，营运时间所占的比重，是反映船舶在一定时期内有效生产时间长短的指标，用符号 $\varepsilon_{\text{营}}$ 表示。一艘船舶营运率是一定时期内该船营运时间和在册时间之比；对于一组船舶或船队，它是一定时期内各船营运吨天总和与在册吨天总和之比，其计算公式为：

$$\text{单船} \quad \varepsilon_{\text{营}} = \frac{T_{\text{营}}}{T_{\text{册}}} \tag{7-6}$$

$$\text{多船} \quad \varepsilon_{\text{营}} = \frac{\sum_{i=1}^{m}(D_{\text{定}} T_{\text{营}})_i}{\sum_{i=1}^{m}(D_{\text{定}} T_{\text{册}})_i} \tag{7-7}$$

船舶营运率反映船舶在册时间的利用程度，船舶维修保养越好，处于技术状况完好的时间就多，修理时间就短，则营运率就高。提高营运率是增加运输产量的重要前提，如果其他条件不变，营运率越高，所能完成的运输量也就越大。影响营运率的因素是各项非营运时间，如船舶停航待修、在修时间等，造成这些时间延长的主要原因是修理计划的制订与执行不当。如果企业在船舶管理工作中加强对修理计划的监督和检查，消除等待修理时间，尽量缩短在修时间，减少航次外检修和洗刷锅炉的时间等，就会增加船舶的营运吨天数，提高营运率。同时，企业还应根据货源的变化情况，及时调整各航线的运力，以保证船舶运输能力得到充分的利用；在淡季时，注意加强船舶的维修保养，将多余运力提前安排维修，使船舶保持良好的状态，随时投入营运。

**2. 航行率**

航行率指船舶营运时间中航行时间所占的比重，用符号 $\varepsilon_{\text{航}}$ 表示。一艘船舶的航行率是一定时期内该船航行时间与营运时间之比。对于一组船舶或船队，它是一定时期内各船航行吨天总和与营运吨天总和之比，其计算公式为：

$$\text{单船} \quad \varepsilon_{\text{航}} = \frac{T_{\text{航}}}{T_{\text{营}}} \tag{7-8}$$

$$\text{多船} \quad \varepsilon_{\text{航}} = \frac{\sum_{i=1}^{m}(D_{\text{定}} T_{\text{航}})_i}{\sum_{i=1}^{m}(D_{\text{定}} T_{\text{营}})_i} \tag{7-9}$$

由于客货的位移输送要靠船舶航行才能实现，所以提高航行率十分重要。具有一定航速的船舶在一定的航线上营运,其航行率的高低表明船舶周转速度的快慢,较高的航行率说明船舶停泊时间甚少,在一定时期内能完成更多的运输生产任务。

影响航行率的因素包括:①装卸效率;②运输距离;③船舶航行速度;④货源组织;⑤船舶工作组织;⑥气象。由此可见,船舶航行率的高低是生产组织工作和自然条件影响的综合反映。船、港、货任何一个环节脱节都会反映到这个指标上。在同样的航程、航速及载重量的情况下,装卸效率提高,则船舶航行率也会提高。与此相似,如果其他条件不变,运距增加,也可以得到同样的结果。但是,在航程和装卸效率不变的情况下,航速的降低同样会导致航行率的提高。这种增长作用乃是一种负面的影响,它不仅不能提高船舶生产率,反而会延长船舶周转时间,减少运输量,增加货物在途积压。因此,在船舶运用的统计分析工作中,同样的航行率增长,可能是由性质完全相反的因素造成的,这是应该注意的方面。

提高船舶航行率,关键在于缩短停泊的时间,即要努力提高码头的装卸效率,减少非生产性停泊。然而,码头装卸效率一般情况下不是航运企业所能控制的,所以主要还是研究非生产性停泊时间的构成,看看其中哪些是可以压缩的,以便在一定的航线、航速情况下提高航行率,加速船舶周转,充分发挥船舶使用效率。

### 3. 平均航次周期

平均航次周期指历期内船舶完成一个航次平均所需天数,用 $\bar{t}_{次}$ 来表示。对于同一航线上从事多个航次生产活动的某一单船,它的平均航次周转期是指一定历期内船舶营运时间与完成的航次数之比;对于同一航线上类型基本相同的多艘船舶或船队来说,是指一定时期内各船营运吨天总和与完成的营运吨次总和之比。其计算形式为:

$$单船 \quad \bar{t}_{次} = \frac{T_{营}}{n} \tag{7-10}$$

$$多船 \quad \bar{t}_{次} = \frac{\sum_{i=1}^{m}(D_{定} T_{营})_i}{\sum_{i=1}^{m}(D_{定} n)_i} \tag{7-11}$$

设立船舶航次周转期指标的目的,在于研究和分析航次的时间结构,缩短每个环节的时间,加速船舶周转。

船舶航次时间由航行时间、停泊时间及其他时间三个部分组成,在这三项时间要素中进行两大类作业:第一类称为基本作业,它包括装卸货、上下客和航行等具有周期性特点的作业,是船舶运输的基本环节;第二类称为辅助作业,它包括装卸准备、燃物料供应、办理文件等。显然,从单船运行角度看,应尽量缩短基本作业时间,争取使辅助作业时间与基本作业时间同时进行,是缩短航次周转期的重要途径;但是,从整个船队的生产组织角度看,还应注意着眼于优化航线配船,在长航线上配置高速船,在装卸效率高的航线上配置大吨位的船舶,可以收到缩短多船时船舶平均航次周转期的效果。

船舶使用效率指标还可用载重量利用率及平均航行速度等船舶技术营运效果指标来加以反映。

### 4. 载重量利用率

载重量利用率反映船舶在整个运输生产过程中载重量利用程度的指标。通常情况下,由于货源不足或者货物积载因数大于船舶舱容系数或装载不当,而使得船舶的载重量得不到充分的利用。在简单航次中,可以直接用实际载重量与定额载重量的比率来反映这种情况下的载重量利用情况,此又称发航装载率,用符号 $\alpha_{发}$ 表示,其计算公式为:

单船单航次 $$\alpha_发 = \frac{Q}{D_定} \tag{7-12}$$

单船多航次 $$\alpha_发 = \frac{\sum_{j=1}^{n} Q_j}{D_定 n} \tag{7-13}$$

多船多航次 $$\alpha_发 = \frac{\sum_{i=1}^{m}\sum_{j=1}^{n} Q_{ij}}{\sum_{i=1}^{m}(D_定 n)_i} \tag{7-14}$$

对于一个挂靠多个港口的航次,以及一艘船或整个船队在一定历期内的载重量利用率,在计算时,应考虑到各航次货物运输距离和船舶行驶距离是不相同的这一情况,所以考虑使用运距装载率这一指标,即一定历期内货物周转量同船舶吨海里的比值,以符号 $\alpha_运$ 表示,其计算式为:

单船单航次 $$\alpha_运 = \frac{Ql}{D_定 L} \tag{7-15}$$

单船多航次 $$\alpha_运 = \frac{\sum_{j=1}^{n}(Ql)_j}{\sum_{j=1}^{n} D_定 L} \tag{7-16}$$

多船多航次 $$\alpha_运 = \frac{\sum_{i=1}^{m}\sum_{j=1}^{n}(Ql)_{ij}}{\sum_{i=1}^{m}\sum_{j=1}^{n}(D_定 L)_i} \tag{7-17}$$

式中:$l$——货物运输距离;

$L$——船舶行驶距离。

运距载重量利用率是航运企业船舶在报告期内完成的自载货运周转量与船舶吨海里数之比,它综合反映船舶在多种装载情况下受载能力的平均利用状况。该指标受到货运量及其结构、货流的平衡程度、货物的包装规格、装载技术和航道条件等因素的影响。其中,货流方向的不平衡造成船舶空舱率、亏舱率比重增大,这是船舶载重量利用率降低的一个重要原因。在这种情况下,应深入经济腹地进行调查,分析造成空航和亏载的原因,大力组织回程货运,以提高船舶载重量利用率。在货源充足的条件下,配(积)载技术、装舱堆码质量的高低会影响载重量利用率水平,要求航运企业重视船员素质的提高,抓好对船员的培训工作。

### 5. 平均航行速度

船舶在海上平均航行一天所行驶的里程。这一速度不同于船舶的技术速度,它只是一个统计概念上的速度值,其间包括船舶营运中进出港口、通过狭水道、运河和遇雾等情况的减速因素,以及受风、流影响的速度损失等,以符号 $\bar{v}$ 表示,计算公式为:

单船单航次 $$\bar{v} = \frac{L}{T_航} \tag{7-18}$$

一个船队的平均航行速度不同于某一船舶单航次的平均航行速度。由于每艘船的生产能力大小不同,则它们以最终的平均航速所起作用的大小不同,所以应当在计算速度指标时将船舶生产能力(船舶航行吨天)作为权数,再求各船的加权平均值,其计算公式为:

$$\bar{v} = \frac{\sum_{i=1}^{m}\sum_{j=1}^{n}(D_定 L)_{ij}}{\sum_{i=1}^{m}\sum_{j=1}^{n}(D_定 T_航)_{ij}} \tag{7-19}$$

平均航行速度在一定程度上既反映船舶周转的快慢,又反映客货运输过程运送时间的长短,较高的运送速度除能提高船舶生产效率外,还有利于国民经济各部门资金的周转和扩大再生产。提高船舶航行速度,缩短货物在途运输时间,是承、托双方所共同关注的问题。船舶航速的快慢,首先取决于每吨排水量所能得到的功率及其所受到的阻力和推进效率;其次取决于航区的航行条件(如水深、风浪、潮速、流速、滩险、闸门、河区等)。航运企业提高船舶航行速度,可以从两方面着手:一方面是减少船舶的运行阻力,企业应保证船舶按期进行坞修,以减少船舶航行阻力,提高航速,降低燃油消耗;另一方面是加大推进器的推力。在减少船舶运行阻力方面,除了造船时应选择阻力小的船型外,营运船舶主要是通过利用潮流、确定合理的载重量定额、尽可能减少船底的粗糙程度等方法来提高船舶航行速度。

**(四) 船舶生产效率指标**

生产效率是指一定的物力和人力在一定的时间内所创造的产品数量。船舶生产效率包括两种指标:一种是每营运吨天生产量;另一种是每吨船生产量。

**1. 营运吨天生产量**

船舶在营运期间平均每一载重吨每天完成的货物周转量,用符号 $\mu$ 表示,其计算公式为(以多船多航次为例):

$$\mu = \frac{\sum_{i=1}^{m}\sum_{j=1}^{n}(Ql)_{ij}}{\sum_{i=1}^{m}(D_{定}T_{营})_{i}} \tag{7-20}$$

事实上,该指标是三个单元指标:运距装载率、平均航行速度和航行率的乘积。

**2. 每吨船生产量**

船舶在报告期内平均每一载重吨完成的货物周转量,即为货物周转量与历期内每天实有的船舶吨位之比,以符号 $Z$ 表示,计算公式为(以多船多航次为例):

$$Z = \frac{\sum_{i=1}^{m}\sum_{j=1}^{n}(Ql)_{ij}}{\overline{D}_{定}} \tag{7-21}$$

式中,$\overline{D}_{定}$ 为历期 $T_{历}$ 内平均每天实有船舶吨位,其计算公式为:

$$\overline{D}_{定} = \frac{\sum_{i=1}^{m}(D_{定}T_{册})_{i}}{T_{历}} \tag{7-22}$$

事实上,每吨船生产量也是一个综合指标,是运距装载率 $\alpha_{运}$、平均航行速度 $\overline{v}$、航行率 $\varepsilon_{航}$ 和营运率 $\varepsilon_{营}$ 这四个单元指标和历期天数的乘积。

可验证如下:

$$Z = \mu\varepsilon_{营}T_{历} = \varepsilon_{航}\overline{v}\alpha_{运}T_{历}\varepsilon_{营} \tag{7-23}$$

由此可见,每吨船生产量比每营运吨天生产量指标更全面反映企业船舶在一定运输工期间的生产效率,要提高这一指标,有赖于企业经营管理工作的不断改善。

## 三、航运企业财务分析指标

财务指标可综合反映企业的经营效果,主要包括成本指标、利润指标、资金占用及使用效果指标等。

**(一) 成本指标**

航运企业运输总成本是指航运企业在一定时期内,为提供运输服务所支出的一切费用的

总和,以符号 $K$ 表示。构成航运成本项目的分类有不同的看法,其中,两种最具代表性的意见归纳如下:

第一种是将运输总成本划分为固定成本和变动成本。其中,固定成本是指为维持船舶的营运状态所发生的费用。在一定时间与运力范围内,其发生总额不受运量增减变动的影响而相对固定。它由以下费用构成:船员工资及伙食、津贴等附加;船舶折旧费;船舶修理费;船用物料费;船舶保险费;船舶共同费用的分摊;企业管理费的分摊;其他固定费用等。其中,企业管理费用是指航运企业为进行运输生产,除拥有船舶外,还需设立各种管理部门和代理机构,从事商务、财务、调度业务、船舶机务、安全监督、法律事务、物资供应、市场开发等管理工作所发生的一切费用之和。该类费用既不能归属到特定货物,也不能归属到特定船舶,处理方式多半是按船舶进行分摊,作为船舶的一项固定费用,计入成本。

变动成本是指船舶在航次营运过程中为运输货物所发生的费用。这类费用的大小与航距、挂靠港口、货物种类、数量、航速及燃料消耗,以及航次中航行和停泊时间的比例等种种因素有关,并随不同航次情况而变动。它由以下费用构成:燃油费;港口费(货物装卸作业费及各种使费);运河费;垫舱物料费;佣金;事故损失费及其他变动费用等。

目前,我国航运企业是按上述方法对运输成本进行归类统计的。

第二种分类方法产生于 20 世纪 70 年代以后,由于各项费用结构的变化,同时为了使成本核算对应于船舶不同的经营形态进行资金、成本、利润分析。国外采取了新的方法,将总成本划分为资金成本、经营成本、航次成本三部分。

**1. 资金成本**

资金成本是航运企业为购置或拥有船舶所支出的费用,它包括船舶折旧与利息费用。船舶在运输生产过程中会不断发生损耗,把其价值转移到运输产品中去。船舶折旧就是船舶因损耗而逐渐转移到运输产品中去的价值。

利息费用就是航运企业向银行或其他金融机构支付的贷款的利息。如果企业用自有资金购买船舶,由于这笔自有资金失去了用于其他用途的机会,所以就有机会成本发生。这种机会成本也应视作为利息费用,可按企业要求的资金收益率来计算。

**2. 经营成本**

经营成本是船舶为保持适航状态所发生的经常性维持费用,它包括:船员费、保险费、维修费、润料费、物料费、供应费、管理费及其他营运费用。

**3. 航次成本**

航次成本就是船舶为从事特定航次的运输所发生的费用。它包括:燃料费、港口及运河费、装卸费及其他航次费用。

在这里值得注意的一个问题是,由于航运经营有班轮运输、航次租船、长期运输合同、包运合同、期租船、航次期租、光租船等,在这些不同的经营方式下,固定成本与变动成本各有着不同的内容。

在班轮运输中,航运企业一旦开辟一条班轮航线,不论货载是否满载,船舶必须按固定航线、固定船期及固定挂靠港口营运。所以,大部分成本,包括船舶资金成本、经营成本以及除装卸费以外的航次成本,都是固定成本,它们与企业的运量没有趋势关系,只与运量直接关系的变动成本是装卸费。

在不定期船运输中,航运企业把航次作为决策单位,即船东一般都是通过航次估算作出是否从事特定航次运输决策。所以,航次成本与企业的运输量直接有关,全部航次成本都是变动成本,只有其中的装卸费是由船东负担还是租船人负担根据运输合同而定。

**(二)收入指标**

**1. 运输总成本**

航运企业运输总收入是指航运企业在一定时期内,为提供运输服务所获得的一切收入的总和,以符号 $F$ 表示。

**2. 运输单位收入**

反映一定时期内船舶生产单位产品(吨或吨海里)所获得的收入。

$$每吨货收入 = \frac{收入总额}{总货运量} = \frac{\sum F}{\sum Q} \tag{7-24}$$

$$每千吨海里收入 = \frac{收入总额}{总货物周转量} = \frac{\sum F}{\sum Ql} \tag{7-25}$$

## 任务二 航运企业综合指标分析

船舶运输量和吨船利润是船舶营运生产指标与企业的经营管理水平的综合性指标。对这两个指标的深入分析,有助于揭示其中的规律,以供航运企业决策。

### 一、船舶运输量指标分析

如前所述,船舶运输量是指历期内货运量 $\sum Q$ 或货物周转量 $\sum Ql$,它们既可表示对过去已完成的运输量进行统计,也可预测船舶在一定时期内、一定的营运条件及一定运行组织下所能完成的运输量,后者表示船舶的运输能力。运输量是通过该航线上营运的船舶数量、营运时间及其他各项计划指标和定额计算的。为了便于分析,以一艘普通货船的简单航次为例,来分析运输能力与几个主要影响因素的关系。

某历期内以货吨表示的运输能力计算公式为:

$$\sum Q = \alpha_{发} D_{定} n = \alpha_{发} D_{定} \cdot \frac{T_{营}}{\frac{L}{v} + \frac{2\alpha_{发} D_{定}}{M_{总}}} = \frac{T_{营}}{\frac{L}{\alpha_{发} D_{定} v} + \frac{2}{M_{总}}} \tag{7-26}$$

以货物周转量表示的运输能力计算公式为:

$$\sum Ql = \alpha_{发} D_{定} L \cdot \frac{T_{营}}{\frac{L}{v} + \frac{2\alpha_{发} D_{定}}{M_{总}}} = \frac{T_{营}}{\frac{1}{\alpha_{发} D_{定} v} + \frac{2}{M_{总} L}} \tag{7-27}$$

因 $D_{定}$、$v$ 是船舶的主要营运性能参数,通常称之为船舶参数。而 $\alpha_{发}$,$\overline{M}_{总}$(港口装卸总平均定额)及 $L$ 与航线上货种构成、航线及港口水深、航线距离等航线要素有关,通常称航线参数。

从以上这两个计算公式中,可以明显看出,若营运时间增加,运输能力总是会显著增加的。运输能力与营运时间呈线性的函数关系,不同的船舶吨位、航速及装卸总定额,直线的斜率不同。也就是说,在船舶吨位、航速及装卸定额变化的情况下,营运时间的增加使运输能力的增加量也是不同的。如增加大吨位或高速船舶的营运时间(采取缩短修理时间措施等),就可以增加更多的运输能力。

下面假定 $T_{营}$、$α_发$ 不变,分析船舶参数($D_定$、$v$)与航线参数($\overline{M}_总$、$L$)的变化对运输能力的影响情况。

**1. 船舶参数的变化对的影响**

以 $\sum Ql$ 为例,以 $v$ 为分析对象,对式(7-27)的分子分母同乘以 $v$,则:

$$\sum Ql = \frac{T_{营} v}{\dfrac{1}{\alpha_发 D_定} + \dfrac{2v}{\overline{M}_总 L}} = \frac{v}{\dfrac{1}{\alpha_发 D_定 T_{营}} + \dfrac{2v}{\overline{M}_总 L T_{营}}} \tag{7-28}$$

设 $a = \dfrac{1}{\alpha_发 D_定 T_{营}} > 0, b = \dfrac{2}{\overline{M}_总 L T_{营}} > 0$

则 $\sum Ql = \dfrac{v}{a + bv}$

对上式求一阶导数和二阶导数,其结果如下:

$$\frac{d\sum Ql}{dv} = \frac{a}{(a+bv)^2} > 0, \quad \frac{d^2\sum Ql}{dv^2} = -\frac{2(a+bv)a \cdot b}{(a+bv)^4} < 0$$

函数 $\sum Ql = f(v)$ 的曲线形状如图 7-3 所示。

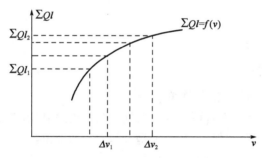

图 7-3 函数 $\sum Ql = f(v)$ 的曲线形状

图 7-3 较直观地表明了函数 $\sum Ql = f(v)$ 的特征,即自变量($v$)在其提高的初期,对增加货物周转量的效果是明显的。随着该参数的继续提高,它对增加货物周转量的作用在逐渐地减少。

$D_定$、$v$、$\overline{M}_总$、$L$ 在公式中的相对位置是一样的,采用同样分析方法,可得出结论:无论是航线参数还是船舶参数,在他们单独变化时,其初期值对 $\sum Ql$ 影响较大,以后逐渐减少。

**2. 在不同的航线参数下,船舶参数的变化对 $\sum Ql$ 的影响**

由 $a$、$b$ 的假定可知,航线参数($\overline{M}_总$、$L$)越大,$b$ 值越小,$\dfrac{d\sum Ql}{dv}$ 越大,则函数曲线变化情况如图 7-4 所示。

由图 7-4 可见,相同的船舶参数变化值 $\Delta x$,在航线参数($\overline{M}_总$、$L$)大的情况下,对 $\sum Ql$ 的影响更大($\Delta \sum Ql_1 > \Delta \sum Ql_2$)。也就是说,在装卸效率高、航距长的航线上,提高船舶的吨位及航速,更有利于运输量 $\sum Ql$ 的提高。

这一结论这航线配船的优化工作提供了一个理论基础。事实上,航运公司在进行航线配船时,往往以"大船配大线"为原则,以上这一结论在实际业务中也得到了肯定和证实。

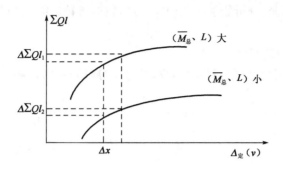

图 7-4 "大船配大线"原则图

## 二、吨船利润分析

吨船利润是指报告期内航运企业每吨(客位、马力、TEU)船所创造的实际利润。它以实际经济收益反映整个报告期内每吨船平均使用效率。它是表示企业的经营管理水平的综合性指标。设 $P$ 表示吨船利润,$\overline{Q}$ 表示平均货运量,$f$ 表示平均单位运价,$\overline{L}_j$ 表示平均计费距离,$K$ 表示平均单位费用,$\overline{D}$ 表示报告期内平均实有船吨,$\beta$ 表示扣除营业税率后的百分比。

$$P = \frac{周转量(平均单位收入-平均单位费用)}{平均实有吨位} = \frac{\sum \overline{Q}\,\overline{L}_j(\beta f - K)}{\overline{D}}$$

$$= \varepsilon_{营}\,\gamma\,\bar{v}\alpha_{负}\,T(\beta f - K) \tag{7-29}$$

注意:此处的 $\gamma$ 是指前文中的 $\varepsilon_{航}$。

**(一)吨船利润指标分析**

由吨船利润指标计算公式(7-29),可知:

(1)当 $P>0$ 时,公司赢利,而且可以算出历期中公司的总利润(毛利)。

(2)当 $P=0$ 时,可知船公司保本,其原因是 $\beta f = K$,即单位收入仅抵单位成本。为此,公司应多承揽高价货运,再努力降低成本,争取赢利。

(3)当 $P<0$ 时,船公司亏损。亏损的原因是 $\beta f - K <0$。一是 $f$ 太低,使缴纳营业税后的每吨海里运费低于每吨海里的费用;二是 $K$ 太大,即使 $f$ 较合理,也会由于管理不善使单位费用太大造成亏损。

**(二)提高经济效益的措施**

从式(7-29)可知,吨船利润指标由 7 项组成。其中任何一项的消长都将导致吨船利润的增减。除去 $T$ 外,其他 6 项均为可控因素,且 $\beta f - K$ 是主控因素。因此分析此 6 项指标,可找出提高经济效益的措施。

**(三)吨船利润指标分析方法**

可运用连锁替代法分析吨船利润指标。

**1. 差额比较法**

记营运船的吨船利润上期的(或计划)值为 $P_0 = (\beta f_0 - K_0)v_0 T\alpha_0 \varepsilon_0 \gamma_0$,而实际完成的为 $P_1$,则:

$$\begin{aligned}
P_1 - P_0 &= (\beta f_1 - K_1)v_1 T\alpha_1\varepsilon_1\gamma_1 - (\beta f_0 - K_0)v_0 T\alpha_0\varepsilon_0\gamma_0 \\
&= [(\beta f_1 - K_1)v_0 T\alpha_0\varepsilon_0\gamma_0 - (\beta f_0 - K_0)v_0 T\alpha_0\varepsilon_0\gamma_0] + \\
&\quad [(\beta f_1 - K_1)v_1 T\alpha_0\varepsilon_0\gamma_0 - (\beta f_1 - K_1)v_0 T\alpha_0\varepsilon_0\gamma_0] + \\
&\quad [(\beta f_1 - K_1)v_1 T\alpha_1\varepsilon_0\gamma_0 - (\beta f_1 - K_1)v_1 T\alpha_0\varepsilon_0\gamma_0] + \\
&\quad [(\beta f_1 - K_1)v_1 T\alpha_1\varepsilon_1\gamma_0 - (\beta f_1 - K_1)v_1 T\alpha_1\varepsilon_0\gamma_0] + \\
&\quad [(\beta f_1 - K_1)v_1 T\alpha_1\varepsilon_1\gamma_1 - (\beta f_1 - K_1)v_1 T\alpha_1\varepsilon_1\gamma_0] \\
&= A + B + C + D + E
\end{aligned}$$

$A$、$B$、$C$、$D$、$E$ 分别表示 5 个指标对吨船利润的影响的绝对值。

**2. 相对比较法**

各符号含义同上,则:

$$\begin{aligned}
P_1/P_2 &= \frac{(\beta f_1 - K_1)v_1 T\alpha_1\varepsilon_1\gamma_1}{(\beta f_0 - K_0)v_0 T\alpha_0\varepsilon_0\gamma_0} \\
&= \frac{(\beta f_1 - K_1)v_0 T\alpha_0\varepsilon_0\gamma_0}{(\beta f_0 - K_0)v_0 T\alpha_0\varepsilon_0\gamma_0} \cdot \frac{(\beta f_1 - K_1)v_1 T\alpha_0\varepsilon_0\gamma_0}{(\beta f_1 - K_1)v_0 T\alpha_0\varepsilon_0\gamma_0} \cdot \\
&\quad \frac{(\beta f_1 - K_1)v_1 T\alpha_0\varepsilon_0\gamma_0}{(\beta f_1 - K_1)v_1 T\alpha_0\varepsilon_0\gamma_0} \cdot \frac{(\beta f_1 - K_1)v_1 T\alpha_1\varepsilon_0\gamma_0}{(\beta f_1 - K_1)v_1 T\alpha_1\varepsilon_0\gamma_0} \cdot \\
&\quad \frac{(\beta f_1 - K_1)v_1 T\alpha_1\varepsilon_1\gamma_1}{(\beta f_1 - K_1)v_1 T\alpha_1\varepsilon_1\gamma_0} = \frac{(\beta f_1 - K_1)}{(\beta f_0 - K_0)} \cdot \frac{v_1}{v_0} \cdot \frac{\alpha_1}{\alpha_0} \cdot \frac{\varepsilon_1}{\varepsilon_0} \cdot \frac{\gamma_1}{\gamma_0} \\
&= A'B'C'D'E'
\end{aligned}$$

即 $A'$、$B'$、$C'$、$D'$、$E'$ 是 5 个指标对吨船利润的影响的相对值。

以上连锁替代法要求各元素排列的顺序为:先数量指标,后相对指标,先主要因素,后次要因素。

# 任务三 航运统计分析方法

航运统计分析是根据航运企业统计工作中调查和整理的统计资料,运用有关的统计分析方法,并结合实际情况,对企业乃至整个航运业生产经营活动的过程和结果进行由此及彼、由表及里的系统研究和分析,从而揭示航运生产经营活动中的成绩和薄弱环节,促进航运生产经营的科学管理,提高其经济效益。因此,航运统计分析对于科学的航运经营管理的重要性可见一斑。其中所使用的统计分析方法因不同的研究课题、对象,不同的用途而异,下面介绍几种比较适合于航运企业统计分析的方法。

## 一、对比分析法

事物发展是不平衡的,而且是相互联系的,人们只有在事物的相互联系中,通过多方面的对照比较,才能正确地认识事物,鉴别其好坏、优劣、快慢,才能从中看成绩、找矛盾、寻差距、查原因。对比分析法就是将经过整理的资料,选择一定的标准进行对照比较,深入了解研究对象的基本特征及其规律性的分析方法。

航运统计分析中,常常通过同类指标的对比对航运企业生产经营活动作出评价,揭示问题,提供分析的线索。如生产效率的高低、成本水平的升降、安全质量的好坏等,只有通过对比才能表现出来。

对比分析包括实际与计划对比、报告期与基期对比、本企业水平与同行业水平对比、国内企业与国外企业对比等内容,且对比的方式有程度比较和差额比较两种,前者反映现象之间联系的规模,后者反映现象之间联系的程度。

**1. 实际与计划对比,反映计划完成的程度**

程度对比:

$$\text{计划完成程度} = \frac{\text{实际水平}}{\text{计划水平}} \times 100\% \tag{7-30}$$

差额对比:

$$\text{超额完成或未完成计划} = \text{实际水平} - \text{计划水平} \tag{7-31}$$

由于一些指标的数值越大越好,如周转量、船舶生产率、资金利润率等,而一些指标的数值越小越好,如单位生产成本、单位生产量燃油消耗等,因此,应注意计划完成程度计算结果所代表的含义。对于数值越大越好的指标,在制订计划时是按最低限额规定的,实际水平越高越好,即计划完成程度大于100%的为超额完成;对于数值越小越好的指标,在制订计划时是按最高限额规定的,实际水平越低越好,即计划完成程度小于100%的为超额完成。在计算超额完成或未完成计划的数额时,如计算结果为正值,对于数值越大越好的指标来说,表示超额完成计划的绝对数额,对于数值越小越好的指标来说,表示未完成计划的绝对数额;反之,计算结果为负值,则情况正好相反。

**2. 报告期与基期对比,反映事物发展变化的程度**

基本公式:

$$\text{动态发展程度} = \frac{\text{报告期水平}}{\text{基期水平}} \times 100\% \tag{7-32}$$

$$\text{增减量} = \text{报告期水平} - \text{基期水平} \tag{7-33}$$

根据研究目的的不同,基期水平可以选择上期的、去年同期的、特定历史时期的,或者历史最高水平。

这种对比分析法与检查计划的方法基本相同,在对比时,都以基期(计划)水平作为基础,反映航运经济现象的发展变化程度;对于某些以百分数表示的基期指标,同样要还原为指数后进行对比计算。报告期水平与基期水平之差表示某种现象增减的百分点。

**3. 本企业水平与同行业水平对比,反映本企业的差距与可挖掘的潜力**

基本公式:

$$\text{同一指标差别程度} = \frac{\text{本企业水平}}{\text{同行业水平}} \times 100\% \tag{7-34}$$

$$\text{同一指标绝对差距} = \text{本企业水平} - \text{同行业水平} \tag{7-35}$$

同行业水平标准可以取国内先进水平、国内平均水平、国外先进水平等。

在航运统计分析中,为了对航运生产经营活动作出全面、正确的评价,以上三种方法通常结合运用。此外,在运用对比分析法时,应特别注意对比指标的可比性问题。所谓可比性是指:

第一,比较的结果是否有经济意义,能否说明分析所应表明的问题。

第二,对比指标在口径、范围、计算方法和计算时间等方面是否一致。

第三,对比指标特别是不同空间的指标在基本条件上是否有重大变化。

## 二、结构分析法

事物是一个有机的结合体,它由许多部分组合而成,人们要认识它,不仅要了解其总量,而且要了解其内部组成状况,这就需要把总体的部分数值与总体的全部数值进行对比,求得结构相对指标,用以反映总体内部的构成及其变化情况。

结构相对指标,是指以总体总量作为比较标准,各个组成部分占总体总量的比重。该指标一般用百分数表示,总体中各部分比重之和应等于100%。其计算公式为:

$$\text{结构相对指标} = \frac{\text{各部分数值}}{\text{总体全部数值}} \times 100\% \tag{7-36}$$

事物的内部结构反映了事物的基本特征,事物的变化往往是从内部结构演变开始的,结构相对指标的变化能反映事物在不同发展阶段的量变过程及发展趋势。

例如,运输成本这一指标,是由各个成本项目构成的总和,通过计算成本结构相对指标,即计算每一成本项目在总成本中所占的比重,可了解到总成本构成情况以及不同时期成本构成的变动,找出影响总成本变动的主要因素,从而可掌握成本总体水平上升或下降的原因,为降低成本找到对策。

## 三、因素分析法

航运企业生产经营情况的好坏、经济效益的高低,都是通过一些综合性的经济指标来反映的,而这些综合性经济指标的变动,是有关组成因素指标变动的必然结果。利用因素分析法从数量上剖析这些综合性经济指标的变动中各个组成因素指标变动的影响方向和影响程度,从而揭示问题所在,找到提高经济效益的途径。其具体方法有指数法和积分法两种。

**1. 因素分析的指数法**

指数是一种特殊的相对数,是用以反映不能直接相加的多要素组成的社会经济现象的综合变动,指数体系(即相互联系的指数群)反映客观现象各因素之间的相互联系。因素分析的指数法是以统计指数体系为基础的一种方法。其基本要求是:组成因素指数的乘积等于综合指标变动指数,组成因素变动影响额之和等于综合指标变动额。例如,用 $x_0$、$y_0$ 分别表示基期的货运量和货物平均运距,用 $x_1$、$y_1$ 分别表示报告期的货运量和货物平均运距,则报告期货运周转量变动与这两个因素指标变动之间的指标体系如下。

相对数指标体系:货运周转量变动指数 = 货运量变动指数 × 平均运距变动指数

即:
$$\frac{\sum x_1 y_1}{\sum x_0 y_0} = \frac{\sum x_1 y_0}{\sum x_0 y_0} \cdot \frac{\sum x_1 y_1}{\sum x_1 y_0} \tag{7-37}$$

绝对数指标体系:货运周转量变动额 = 货运量变动的影响额 + 平均运距变动的影响额

即:
$$\sum x_1 y_1 - \sum x_0 y_0 = (\sum x_1 y_0 - \sum x_0 y_0) + (\sum x_1 y_1 - \sum x_1 y_0) \tag{7-38}$$

其中,货运量变动指数 $\left(\frac{\sum x_1 y_0}{\sum x_0 y_0}\right)$ 或货运量变动的影响额 $(\sum x_1 y_0 - \sum x_0 y_0)$ 是指货运量变动对货运周转量变动的相对影响程度或影响额;平均运距变动指数 $\left(\frac{\sum x_1 y_1}{\sum x_1 y_0}\right)$ 或平均运距变动的影响额 $(\sum x_1 y_1 - \sum x_1 y_0)$ 是指平均运距变动对货运周转量变动的相对影响程度或影响额。

这种因素分析法的特点是计算简便,并同时可以测定综合经济指标变动中各组成因素指标的相对影响程度与绝对影响额,目前被广泛地运用。然而,这种传统的因素分析法存在着以下两个难以克服的缺陷：

（1）当计算第一个组成因素指标对综合指标变动的影响时，假定其他因素指标数值不变动，即固定在基期；而计算以后各个组成因素指标对综合指标变动的影响时，则假定前一个或前几个已测定过的因素指标已变动为在报告期数值的前提下进行，这种假定主要是为了满足统计指标体系"组成因素指数的乘积等于综合指标变动指数，组成因素变动影响额之和等于综合指标变动额"这一基本要求而做出的。这些原则的理论依据尚欠充分。

（2）因素分析指数法要求因素的排列要有一定的顺序。这是由于当各个组成因素指标排列顺序改变时，虽然分析所得的结果仍能满足统计指标体系的基本要求，但是各个组成因素指标变动的影响程度却随之改变了。为解决这一问题，人们制定了因素指标排列顺序的原则，即"数量指标在前，质量指标在后，前后指标有机衔接"。这一原则的理论依据也尚欠充分。

**2. 因素分析的积分法**

因素分析的积分法，是运用数学中的微积分原理，将综合指标的变动分解为各因素指标变动的方法。由于综合经济指标的变动直接受各组成因素指标变动的影响，因此，可把因素指标视为自变量，把综合指标视为因变量，函数关系表示为 $f = f(x,y)$ 或 $f = f(x,y,z)$ 等。综合指标与各因素指标的变动额为：$\Delta f = f_1 - f_0, \Delta x = x_1 - x_0, \Delta y = y_1 - y_0$ 等。利用全微分公式，可粗略得到各个组成因素指标变动对综合指标变动的影响额。以双因素综合指标为例，其变动额可表示为：

$$\Delta f = \frac{\partial f}{\partial x}\Delta x + \frac{\partial f}{\partial y}\Delta y + \varepsilon \tag{7-39}$$

式中，$\frac{\partial f}{\partial x}\Delta x$ 和 $\frac{\partial f}{\partial y}\Delta y$ 分别表示因素指标 $x$ 和 $y$ 的变动综合指标 $f$ 变动的影响额；$\varepsilon$ 是因变量实际增量和微分之间的差额，是一个高价无穷小量。运用微积分原理，上式可变换成：

$$\Delta f = \int_{x_0}^{x_1} \frac{\partial f}{\partial x}dx + \int_{y_0}^{y_1} \frac{\partial f}{\partial y}dy = \Delta f_x + \Delta f_y \tag{7-40}$$

式中，$\Delta f_x = \int_{x_0}^{x_1} \frac{\partial f}{\partial x}dx$ 为因素指标 $x$ 的变动对综合指标 $f$ 变动的影响额；$\Delta f_y = \int_{y_0}^{y_1} \frac{\partial f}{\partial y}dy$ 为因素指标 $f$ 的变动对综合指标 $f$ 变动的影响额。

相应地，因素指标的变动对综合指标变动的相对数分析公式为：

$$\frac{\Delta f}{f_0} = \frac{\Delta f_x}{f_0} + \frac{\Delta f_y}{f_0} \tag{7-41}$$

类似地，对于由三个因素指标甚至更多因素指标组成的综合指标变动的影响因素分析，都可依上述原理进行。

因素分析的积分法的最大特点是不受因素指标排列顺序的影响，并适用于以任何关系式表示出来的因素指标与综合指标之间，在综合指标变动中，各组成因素指标变动影响程度的分析。这是因素分析的指数法所不及的。但其分析公式推导过程的复杂性阻碍了这一方法的广泛使用。

### 四、动态分析法

航运生产由于受众多因素的影响，其发展变化的规模和速度时大时小、时快时慢，因而使得反映航运生产经营各方面状况的指标水平有高有低、起伏不定，变动趋势不易一目了然，统计分析需要运用动态数列修匀的方法，来排除发展变化过程中各种偶然因素的影响，具体方法有以下几种。

**1. 时距扩大趋势分析法**

这种方法把原来动态数列中所包括的各个时期的资料加以合并,得出较长时距的资料,使各种偶然因素的影响有较多的机会互相抵消,从而明显地展现出航运经济现象变动的规律性与总趋势。

**例 7-1** 某航运公司某航线全年各月货运周转量资料如表 7-1 所示。

某航运公司某航线全年各月货运周转量 $[10^6 \text{t} \cdot (\text{n mile})]$　　表 7-1

| 月　份 | 货运周转量 | 月　份 | 货运周转量 |
|---|---|---|---|
| 1 | 24 | 7 | 28 |
| 2 | 25 | 8 | 35 |
| 3 | 26 | 9 | 36 |
| 4 | 44 | 10 | 40 |
| 5 | 46 | 11 | 42 |
| 6 | 42 | 12 | 40 |

表 7-1 中,货运周转量的总趋势有一定的波动性。现采用时距扩大趋势分析法,将时期间隔扩大到一个季度,即三个月作为一个时距,可得到新的动态数列。经扩大修匀后,货运周转量的波动趋势比较明显,第 2 和第 4 季度货运周转量较大,反映了航运的淡旺季,如表 7-2 所示。

某航运公司某航线全年各季度货运周转量 $[10^6 \text{t} \cdot (\text{n mile})]$　　表 7-2

| 季　度 | 1 | 2 | 3 | 4 |
|---|---|---|---|---|
| 货运周转量 | 75 | 132 | 99 | 122 |

用时距扩大趋势分析法需注意两点:一是扩大的时距必须相等;二是时距的长短要根据数列的波动和统计分析的具体要求而定。

**2. 移动平均趋势分析法**

仍以表 7-1 的资料为依据。移动平均趋势分析法把原来的动态数列时距扩大,但采用逐项移动的方法,计算扩大时距的序列平均数,即从动态数列的第一项数值开始,按一定的项数求序列平均数,然后逐项移动,边移动边平均,排列成新的数列,如表 7-3 所示。从表 7-3,结合表 7-1 来看,4~6 月和 9~12 月货运周转量较大,1~3 月偏低。

某航运公司某航线全年各时期平均每月货运周转量 $[10^6 \text{t} \cdot (\text{n mile})]$　　表 7-3

| 时　期 | 平均每月货运周转量 | 时　期 | 平均每月货运周转量 |
|---|---|---|---|
| 1~3 月 | 25 | 6~8 月 | 35 |
| 2~4 月 | 32 | 7~9 月 | 33 |
| 3~5 月 | 39 | 8~10 月 | 37 |
| 4~6 月 | 44 | 9~11 月 | 39 |
| 5~7 月 | 39 | 10~12 月 | 41 |

运用以上这两种方法对动态数列进行修匀,相互结合可以更清楚地看到趋势变化。此外,还可运用拟合曲线法求得一条相应的趋势线,这样可更直观地反映现象变动的趋势(包括发展的方向、速度和形式)。

**3. 同期平均法**

航运生产经营中,航线货运量呈现季节性变化,分析这种季节(定期)性变动,掌握其规律,对运力调配、生产安排的合理进行,从而提高企业的经济效益具有重要意义。分析季节(定期)性变动一般采用同期平均法。这种方法就是将被研究现象的若干个周期的资料编成平行数列,然后计算相同时期的平均数。通过对一系列平均数的比较,掌握现象的变化规律。

**例 7-2** 某航运公司某航线 2008 年到 2010 年的货运周转量资料如表 7-4 所示。

某航运公司某航线 2008~2010 年货运周转量 [$10^6$t·(n mile)]    表 7-4

| 货运周转量\月份\年份 | 1 | 2 | 3 | 4 | 5 | 6 | 7 | 8 | 9 | 10 | 11 | 12 | 合计 |
|---|---|---|---|---|---|---|---|---|---|---|---|---|---|
| 2008 | 20 | 22 | 24 | 38 | 36 | 36 | 26 | 30 | 32 | 30 | 32 | 36 | 362 |
| 2009 | 22 | 23 | 24 | 40 | 42 | 40 | 26 | 32 | 33 | 38 | 40 | 38 | 398 |
| 2010 | 24 | 25 | 26 | 44 | 46 | 42 | 28 | 35 | 36 | 40 | 42 | 40 | 428 |
| 同月平均货运周转量 | 22 | 23.3 | 24.7 | 40.7 | 41.3 | 39.3 | 26.7 | 32.3 | 33.7 | 36 | 38 | 38 | |
| 季节比率(%) | 66.7 | 70.6 | 74.8 | 123.3 | 125.2 | 119.1 | 80.9 | 97.9 | 102.1 | 109 | 115 | 115.2 | |

测定货运周转量季节性变动的主要方法就是计算各月的季节比率,其公式为:

$$某月货运周转量季节比率 = \frac{同月平均货运周转量}{总月平均货运周转量} \times 100\%$$

表 7-4 中,以 1 月份为例:

$$同月平均货运周转量 = (20 + 22 + 24)/3 = 22 [10^6 t \cdot (n\ mile)]$$
$$总月平均货运周转量 = (362 + 398 + 428)/36 = 33 [10^6 t \cdot (n\ mile)]$$
$$季节比率 = 22 \div 33 \times 100\% = 66.67\%$$

表 7-4 中的季节比率可反映该航线货运周转量在各季节的变化规律,即 4 月、5 月、6 月,以及 9 月、10 月、11 月、12 月为高峰期,其他月份货运周转量较少。

在航运统计分析中,以上介绍的方法比较简便,因而得以广泛使用。除此以外,还有像利用平衡表对某些航运经济现象中数量的对等关系进行观察、调整的平衡分析法,对影响航运生产经营的因素进行相关度定量分析的相关分析法等。

## 五、船舶运用情况定量分析

船舶运用情况统计分析,是船舶管理工作的重要内容之一。通过船舶运用情况统计分析,企业不仅可以了解现有的船舶运输能力是否得到充分利用,船舶的生产率达到什么水平,而且可以分析影响船舶运输量和生产率的各因素在其中所占的比重,提出对策,从而挖掘船舶的运输潜力,研究船舶发展的方向,选用合理的船型,以提高企业营运的经济效益。

一般而言,企业统计分析船舶运用情况,主要从船舶的时间利用和空间利用两个方面进行。船舶的时间利用状况可从营运率、航行率、平均航行速度、平均航次周转期等指标中得以反映;船舶的空间利用状况可由平均运距装载率等指标来反映;而船舶运输量和船舶生产率则是船舶时间利用和空间利用状况的综合反映。

航运企业的船舶运输量同船舶运用情况密切相关。由于反映船舶时间利用状况指标与反映船舶空间利用状况指标同船舶生产量之间存在的关系为:

货运周转量 = 日历天数 × 平均每天实有船吨数 × 营运率 × 航行率 ×
平均航行速度 × 载重量利用率

由此可以看出,船舶运输量的变动往往是这些指标综合变动的结果。这些指标的变动对船舶运输量变动的影响,可用因素分析的指数法进行分析。

假设 $a,b,c,d,e,f$ 分别表示日历天数、平均每天实有船吨数、营运率、航行率、平均航行速度、载重量利用率,下标 0 代表基期,下标 1 代表报告期。根据指数分析原理,货运周转量变动与上述各项指标之间的相对数分析体系可表示为:

$$\frac{\sum a_1 b_1 c_1 d_1 e_1 f_1}{\sum a_0 b_0 c_0 d_0 e_0 f_0} = \frac{\sum a_1 b_0 c_0 d_0 e_0 f_0}{\sum a_0 b_0 c_0 d_0 e_0 f_0} \cdot \frac{\sum a_1 b_1 c_0 d_0 e_0 f_0}{\sum a_1 b_0 c_0 d_0 e_0 f_0} \cdot \frac{\sum a_1 b_1 c_1 d_0 e_0 f_0}{\sum a_1 b_1 c_0 d_0 e_0 f_0} \cdot$$

$$\frac{\sum a_1 b_1 c_1 d_1 e_0 f_0}{\sum a_1 b_1 c_1 d_0 e_0 f_0} \cdot \frac{\sum a_1 b_1 c_1 d_1 e_1 f_0}{\sum a_1 b_1 c_1 d_1 e_0 f_0} \cdot \frac{\sum a_1 b_1 c_1 d_1 e_1 f_1}{\sum a_1 b_1 c_1 d_1 e_1 f_0} \quad (7\text{-}42)$$

上式左边的分子分母之差与右边各项分子分母之差的和即构成绝对数分析体系,船舶运用情况的定量分析可依据式(7-42)展开。

## ◂ 活动七  船舶生产指标体系的应用 ▸

**活动方案设计1  船舶生产指标的分析**

| 时间 | 90 分钟 | 地点 | 教室或一体化实训室 |
|---|---|---|---|
| 教学资料 | 教学案例 | | |
| 教学目标 | 通过分析船舶生产指标,找出提高船舶营运效率和利润的途径,改善航运企业的经营管理能力 | | |
| 活动要求 | 请根据以下资料,进行船舶生产指标的具体分析:<br>(1)某船舶定额吨位 7 000t,一月份活动情况如下图所示。<br><br>装 5 000t　　装 4 000t　　　　　　　　装 6 000t<br>↓　　　　　↓　　　　　　　　　　　　↓<br>A —560n mile→ B —900n mile→ C —1 460n mile→ A —560n mile→ B<br>↓　　　　　↓　　　　　　　　　　　　↓<br>卸 5 000t　　卸 4 000t　　　　　　　　卸 6 000t<br><br>在港时间 14 天,航行 12 天,修理 4 天;A、B、C 表示港口。试提出提高载重量利用率的途径。<br>(2)某船公司去年货运情况如下:船舶在册 48 860 000t·d,营运 42 800 000t·d,完成货运周转量 6 848 000kt·(n mile),今年该公司在册吨天不变,计划要在去年水平上将营运率提高 5%,将营运吨天产量提高 10%,假设今年的利润提高 15%。试提出提高吨船利润的策略 | | |
| 活动程序 | (1)6 人一组,组数由班级人数确定,以团队合作完成该活动;<br>(2)学生根据所给资料,完成具体生产指标的分析 | | |
| 活动评价方式 | 教师点评 | | |
| 活动小贴士 | 航运生产活动是一个复杂的有机体,具有许多相互联系、相互制约的方面和环节,为了反映航运生产活动的全貌,需要用完整的指标体系来说明其生产活动各个方面和各个环节的特征,这是航运企业进行科学管理的重要手段 | | |

## 活动方案设计 2　船舶运用情况的分析

| 时间 | 270 分钟 | 地点 | 课外 |
|---|---|---|---|
| 教学资料 | \multicolumn{3}{l}{请对以下船舶运用情况进行分析并评述：} |

请对以下船舶运用情况进行分析并评述：

(1) 某航运公司营运 A、B 两条航线，A 航线长 5 000n mile，B 航线长 10 000n mile，A、B 两条航线上月货运量分别为 80 万吨，120 万吨。本月货运量分别为 100 万吨，140 万吨。则本月同上月相比，试述货运周转量的变化程度。

(2) 某船公司全年各月运输成本见下表，采用 3 个月为一时距的时距扩大法，试述该公司的成本呈现何种趋势。

单位：万元

| 月份 | 运输成本 | 月份 | 运输成本 | 月份 | 运输成本 | 月份 | 运输成本 |
|---|---|---|---|---|---|---|---|
| 1 月 | 250 | 4 月 | 250 | 7 月 | 280 | 10 月 | 285 |
| 2 月 | 240 | 5 月 | 270 | 8 月 | 2 275 | 11 月 | 300 |
| 3 月 | 260 | 6 月 | 265 | 9 月 | 290 | 12 月 | 295 |

(3) 某船载货定额吨位为 7 000t，在上海装 4 000t 货起运，驶往厦门港加载 3 000t，再运往广州港，上海港至厦门港 564n mile，上海港至广州港 912n mile，厦门港至广州港 389n mile。求本航次货物周转量和船舶航行里程吨位海里数。

(4) 某海运公司有两艘货船，甲船定额吨位 1 500t，在报告期全年在册，乙船定额吨位 800t，在报告期中，从 5 月 1 日在册（在册 245 天），求该海运公司报告期货船运用情况的平均使用船舶数。

(5) 某航运公司单位货运成本降低 1%，实际降低 1.5%，试述货运公司成本计划完成程度。

(6) 某航运公司的统计资料分析，在一定时间内，其平均使用船舶数 $x$ 的变动率为 11.74%，其平均营运天数变动率 $y$ 为 −3.17%，其平均营运吨天产量 $z$ 变动率为 6.94%。由关系式货物周转量 $\sum f = \sum xyz$，用因素分析积分法分析其货运周转量的变动率。

(7) 船舶生产率是反映企业船舶使用效率的综合性指标，某航运企业报告期与基期相比，船舶航行率增长 5%，平均航行速度上升 3.7%，载重量利用率下降 5.2%。试述该公司船舶生产率的变化情况。

(8) 已知某船公司某航线近三年货运量资料如下表所示，试用周期平均法测定各季度的季节比率。

单位：万吨

| 货运量 | 第一季度 | 第二季度 | 第三季度 | 第四季度 |
|---|---|---|---|---|
| 2001 年 | 66 | 110 | 88 | 98 |
| 2002 年 | 69 | 122 | 91 | 116 |
| 2003 年 | 75 | 132 | 99 | 122 |

(9) 综合财务指标成本费用利润率的变动受利润总额、营运成本以及期间费用 3 个因素指标变动的影响。假设以 $f$ 表示成本费用利润率、$x$ 表示利润总额、$y$ 表示营运成本、$z$ 表示期间费用，则某航运企业的成本费用利润率的有关统计资料如下表所示。

续上表

|  |  |  |  |  |  |  |  |
|---|---|---|---|---|---|---|---|
| 教学资料 | 单位:万元 ||||||
| ^ | 指　标 | 基期 || 报告期 || 变动额 ||
| ^ | 利润总额 | $x_0$ | 560 | $x_1$ | 720 | $\Delta x$ | 160 |
| ^ | 成本费用总额 | $y_0 + z_0$ | 1 450 | $y_1 + z_1$ | 1 720 | $\Delta y + \Delta z$ | 270 |
| ^ | 其中:营运成本 | $y_0$ | 1 200 | $y_1$ | 1 500 | $\Delta y$ | 300 |
| ^ | 期间费用 | $z_0$ | 250 | $z_1$ | 220 | $\Delta z$ | -30 |
| ^ | 成本费用利润额(%) | $f_0$ | 38.62 | $f_1$ | 41.86 | $\Delta f$ | 3.24 |
| ^ | 要求:①用因素分析的指数法分析各因素发生作用的影响程度; ②用因素分析的积分法分析各因素发生作用的影响程度 |||||||
| 教学目标 | 通过对上述问题的分析并进行相应的评述,充分认识航运统计分析的方法和应用 |||||||
| 活动程序 | (1)6人一组,组数由班级人数确定,以团队合作完成该活动; (2)学生根据抽签决定题目,做出评述报告,并上讲台展示 |||||||
| 活动要求 | (1)根据团队设计思路,具体分析; (2)根据分析结果,撰写评述报告 |||||||
| 活动评价方式 | 教师点评 |||||||
| 活动小贴士 | 优化航运生产活动的前提条件是建立航运指标体系和掌握统计方法,在生产实践中应用广泛 |||||||

# 学习情境 8　班轮营运组织

班轮运输又称为定期船运输,是指固定船舶按照事先公布的船期表或有规则地在固定航线和固定港口间从事货物的运输。班轮营运组织主要解决有关班轮新辟航线的论证,航线系统配船,班轮船期表的制定,班轮运价的确定以及班轮运输日常货物的管理等问题,以便在班轮实务中根据实际情况及时作出优化与调整。

◆ **教学目标**

| 终极目标 | | 了解班轮运输的基本特征,熟悉班轮运输组织程序,掌握班轮营运组织中有关航线论证、系统配船、船期表制定、运价确定等运输实务 |
| --- | --- | --- |
| 促成目标 | 知识点 | ①班轮运输的概念与组织程序;②班轮航线参数;③班轮航线开辟原则与条件 |
| | 技能点 | ①班轮航线结构方案;②班轮航线挂靠港口方案;③班轮航线配船方案;④班轮航线开辟论证;⑤班轮船期表编制 |

◆ **教学要求**

本情境参考学时为 8 学时,一般理论教学为 6 学时,活动教学为 2 学时。课外活动教学为 6 学时,任课教师可以根据学生掌握的情况而定

## 任务一　班轮运输认知

### 一、班轮运输概念与分类

**1. 班轮运输概述**

班轮运输又称定期船运输,它是指固定船舶按照公布的船期表或有规则地在固定航线和固定港口间从事货物(含集装箱)运输。班轮运输最早出现于 19 世纪初,美国首先采用。1818 年美国黑球轮船公司开辟了纽约—利物浦的定期航线,用帆船进行运输,用以运送海外移民、邮件和货物。1924 年,英国跟随美国之后,开辟了伦敦、汉堡、鹿特丹之间以蒸汽机船经营的班轮航线,19 世纪 40 年代又扩展到中东、远东和澳大利亚。此后,日本、德国、法国等轮船公司均经营班轮运输,设有横渡大西洋、太平洋的环球运输航线。我国于 19 世纪 70 年代开始沿海和长江的班轮运输,20 世纪初,在长江和其他内河开展班轮运输,1961 年中国远洋运输总公司成立,开始建立中国远洋运输船队和国际班轮航线。

班轮运输是国际国内航运的主要营运形式之一,从事班轮运输的船舶称之为班轮,主要营运的船舶包括传统的杂货船、集装箱船和滚装船。杂货班轮的装卸效率很低,船舶在港口周转得很慢,船舶装卸速度过慢不仅影响杂货班轮的营运效率,而且极大地限制了船舶吨位的提

高。和其他类型船舶相比,杂货船吨位最小,载重量通常都在12 000~15 000t范围内。

自20世纪60年代后期,集装箱运输迅速发展,班轮运输开始分化为传统的杂货班轮运输和集装箱班轮运输。由于集装箱船运输具有运送速度快、装卸方便、机械化程度高、作业效率高、便于开展联运等优点,进入20世纪90年代后,越来越多的集装箱班轮运输已逐渐取代了传统的杂货班轮运输。集装箱班轮装卸速度很快,载重量为20 000~100 000t,载箱量可达1 000~12 000TEU。由于班期和竞争的需要,班轮航速较高,杂货班轮一般为16~20n mile/h,集装箱船可达21~24n mile/h,最快的超过30n mile/h。滚装船出于自身的特点,多用在短距离的近海班轮航线上。

由于揽货的需要,班轮通常挂靠多港口,在固定港口之间运行,这些港口确定了船舶运行路线和航线的服务范围。班轮航线上的港口分为始发港、中途港和目的港。始发港和目的港位于航线的两端,其数目可能不止一个,而是几个。中途港是位于航线中间进行加油、补给的港口,有时也进行装卸货。如果按照主次程度分类,中途港可分为基本港和非基本港。基本港一般都是某一地区的重要大港,货载多而且稳定。这些港口都在船期表里公布,班轮对它们定期挂靠,构成了班轮航线上港口的主体。非基本港在航线上起着附加港的作用,船公司在营运时视具体情况决定是否挂靠这些港口,到达这些港口的货物运输一般不直航,可通过在基本港转运的方式来完成;少数情况下,也可利用班轮进行直达运输。

班轮运输除了挂靠港口固定外,在航线上每个港口的抵离时间预先公布在船期表上,具有定期性和规则性,因此班轮也称为定期船。班轮在港口无论是否装满足够数量的货物的,船舶都要依照班期开航。一方面,班轮的定期性有利于货主安排托运,能够缩短货物在岸上的存储时间,从而节约货物在流通中的费用。另一方面,班轮的定期性也是船公司信誉好坏的重要标志。船舶在营运过程中都尽是避免不按时抵离港口,即通常所说的"脱班"现象,因为脱班越多,运输服务质量越差,从而严重影响船公司的竞争力。

为了保证航线上船舶发送的连续性和节奏性,需要维持一定的发船频率,有时也称之为发船密度。发船频率用某个港口单位时间内(每月、每周)发出的班次数表示,也可用发船间隔表示。发船间隔是发船频率的倒数,表示船舶两个班次的发船间隔时间的大小。发船频率增高,便于货物托运,对货主有利;而相应的运输成本随之增高,对船公司不利。

班轮运输中需要一定数量同类型船舶构成的班轮船队,以保证一定的发船频率和运输的定期规则性,并且这些船舶一般都是结合某条班轮航线的具体情况(包括货流、港口、航区等条件)设计建造的。经营班轮运输的船公司不仅船队规模大,而且由于揽货、商务及运费管理工作较多,所以其岸上的管理机构相对也较大。在航线上的各个港口,船公司通常设立专门的机构或雇用当地代理公司为班轮揽货、订舱。为了保证船期,班轮公司需租赁专用的码头泊位和设备,以保证班轮在港口装卸能够按船期计划进行。因此,一旦开辟了某条班轮航线,船公司退出营运的可能性较小。

班轮运费率是按照船公司对外公布的运价表收取的。在一定时期内,班轮运价基本上是不变的,因此班轮公司之间大多针对运输收入或所货运份额展开竞争。在班轮运输中,由船公司承担海上和港口发生的所有费用。航线一经确定,燃油、港口使费变成了班轮的固定成本,只有货物装卸费用随载货量大小而变化,也就是说,班轮的边际成本只是每吨货物装卸费用而已。

由于班轮公司是对不特定多数的货主提供运输服务的公共承运人,良好的运输服务质量对船公司的信誉是至关重要的,这也是货主选择班轮的主要标准。服务质量越好,船公司竞争力越强,就越能吸引众多货主,随之能揽到更多的货载。但是,高质量的服务一般是以较高运输成本为代价的,如何处理好各方面的利益关系是一个比较复杂的问题。班轮运输服务质量主要包括货运安全质量(货损、货差情况)、提供联运服务的条件与程度(如为货主在内陆地区提供集装箱)、发船频率的大小、班期的准确程度、货物的送达时间等。班轮的运输服务质量可以通过合理的船舶运行组织而得到完善。

由于班轮运输主要用于件杂货运输,货物多为工业制品、半制成品,种类繁多,收货和发货地分散,货物批量小,货主多,每个托运人往往仅利用了船舶的一部分舱位,而船公司接受非特定的、众多货主的托运,人们也把从事班轮运输的船公司称为公共承运人。

**2. 班轮运输分类**

班轮航线,按运输对象分,可分为普通杂货航线、集装箱航线和客运航线;按运行组织分,可分为多港挂靠直达航线和干、支线结合分程运输航线;按所跨区域分,可分为沿海航线、近洋航线和远洋航线;按航行线路分,可分为来回式航线和环状航线,环状航线又可分为环洋航线和环球航线两种。

在班轮运输实践中,班轮运输可分为两种形式:一种是定线定期班轮,即船舶严格按照预先公布的船期表运行,始发港、中途港和目的港固定不变,到离港口的时间基本不变,通常也称之为"核心班轮";另一种是定线不定期班轮,即船舶运行虽有船期表,但船舶到离港口的时间可有一定的伸缩性,但中途挂港则视货源情况可以有所增减,通常也称之为"弹性班轮"。

## 二、班轮运输组织程序

由于班轮运输"四固定"的特点,即时间有保证,运价固定,运价费率固定,设备和人员固定,为贸易双方洽谈价格和装运条件提供了方便,有利于开展国际贸易,能够提供专门的、优质的服务,班轮只要有舱位,不论数量大小、挂港多少、直运或转运都可接受承运。因此,为了保证货物运输过程中及时、安全地到达客户,防止和减少货损货差货失等事故,在实践中逐渐形成了一套相应的货运程序。

**1. 揽货和订舱**

班轮运输的货运程序是从揽货或订舱开始的。

揽货又称揽载,是指从事班轮运输经营的船公司为使自己所经营的班轮运输船舶能在载重和舱容上得到充分利用,力争做到满舱满载,以期获得最好的经营效益而从货主那里争取货源的行为。为了揽货,班轮公司首先要为自己所经营的班轮航线,船舶挂靠的港口及其到、发时间制定船期表并分送给已经建立起业务关系的原有客户,并在有关的航运期刊上刊载,使客户了解公司经营的班轮运输航线及船期情况,以便联系安排货运,争得货源。

由于在同一航线上经营班轮运输的往往有多家公司,所以在揽货活动中存在着激烈的竞争。除前面提到的宣传广告及建立揽货体系以外,常用的还有揽货人员激励政策及运输价格折让政策,但更受重视的是班轮运输的服务质量。班轮的服务质量主要由船期准确程度、货物送达速度、提供运力的频次(发船密度)、船舶对众多货种的适应程度、货运安全质量(货损、货差情况)、提供联运和运输一揽子服务的条件与程度,以及主动为货主解决货运具体问题的态度等综合地反映出来的。

订舱则是托运人或其代理人向承运人,即班轮公司或他的营业所或代理机构等申请货物运输,承运人对这种申请给予承诺的行为。班轮运输不同于租船运输,承运人与托运人之间不需要签订运输合同,而是以口头或订舱函电进行预约。只要船公司对这种预约给予承诺,并在舱位登记簿上登记,即表明承托双方已建立有关货物运输的关系。

### 2. 装船

装船是指托运人应将其托运的货物送至码头承运船舶的船边并进行交接,然后将货物装到船上。如果船舶是在锚地或浮筒作业,托运人还应负责使用自己的或租用的驳船将货物装到船上,亦称直接装船。对一些特殊的货物,如危险品、冷冻品、鲜活货、贵重货多采用船舶直接装船。而在班轮运输中,为了提高装船效率,减少船舶在港停泊时间,不致延误班期,通常都采用"仓库收货,集中装船"的方式。即由船公司在各装货港指定装船代理人,在各装货港的指定地点(通常为码头仓库)接受托运人送来的货物,办理交接手续后,将货物集中并按货物的卸货次序进行适当的分类后再进行装船。

### 3. 卸货

卸货是指将船舶所承运的货物在卸货港从船上卸下,并在船舶交给收货人或代其收货的人和办理货物的交接手续。船公司在卸货港的代理人根据船舶发来的到港电报,一方面编制有关单证联系安排泊位和准备办理船舶进口手续,约定装卸公司,等待船舶进港后卸货,另一方面还要把船舶预定到港的时间通知收货人,以便收货人及时作好接受货物的准备工作。在班轮运输中,为了使分属于众多收货人的各种不同的货物能在船舶有限的停泊时间内迅速卸完,通常都采用"集中卸货,仓库交付"的办法,即由船公司所指定的装卸公司作为卸货代理人总揽卸货以及向收货人交付货物的工作。

卸货时,船方和装卸公司应根据载货清单和其他有关单证认真卸货,避免发生溢卸和短卸。所谓溢卸,指本应在其他港口卸下的货物卸在本港;所谓短卸,指本应在本港卸下的货物遗漏未卸。溢卸和短卸统称为误卸,一旦发现溢卸或短卸货物,应立即向各挂靠港口发出货物查询单,在调查清楚的基础上,有溢卸货物的港口应及时将溢卸的货物运回原定的卸货港,由此产生的责任问题按提单条款中的有关规定处理。

### 4. 交付

货物交付是海上货物运输中最后的一个重要环节,交付货物标志着运输任务的完成。在实际业务中船公司凭提单将货物交付给收货人的行为称为货物交付,具体过程是收货人将提单交给船公司在卸货港的代理人,经代理人审核无误后,签发提货单交给收货人,然后收货人再凭提货单前往码头仓库提取货物并与卸货代理人办理交接手续。交付货物的方式主要有以下5种:

(1)仓库交货

仓库交货是指从班轮船舶上集中卸下的货物搬入船公司或其代理人的仓库或属于装卸公司的仓库,然后由卸货代理人代表船公司按票向收货人交付货物的方式。这是班轮运输中最基本的交付货物的方式。

(2)船边交货

在班轮运输中通常以集中卸货,仓库交付为原则。不过,对于一些必须尽快提取的货物,如贵重货物、危险货物、冷冻货物、长大件货物以及其他批量较大的货物,在收货人的要求下,也常采用船边交付货物的方式。船边交付又称"现提",指收货人在船公司的卸港代理处办妥提货手续后,持提货单直接到码头船边提取货物并办理交接手续的方式。

(3)货主选择卸货港交付货物

货主选择卸货港交付货物是指货物在装船时尚未确定卸货港,待船舶开航后再由货主选定对自己最方便或最有利的卸货港,并在这个港口卸货和交付货物。在这种情况下,提单上的卸货港一栏内必须记明两个或两个以上将被选择的卸货港的名称,而且,货物的卸货港也只能在提单上所写明的港口中选择。

货主采用选择卸货港交付货物时,必须在办理货物托运时提出申请,而且还必须在船舶自装货港开航后,到达第一个选卸港前的一定时间以前(通常为24小时或48小时),把决定了的卸货港通知船公司及被选定卸货港船公司的代理人,否则船长有权在任何一个选卸港将货物卸下,并认为船公司已履行了对货物的运送责任。

(4) 变更卸货港交付货物

变更卸货港交付货物是指在提单上所记载的卸货港以外的其他港口卸货和交付货物。这种变更卸货港的申请必须在船舶到达变更的卸货港之前由收货人提出。

船公司接到收货人提出变更卸货港的申请后,必须根据本船的积载情况,考虑在装卸上能否实现这种变更,比如是否会发生严重的翻舱、捣载情况,在变更的卸货港所规定的停泊时间能否来得及将货物卸下,是否会延误本船的开航时间等情况后,才能决定是否同意收货人这种变更申请。与正常情况下的提货手续和货主选择卸货港交付货物的提货手续不相同的是,收货人必须向船公司或变更后的卸货港船公司的代理人交出全套正本提单之后才能办理提货手续。

(5) 凭保证书交付货物

在班轮运输实务中,收货人因提单邮寄延误、遗失或被窃、汇票兑现期限限制等原因拿不到提单,但船舶已到港,导致收货人无法交出提单来提取货物。这时,按照一般的航运习惯,常由收货人开具保证书,以保证书交换提货单,然后持提货单提取货物。这种交付货物的方式,就称为凭保证书交付货物。

保证书的格式虽不统一,但通常都包括以下内容:收货人保证在收到提单后立即向船公司或他的代理人交回这一提单,承担应由收货人支付的运费及其费用的责任;对因未提交提单而提取货物所产生的一切损失均承担责任,并表明对于上述保证内容由有关银行与收货人一起负连带责任。

## 三、班轮航线开辟条件

班轮航线开辟需要考虑的因素众多,最基本的条件主要包括以下几个方面。

**1. 自然条件**

任何一条海上货运航线的开辟的根本目的是要使船舶安全无损地从始发港运抵目的港。因此,船公司在开辟一条新的航线之前,首先必须认真调查研究航线范围内的自然条件是否保证船舶的安全营运。对航线自然条件的调查包括以下几个方面:

(1) 航线吃水条件,包括航线沿途各挂靠港、途经运河、海峡等吃水是否适合船舶航行。

(2) 沿途港口情况,包括码头泊位技术尺度、装卸条件、作业时间、锚地、燃油及物料供给、港口费收规定等。

(3) 航线气候情况,包括风流、雾、雨、雪天气的比例与程序,是否有封冻港及时间长短等。

(4) 航线潮汐情况,包括各港口的高潮、低潮时间及水位差等。

**2. 货源条件**

要保证船舶营运的足够资源,船舶在该航线经营中能否有足够赢利的货源。船公司必须充分对航线挂靠港的货源情况作出详细的调查与测算,掌握航线及挂靠港口的辐射地区的货物种类及流向、流量,掌握货物变化规律,以获取确切的资料与信息,为开辟航线提供可靠的依据。

#### 3. 市场环境

班轮运输市场是国际贸易市场的派生市场,它符合贸易市场的基本规律,也具有派生市场的特殊性质。经济的发展水平对班轮运输市场产生决定性的影响,在航线新辟的时候,必须充分重视世界经济形势尤其是航线挂靠港口所在国家(地区)的经济形势,并对未来的发展预期、航线货量和货流作出较为科学的预测。

#### 4. 其他条件

其他条件包括航线所及地区的政治稳定性,航线的竞争状况及运价水平,竞争对手的航线设置情况,本公司的实力及主要目标等。

### 四、班轮航线开辟原则

#### 1. 兼顾航线效益与企业整体发展

在航线开辟时,除了要考虑航线本身的因素外,还应从企业整体的角度考虑问题,争取做到兼顾航线效益与企业整体发展,合理地处理好两者之间的关系。

#### 2. 效益最大化

企业是营利性组织,其出发点和归宿是获利,企业必须能够获利,才有存在的价值。也就是说,企业价值最大化或股东财富最大化是企业追求的目标。

#### 3. 完善航线网络

航线开辟需考虑到整个航线网络的设计与完善,避免航线运力重复,确保航线在网络中的相互配合。

#### 4. 支线服务于干线

班轮公司的集装箱运输较多采用干支线结合的方式,为此,必须充分考虑支线服务于干线的原则,对支线开辟应主要从能否更好地接转干线货物、形成网络、缩短中转时间等方面考虑。在对干线运力进行开辟时,也要适当考虑支线运力的接转问题。

#### 5. 船舶与航线相匹配

航线开辟工作中,合适船舶配合适航线是重要原则,这主要包含三方面的内容:首先,船型等技术指标适合该航线;其次,船舶在该航线上具有竞争力;第三,对企业所有航线进行综合评估,选择最合适的船舶投放到各条航线上。

#### 6. 充分运用合作手段

在目前的市场形势下,合作已成为国际集装箱班轮运输业发展的必然趋势。合作的具体形式主要有接运、舱位租用、舱位互租、共同派船等。合作可以给企业带来诸如规模经济、范围经济、速度经济、共生经济等经济效益。

## 任务二 新辟班轮航线方案选择

### 一、班轮航线结构方案选择

基于上述航线选择原则,班轮公司在开辟新航线时,常见的航线布局形式有以下几种。

#### 1. 传统多港口挂靠航线

在一个航次中班轮直接挂靠许多港口,这种布局方式常见于杂货船班轮运输,但挂靠的港口数较传统的杂货船要少一些。

**2. 干线配支线船航线**

干线船挂靠航线两端的少数几个大港,支线船把小港与大港联系起来。这种航线布局形式常见于集装箱班轮运输中,主要是集装箱船舶吨位较大,在港口多停泊一天,就会给船东带来巨大损失,所以为了尽量缩短船舶在港停泊时间,降低成本,干线船只挂靠几个主要港口,而来自或运往小港的货物则由较小的支线船转运。但是,这种航线布局,货物须经过两次装卸,增加了装卸费的支出。

**3. 多角航线**

只有去程,没有回程,主要解决航线上货流不平衡问题,在三个或三个以上港口中相互中转的运输。

**4. 单向环球航线**

只有去程,没有回程,但把世界上的主要大陆联系在一起。优点是能解决航线上货流不平衡问题,提高船舶载重利用率与集装箱利用率。

**5. 小陆桥航线**

运送的货物的目的地为沿海港口,在航线的一端与铁路和公路相连,从而可以避免船舶绕航,降低运输成本。目前,北美小陆桥运送的主要是日本经北美太平洋沿岸到大西洋沿岸和墨西哥湾地区港口的集装箱货物。也承运从欧洲到美西及海湾地区各港的大西洋航线的转运货物。北美小陆桥在缩短运输距离、节省运输时间上效果显著。以日本/美东航线为例,从大阪至纽约全程水运(经巴拿马运河)航线距离 9700 n mile,运输时间 21~24 天。而采用小陆桥运输,运输距离仅 7400 n mile,运输时间 16 天,可节省 1 周左右的时间。

**6. 大陆桥航线**

是指利用横贯大陆的铁路(公路)运输系统,作为中间桥梁,把大陆两端的海洋连接起来的集装箱连贯运输方式。简单地说,就是两边是海运,中间是陆运,大陆把海洋连接起来,形成海—陆联运,而大陆起到了"桥"的作用,所以称之为"陆桥"。而海—陆联运中的大陆运输部分就称之为"大陆桥运输"。目前班轮航线中的大陆桥航线主要有西伯利亚大陆桥航线、北美大陆桥航线和新亚欧大陆桥航线。

## 二、班轮航线挂靠港口方案选择

**1. 班轮航线挂靠港选择原则**

班轮航线挂靠港方案包括航线挂靠哪些港口以及挂靠港口的顺序等。不同挂靠港方案的经济效益大不相同。在实际工作中,一般根据以下几个原则选择挂靠港:

(1) 枢纽港原则。一般情况下,首先要考虑挂靠枢纽港和其他重要港口,以保证载货量。

(2) 传统市场原则。由于历史和传统等原因,在考虑挂靠港时,一般应维持某些港口的挂靠,以保证传统市场的需要。

(3) 积极开拓新兴市场原则。市场发展的不平衡以及各地经济发展速度的不同,反映为各地集装箱货量增长速度的不同,因此必须考虑到市场的变化,及时挂靠、积极开拓新兴市场。

(4) 顺挂原则。一般在设计挂靠港口的顺序时,应该根据航次航路情况,合理安排,尽量避免绕航,以节省航次时间和燃油支出。

**2. 班轮挂靠港方案的确定**

航线挂靠港方案是指为航线确定挂靠的港口及停靠顺序。在一般情况下,班轮航线两端可供选择的港口数目较多,为了节约港口费用,常常仅选择少数几个作为挂靠港口,不同的选择及顺序就构成了不同的挂靠港方案。

在航线挂靠的港口中,把一些货流较大且稳定,需要船舶经常停靠的港口定为基本港。把由于货源不充沛,船舶不一定经常挂靠的港口定为非基本港。选择基本挂靠港主要考虑地理因素、货源因素和港口因素,必须是自然条件好、安全的港口。

当然,在班轮营运过程中,各港间的货流情况随时都在发生变化,原来确定的基本港和非基本港并不是绝对不能改变的。这需要船公司在一定时期内,根据当时货源的具体情况,对船舶挂靠港口进行适当的调整。不同的挂靠港口方案,其经济效果是不同的。可运用数学模型,如把运费收入最大作为目标函数,通过计算、比较,最后确定最佳的船舶挂靠港口及顺序。

## 三、班轮航线班期方案的确定

航线班期方案的确定通常和船型方案的确定同时进行。班轮航线班期方案即确定航线上的发船间隔时间。常见的班期有 5 天班、7 天班(星期班轮)、10 天班、半月班、月班等,很少有超过 1 个月的班期。

确定班轮航线的船期时,要依照下列原则:首先要松紧适度,要考虑可行性与经济性。其次要适应市场,满足竞争性和针对性的需要。第三要改善结构,满足班轮公司网络化经营发展的整体要求。第四要优化配置,使班轮公司的资源利用最大化。在上述原则下,充分考虑货流量及竞争因素,并同时综合考虑数量、船舶规模、船舶航速、挂港数目、航线距离等因素,只有这样,才能既保证航线运输的需要又不至于浪费运力。

集装箱航线上船期表的班次一般比杂货班轮要多。集装箱船班次的增多,除了能增强船公司的竞争能力,即提高运输服务质量吸引更多货主外,也是防止其他船公司在同一航线上相同港口参与竞争的一种有效手段。

## 四、班轮航线配船方案的确定

航线配船是研究各类船舶在航线上合理配置的技术管理问题。众所周知,在同一航线上使用技术营运性能和经济性能不同的船舶,将会产生不同的经济效果。同一类型的船舶,使用在不同的航线上,也将得到不同的结果。因此,船舶工作的效果在很大程度上是由正确的航线配船来保证的。在实务中,班轮公司进行航线配船或者调整航线上的船型和数量,一般是出于以下目的:

(1)现有船舶需要合理安排,这种情况在运力较大的船公司中尤其普遍。
(2)出于开拓新兴市场的目的。
(3)改善已有航线效益的目的,由于航线效益不好而采取各种手段进行调整。

航线配船包括多线多船型、多线单船型和单线多船型三种情况。

多线多船型的配船问题是研究多条航线和多种船型情况下的全面合理配船问题。根据安全优质的原则,首先应分析船舶的技术营运性能与货运任务相关航线上的港、航条件,再按照经济上合理的原则,为各航线选配技术营运上可行、经济性能好的配船方案,然后进行指标计算比较,并结合评价方案合理性的其他条件,选择出最佳配船方案。配船应遵循的基本原则如下：
(1) 船舶与货物相适应。船舶的结构性能、装卸性能和设备等应适应航线上的货物性能。
(2) 船舶与港口相适应。船舶的尺度性能和设备条件应与港口泊位水深和装卸条件相适应。
(3) 船舶与航线的航行条件相适应。船舶的尺度性能应与航道水深、船闸尺度、桥梁或过江电线净空高度等相适应，船舶的航行性能应与航线航行条件相适应。
(4) 遵循一般的经济准则。在船舶能满载的情况下，应将吨位大、航速高的船舶首先配在装卸定额高、航程长的航线上，这有利于提高船舶的生产率和降低成本。将昼夜航行费用较高、停泊费用较低的船舶配置在短航线上，反之则应配置在长航线上。这也会有利于运输成本的降低。

多线单船型的配船较多线多船型的配船简单，只在运量大于运力时才加以研究。一般先从技术营运要求出发，在排除船舶不能工作的航线后，就可能工作的航线分别计算其营运经济效益指标，将保有的营运船舶优先用在营运经济效益较好的航线上，直至所有船舶分配完毕为止。

单线多船型的配船问题也比较简单，只在当运力大于运量时才加以研究。其原则步骤与前述相同，即先排除不适于在该航线工作的船舶，而后逐船计算其经济效益指标。优先选配经济效益好的船舶，直至满足货运任务的需要为止。

## 任务三　班轮船期表编制

### 一、班轮航线的参数

**1. 航线总距离($L_{线}$)和港间距离($L_{间}$)**

航线总距离($L_{线}$)指第一个始发港至最后一个目的港的距离。有时也表示为一个往返航次的距离。在班轮运输中，港间距离($L_{间}$)通常指相邻两个港口之间的距离。航线总距离也可通过累加航线上各相邻两港之间的距离求得。

**2. 航线往返航次时间($t_{往返}$)**

航线往返航次时间($t_{往返}$)指该航线上船舶从始发港开始，经中途港到达终点港后返回到始发港的所有时间之和，它在空间上完成一个循环，它包括正向航行时间，反向航行时间及在始发港、终点港、中途港的停泊时间。计算公式如下：

$$t_{往返} = t_{正航} + t_{反航} + \sum t_{始停} + \sum t_{终停} + \sum t_{中停} \tag{8-1}$$

式中：$t_{正航}, t_{反航}$——航线正向与反向的航行时间，包括进出港和过运河的时间；
$\sum t_{始停}, \sum t_{终停}, \sum t_{中停}$——航线上所有始发港、终点港与中途港的停泊时间。

航线往返航次时间($t_{往返}$)也可以用下面公式计算：

$$t_{往返} = \frac{L_{线}}{\bar{v}} + \sum \left( \frac{Q_{正} + Q_{反}}{\bar{M}_{总}} \right) \tag{8-2}$$

式中：$L_{线}$——航线总距离；
$\bar{v}$——该航线的平均航速；
$\bar{M}_{总}$——该航线上各港口的平均装卸总定额；

$Q_正, Q_反$——该航线上正向和反向的货运量。

**3. 航线平均装卸总定额($\overline{M}_总$)**

航线平均装卸总定额($\overline{M}_总$)表示航线上经加权计算得出的总平均装卸效率,航线平均装卸总定额的大小决定了班轮航线上船舶在港时间的长短,计算公式为:

$$\overline{M}_总 = \frac{Q_装 + Q_卸}{\dfrac{Q_装}{\overline{M}_装} + \dfrac{Q_卸}{\overline{M}_卸}} \tag{8-3}$$

式中:$Q_装, Q_卸$——航次装货数量和卸货数量;

$\overline{M}_装, \overline{M}_卸$——航线上各港口的装货效率和卸货效率的加权平均数,加权系数由该港口装、卸货的数量占装、卸货总数量的比重确定。

**4. 航线发船间隔时间($t_间$)**

航线发船间隔时间($t_间$)是指相邻两个班轮航次发船的时间间隔。在同一个班轮航线,不同班轮公司出于竞争的需要,为了保持对市场一定占有率,发船间隔时间不能定得太长。

航线发船间隔时间 $t_间$ 的计算公式如下:

$$t_间 = \frac{\alpha_发 D_净 t_历}{\sum Q} \tag{8-4}$$

式中:$\alpha_发$——船舶在货运量较大方向上的发航装载率(%);

$D_净$——船舶净载重量(t,TEU);

$t_历$——历期时间(d);

$\sum Q$——历期内,航线始发港到目的港各种货量之和,取往返航向中货量较大的方向。

发船间隔的倒数称为发船频率(也叫发船密度),用符号 $\gamma$ 表示。它是指单位时间内,在同一航线、同一港口、向同一方向发出的船次数。即:

$$\gamma = \frac{1}{t_间} \tag{8-5}$$

已知班轮的发船间隔 $t_间$,则一定历期内,班轮航线上应完成的班次数 $n_班$ 为:

$$n_班 = \frac{1}{t_历} \tag{8-6}$$

**5. 航线配船数($m$)**

在班轮航线上,需要配置的船舶艘数要由货运量、单船净载重量、单船装载率和往返航次时间等多种因素决定,计算公式如下:

$$m = \frac{t_{往返} Q_{max}}{\alpha_发 D_净 t_历} \tag{8-7}$$

式中:$t_{往返}$——航线往返航次时间;

$Q_{max}$——运量较大航向的年货运量(t);

$\alpha_发$——船舶在货运量较大方向上的发航装载率(%);

$D_净$——船舶净载重量(t,TEU);

$t_历$——历期时间(d)。

上式计算后得出 $m$;若 $m$ 不是整数,需"进一法"将 $m$ 取为整数。

在班轮航线上,为了维持一定的发船间隔,需要投入一定数量的船舶维持一定间隔的运

行,配船数($m$)也满足下述公式:

$$m = \frac{t_{往返}}{t_{间}} \tag{8-8}$$

**6. 航线货流总量($\sum Q$)及各两港间货流量($Q_{ij}$)**

航线货流总量是指一定时期内(如一年)在该航线上所承运的或可能承运的各港间的货运量之和。两港间货流量则仅指该两港之间在一定时期内(如一年)的货流量。

**7. 航线货物平均运距($\bar{l}$)**

航线货物平均运距$\bar{l}$等于航线上在一定时期内总的货物周转量($\sum Ql$)与该时期航线货流总量($\sum Q$)之比,计算公式如下:

$$\bar{l} = \frac{\sum Ql}{\sum Q} \tag{8-9}$$

**8. 航线货流不平衡系数($\mu$)**

作为班轮航线来说,它是循环往复从事着货物的运输,为了明确货流量的方向,规定货运量大的方向为正向,货运量小的方向为反向。对应于普通班轮航线的去向和回向,或对于环状航线顺时针方向和逆时针方向。班轮航线上正向与反向的货流量肯定是不一样的,为此,引进方向不平衡系$\mu$,它等于两个方向总货流量与正向货流量的比值,其计算公式为

$$\mu = \frac{\sum Q_{正} + \sum Q_{反}}{\sum Q_{正}} \tag{8-10}$$

式中:$\sum Q_{正}$,$\sum Q_{反}$——正向和反向货运量(t,TEU)。

班轮航线货流在方向上的不平衡性对船舶运输效率和经济效果有着不良的影响,其主要损失就是船舶载重能力在反向上得不到充分利用,致使船舶运输成本提高和生产率降低。

**9. 航线货流时间不平衡系数($\rho$)**

班轮货流不但在方向上存在着不平衡性,而且同一方向上的货流在历期内也具有较大波动性,运输量这种在时间上分配的不平衡现象,用时间不平衡系数$\rho$来表示,它等于全年最高月份的货运量$Q$最大和全年平均每月货运量面的比值,其计算公式为:

$$\rho = \frac{Q_{最大}}{\bar{Q}} \tag{8-11}$$

## 二、船 期 表

在班轮营运中,无论是定线定期班轮还是定线不定期班轮都需要编制船期表。船期表的主要内容包括:航线、船名、航次编号、始发港、中途港、终点港的港名以及到达、驶离各港的时间,还包括有关注意事项。基本格式如表8-1所示。

表8-1

| 船　名 | 航　次 | 大连/周二 | 马尼拉南港 | 雅加达 | 新　加　坡 | 巴　生 |
|---|---|---|---|---|---|---|
| \multicolumn{7}{c}{大连—东南亚(直航)　大连—马尼拉南港—雅加达—新加坡—巴生} |
| EMPRESS SEA | 179S | 9月7日 | 9月17日 | 9月22日 | 9月24日 | 9月25日 |
| KMTC QINGDAO | 005S | 9月14日 | 9月24日 | 9月29日 | 10月1日 | 10月2日 |
| EMPRESS HEAVEN | 167S | 9月21日 | 10月1日 | 10月6日 | 10月8日 | 10月9日 |
| SILS | 048S | 9月28日 | 10月8日 | 10月13日 | 10月15日 | 10月16日 |

在实务中,船期表分三种:一种是长期船期表 LTS(Long Term Schedule),表示某条航线或者某条船在整个年度中的班期计划,该类船期表最为常见;第二种是计划船期表,是专门为班期设定专业人员制作 LTS 使用的;第三种是调整船期表,因为不确定因素导致船舶航线脱班或者晚班,通过跳港加速保证船舶赶上 LTS 使用的。

船期表在船公司有着不可或缺的地位,没有船期,船舶出海就没有计划,货主也无法提前得知班期信息。班轮公司编制船期表,首先是为了招揽航线途经港口的货载;其次是有利于船舶、港口和货物及时衔接,使船舶有可能在挂靠港口的短暂时间内取得尽可能高的工作效率;最后有利于提高船公司航线经营的计划质量。

## 三、班轮船期表的编制要求

**1. 船舶的往返航次时间 $t_{往返}$(班期)、发船间隔 $t_{间}$ 和航线配船数 $m$ 的关系**

船舶的往返航次时间又称为船舶周转周期,是班轮由始发港起航,经中途港、目的港又返回到始发港的总延续时间。由于航线上投入的船舶艘数的客观要求,因此,船舶往返航次时间是发船间隔和航线配船数的乘积。

**2. 船舶到达和驶离港口的时间要恰当**

班轮船期表的编制过程中,要充分考虑航线里程、船舶航速、港口装卸效率和在港装卸货物的数量、其他可能发生的耗时因素。尽量避免在非工作日到达港口,减少船舶在港口的停泊时间,提高船舶的周转效率。同时,在工作日到达港口,也尽量避免在晚上挂靠港口,以降低工人的装卸费用。船舶驶离港口的时间也应根据实际情况加以考虑,如周五开航对提高船舶载重量利用率有一定效果。当几个班轮公司的船舶同时使用某港口同一码头时,在制定船期表时还必须考虑装卸时间段的限制问题。为方便起见,船舶抵港的时间一般都换算成当地时间。

**3. 船期表要有一定的弹性**

班轮船期表列出的各项时间应给船舶安全航行留有足够的余地,以适应外界条件变化所带来的影响。特别是航行条件的变化,航线不同季节、时间段水文气象条件对航行的影响在编制船期表时应给予足够的考虑。

**4. 到、发时间计算与调整**

根据上述要求,结合沿途各港的具体情况,先分别计算出相邻两港之间各航段的航行时间和在各港口的停泊时间,然后根据始发港发船时间依次推算出船舶到、离各港的时间。如沿途各港所在地的时差不同时,在船期表上应给出船舶到发的当地时间。向东航行为加,向航行为减。若航线上有几艘船舶运行时,后续船舶在各港的到发时间依次相差一个发船间隔时间。

**例 8-1** 某航线一端点港年货物运量达 13 万 t,发航载重量利用率平均为 0.85,另一端点港年货物发运量为 10 万 t,航线所配船舶全年参加营运,船舶的净载重量为 10 000t,单船往返航次时间为 80 天,试确定该航线上需配备多少船舶及发船间隔?

解:
$$m = \frac{t_{往返} Q_{\max}}{\alpha_{发} D_{净} t_{历}} = \frac{80 \times 130000}{0.85 \times 10000 \times 365} = 3.35 \text{ 艘}$$

取 $m = 4$ 艘,则发船间隔时间为:

$$t_{间} = 80/4 = 20 \text{ 天}$$

# 任务四　班轮运价计算

## 一、班轮运价分类

班轮运费是承运人因承运货物而收取的报酬,而计算运费的单价(或费率)则称班轮运价。班轮运价收取包括货物从启运港到目的港的运输费用以及货物在启运港和目的港的装、卸费用,采用按照班轮运价表的规定计算,由基本费率和各种附加费所构成,属于一种垄断性价格。

班轮运价两种主要的分类方法是按运价的制定者划分和按运价制定形式划分。

**1. 按运价的制定者划分,有班轮公会运价、班轮公司运价、双边运价和货方运价**

班轮公会运价由班轮公会制定,供公会的会员航运公司统一使用。这种运价的调整或修改都由班轮公会决定,任何一家会员船公司都无权单独进行调整或修改。这种运价在公会内部是一种具有垄断性的运价。

班轮公司运价是由经营班轮运输的船公司自行制定并负责调整或修改的运价。无论是参加班轮公会的航运公司,还是非班轮公会公司,任何一家都公布自己的运价表。当然,同一班轮公会的航运公司的运价表一般是一致的。对于班轮公司自行制定的运价,货方可以在托运货物时提出意见,但解释权和决定权仍然在航运公司。

双边运价是由承运人和托运人双方共同商议确定的,并对双方产生约束力的运价。对于运价的调整或修改,须经双方协商,任何一方都无权单独加以变更。

货方运价表是由货方(托运人)制定,承运人接受采用的运价。货方有权对运价进行调整和修改,但在运输合同洽谈时,需要与船方协商,确定实际执行的运价。通常能够制定和调整运价的货方都是拥有大量稳定货源的大宗货主或货主集团,能常年向船公司提供货载,货方有较大的运价谈判权。

**2. 按运价制定形式划分,有单项费率运价、等级运价和航线运价**

远洋运输通常都分航线、按商品种类或等级制定运价。它是对于某一商品,只要其起运港和目的港是同一航线上规定挂靠的基本港口,就不再考虑运输距离的远近,而按同一运价计收运费。

单项费率运价,是一种对不同商品在不同航线上分别逐一制定的运价。尽管有些商品在同一航线(或港口)的运价相同,也要逐一列明,因此集中在一起组成的运价表十分庞大。这种运价表也称作"商品运价表"。

等级运价,是将全部商品划分为若干等级,然后为不同等级的商品在不同航线或港口间运输制定某一运价。同一等级的商品在同一航线或港口间运输,其运价是相同的。此种运价表前附有"商品分级表"。计算运费时,首先根据商品名称在"商品分级表"中查找出该商品所属等级,再从该商品运输航线或运抵港口的"等级费率表"中查出该级商品的费率。中远1号运价表即属此种运价。

航线运价是按照航线上各挂靠港口的平均距离为基础制定的运价。不分运输距离的长短,只按航线、货物名称或等级确定的运价。对于某一商品,只要其起运港和目的港是同一航线上规定挂靠的基本港口,不论运输距离的远近,均按同一运价计收运费。与航线运价相对应的是递远递减的距离运价,但是,当运输距离增加到一定程度,单位距离运输成本的递远递减差异变得不太明显。

## 二、班轮运价构成

班轮运费可分为基本运费和附加运费两部分。基本运费是对任何一种商品都虚计收的运费;附加运费是视不同情况而加收的运费。附加运费可按每一计费吨加收若干计收,也可按基本运费的一定比例计收。

**(一)基本运费**

基本运费也称基本费率,是指每一计费单位(如一运费吨)货物收取的基本运费。即航线内基本港之间对每种货物规定的必须收取的费率,也是其他一些百分比收取附加费的计算基础。基本费率有等级费率、货种费率、从价费率、特殊费率和均一费率之分,是计收班轮运输基本运费的基础。

基本运费只是根据一般商品在航线上各基本港口间进行运输的平均水平制定的。实际上,班轮运输所承运的商品中,除一般商品外,还有需要特殊处理的商品;除了直接运达基本港口的商品外,还有需加靠非基本港口或转船接运的商品。这些情况,会使承运人在运输中增加一定的营运支出,并需取得补偿。因此,基本运费只是班轮运费的主要部分,在计算全程应收运费时,还必须计收一定的追加额,这部分追加额即为附加运费,简称附加费。

**(二)附加运费**

班轮公司为了保持在一定时期内基本费率的稳定,又能正确反映出各港各种货物的航运成本,班轮公司在基本费率之外,为了弥补损失又规定了各种额外加收的费用。主要有:

**1. 超重附加费**

超重附加费是指每件商品的毛重超过规定重量时(中远1号运价表规定为5t)所增收的附加运费。此种商品称为超重货。超重附加费按重量计收,且重量越大其附加费率越高。如超重货需转船,则每转船一次,加收一次。

**2. 超长附加费**

超长附加费是指每件商品长度超过规定长度时(中远1号运价表规定为9m)所增收的附加运费。此种商品称为超长货。超长附加费按长度计收,且长度越长其附加费率越高。如超长货需转船,则每转船一次,加收一次。如果商品既超长又超重,则两者应分别计算附加费,然后按其中较高的一项收取附加费。

**3. 直航附加费**

直航附加费是指托运人要求承运人将其所托运的货物从装货港装船后,不经过转船而直接运抵航线上某一非基本港时所增收的附加费。

**4. 转船附加费**

转船附加费是指商品须在中途挂靠港口换装另一船舶才能运至目的港时,承运人为此增收的附加费。

**5. 港口附加费**

港口附加费是指在某些港口(包括基本港和非基本港)的情况比较复杂(如船舶进、出需要通过闸门),装卸效率低或者港口费收较高等情况下,承运人增收的附加费。

**6. 燃油附加费**

燃油附加费是指因国际市场燃油价格上涨,承运人在不调整原定运价的前提下,为补偿燃油费用的增加而增收的附加费。当燃油价格回落后,该附加费亦会调整直至取消。

**7. 选卸附加费**

当货物托运时,如果托运人尚不能确定具体的卸货港,可要求预先指定两个或两个以上卸货港,待船舶开航后再作选定。这样,就会增加这些货物在舱内的积载困难,甚至会造成舱容的浪费,因此承运人可增收选卸附加费。

**8. 变更卸货港附加费**

变更卸货港附加费是指货物不在提单上载明的卸货港卸货而增收的附加费。

**9. 绕航附加费**

绕航附加费是指因某一段正常航线受战争影响、运河关闭或航道受阻等意外情况发生,迫使船舶绕道航行,延长运输距离而增收的附加运费。是一种临时性的附加费,一旦意外情况消除,船舶恢复正常航线航行,该项附加费即行取消。

**10. 港口拥挤附加费**

港口拥挤附加费是指由于港口拥挤,船舶抵港后要长时间等泊,为补偿船期严重延误的损失而增收的附加费。一旦港口拥挤情况得到改善,该项附加费即进行调整或取消。

**11. 超责任限额附加费**

超责任限额附加费是指当托运人托运贵重货物时,要求承运人承担超过提单上规定的赔偿责任限额(按实际损失赔偿)而由承运人增收的附加费。

除了上述基本运费和附加运费外,在我国集装箱班轮运输实务中,一些班轮公司还常常会在班轮运费之外,向货主收取一些费用,例如码头作业费、始发地接货费、提单签单费、集装箱铅封费、设备操作管理费等。

## 三、班轮运价计算标准

在班轮运输中,主要使用的计费标准是按容积和按重量计算运费;对于贵重货物,则按其货价的一定百分比计算运费;对于某些特定的货物,也按其实体个数或件数计算运费。

各种不同货物的计费标准,在班轮公司的运价表(本)中都有具体规定,通常用如下符号表示:

(1)按货物的毛重计收。在运价表中,以"W"字母(英文 Weight 的缩写)表示。一般以 1 公吨为计算单位,吨以下取二位小数。但也有按长吨或短吨计算的。

(2)按货物的体积计收。在运价表中,以"M"字母(英文 Measurement 的缩写)表示。一般以 $1m^3$ 为计算单位。但也有按 $40ft^3$ 为 1 尺码吨计算的。

(3)按货物的毛重或体积计收运费,计收时取其数量较高者。在运价表中以 W/M 字母表示。按惯例凡 1 重量吨货物的体积超过 $1m^3$ 或 $40ft^3$ 者即按体积收费;1 重量吨货物其体积不足 $1m^3$ 或 $40ft^3$ 者,按毛重计收。

(4)按货物的价格计收运费,又称从价运费。在运价表中以"Ad Val"(拉丁文 Ad Valorem 的缩写)表示。一般按商品 FOB 货价的百分之几计算运费。按从价计算运费的,一般都属高值货物。

(5)按货物重量或体积或价值三者中最高的一种计收,在运价表中以"W/M or Ad Val"表示。也有按货物重量或体积计收,然后再加收一定百分比的从价运费。在运价表中以"W/M plus Ad Val"表示。

(6)按货物的件数计收。如汽车、火车头按辆计费;活牲畜如牛、羊等按头计费。

(7)大宗低值货物按议价计收运费。如粮谷、豆类、煤炭、矿砂等。上述大宗货物一般在班轮费率表内未被规定具体费率。在订舱时,由托运人和船公司临时洽商议订。议价运费比按等级运价计算运费时低。

(8)起码费率。是指按每一提单上所列的重量或体积所计算出的运费,尚未达到运价表中规定的最低运费额时,则按最低运费计收。

## 四、班轮运价表

目前我国远洋运输企业常用的运价表有《中国远洋运输集团第1号运价表》、《中国远洋运输公司美国航线第17号运价表》以及《中国对外贸易运输公司第3号运价表》等。下面以《中国远洋集团第1号运价表》为例作简要介绍:

**1.《中国远洋运输集团第1号运价表》的基本特点**

《中国远洋运输集团第1号运价表》是我国交通部授权中远(集团)总公司制定的,供我国各远洋运输公司从事国际航线(中—美航线除外)运输,计收运费使用的运价表。要确定某种商品在某一航线上的运价时,首先要从"商品分级表"中查出该种商品所属的等级,然后再根据指定航线的"等级费率表"查出该等级的运价,即可得出该商品在该航线运输的运价,使用起来较为简便。

**2.中远1号运价表的组成**

主要由说明及有关规定、商品分级表、集装箱航线费率表和杂货航线费率表四部分组成,其具体内容如下。

(1)第一部分:说明及有关规定

说明及有关规定实质是运价表中的条款部分,由总则、杂货运输规定及说明、集装箱运输规定及说明和港口规定及条款四部分内容组成。

关于适用范围,明确规定:"本运价表适用于中华人民共和国港口与本内所规定各航区港口之间的往返货运。"一般运价表(本)中有关规定的内容都是提单条款的组成部分,船货双方应共同遵守,对此,中远1号运价表明确规定:"本内有关规定和条款,应视作提单的组成部分,船货双方均应遵守。"

关于币制,中远1号运价表规定"各种费率、附加费及有关费用均以美元标价,并系净价"。

关于运费支付方式,中远1号运价表规定,预付运费一律应在签发提单前付清运费和其他费收,到付运费一律应在交货前付清运费和其他费收,并规定对于舱面货、冷藏货、活牲畜、鲜货、行李以及易腐物品等商品的运费必须预付。

在"杂货运输规定及说明"中,主要说明对杂货运输收取的基本运费及附加费项目;运费计算的基本单位,托运人应提供的商品详细资料,对特种商品的有关规定等。

此外,还对选卸货、变更卸货港、回运货物的收费办法作出规定。同时规定对无商业价值的样品可要求船方免费运送,但其体积不能超过$0.2 m^3$,重量不超过$50 kg$,承运人只签发一张正本提单,并且不承担货损货差责任。对于每提单的起码运费,按各航区实际货物等级验收。

在"集装箱运输规定及说明"中,主要内容包括:定义、集装箱运输方式、货物的接受资料、特种异味货、免费样品、提单、货方自备集装箱、回运货物、危险物品/危害物品、交货、增加的服务和费用、选卸货、变更目的港、变更交货方式、重件货、运费计算、设备交接、集装箱限重、上门交货、拼箱货起码装货标准等方面的具体规定及说明。

在"港口规定及条款"中,主要列出一些国家和地区有关港口的规定和习惯作法。

(2) 第二部分:商品分级表

商品分级表是列明各种商品所属的计费等级和计费标准的一览表。中远1号运价表中的商品分级表内的商品名称是用中、英文并列,按英文字母顺序排列编制的。表内同时列明各级商品的运费计算标准,除标注按"Ad. Val","Ad. Val or W/M"或其他特别计算标准外,均按商品毛重每公吨或按体积每立方米其中高者为计收运费的单位。

(3) 第三部分:集装箱航线费率表

这一部分主要是分别列出各集装箱航线不同等级商品及集装箱箱型的费率。在该部分前面还列有"非基本港附加费率表",此表仅适用于集装箱航线运输。由于集装箱航线装港的基本港口不同,凡已在航线中列名的装港,视为该航线的基本港;对未列名的装港如发生货物运输,则需在基本港费率的基础上,按此表规定的费率加收非基本港附加费。

(4) 第四部分:杂货航线费率表

这一部分分别列出各普通杂货班轮航线的等级费率、各项附加费率及冷藏货费率等。由于各航线的超重、超长附加费率和计收办法都是相同的,为节省篇幅而将这两项附加费单独附在各航线费率表之前。

## 五、班轮运费计算

班轮运费的计算可分为杂货班轮运费计算和集装箱运费计算两大类。

**(一) 杂货班轮运费的计算**

**1. 一般计算**

杂货班轮运费由基本费率和各附加运费两部分组成,其计算公式为:

$$F = F_b + \sum S \tag{8-12}$$

式中: $F$——运费总额;

$F_b$——基本运费额;

$\sum S$——某一项附加费。

基本运费是所运商品的计费吨(重量吨或容积吨)与基本运价(费率)的乘积。附加运费是各项附加费的总和,各项附加费也可按基本运费的一定百分比来进行计算得出。在多数情况下,附加费按基本运费的一定百分比计算,其公式为:

$$\sum S = (S_1 + S_2 + \cdots + S_n) \cdot F_b = (S_1 + S_2 + \cdots + S_n) \cdot f \cdot Q \tag{8-13}$$

式中, $S_1$、$S_2$、$S_3$、$\cdots$、$S_n$ 为各项附加费,用 $F_b$ 的百分数表示。

**2. 从价运费的计算**

从价运费通常是按商品 FOB 价格的一定百分比计算的。如果托运人只提供 CIF 价格,则必须换算成 FOB 价格之后,才能计算出从价运费。

根据一般习惯,CFR 价格通常为 CIF 价格的 99%,因此,可通过下列关系求得 FOB 价格。

$$CFR = 0.99 CIF$$

$$FR = (Ad. Val) FOB$$

又

$$CFB = FOB + FR$$

$$= FOB + (Ad. Val) FOB = (1 + Ad. Val) FOB$$

所以

$$FOB = \frac{CFR}{1 + Ad. Val} = \frac{0.99 CIF}{1 + Ad. Val}$$

因此
$$FR = (Ad.Val) \times \frac{0.99 CIF}{1 + Ad.Val} \qquad (8-14)$$

### (二)集装箱运费的计算

**1. 集装箱运输的费用构成**

在集装箱运输中,由于货物的交接方式和地点与传统海上运输有所不同,使海上承运人负责的运输区间从海上延伸至陆上。因此,海上承运人向托运人(或收货人)收取的运输费用中除海上运输费用及港口有关作业的费用外,还应根据不同情况,收取包括某一区间的陆上运输费,以及与集装箱的装箱、拆箱及码头搬运作业有关的各项费用。

对于集装箱运输的各项费用,不同承运人规定的收取办法不同:有的逐项计收;有的将某些费用合并计收,如将装、卸两港的码头搬运费包括在海运运费中;有的将各项附加费合并在一起计收。

**2. 集装箱海运运费的计费办法**

目前,集装箱货物海上运价体系较内陆运价成熟。基本上分为两个大类,一类是沿用件杂货运费计算方法,即以每运费吨为单位(俗称散货价);另一类是以每个集装箱为计费单位(俗称包箱价)。

(1)件杂货基本费率加附加费

①基本费率:参照传统件杂货运价,以运费吨为计算单位,多数航线上采用等级费率。

②附加费:除传统杂货所收的常规附加费外,还要加收一些与集装箱货物运输有关的附加费。

(2)包箱费率

包箱费率以每个集装箱为计费单位,常用于集装箱交货的情况,即 CFS – CY 或 CY – CY 条款,常见的包箱费率有以下三种表现形式:

①FAK 包箱费率

对每一集装箱不细分箱内货类,不计货量(在重要限额之内)统一收取的运价。

②FCS 包箱费率

按不同货物等级制定的包箱费率,集装箱普通货物的等级划分与杂货运输分法一样,仍是 1~20 级,但是集装箱货物的费率级差远远小于杂货费率级差,一般低级的集装箱收费高于传统运输,高价货集装箱低于传统运输;同一等级的货物,重货集装箱运价高于体积货运价。船公司鼓励人们把高价货和体积货装箱运输。在这种费率下,拼箱货运费计算与传统运输一样,根据货物名称查得等级,计算标准,然后选定相应的费率,乘以运费吨,即得运费。

③FCB 包箱费率

按不同货物等级或货类以及计算标准制订的费率。

**例 8-2** 某轮从上海装运 10t,共计 11.3m³ 蛋制品,到英国普利茅斯港,要求直航,全部运费是多少?

**解**:经查货物分级表可知,蛋制品是 10 级,计算标准是 W/M;查中国—欧洲地中海航线等级费率表之 10 级货物的基本费率为 116 元/t;经查附加费率表可知,普利茅斯港直航附加费,每计费吨为 18 元;燃油附加费为 35%。

所以,全部运费为:$F = (116 + 116 \times 35\% + 18) \times 11 = 1\,920.60$ 元

例 8-2 中,10t 蛋制品经查货物分级表,计算的标准是 W/M,取其中较大者作为计算标准,则为 11 尺码吨。

## ◀ 活动八　班轮航线开辟论证 ▶

| 时间 | 270分钟(课内90分钟,课外180分钟) | 地点 | 教室或课外 |
|---|---|---|---|
| 教学资料 | 国内岛屿与大陆之间或国际集装箱班轮航线开辟的相关前期资料或信息 | | |
| 教学目标 | 通过本活动的实践,要求学生理解新辟一条班轮航线,需要收集到哪些前期资料,取得哪些信息,设计哪些环节,考虑哪些因素,确定哪些目标值 | | |
| 活动要求 | 1. 以国内岛屿与大陆间开辟班轮为例,如岱山与舟山本岛(定海)之间要开辟渡轮,要求学生思考如下问题:<br>(1)若要论证该方案,应该取得哪些前期资料?<br>(2)假设选定船型有两种,一种是快艇,航行时间45分钟,座位率为35人;另一种是普通渡船,航行时间为90分钟,座位率为90人。教师再给出相关前期参数条件,要求学生论证二种船型的班次、时间、票价等如何安排,并给出相关理由。<br>2. 某船公司设想在嘉兴乍浦港与日本东京湾开辟近洋支线,前期调研得知该公司每年进口箱为8万TEU,出口箱为6万TEU,现有姐妹船舶多艘,载箱数360个,若按航程3天,装卸各1天计算。请设计两种班轮航线方案 | | |
| 活动程序 | (1)每班分成四组,课外共同完成上述两个作业内容;<br>(2)作业提交后,教师给出修改意见,完善后在课堂组织交流 | | |
| 活动评价方式 | (1)教师选择完成较好小组上台讲述,学生自评;<br>(2)教师点评 | | |
| 活动小贴士 | 在较大的班轮公司经营的多条班轮航线,要配有不同船型、规模和数量的船舶。最合理地将班轮船队中不同吨级的船舶配置到公司经营的各条航线上,做到不仅要保证满足每条航线的技术、营运方面的要求,而且能够使船公司取得最好的经济效益 | | |

# 学习情境 9　不定期船营运组织

不定期船是指船舶经营者在市场上寻求机会,不固定航线和挂靠港口,没有预定的船期表和固定费率,仅以签订租船合同从事某一具体航线或航次营运的船舶。由于不定期船的经营活动以租船为主,所以也把不定期船运输称为租船运输。掌握不定期船的营运组织,实施航次估算,优化营运航速,可以实现不定期船航次利润的最大化。

◆ **教学目标**

| 终极目标 | | 熟悉不定期船的营运组织程序,掌握航次估算和营运航速优化方法,学会对不定期船进行航次的优化与选择 |
|---|---|---|
| 促成目标 | 知识点 | ①不定期船运输概念与特点;②不定期船租船程序;③租船合同 |
| | 技能点 | ①航次估算;②航速优化;③航次选择 |

◆ **教学要求**

本情境参考学时为 12 学时,其中理论教学为 8 学时,活动教学为 4 学时,任课教师可以根据学生掌握的情况安排课外活动教学

## 任务一　不定期船运输认知

### 一、不定期船运输概述

不定期船运输也称租船运输,没有固定的航线、挂靠港口和班期的一种船舶营运方式,其基本租船方式是程租、期租和光租。大宗货物特别是干散货和液体散货如粮谷、煤炭、矿石、石油等通常都用此种方式组织运输。还有一些批量不大、港口分散、货源货流不稳定的货物,则往往由航运公司根据不同的流向流量、发货和到达港口、发运日期等编制月度运输配船计划或运输安排,按期派船运送。

不定期船运输一般都通过货物运输合同组织运输。国内和国际大宗货物水运中通常采用的一种运输合同是包运合同或数量合同,即在一定时期内,在一定航线或航区、按一定条件(发船密度、船舶吨位、运价及运费支付条件)包运较大数量货物的合同。国际航运中更为通用的运输合同是租船合同,它由船舶所有人或出租人和货方或承租人通过租船市场签订。租船合同有按航次租用整船,在装货港由承租人装满全船后由出租人将整船货物运到目的港的航次租船合同;有由出租人将船舶在一定时期内租给承租人使用,由承租人在租期内经营船舶运送货物的定期租船合同。使用包运合同,国际上一般也用租船合同方式,分批运送货物。国内不定期船运输一般不用租船合同,而是通过月度配船计划,按水路货物运输规则或远洋运输

提单的条款约束船货双方的权利义务。

不定期船运输的特点,主要表现在以下几个方面:

(1)按照船舶所有人与承租人双方签订的租船合同安排船舶组织运输,没有相对于固定的船期表和航线。

(2)不定期船适合于大宗散货运输,货物的特点是批量大、附加值低、包装相对简单。

(3)不定期船运输一般以提供整船或部分舱位为主,主要是根据租船合同来定。

(4)不定期船运输营运中的风险以及有关费用的负担责任由租船合同约定。

(5)租船运输中的提单的性质不同于班轮运输,它不是一个独立的文件,对于承租人和船舶所有人而言,仅相当于货物收据,这种提单要受租船合同约束。

(6)承担人与船舶所有人之间的权利和义务是通过租船合同来确定的。

(7)租船运输中,船舶港口运费、装卸费及船期延误,按租船合同规定由船舶所有人和承租人分担、划分及计算,而班轮运输中船舶的一切正常营运支出均由船方负担。

## 二、不定期船运输经营特征

**1. 市场参与者不需要有强大的经济实力**

与班轮相比,不定期船运输对航速要求不高,燃料费用低,船舶造价也相对较低;且随着船舶大型化发展,不定期船具有规模经济性,因此,不定期船单位运输成本较低。任一船东只要拥有适航的船舶均可随时进入不定船市场而成为不定期船经营者。所以不定期船市场有众多经营者,不仅小企业多,而且也有拥有数百万载重吨的大公司。

**2. 不定期船运输的货物流量流向波动性较大**

不定期船运输的有些货物是要满足进口国家或地区的暂时过渡需求,例如,由于某国某一商品在国内减产或者需求量突然增加,要求从另一国增加海运进口量。这种突增的运输需求就进入不定期船市场,一旦该国生产正常,这种需求就会消失,或者当这种随机增量需求转变为正常的长期需求时,它也将会随之转向其他较稳定的长期合同形式。这种需求波动性是导致不定期船市场运价总是剧烈波动的主要原因。因此,不定期船的经营者要时刻注视市场上的动态,准确预测市场的发展趋势,选择正确的经营策略。

**3. 不定期船市场具有国际性,代理人是经营交易的中介**

由于不定期船市场是世界性的,需求变化频繁,使船舶出租人或不定期船经营者在市场上直接揽货很不容易,船舶出租人与承租人之间的直接谈判也非常困难。因此,不定期船公司一般均委托代理来承揽货载,船公司与船舶承租人之间的谈判也通常是通过双方的代理机构。

**4. 租船形式不同,经营风险也不同**

从成本分摊上分析,船舶租赁合同与货物运输合同相比,船舶出租人的风险较小。根据船舶期租租赁合同,在租期内航次费用包括燃料费、港口使费、装卸费(根据合同确定)、运河费等均由承租人负担,船舶在港或航行中由于不可测因素引起的延迟所造成的损失由承租人承担,船舶出租人也不必担心燃料价格的上涨;从货源与赢利的稳定性上看,合同期越长,船舶经营者能保证获得稳定货源的时期也越长,由于合同期内运费率或租金率是固定的,不管市场如何变化,船舶经营者总能获得稳定的收入。反之,如果合同期很短,船舶经营者必须不断地寻找货源,当一个合同完成后,船舶经营者能否揽到货载而使船舶马上投入新的航次是没有保障的,以致在两个合同之间常会发生船舶闲置待货的现象。此外,一个航次完成后经营者很难保证新合同的装货港就是上一航次的最后卸货港,或者靠近上一航次的最后卸货港,因此船舶空载航行也就往往难以避免。这些均说明不定期船经营的不稳定性,经营风险大。长期合同对船舶经营者来说,风险固然较小,但同时经营的灵活性也较差。经营者因合同限制,在合同期内只能按合同规定的条款从事船舶运输,这就有可能失去许多更为有利的赢利机会。另外,一般规定长期合同在合同期内运费或租金率保持不变,当市场行情由差转好时,船舶经营者很难要求调整运价或租金率。

就经营风险来说,短期合同较长期合同的风险大;但短期合同有利于灵活经营,有利于抓住市场机会,取得满意的赢利。反之,合同期长,货方向船方提供了稳定货源或承租者长期租赁了船舶,船方就必须在运价或租金费率水平上向对方作出让步。相比之下,虽然短期合同的收益一般较高,但收益的波动性大。短期合同与长期合同均存在着风险与期望收益同步增减关系。

### 三、不定期船运输租船程序

租船程序与国际贸易的商品交易一样,也有询盘、报盘、还盘、接受和签订合同五个环节。在租船市场上,由需求船舶的租船人和提供船舶运力的船东通过租船经纪人互通情况,讨价和还价,最后成交签订合同。船公司承揽不定期船货载,可到国内市场和国际市场进行揽货。这两个市场有共同点,即市场内流行的运价或运费率的信息一方面通过航运经纪人传播,另一方面可在各种航运交易市场内获得,其目的是引导供需双方签订运输合同。不定期船的长期包运合同或租船合同的洽谈一般是直接在船东和租船人之间进行,而短期、中期的合同一般是通过经纪人洽谈的。在正常运作的航运市场内,船东应了解可能揽取货物的情况;而对租船人来说,应有选择合适船舶运输货物的机会,并且寻求最低的运费率。

国内与国际航运市场在承揽货运的方式上有所不同。

**1. 国内揽货**

在国内航运市场上,船公司需主动揽取货物。揽货方式主要有以下几种:

(1)向进出口大宗货物的公司进行洽谈,如发电厂、钢铁厂和粮谷进出口公司等;

(2)参加大宗货物的进出口运价报价投标。

**2. 国外揽货**

在国际航运市场上,船公司揽取货物过程大致如下:

(1)询盘

询盘是在报价之前双方互通情况的联系活动,也可以说是报价的前奏。询盘的作用是让对方知道发盘人所需要的大致情况,内容简单扼要。询盘可以向租船经纪人发出,经纪人将这些要求转告船东或租船人,要求他们作出答复。

租船人的询盘目的是为货物寻找合适的船舶。询租程租船的内容一般包括数量、货类、包装、装港、卸港、受载期、装卸率、滞期速遣费、佣金以及船东是否负责装卸的报价条件;询租期租船的内容一般包括船舶类型、载重吨、船龄、吊杆船具、租期、交船地点、还船地点、交船期、航行范围、佣金等。

船东询盘的目的是为船舶寻找合适的货载,其主要内容一般包括:船舶类型、船名、国籍、载重吨、散装和包装容积、船舶供租的位置和时间以及出租方式等。

(2)报盘

在租船过程中,一般由船东首先报盘。报盘的内容只包括主要的可变项目。因为租船合同多达几十条款,不可能在报盘中开列很多的条款。为了解决洽谈中的困难,租船人都是事先拟制好自己的租船合同范本,分送给租船经纪人或船东,等正式报盘时使用。在租船合同范本中,凡是特定的可变项目都是空着的,例如,船东名称、船名、货名、数量、装卸港口、受载期和运价等留待洽租时具体商订。每次洽租时,首先开列上述主要租船条件,而将次要条件留待主要条件达成协议后,再另行商议。

报盘有实盘和虚盘之分。实盘是指报盘中的条件不可改变,并在有效的时间内接受才能有效,否则无效。虚盘是有条件的报盘。这种报盘的有效性必须以满足某种条件为前提。常见的条件包括:以船未租出为条件,以货未订妥船为条件,以再确认为条件,以发货人接受船舶的受载期为条件,其他条件(如以船东董事会批准为条件)等。

(3) 还盘

在接受对方报盘中部分条件的同时,提出自己不同意的条件就是还盘。在还盘时,先要仔细审查对方报盘的内容,看哪些可以接受,哪些需要修改,哪些需要补充,哪些需要删掉,哪些不清楚,都要提出和明确。如果对方报价完全不能接受或者可以接受很少,也可采用报盘方式来回答,要求对方还盘。还盘也有实、虚之分,对于每一个还盘都要分清对方还的是实盘还是虚盘,同时要重视规定的有效时间,必须按时答复。

(4) 接受

船东和租船人经过反复多次还盘后,双方对合同主要条款意见一致,即最后一次还实盘的全部内容被双方接受,就算成交。当然,有效的接受必须在发盘或还盘的时限之内。如时限已过,则欲接受一方必须要求另一方再次确认才算生效。

根据国际上通常的做法,接受订租后,双方当事人应签署一份"订租确认书"。订租确认书无统一的格式,但其内容应详细列出船舶所有人和承租人在洽租过程中双方承诺的主要条款。订租确认书经船舶所有人、承租人和租船经纪人签字后每人保存一份备查。

(5) 签订租船合同

正式的租船合同实际是在合同条款被双方接受后开始编制的。双方签认的订租确认书,实质就是一份供双方履行的简式的租船合同。签认订租确认书后,紧接着船舶所有人还应按照已达成协议的内容编制正式的租船合同,通过租船经纪人送交承租人。

承租人接到船舶所有人编制的租船合同后,应进行详细的审核,如发现和原协议内容不相符之处,应及时向船舶所有人提出异议,并制订补充条款要求船舶所有人修改、更正。如果承租人对船舶所有人编制的租船合同没有异议,即可签署。

## 四、租 船 合 同

租船合同是船舶所有人与承租人达成的协议,规定承租人以一定的条件向船舶所有人租用一定的船舶或一定的舱位以运输货物,并就双方的权利和义务、责任与豁免等各项以条款形式加以规定,用以明确双方的经济、法律关系。不定期船的租船合同按租船方式可分为航次租船合同、定期租船合同和光租船合同。

**1. 航次租船合同**

租期为一个或几个连续航次的租船合同。其性质是货物运输合同。出租人虽然出租船舶,但仍保有对船舶的控制,负责配备船长和船员,并组织营运。承租人租用船舶的目的是运输货物。航次租船合同具有以下特点:①合同规定除装卸费由某方负担外,船舶的全部开支由出租人负责。②运费按船舶实际装载货物吨数计算,或者拟定一个包干运费。③合同规定有装卸期限和延滞、速遣条款。实际装卸时期超过期限,由承租人向出租人支付滞期费;装卸提前完成,则由出租人向承租人支付速遣费。④关于出租人运输货物责任,大多数租船合同采用目前国际通行的《统一提单的若干法律规定的国际公约》(又称《海牙规则》)或《海牙—维斯比规则》的规定。航次租船合同有各种标准格式,通常采用的有波罗的海国际航运协会制定的"金康"(GENCON)合同和北美粮谷租船合同等。

**2. 定期租船合同**

出租人将船舶提供给承租人,在约定的期限(数月至数年不等)内按照约定的用途,由承租人控制船舶的经营并向出租人支付租金的合同。定期租船合同有以下特点:①合同规定出租人提供适合约定用途的船舶,适当地配备船员和装备船舶,并在租期内维持船舶的适航状态;承租人负责船舶经营,既可以将船舶用于承运自己或他人的货物,也可以经营租船业务或用之于其他业务。船长应在合同范围内按承租人的指示运行船舶,但在航行安全方面,仍应接受出租人的命令。②承租人负责支付燃料费和港口费,出租人负责支付船员工资和给养、船舶的折旧费、修理费和保险费。③租金按舱容或按载重吨计算,每月或每半月由承租人向出租人支付一次。④承租人运送第三方货物时,出租人和承租人通常都被视为提单上所载货物的承运人。定期租船合同有各种标准格式,使用比较多的有纽约产品交易所于1913年制订的定期租船合同和波罗的海和国际航运协会于1939年制订的波尔的姆租船合同。前者偏护承租人,后者偏护出租人。中国租船有限公司于1980年制订的中租期租船合同为我国租用外国船舶所采用的合同范本。

**3. 光船租船合同**

承租人在一定租期内为取得对特定船舶的控制和占有,负责配备船长和船员并向出租人支付租金的合同。它是一种财产(船舶)租赁合同,而不是运输合同。光船租船合同有以下特点:①光船租赁通常必须在主管当局登记,而且有的国家,特别是从事船舶开放登记国家(见船舶登记),允许在租期内改换船舶国籍。②近年来,通过光船租赁以租购方式购置船舶,已成为缺乏资金的航运公司筹措资金扩大商船队的一项比较有效的措施。银行和其他金融机构往往以出租人即卖船人的身份把船舶租售给某些信誉较好的航运公司,租购期满后,船舶所有权就归于该航运公司。

# 任务二 航次估算

在不定期船运输业务中,船公司往往需要主动地在航运市场上揽取货物,这样就会出现一系列待解决的问题。例如,当同一艘船同一时间面临多个载货机会时,该如何选择最佳的租船合同?当存在一个货载机会时,船公司该如何报价,既可以得到货载机会又可以保证较好的经济效益?船舶营运过程中,该如何控制成本以实现预期的目标?这些问题都离不开航次估算。

所谓航次估算,就是船舶经营者根据各待选航次的货运量、运费率、航线及船舶本身的有关资料,估算各航次的收入、成本、每天净收益及其他经济指标。它在航次发生前或航次尚未结束之前预示航次营运经济效益,可用于航次计划方案的比较和优化。航次估算的方法和步骤如下。

## 一、收集航次估算所需资料

航次估算对船舶所有人和租船人来说都是为了确定运价,但考虑的角度不同,估算时所要达到的目的也不同。船舶所有人所要追求的是航次每天净收益最大化,而租船人追求的是用最少的运费将货物安全地运达目的地。无论是船舶所有人还是航次租船人要进行航次估算，均要收集船舶资料、货载信息、港口资料、航线资料及上航次结束港等航次基本数据。

船舶资料包括船名、建造时间、船级、舱室结构和数目、机舱位置、夏季和冬季载重线的总载重量、船舶载重标尺、舱容（散装、包装）、船舶技术速度（重载、压载）、每天燃料消耗（航行天燃油、柴油消耗量，停泊天燃油、柴油消耗量）、船舶常定重量、船舶每天经营费用（营运费用）、船舶每天资本成本（船舶折旧）及企业管理费分摊。

货载信息包括航次货物数量、允许船方选择的货物数量变化范围、货物种类、积载因数、装货港和卸货港、装卸货时间和除外条件、货物装卸费用分担条款、运费率、佣金、租船合同范本。

港口资料包括港名、限制水深、港口使费、港口装/卸货效率、港口拥挤情况、燃油价格等。

航线资料包括港口间距离、所经航区及可使用的载重线、所经运河及运河费用。

## 二、估算该航次的航次时间和燃油消耗

### 1. 航次时间的计算

船舶航次时间由航行时间和停泊时间组成，航行时间又可细分为空航时间和重航时间，停泊时间亦可细分为装卸时间和其他时间。航次时间 $t_{次}$ 的计算公式为：

$$t_{次} = \frac{L_{空}}{24v_0} + \frac{L_{重}}{24v_1} + t_{装} + t_{卸} + t_{其他} \tag{9-1}$$

式中：$L_{空}$——空航段距离（n mile）；

$v_0$——压载航速（n mile/h）；

$L_{重}$——重航段距离（n mile）；

$v_1$——重载航速（n mile/h）；

$t_{装}, t_{卸}$——装、卸货时间（d）；

$t_{其他}$——其他时间（d），如加油，等泊，节假日等。

其中，装卸货时间有的租船合同中直接给出天数，有的给定装卸定额。若为后者，则可按下式计算：

$$t_{装} = \frac{Q}{M_{装}} \tag{9-2a}$$

$$t_{卸} = \frac{Q}{M_{卸}} \tag{9-2b}$$

式中：$Q$——航次载货量（t）；

$M_{装}$——港口装货定额（t/d）；

$M_{卸}$——港口卸货定额（t/d）。

其他时间主要靠人工根据具体情况直接给定。在估算中可以适当地考虑延迟航次时间的多种因素，例如根据货载资料装货时间为 4 天，卸货时间为 16 天，不包括节假日，则在估算中装货 4 天最多可能遇到一个周末，卸货 16 天最多可能遇到三个周末，那么在估算时装卸货停泊时间就应该是 4 + 2 + 16 + 6 = 28（天），这样估算所得的航次每天净收益才具有可比性，因为它包含了尽可能多的不利因素。在实际操作中，若这些不利因素没有出现，则实际航次每天净收益大于估算值，反之则和估算值相当，一定不会低于估算值。

### 2. 燃油消耗的计算

航次燃油消耗量包括主机的燃油消耗量和辅机的燃油消耗量。燃油消耗量是该航次正常

消耗的燃油,与航次时间一一对应,而不考虑其安全储备等,因为它是为了确定航次变动成本中的燃油费用。

主机的燃油消耗量(Fuel Oil Consumption,FOC)可按下式进行计算:

$$FOC = t_{航} \cdot FOC_{航} + t_{停} \cdot FOC_{停} \tag{9-3a}$$

式中:$t_{航}$——航行天数(d);

$t_{停}$——停泊天数(d);

$FOC_{航}$——航行天燃油消耗定额(t/d);

$FOC_{停}$——停泊天燃油消耗定额(t/d)。

辅机的燃油消耗量(Diesel Oil Consumption, DOC)可按下式进行计算:

$$DOC = t_{航} \cdot DOC_{航} + t_{修} \cdot DOC_{停} \tag{9-3b}$$

式中:$DOC_{停}$——航行天柴油消耗定额(t/d);

$DOC_{航}$——停泊天柴油消耗定额(t/d)。

$t_{航}$和$t_{停}$含义同上。

**3. 加油量的计算**

航次加油量的计算依据是航次燃料消耗量和航次燃料安全储备量,同时需考虑上航次所剩燃料数量和预估下一航次挂靠港可能的油价,最后来确定本航次的加油量。

(1)安全储备量的计算方法

航次燃料安全储备量有以下两种计算方法:

一是根据航次距离的长短,确定燃油和柴油的航行储备天数。有的船公司规定,从上海及其附近或上海以北港口至韩国、日本各港口;由广州及其附近或广州以南港口至东南亚各国等短航线,航行储备天数一般取3天;其他较长航线可取5~7天。

二是仅考虑航次最后一个航段所需的安全储备,因途中如遇风浪,其消耗的油量可在后续挂靠港补足。而最后一个航段如遇风浪则较难加油,需带足安全储备油量以防万一,安全储备油量一般为该段正常消耗量的25%左右。

(2)加油港的选择

加油港的选择有两种情况:顺道加油或者绕航加油,一方面,如果要绕航加油,则必须要以该航次的时间满足货主的要求为前提条件,否则就不可能去选择绕航加油。如果选择绕航加油的安排,则由于油价便宜,可以节约油费。另一方面,由于中途加油,装货港航次储备量减少,必然可以多装货,多赚取运费收入,同时绕航也会带来一些额外的支出,例如绕道费用、港口使费以及航次时间增加丧失机会成本等,所以在做绕行加油港选择的时候,一定要与绕道加油可节约的费用作比较,能否抵消为此所多支出的费用,如果能够抵消,在时间允许的情况下,则可选择绕道加油,通常在整船运输的情况下,还是以多装货为原则,完成合同要求为前提。

## 三、航次载货量及运费收入的计算

船舶航次载货量的确定比较复杂,在计算航次最大载货量时,必须充分考虑下列因素:

(1)租船人能够提供的货物数量及货物积载因素;

(2)船舶载货能力(载重吨及舱容系数);

(3)航区载重线利用情况;

(4)港口及航道吃水限制;

(5)航线距离及加油港选择。

如果租船人能够提供的货物数量远小于船舶的载货能力时,就使这部分计算变得十分简单了。在这种情况下,有多少货就承运多少。若已知本航次的加油港燃料油价格比较便宜,船东可以采取多加燃料油的办法进一步利用船舶的载重能力。

在多数情况下,租船人能够提供的货物数量与船舶的载货能力大体相当,并给船东一定的百分比变化范围供其选择,这时,船东必须认真考虑影响船舶载货量的各种因素,以满足合同为首要条件,以利润最大化为目标。

一旦航次载货量 $Q$ 已定,则航次运费收入 $F$ 就很容易地根据下式计算:

$$F = Q \cdot R \quad (元) \tag{9-4}$$

式中:$R$——初步商定的运费率(元/t)。

在航次租船活动中,经纪人的佣金通常按运费收入的某个百分比(一般为 2.5%)由船东支付,故实际的运费收入 NF 为:

$$NF = Q \cdot R(1 - CMR) \quad (元) \tag{9-5}$$

式中:CMR——佣金率(%)。

## 四、航次变动成本的计算

航次变动成本随航次的不同而不同的,主要包括:燃料费、港口使费、运河费、额外保险费、货物装卸费以及其他费用。

**1. 燃料费**

航次燃料消耗量包括航行和停泊时消耗的燃油和柴油,其具体数值已在航次燃料消耗部分计算了。当上航次所剩燃料数量大于本航次实际所需数量时,船舶在本航次无需加油。根据上航次的燃料价格,就可计算出相应的燃料费用。

如果在航次开始时,船上所剩燃料不足以使船舶航行完整个航次,就需要计算本航次的加油数。根据上航次所剩燃油的价格及本航次加油地点的油价,可计算出本航次的燃料费用。

航次中的加油地点可能是上航次的卸货港、本航次的装货港,也有可能绕航去专门的加油港加油。船舶的加油地点可能是一个,也有可能是多个。在加油地点不只是一个的情况下,应按几处的油价分别计算出所需的燃料费用。

**2. 港口使费**

港口使费在航次费用中占较大比例,与燃料费构成了航次费用中最主要两项费用。港口使费的估算较麻烦,因为世界各港的收费标准不同。通常可以采用三种方法估计,其一是公司保存的该港过去的港口使费记录;其二是可以采用 BIMCO(Baltic and International Maritime Conference)提供的港口使费资料;其三是可以通过代理或者国际航运组织来提供港口收费的各项标准,然后加以估算。由于前两种方法提供的资料及时性和可靠性较差,费用也较多,以第三种方法估算的最为准确,但仍要花费一定的代价。

**3. 运河费**

运河费是按船舶运河吨位征收的。多数运河对重载和压载船舶分别收取费用。有时,运河当局还对货物征收费用,在这种情况下,船公司需充分了解租船合同的条款,弄清由谁负责该项费用。

**4. 额外附加保险费**

船舶保险费是船舶营业费用的组成部分,属固定费用。然而,在下述情况下,由于航次的特殊性,船公司必须加保,支付额外附加保险费。否则,一旦出现问题,保险人不承担由此引起的损失。

(1) 船舶本航次挂靠的港口或行驶的区域超出了保险的地理区域;
(2) 船舶驶往战争险规定船舶不允许到达的地区;
(3) 货物保险人对15年以上的老龄船收取的额外费用,在航运市场不景气时,租船人一般在合同中加进一项条款,让船公司承担此项费用。

**5. 货物装卸费**

货物装卸费包括交货、装货、平舱、积载、卸货等项费用。这些费用是否由船公司承担,取决于租船合同。在多数情况下,船公司不承担此项费用,但有时租船人要求船公司承担一定比例或全部装卸费用。

**6. 其他费用**

其他变动成本,如理货费、货损货差费、代理费、速遣费、洗舱费以及船舶行驶到非常寒冷的地区,需购买保暖服装等额外费用。

以上几项费用之和即为航次变动成本。

## 五、航次盈亏估算与分析

通过上述分析计算,已经确定了航次时间、载货量、航次变动费用,再加上航次营运费、折旧费即船舶固定费用,即可进行航次的盈亏分析,其计算公式如下:

航次总收入 = 预计运费率 × 航次货运量 + 滞期费 + 亏舱费

航次净收入 = 航次总收入 − 佣金

航次毛收益 = 航次净收入 − 航次变动费用

每天毛收益 = 航次毛收益/航次时间

每天净收益 = 每天毛收益 − 每天营运成本

每天净利润 = 每天净收益 − 每天折旧

如果航次运费按一次总付方式支付,计算航次总收入时,直接代入该值即可。佣金包括支付给租船人的委托佣金和支付给经纪人的佣金,这笔费用一般由船东按运费收入的一定百分比支付。

由于航次估算是在租船成交之前进行的,因此其运费率不是唯一确定的,在谈判过程中,其数值是可以在一定幅度内上下变化的。为了表示运费率变化对航次每天净收益的影响,引入了10美分费率指标,其计算公式为:

$$每10美分费率 = \frac{0.1 \times 航次货运量}{航次天数} \tag{9-6}$$

公式的实际意义是:当运费率增加或减少10美分时,引起航次每天净收益增加或减少的数量。

为了比较航次租船和期租哪一个对船东更为有利,需要计算航次租船的相当期租租金率;所谓相当期租租金率是指航次租船中船舶每总载重吨每月产生的收入,即:

$$相当期租金率 = \frac{(航次总收入 − 航次费用) \times 30}{船舶夏季总载重吨 \times 航次天数} \tag{9-7}$$

当航次相当期租租金率大于可能的期租租金率时,船东从事航次租船更为有利。同样可计算相当每天租金。

上面的计算结果可以作为航次租船决策的重要参考依据。一般来讲，每天净收益大的航次自然对船东具有较高的吸引力。值得指出的是，每天净收益还不是每天净利润，因为还没有考虑船舶的资金成本，故还不能把每天净收益大于零的方案认为是可行方案。

如果令每天净利润等于零，从上面的计算公式中解出运费率，称为保本运费率。掌握保本运费率对船东来说是非常重要的，它明确告诉船东在谈判中可以和租家就运费率的问题进行周旋的余地。

当然，每天净利润等于零绝不是船东所希望的，对每个航次来说，船东总有一个利润目标，或者说期望利润。如果令每天净利润乘以航次时间等于船东的航次期望利润，得到运费率，称为期望运费率。掌握期望运费率也是重要的。船东在报盘时，可以以期望运费率为依据开价。当然，在具体实践中还要考虑市场行情和竞争因素。期望运费率和船舶投资效果评价指标体系中的必要运费率是有区别的。期望运费率带有较大的随意性，而必要运费率则以给定的基准收益率为测算依据。期望运费率的计算公式为：

$$R = \frac{\text{VEP} + (\text{CCPD} + \text{RCPD} + \text{ACPD}) \cdot t_{次} + \text{VE} - \text{DUM} - \text{DF}}{(1 - \text{CMR}) \cdot Q} \tag{9-8}$$

式中：$R$——期望运费率；
　　VEP——航次期望利润；
　　CCPD——每天资本成本；
　　RCPD——每天经营费用；
　　ACPD——每天管理费用分摊；
　　$t_{次}$——航次时间(d)；
　　VE——航次费用；
　　DUM——滞期费；
　　DF——亏舱费；
　　CMR——佣金占运费收入的百分比；
　　$Q$——航次货运量。

在上式中令 VEP = 0，则可得保本运费率 $f_0$。

上述计算结果可以作为航次租船决策的重要参考依据，真正作决策时还需考虑一些其他因素。例如：

(1)考虑下一航次的装货港。如本航次的卸货港距离下一航次的装货港很远，即使本航次每天净收益较高，但两个航次平均以后有可能发生亏损。

(2)在本航次结束后，船舶要回某港修理、更换船员、补给等，船公司有可能选择赢利小但能够回该港的航次。

(3)如果船公司有两个租约可供选择，一个是航次租船，另一个是期租，它们的赢利水平相当，甚至期租比程租略低一些，船公司很可能选择期租。因为在期租条件下，船公司不负担航次费用，不承担与航次费用有关的风险，如燃油费港口使费涨价的风险。

(4)租船人的信誉。如有两个航次租船合同，一个是赢信誉的租船人，每天净收益600美元；另一个是信誉较差的租船人，每天净收益800美元。船公司往往会选择信誉较好的租船人。

(5)货种。船公司可能会有各种原因不喜欢装运某些货物，例如船公司喜欢装运散粮而不太喜欢装运煤炭。

(6)租船合同条款。租船合同中的某些条款如果定得比较苛刻,可能会使船公司处于承担较大亏损风险的地位。

值得注意的是,在不定期船市场中,船公司会将运费率锁定在某一水平上,而是与租船人进行洽谈,讨论航运刊物或市场行情通报上所发布的流行市价,认真考虑那些影响利润水平的船舶合同条款,认为市场正处于坚挺状况的船公司往往可能会坚持较高的运费率。

### 六、航次估算实例

**例9-1** 某公司所属的一艘货船载重量 30 000t,平均航速为 15n mile/h,航行时燃料消耗量 30t/d,柴油消耗量 1.5t/d,停泊时柴油消耗 2t/d,燃料油价格 250 元/t,柴油价格 500 元/t,营运费用 5 000 元/d,船舶在 A 港卸完货,航行到 B 港时测得剩余燃料共计 1 000t,船上常定重量 500t,本航次沿途均为夏季海区,航行时间:A—B,5 天;B—C,15 天;停泊时间 B 港 7 天,C 港 8 天。在港支出费用,B 港 40 000 元,C 港 30 000 元。运价每吨 20 元,2.5% 佣金。求航次每天净收益和相当期期租租金率?

**解:**估计载货量:30 000 − 1 000 − 500 = 28 500t

运费总收入:28 500 × 20 = 570 000 元

净收入:570 000 × (1 − 0.025) = 555 750 元

燃料油费:20 × 30 × 250 = 150 000 元

柴油费:(1.5 × 20 + 2 × 15) × 500 = 30 000 元

航次燃油费:150 000 + 30 000 = 180 000 元

航次费用:40 000 + 30 000 + 180 000 = 250 000 元

航次毛收益:555 750 − 250 000 = 305 750 元

每天毛收益:= 305 750/35 天 = 8 736 元

每天净收益:= 8 736 − 5 000 = 3 736 元

$T/C$ Rate = (570 000 − 250 000) × 30/(35 × 30 000) = 9.14 元/(载重吨·月)

**例9-2** 一艘载重吨为 44 600t 的干散货船,预计年船舶资本成本和经营费用的分摊额为 1 168 000 美元,全年营运 11.5 个月。该船航速为 14.5n mile/h,在此航速下主机耗油量每天重油是 42t,辅机用轻柴油每天 2t,当时市场油价是:重油每吨 85 美元,轻柴油每吨 120 美元。在 S 港卸完货物时从经纪人处传来两个租船机会:

机会1 程租。由 A 港到 B 港运距为 6 264n mile 的两港间运输谷物 42 200t,运价报盘 6.8 美元/t,佣金 2.5%。估计在 A 港装货时间 7 天,港口费 26 500 美元,在 B 港卸货时间 5 天,港口费 38 500 美元。在港作业辅机额外增加柴油消耗 12t,速遣费和其他在港支出 8 000 美元。从 S 港至 A 港距离 696n mile。问:船东执行该合同是盈还是亏?

机会2 期租。租期 8 个月,S 港交船,租金每月每载重吨 2.95 美元(假定不计佣金)。

现分别求该船在这两个机会中平均每天利润额,并作出选择。

**解:**航次时间 $t$ = (696 + 6 264)/(14.5 × 24) + (7 + 5) = 20 + 12 = 32 天

运费净收入 $P$ = 42 200 × 6.8 × 0.975 = 279 786 元

航次毛收益 = 279 786 − 26 500 − 38 500 − 8 000 = 206 786 元

航次净收益 = 206 786 − 20 × 85 × 42 − (32 × 2 + 12) × 120 = 206 786 − 71 400 − 9 120 = 126 266 元

每天航次净收益 = 126 266/32 = 3 946 元/d
每天航次利润 = 3 946 − 1 168 000/11.5/30 = 560 元/d
故船东执行该合同是盈的。
T/C Rate = (279 786 − 26 500 − 38 500 − 8 000 − 71 400 − 91 200) × 30/(44 600 × 32) = 2.65 元/(载重吨·月)
因此,选择机会二。

**例9-3** 某船舶基本数据如下:
船舶吨位:冬季载重线 8 850t,夏季载重线 9 200t,热带载重线 9 560t;
包装容积:520 000ft$^3$;散装容积:575 000ft$^3$;满载吃水:26.5ft;燃料舱容:燃油 900t
航行速度:12n mile/h
每日耗油:满载航行为 12t/d,压载航行为 10t/d,停港为 4t/d;每日淡水消耗:10t/d。
该船收到两个托运人开价运输合同:
合同一 从北美诺福克(NORFOLK)至日本横滨(YOKOHAMA)的整船煤炭(经巴拿马运河),运价 40 美元/t,F.O 条款,装货费 2 美元/t,2.5% 的佣金。
合同二 从南美阿根廷的布兰卡(BLANCA)至日本横滨的整船小麦(经夏威夷)。运价 60 美元/t,F.O 条款,装货费 2 美元/t,2.5% 的佣金。
试问该轮选择哪一运输合同?

**解**:1. 合同一估算
(1)上一航次和本航次情况
上航次卸货港:鹿特丹(夏季);
本航次航行距离:
鹿特丹—诺福克(夏季):3 490n mile;
诺福克—巴拿马(热带):1 812n mile;
巴拿马—横滨(夏季):7 702n mile。
本航次航行时间:
鹿特丹—诺福克:3 490 ÷ (12 × 24) = 12 天;
诺福克—巴拿马:1 812 ÷ (12 × 24) = 7 天;
巴拿马—横滨:7 702 ÷ (12 × 24) = 27 天。
本航次停港时间:
诺福克装货停泊:2 天;横滨卸货停泊:4 天;保养、修理、检验等延滞天数 7 天。
本航次总时间:12 + 7 + 27 + 2 + 4 + 7 = 59 天
(2)估算与选择
鹿特丹—诺福克—巴拿马运河—日本横滨的整船煤炭赢利估算:
①无法补给燃料航段:巴拿马—横滨,计 27 天;
②油和水的最低备用量:6 天;
③载重量计算基准:夏季载重线;
④按舱容计算煤炭最大装载量:
煤炭的积载因数为 42;可最多装载煤炭:575 000 ÷ 42 = 13 700t
⑤每吨燃料价格:
鹿特丹为 185 美元;诺福克为 175 美元;巴拿马为 160 美元;横滨为 190 美元。

⑥货物载重量计算和加油安排计划:

诺福克开航,使用夏季载重线:9 200t

诺福克—巴拿马运河,需要燃料(航行7天,备用6天):12×(7+6)=156t

需要淡水:10×(7+6)=130t

巴拿马运河—日本横滨所需燃料:12×(27+6)=396t

所需淡水:10×(27+6)=330t

粮谷物料及装货物料:55t

船舶常数:70t

a. 途中不加油:

从诺福克出发,船舶实际可装货量:9 200-(396+330+84+70+55+70)=8 195t

b. 在巴拿马加油:

从诺福克出发,船舶实际可装货量:9 200-(156+130+55+70)=8 789t

从巴拿马出发,船舶实际可装货量:9 560-(396+330+55+70)=8 709t

综上所述,选择在巴拿马港加油方案,实际装煤量为8 709t。

⑦航次盈亏估算:

a. 运费收入:

运费每吨40美元,按装船吨损失2%计算,运费收入为:

40×(8 709-8 709×2%)=341 392美元

b. 燃料费用:

从鹿特丹开航存油280t,航行到诺福克为12天,消耗燃油120t,到诺福克存油为160t。

从诺福克到巴拿马运河,航行7天,停泊2天,共耗油12×7+4×2=92t,所以,到巴拿马时存油为68t。

从巴拿马到横滨,航行27天,停泊4天,共耗油27×12+4×4=340t,需6天的储备油72t,在巴拿马加油为328t,开航时存油为396t,最后到横滨卸货后剩燃油56t,检修保养7天,耗油4×7=28t,实际耗油量580t,最后存油28t。

航次总燃料费用如下:

鹿特丹:185×280=51 800美元

巴拿马:160×328=52 480美元

实际燃料费=51 800+52 480-28×160=99 800美元

c. 其他变动费用:

装货费:2×8709=17 418美元(2美元/t)

港口费:10 000+5 000=15 000美元(诺福克港10 000美元,横滨港5 000美元)

运河费:1.367×9 560=13 068美元(1.367美元/t)

代理费:2 000×1=2 000美元

货损费:0.1×8 709=871美元(0.1美元/t)

上缴税:341392×1%=3 414美元(按运费1%)

佣金:341392×2.5%=8 534美元

船员补贴:600×59=35 400美元(600美元/d)

合计:198 505美元

航次固定成本:2 000×59=118 000美元

航次纯利润:341 392 – (198 505 + 118 000) = 21 887 美元
每天净利润:21 887 ÷ 59 = 422 美元/d

2. 合同二估算

(1) 上一航次和本航次情况

上航次卸货港:鹿特丹(夏季)

本航次航行距离:

鹿特丹—布兰卡(夏季)3 820n mile;

布兰卡—夏威夷(夏季)17 370n mile;

夏威夷—横滨(夏季):3 380n mile。

本航次航行时间:

鹿特丹—布兰卡:3 820 ÷ (12 × 24) = 13 天;

布兰卡—夏威夷:7 370 ÷ (12 × 24) = 26 天;

夏威夷—横滨:3 380 ÷ (12 × 24) = 12 天。

本航次停港时间:布兰卡装货:27 天;夏威夷停港:1 天;横滨卸货:6 天;保养、修理、检验等延滞天数为 6 天。

本航次总时间:13 + 26 + 12 + 27 + 1 + 6 + 6 = 91 天

(2) 估算与选择

鹿特丹—布兰卡—夏威夷—横滨的整船小麦赢利估算:

①无法补给燃料航段:布兰卡—夏威夷,计 26 天;

②油和水的最低备用量计 6 天;

③载重量计算标准,布兰卡开航使用夏季载重线;

④按舱容计算小麦最大装载量:

小麦的积载因数为 48,可最多装载小麦:575 000 ÷ 48 = 11 979t

⑤每吨燃料价格:布兰卡为 185 美元;夏威夷为 170 美元;横滨为 190 美元

⑥货物载重量计算和加油安排计划:

布兰卡开航,使用夏季载重线:总载重量 9 200t

鹿特丹—布兰卡,需要燃料(航行 16 天,备用 6 天):10 × (13 + 6) = 190t

淡水:10 × (13 + 6) = 190t

布兰卡—夏威夷所需燃料:12 × (26 + 6) = 384t

淡水:10 × (26 + 6) = 320t

夏威夷—横滨所需燃料:12 × (12 + 6) = 216t

淡水:10 × (12 + 6) = 180t

粮谷物料及装货物料:55t

船舶常数:70t

a. 途中不加油:从布兰卡出发,船舶实际可装货量:

9 200 – (384 + 320 + 144 + 120 + 55 + 70) = 8 107t

b. 在夏威夷加油:

从布兰卡出发,船舶实际可装货量:9 200 – (384 + 320 + 55 + 70) = 8 371t

从夏威夷出发,船舶实际可装货量:9 200 – (216 + 180 + 55 + 70) = 8 689t

综上所述,选择在夏威夷港加油方案,实际装粮 8 371t。

⑦航次盈亏估算:

a. 运费收入:运费每吨 60 美元,按装船吨损失 2% 计算:

运费收入 = 60 × (8 371 - 8 371 × 2%) = 385 568 美元

b. 燃料费用:

从鹿特丹开航存油 280t,航行到布兰卡为 13 天,消耗燃油 130t,布兰卡到港存油为 150t,停港 27 天,耗油 27 × 4 = 108t,开航时仅存油 42t,故需加油 342t。

从布兰卡到夏威夷,航行 26 天,耗油 26 × 12 = 312t,夏威夷停港 1 天,耗油 4t,共耗油 316t。所以,到夏威夷时存油为 68t,需加油 148t。

从夏威夷到横滨,航行 12 天,停泊 6 天,共耗油 12 × 12 + 6 × 4 = 168t,最后到横滨卸货后剩燃油 48t,检修保养 6 天,耗油 4 × 6 = 24t,实际耗油量 192t,最后存油 24t。

航次总燃料费用如下:

鹿特丹:280 × 185 = 51 800 美元

布兰卡:342 × 185 = 63 270 美元

夏威夷:(148 - 24) × 170 = 21 080 美元

实际总燃料费 = 51 800 + 63 270 + 21 080 = 136 150 美元

c. 其他变动费用:

装货费:2 × 8 371 = 16 742 美元(2 美元/t)

港口费:10 000 + 5 000 = 15 000 美元(布兰卡港 10 000 美元,横滨港 5 000 美元)

运河费:1.367 × 9 200 = 12 576 美元(1.367 美元/t)

代理费:2 000 × 1 = 2 000 美元

货损费:0.1 × 8 371 = 837 美元(0.1 美元/t)

隔垫舱费:1 000 美元

上缴税:502 214 × 1% = 5 022 美元(按运费 1%)

佣金:502 214 × 2.5% = 12 555 美元

船员补贴:600 × 91 = 54 600 美元(600 美元/d)

合计:246 482 美元

航次固定成本:2 000 × 91 = 182 000 美元

航次纯利润:502 214 - (246 482 + 182 000) = 73 732 美元

每天净利润:73 732 ÷ 91 = 810 美元/d

比较以上两项估算可知,选择合同二较为有利。

## 任务三 船舶最佳航速选择

在具体的营运环境和经济条件下,采取不同的航速,船舶的营运经济效果是不一样的。过慢,则使船舶周转慢而失去应有的收益;过快,虽然可以加速船舶的周转,增加营运收入,但由于燃料费用急剧上升,可能会得不偿失。船舶在设计时选定速度虽然也充分考虑了船舶的营运经济性,但通常只能在某个特定的营运环境及经济条件下考虑。而由于运输市场的不稳定性,船舶在实际使用过程中所处的营运环境和经济条件会经常变化,如航线的更改,货源充足程度的变化,港口装卸效率的提高,燃油价格的上涨等,这些都会影响船舶的航速经济性。这时,就要通过改变船舶原有的航速来保证其营运经济性。因此,在实际营运过程中,要经常根据船舶的技术性能,结合当时的环境条件,研究其实际应该采用的最佳航速,以提高船舶的营运经济效果。

## 一、航速、主机功率、油耗量三者相应关系

船舶主机功率有指示功率和有效功率的区别。主机功率在传递和转换过程中有相当的损失,其有效部分用于克服船舶阻力、推进船舶。船舶排水量、主机功率和航速之间存在着一定的关系,其关系式为:

$$N_e = \frac{\Delta^{\frac{2}{3}} v^3}{C_e} \quad (\text{kW}) \tag{9-9}$$

式中:$N_e$——船舶主机指示功率;

$\Delta$——船舶排水量(DWT);

$v$——船舶航速(n mile/h);

$C_e$——海军常数(远洋船舶约为200~300)。

当船型、主尺度和航速相近、机器类型相同、传动方式和螺旋桨的数目相同时,海军系数 $C_e$ 基本相同。同一艘船航速改变前后形状、大小、排水量相等,所以 $C_e$ 几乎是相等的。从关系式可以看出:船舶功率与航速的三次方成正比,即航速上的微量变化,反映到功率上就有较大的变化。船舶的运行工况决定着船舶的推进速度,同时也决定了船舶的燃油消耗量。对于一艘船舶,在一定的海况下,主机以一定的转速运行,其航速和燃油消耗量将为一定值。其中,决定航速的因素是船体水下的情况,决定耗油量的因素是主机的技术状态。在输出功率相同的条件下,船体状况较好船能获得较高的航速,燃油消耗定额较低的船舶能节省燃油的消耗量。

根据上述航速与功率的关系,可知船舶航速与燃油消耗量之间存在着一定的数量关系。事实上,航速与燃油消耗量之间存在着更为复杂的关系,从相关的理论可以得出这样的结论:燃油消耗量与航速的3次方成正比,与主机转速的2次方成正比。

## 二、经济航速的确定与分析

对经济航速有不同的理解。通常,将单位运输成本最低时的航速称为经济航速。应该说,船舶设计时选定的速度也是充分考虑船舶营运的经济性的,但在船舶使用过程中会碰到燃油价格上涨等因素,所以始终按设计速度运行往往是不经济的。为此,在实际营运中需要改变原有的航速,以保证营运的经济性,改变后而选定的航速,就是经济航速。由于船舶主机性能不同,燃油价格变化幅度不同,以及维持船舶航行的其他费用支出水平不同,所以,根据不同的情况有不同的经济航速。经济航速的计算有三种:

第一种以节省燃油费用为目的,计算能耗最低的航速作为经济航速,则直接从主机性能特性曲线上查得相应的经济功率,再运用功率与航速的相关资料,即可获得相应的经济航速。

第二种以船舶每航行天维持成本最低为目标,确定经济航速。

首先计算船舶航行一天的费用 $K_{航}$:

$$K_{航} = K_{固} + K_{燃} \quad (\text{元}) \tag{9-10}$$

式中:$K_{固}$——船舶每天的固定费用(元);

$K_{燃}$——航行天燃润料费用(元)。

设船舶柴油机的有效功率(kW)为 $N_e$,把润滑油消耗折合进去的柴油机单位消耗率 $[\text{g}/(\text{kW}\cdot\text{h})]$ 为 $g'$,当时的燃料价格为 $C_{燃}$(元/t)。则 $K_{燃}$ 为:

$$K_{燃} = 24 \times 10^{-6} \cdot C_{燃} \, g' N_{e} \tag{9-11}$$

把式(9-8)代入式(9-11)得:

$$K_{燃} = 24 \times 10^{-6} C_{燃} \, g' \cdot \frac{\Delta^{2/3}}{C_{e}} \cdot v^{3} \tag{9-12}$$

令

$$k = 24 \times 10^{-6} C_{燃} \, g' \cdot \frac{\Delta^{2/3}}{C_{e}} \tag{9-13}$$

$k$ 称为船舶机能系数。则 $K_{燃}$ 可表示为:

$$K_{航} = K_{固} + kv^{3} \tag{9-14}$$

当船舶以速度 $v$(n mile/h)航行,速度增减值为 $C$(损失取负值,增加取正值),则一天航行距离为 $24(v+C)$(n mile)。结合公式(9-14),得船舶航行 1n mile 所需费用 $S_{海里}$ 为:

$$S_{海里} = \frac{K_{固} + kv^{3}}{24(v+C)} \tag{9-15}$$

式将(9-15)对 $v$ 求导:

$$\frac{\mathrm{d}S_{海里}}{\mathrm{d}v} = \frac{2kv^{3} + 3kv^{2}C - K_{固}}{24(v+C)^{2}} \tag{9-16}$$

令 $\frac{\mathrm{d}S_{海里}}{\mathrm{d}v} = 0$,得经济航速 $v_{经}$ 满足:

$$2kv_{经}^{3} + 3kv_{经}^{2}C - K_{固} = 0 \tag{9-17}$$

如果不考虑速度的增减值(即假定 $C=0$),则经济航速公式可简化为:

$$v_{经} = \sqrt[3]{\frac{K_{固}}{2k}} \tag{9-18}$$

从式(9-18)可以看出,经济速度 $v_{经}$ 主要取决于船舶机能系数 $k$ 和船天固定费用 $K_{固}$。$k$ 值愈大,$v_{经}$ 值愈低,$K_{固}$ 值愈小,$v_{经}$ 亦愈低。而 $k$ 值又取决于燃料价格 $C_{燃}$、船舶排水量 $\Delta$ 和柴油机单位油耗率 $g'$ 等,其中可变的主要是 $C_{燃}$。$K_{固}$ 则取决于船舶造价、折旧年限、修理费用和船员工资等。经济速度 $v_{经}$ 也受速度增减值 $C$ 的影响。如果有速度增加值,$v_{经}$ 则可低些,如果有速度损失值,$v_{经}$ 值要高些。

我国船舶的折旧年限较长,年折旧率较低,且船员工资较低,故 $K_{固}$ 相对要小,从而决定了我国船舶的经济速度比国外船舶要低。

另外,根据公式(9-18)可以得出,采用经济速度时,每天的燃润料费用 $kv^{3} = \frac{K_{固}}{2}$,即每天的燃润料费用等于每天固定费用之半。如果油价提高,每天的燃润料费用超过固定费用之半,经济速度就要降低。如果油价降低,经济速度便应提高,这样才能取得最低的航行费用。因此,经济速度 $v_{经}$ 的经济意义就在于:在一定的油价(决定燃润料费用)和一定的固定费用下,有一个成本最低的经济速度,而不是速度愈慢愈经济。

在经济航速的实际含义及确定方法的推导过程中,假定了若采用经济航速而延长航次时间造成航行天数增加仅影响到航次固定费用的增加。实际上,若从一个给定的时期来看,航次时间延长还意味着市场机会的损失而直接导致营运收入的降低。因此,若低费用是以延长航次时间为代价换来的,则还应考虑节约的费用是否还能抵偿由于延长航次时间而可能造成的营运收入的减少。

为此,应对经济航速作如下的修正。假设船舶每营运天平均赢利为 $r$,则修正后的经济航速为:

$$v'_{经} = \sqrt[3]{\frac{K_{固} + r}{2k}} \tag{9-19}$$

由式(9-19)可知,引进市场机会损失概念后的修正经济航速将较原来的经济航速有所提高,且航运市场越繁荣(货源充足),修正后的经济航速将越高。

第三种根据市场费率水平,以维持经营为目标,确定经济航速。在具体选择经济航速时要求结合具体航线,选取不同的航速测算和经营盈亏水平,并选取不同的航速测算成本和经营盈亏水平,并选取不同的燃油价格和运费费率,由此可得出一系列有关经济航速的数据或图表,可用来比较与选择。

因此,在经济航速的选择实务中,常以第二种作为理论测算依据,根据不同情况,适当变动参数来加以选择。经济航速一般在航运形势比较不乐观的情况下进行选择,即在运价水平低下时,船舶营运出现微利或略有亏损的情况时,应选择采用经济航运进行船舶运输,以降低成本。在实务中,航运企业更多地选择最佳的赢利航速进行船舶运输。

### 三、赢利航速的确定与分析

赢利航速是指能使船舶获得最佳赢利效果的营运速度。在实际营运中,船舶不仅要降低每日营运成本,而且需要提高每日的赢利水平。如果只考虑减速节省燃油费用的支出,结果会使船舶延长航次时间,错过市场获利机会,使相同时间内减少航次数,影响赢利水平。但是,如果置燃油费用上涨而不顾,始终以尽可能高的航速去运载货物,结果赢利水平不一定理想。所以,根据燃油价格和货运市场状况,存在着使用不同航速以获得赢利的情况。其中,能使船舶获得最大赢利的航速就是赢利航速,也是船舶最佳航速。赢利航速分为四种。

**1. 以船舶每营运天赢利最大为目标的航速**

首先要建立每营运天的赢利 $r$ 和航速 $v$ 之间的函数关系。船舶平均每营运天的赢利 $r$ 公式为:

$$r = \frac{F - K}{t_{营}} \tag{9-20}$$

式中:$F$——某营运期(如一个航次)的净运费收入(扣除港口费、装卸费等)(元);

$K$——相应营运期(如一个航次)的营运费用(元);

$t_{营}$——营运期(如一个航次)(d)。

因为 $t_{营} = t_{航} + t_{停}$,$K = K_{航} t_{航} + K_{停} t_{停}$,$t_{航} = \frac{L}{24(v+C)}$,$K_{航} = K_{固} + kv^3$,并假定 $K_{停} = K_{固} + f$,将这些值代入式(9-20)得:

$$r = \frac{F - (K_{航} t_{航} + K_{停} t_{停})}{t_{航} + t_{停}} = \frac{F - [(K_{停} - f + kv^3) t_{航} + K_{停} t_{停}]}{t_{航} + t_{停}}$$

$$= \frac{24 \frac{F}{L}(v+C) + kv^3 + f}{1 + 24 \frac{t_{停}}{L}(L+C)} - K_{停} \tag{9-21}$$

式中:$f$——停泊船天费用与船天固定费用之差值。

将式(9-21)对 $v$ 求导,并令其为0,可得赢利速度 $v_{赢}$ 满足下式:

$$16\frac{t_{停}}{L}v_{赢}^3 + \left(1 + \frac{24t_{停}}{L}C\right)v_{赢}^2 - \frac{8(F - ft_{停})}{kL} = 0 \tag{9-22}$$

如果不考虑速度的损失或增加值(即假设 $C=0$),并假设 $K_{停} = K_{固}$(即 $f=0$),则平均每营运天的赢利公式或简化为:

$$r = \frac{24\frac{F}{L}v - kv^3}{1 + 24\frac{t_{停}}{L}v} - K_{停} \tag{9-23}$$

赢利速度公式可简化为:

$$16\frac{t_{停}}{L}v_{赢}^3 + v_{赢}^2 - \frac{8F}{kL} = 0 \tag{9-24}$$

从式(9-22)、式(9-24)可以看出,影响赢利速度的因素有:净运费收入 $F$、停泊时间 $t_{停}$、船舶机能系数 $k$、航行距离 $L$ 和速度增减值 $C$。增加净运费收入 $F$,可以提高赢利速度,所以承揽高运价的货时赢利速度应较高;延长停泊时间 $t_{停}$,则将导致赢利速度下降,即营运于装卸效率低下的港口之间的船舶其赢利速度也应降低;提高机能系数 $k$ 的数值,将要引起赢利速度降低;油价上升,则赢利速度要下降;而航行距离 $L$ 的长短对赢利速度的影响不十分明显。

由于净运费收入 $F$ 和航次的航距 $L$ 有关,故不能简单地从式(9-24)推出 $L$ 增加,$v_{赢}$ 将下降的结论。在 $F$ 和 $L$ 呈线性关系的假定下(设 $F=aL$),式(9-24)可改写为:

$$16\frac{kt_{停}}{L}v_{赢}^3 + kv_{赢}^2 - 8a = 0 \tag{9-25}$$

另外,如果有速度损失值,求得的赢利速度要大些;如果有速度增加值,求得的赢利速度要小些。

下面对赢利速度作进一步的分析。根据式(9-21)、式(9-22)可以推出,当船舶采用赢利速度航行时每营运天的赢利为:

$$r_{\max} = 2kv_{赢}^3 - K_{停} \tag{9-26}$$

和

$$r_{\max} = \frac{F}{t_{停} + \frac{3}{2}t_{经}} - K_{停} \tag{9-27}$$

进而又可推得:

$$t_{航}kv_{赢}^3 = \frac{F}{3}\cdot\frac{1}{1 + \frac{2t_{停}}{3t_{航}}} \tag{9-28}$$

式(9-28)左端的 $t_{航}kv_{赢}^3$ 是在赢利速度下的航行燃润料费用总支出。

考虑到我国船舶的航行率一般在 $1/3 \sim 2/3$ 之间,当 $\varepsilon_{航} = 1/3$,则 $t_{航} = \frac{1}{2}t_{停}$,可得航行燃料费用为净运费收入的 $1/7$;当 $\varepsilon_{航} = 2/3$,则 $t_{航} = 2t_{停}$,可得航行燃润料费用在净运费收入的 $1/4$。也就是说,一般船舶的燃润料费用在净运费收入的 $1/7 \sim 1/4$ 之间波动。如果低于 $1/7$,即航行率低于 $1/3$,说明船舶周转太慢,效率很低;如果大于 $1/4$,则说明油价太高或运费率太低,船舶在这种情况下营运,势必造成亏损。

对照式(9-18)与式(9-26)可以看出,船舶的赢利速度 $v_{赢}$ 一般都大于经济速度 $v_{经}$。如果出现 $v_{赢} < v_{经}$,这就意味着每营运天的赢利为负值,船舶继续营运就要亏损,说明船舶已不适合当时的营运经济条件,这时便应作出船舶是否停航的决策。

如果从式(9-26)解出 $v_{经}$，则又可推得和修正经济航速 $v_{经}$ 相类似的公式为：

$$v_{经} = \sqrt[3]{\frac{K_{停} + r_{max}}{2k}} \tag{9-29}$$

在 $K_{停} = K_{固}$ 的假设下，则：

$$v_{经} = \sqrt[3]{\frac{K_{固} + r_{max}}{2k}} \tag{9-30}$$

比较式(9-19)与式(9-30)可知，若坚持以修正经济航速航行并不断以新的平均营运天赢利 $r$ 调整 $v'_{经}$，则平均营运天赢利将逐步提高，而修正经济航速 $v'_{经}$ 将趋于赢利航速 $v_{经}$。

**2. 包括空载航行时的赢利航速**

设 $k_1$ 为空载排水量时的机能系数，$k_2$ 为满载排水量时的机能系数，则 $k_1 v^3$ 为空载航行时的每天燃料消耗费用，$k_2 v^3$ 为满载航行时的每天燃料消耗费用。于是，包括空载航行段在内的航次每营运天的赢利 $r$ 可用下式表示为：

$$r = \frac{(QR - D) - \left(k_1 v_1^3 \dfrac{L_1}{24 v_1} + k_2 v_2^3 \dfrac{L_2}{24 v_2}\right)}{\left(\dfrac{L_1}{24 v_1} + \dfrac{L_2}{24 v_2} + t_{停}\right)} - K_{固} \tag{9-31}$$

式中：$Q$——航次货运量(t)；
　　　$R$——运费率(元/t)(假定已扣除佣金率)；
　　　$D$——港口各项费用之和(元)；
　　　$v_1$——压载航速(n mile/h)(优化对象)；
　　　$v_2$——满载航速(n mile/h)(优化对象)；
　　　$L_1$——空航段距离(n mile)；
　　　$L_2$——重航段距离(n mile)；
　　　$t_{停}$——在港停泊时间(d)；
　　　$K_{固}$——船舶营运天固定费用(元)。

令 $\dfrac{\partial r}{\partial v_1} = 0, \dfrac{\partial r}{\partial v_2} = 0$，可得：

$$(QR - D) - 2k_1\left(\frac{L_1}{24v_1} + \frac{L_2}{24v_2} + t_{停}\right)v_1^3 - \left(k_1 v_1^2 \frac{L_1}{24} + k_2 v_2^2 \frac{L_2}{24}\right) = 0 \tag{9-32}$$

$$(QR - D) - 2k_2\left(\frac{L_1}{24v_1} + \frac{L_2}{24v_2} + t_{停}\right)v_2^3 - \left(k_1 v_1^2 \frac{L_1}{24} + k_2 v_2^2 \frac{L_2}{24}\right) = 0 \tag{9-33}$$

因此，$k_1 v_1^3 = k_2 v_2^3$，即在最佳航速的情况下，无论船舶是满载还是空载，每天的燃料费用必须是相同的。令 $K' = \sqrt[3]{\dfrac{k_2}{k_1}}$，则：

$$v_1 = v_2 \sqrt[3]{\frac{k_2}{k_1}} = K' v_2 \tag{9-34}$$

代入式(9-32)，并化简得：

$$8(QR - D) = v_2^2 k_2 \left(\frac{L_1}{K'} + L_2 + 16 t_{停} v_2\right) \tag{9-35}$$

于是

$$v_2 = \sqrt{\frac{8(QR-D)}{k_2\left(\dfrac{L_1}{K'} + L_2 + 16t_{停}v_2\right)}} \tag{9-36}$$

同理可得：

$$v_1 = \sqrt{\frac{8(QR-D)}{k_1(L_1 + K'L_2 + 16t_{停}v_1)}} \tag{9-37}$$

上述方程式必须通过重复迭代的方法加以求解，因为求解变量$(v_1, v_2)$出现在方程式的两边。通常第一次迭代的初值直接取设计航速$v_0$。

为求得$k_1, k_2$，必须知道按设计航速$v_0$航行时每天燃油消耗量及燃油价格。

设：$G_1$——空航每天燃油消耗量(t)(在航速$v_0$下)；

$G_2$——重航每天燃油消耗量(t)(在航速$v_0$下)；

$C_{燃}$——当时的燃油价格。

则 $k_1 v_0^3 = G_1 \cdot C_{燃}$，$k_1 = \dfrac{G_1 C_{燃}}{v_0^3}$；$k_2 v_0^3 = G_2 \cdot C_{燃}$，$k_2 = \dfrac{G_2 C_{燃}}{v_0^3}$。

**例9-4** 一艘散装船确定按每吨\$5的运费率从巴西承运矿石至塔尔伯特港(英)，货运量$Q$为100 000t；船舶的空载航程为3 000n mile；满载航程为4 000n mile；在港总时间为7天；港口费用\$40 000；燃料价格\$125/t；按航速15n mile/h计算，满载时的燃料消耗为80t/d，空载为65t/d；营运天固定费用\$6 000。试求该船舶满载和空载航行时的最佳航速，并求出其相应的每营运天赢利$r$。

**解**：$k_1 = \dfrac{G_1 C_{燃}}{v_0^3} = \dfrac{65 \times 125}{15^3} = 2.407$，$k_2 = \dfrac{G_2 C_{燃}}{v_0^3} = \dfrac{80 \times 125}{15^3} = 2.963$

$$K' = \sqrt[3]{\frac{k_2}{k_1}} = 1.07166$$

$$v_2^{(1)} = \sqrt{\frac{8 \times (100\,000 \times 5 - 40\,000)}{2.967 \times \left(\dfrac{3\,000}{1.07166} + 4\,000 + 16 \times 7 \times 15\right)}} = 12.10 \text{n mile/h}$$

第二次迭代，$v_2^{(2)} = 12.34$n mile/h

第三次迭代，$v_2^{(3)} = 12.32$n mile/h

第四次迭代，$v_2^{(4)} = 12.32$n mile/h

取$v_2 = 12.32$n mile/h，这时$v_1 = K'v_2 = 13.20$n mile/h，则：

$$r = \frac{460\,000 - \left(2.407 \times 13.2^2 \times \dfrac{3\,000}{24} + 2.963 \times 12.32^2 \times \dfrac{4\,000}{24}\right)}{\left(\dfrac{3\,000}{24 \times 13.2} + \dfrac{4\,000}{24 \times 12.32} + 7\right)} - 6\,000 = \$5\,088$$

**3. 考虑到对载货量有影响时的最佳赢利航速**

前面计算赢利时是以假定货物可利用的载重量保持不变为条件的。然而，在实际工作中，这种数量取决于航程所需消耗的燃料数量以及与装货港相关的加油港地点。而燃料数量除了受航线距离影响外，还取决于采用的航速。航速低，燃料需要量就少，所能承运的货物就多。

设$W$是未减去航程所需消耗燃料时船舶可提供的载重量，$L_1$是载货量受燃油重量影响段

的距离,$L$ 是航次总距离,则每营运天赢利 $r$ 的计算公式为:

$$r = \frac{\left(W - \frac{1}{C_{燃}}kv^3 \cdot \frac{L_1}{24v}\right) \cdot R - D - kv^3 \frac{L}{24v}}{\left(\frac{L}{24v} + t_{停}\right)} - K_{固} \tag{9-38}$$

式中:$\frac{kv^3}{C_{燃}}$——航行天燃油消耗量;

$\frac{L_1}{24v}$——载货量受燃油重量影响段的航行天数。

其他参数物理意义如前。

令 $\frac{dr}{dv} = 0$,得:

$$\frac{(WR - D)L}{24v^2} = \left(\frac{R}{C_{燃}}\frac{kL_1}{24} + \frac{kL}{24}\right)\left(\frac{2L}{24} + 2vt_{停} + \frac{L}{24}\right) \tag{9-39}$$

整理得:

$$v = \sqrt{\frac{8(WR - D) \cdot L}{k\left(\frac{R}{C_{燃}} \cdot L_1 + L\right)(L + 16t_{停})}} \tag{9-40}$$

下面通过一个航次估算实例来说明最佳航速对营运天赢利的影响。

**例 9-5** 航次货载信息及有关资料如下:

(1)合同主要内容,25 500t 废铁(±5% 船东选择),装港新奥尔良,卸港横滨,运价 \$25.00,FIO,装率 3 000t/d,卸率 4 500t/d,两端均为 SHEX,3.75% 佣金。

(2)船舶资料:位于鹿特丹的"Universe Cardiff"轮,夏季载重量 26 000t,吃水 32.09m,舱容 31 715m³,航速 14.5n mile/h。燃料消耗:重油航行为 40t/d,在港为 1t/d;轻油整个航次为 1t/d。

(3)港口使费及运河费:新奥尔良\$25 000,横滨\$36 000,巴拿马\$7000,运河费\$27 000。

(4)航行距离:鹿特丹—新奥尔良　　4 880 n mile

　　　　　　　新奥尔良—巴拿马　　1 430 n mile

　　　　　　　巴拿马—横滨　　　　8 400 n mile

(5)燃料价格:鹿特丹,重油\$110/t,轻油\$180/t;巴拿马,重油\$105/t,轻油\$180/t。船上剩余燃料:重油 200t,按\$120/t 计价;轻油 50t,按\$200/t 计价。

(6)安全定额:重油 150t,轻油 50t。

(7)经营费用:\$4 000/d。

(8)载重线区域:新奥尔良,夏季载重线,巴拿马,热带载重线,横滨,夏季载重线。

船舶从热带载重线区域离开巴拿马,在抵达夏季载重线区域之前有 4.5 天的航行时间(1 566n mile)。

求:(1)航次每天毛利;(2)最佳航速及其相应的每天毛利。

**解:**由合同条件可知,船舶必须装载的最低数量为 24 225t,最高数量可达 25 775t。废铁的积载因数约为 1m³/t,这就意味着装载的数量将受到载重量的限制而不是舱容的限制。航次估算的过程及结果如下:

(1)航行时间及燃油消耗计算(表 9-1)

表9-1

| 航 段 | 距离(n mile) | 天数 | 重油(t) | 轻油(t) |
|---|---|---|---|---|
| 鹿特丹—新奥尔良 | 4 880 | 14.02 | 561 | 14 |
| 新奥尔良—巴拿马 | 1 430 | 4.11 | 165 | 4 |
| 巴拿马—横滨 | 8 400 | 24.14 | 966 | 24 |
| 总计 | 14 710 | 42.27 | 1 692 | 42 |

(2) 港口使费及燃油消耗计算(表9-2)

表9-2

| 港 口 | 天 数 | 港 口 使 费 | 重油(t) | 轻油(t) |
|---|---|---|---|---|
| 鹿特丹 | — | — | — | — |
| 新奥尔良 | 10.7 | 25 000 | 11 | 11 |
| 巴拿马 | 1.0 | 7 000 | 1 | 1 |
| 横滨 | 8.0 | 36 000 | 8 | 8 |
| 总计 | 19.7 | 68 000 | 20 | 20 |

在港时间是按24 500t货物根据给定的装、卸率估算的,每周按5.5个工作日计算,考虑到递送通知增加1天。

(3) 加油计划及燃油费用计算(表9-3)

表9-3

| | 重油(t) | 价格($) | 轻油(t) | 价格($) | 总费用($) |
|---|---|---|---|---|---|
| 船上剩余量 | 200 | 120 | 50 | 200 | 34 000 |
| 鹿特丹 | 688 | 110 | 62 | 180 | 86 840 |
| 巴拿马 | 974 | 105 | — | — | 102 270 |
| 横滨 | — | — | — | — | — |
| 船上剩余量 | 150 | 105 | 50 | 180 | −24 750 |
| 总计 | | | | | 198 360 |

要说明的是,航次开始时船上剩余的燃料是按前一航次支付的价格付费的。航次结束时的船上剩余燃料是按现行航次中最后一次加油的价格记入贷方的。

(4) 航次载重量计算(表9-4)

表9-4

| | 载重量(t) | 载重量(t) | | 载重量(t) | 载重量(t) |
|---|---|---|---|---|---|
| 夏季载重线 | 26 000 | — | 安全定额 | 1 606 | 200/1 606 |
| 补给品等 | — | 400 | 可装载的货物 | 24 394 | |
| 重油 | — | 974 | 热带载重线余量 | 185(=4.5×41) | |
| 轻油 | — | 32 | 货物总计 | 24 579 | |

(5)航次毛收益计算(表9-5)

表9-5

| | 费用($) | | 收入($) |
|---|---|---|---|
| 燃料费用 | 198 360 | 运　费 | 614 475 |
| 港口使费 | 68 000 | 减佣金 | 23 043 |
| 货物装卸费 | — | 净收入 | 591 432 |
| 运河费 | 27 000 | 减费用 | 293 360 |
| 费用合计 | 293 360 | 航次毛收益 | 298 072 |

航次总天数 = 42 + 20 = 62 天；

每天毛收益 = 298 072 ÷ 62 = \$4 808；

每天毛利 = \$4 808 − \$4 000 = \$808；

(6)最佳航速计算及最佳航速下的每天毛利：

$$v = \sqrt{\frac{8(WR-D)L}{k\left(\dfrac{R}{C_{燃}}L_1 + L\right)(L + 16vt_{停})}}$$

其中：$W = 26\,000 - 400 - 32 - 200 = 25\,368$ t；

　　　$R = 25 \times 0.962\,5 = 24.062\,5$ 元/t；

　　　$D = 95\,000 + 19.7 \times 180 = 98\,546$ 元；

　　　$L = 14\,710$ n mile；

　　　$C_{燃} = \$105$；

　　　$t_{停} = 19.7$ d；

　　　$k = (40 \times 105)/14.5^3 = 1.377\,67$；

　　　$L_1 = 8\,400 - 1\,566 = 6\,834$ n mile；

第一次迭代取 $v_0 = 14.5$ n mile/h，得 $v^{(1)} = 11.8$ n mile/h

第二次迭代，$v^{(2)} = 12.07$ n mile/h

第三次迭代，$v^{(3)} = 12.04$ n mile/h

取最佳航速为 12 n mile/h，则相应的燃料消耗量为：

$$\frac{kv^3}{C_{燃}} = \frac{1.377\,67 \times 12^3}{105} = 22.67\,\text{t/d}$$

用新的航速和燃料消耗量重新进行估算，其结果是每天毛利\$1 064，比原来提高\$256。

**4. 考虑在途货物资金积压时的赢利航速**

上面仅从航运部门的角度出发，研究了几种不同目标下的最佳航速。在一般情况下，最佳航速特别是经济航速将低于船舶的技术速度，即船舶在大部分情况下可以减速航行，在航行率比较低及燃油价格上涨的情况下更是如此。但是，降低航速对货主来说将延长货物的在途时间，也即延长了在途货物那部分流动资金的积压时间。在商品经济的条件下，占有资金是要偿付利息的。从这个含义来看，延长货物的在途时间等于增加了物资部门的营运开支。在"货主是上帝"的服务宗旨下，必须从整体利益来考虑减速航行的合理性。

另外，在当前竞争机制下，货主对运输方式、运输企业是有选择权的。航速太低，航运企业就有可能失去竞争能力，丧失货源，造成潜在的机会损失。

为了从宏观经济的角度分析船舶航速的经济性，同时也为了把由于降低航速而蕴含的丧失货源的风险考虑进去,有必要对前述的最佳航速作进一步的修正。简单的办法是把在途货物资金积压所造成的损失计入船舶营运成本,也就是把这种损失假定为航运部门的一笔固定的额外开支。

为了计算由于延长航行时间而导致的货物在途积压时间的延长所引起的资金积压损失,首先要计算积压所载货物一天对货主的经济损失有多大。

记 $Q$ 为航次装载量,$g$ 为平均每吨货物价格,则船上货物总的价格为 $Q \cdot g$,设和本航次有关的各货主单位加权平均资金收益率为 $i\%$ [以各货主所托运的货物的市场价格($\sum Q_i \cdot g_i$)为权系数]。

则每积压货物一天对货主的经济损失为:

$$p = \frac{Qgi}{365} \tag{9-41}$$

由于减速航行而延长的航次时间为:

$$\delta t_{次} = \frac{L}{24v} - \frac{L}{24v_0} \tag{9-42}$$

类似于修正经济航速的推导过程,可得综合最佳航速 $v_{综}$ 为:

$$v_{综} = \sqrt[3]{\frac{r + K_{固} + p}{2k}} \tag{9-43}$$

由式(9-43)可见,考虑在途货物资金积压的影响,最佳航速必然有提高的趋势。

上面从船舶生产的经济性出发提出了 $v_{经}$、$v_{赢}$、$v_{综}$ 的概念并推导出相应的计算公式。值得指出的是,这些速度只有当他们与船舶的技术可达速度相符时才有作用,即经济上的合理性必须以技术上的可行性为基本条件。

从技术角度来说,某条船的可达速度是有一定范围的。通常取船舶的技术速度为船舶的速度上限,记为 $v_{上}$,取船舶主机额定功率的 60% 时所发生的航速为船舶的速度下限,记为 $v_{下}$。由海军常数公式可以推出,船舶速度下限约为船舶技术速度的 85% 左右,若要进一步降速,则要采取一定的技术措施。

当 $v_{经}$、$v_{赢}$、$v_{综}$ 的计算结果落在技术可达速度范围以内,则可根据具体的营运经济条件按经济性来决定最佳速度。一般来说,当货源比较充足时,可取 $v_{赢}$ 或 $v_{综}$ 以增加利润,当市场不景气时,可用 $v_{经}$ 甚至 $v_{下}$ 以降低成本。

从船舶固有的性能来说,采用设计时的技术速度为佳。故当 $v_{赢}$ 或 $v_{综}$ 接近或等于 $v_{技}$ 时的情况是比较理想的,当 $v_{赢}$ 或 $v_{综}$ 和 $v_{技}$ 差距较大,则说明该船舶的性能不适合计算的营运经济条件,可考虑调换船型。

从航运企业的角度来说,一般不考虑第三种和第四种赢利航速。

综上所述,提高平均航速,有助于提高船舶运输生产效率,处理好经济航速和赢利航速的关系,将有助于提高船舶运输生产的经济效益。船舶航速的选择是有界限的,上限不能超过主机额定功率所达到的最高航速,下限不能低于主机最低稳定转速下的航速。通常,主机最低额定转速约为最大额定转速的 3 倍,低于该转速会引起船体强烈振动,还会出现油耗率陡然上升和有损主机等不良情况,所以减速不能过低,应避免使用临界转速。所以,在采用经济航速和赢利航速问题上,应注意到并非对所有的船舶都是可行的,这里有着许多实际的区别,应具体对待。

# 任务四 不定期船营运组织优化

## 一、具体船舶航线选择

不定期船用于航次租船时经常会同时面临多个货载机会,这时,若没有一个具体的决策方法,就会举棋不定,若随便选择一个机会,就会有可能失去更大的赢利机会。如果只选择以每营运天利润最大的航次进行运输的话,只会出现局部收益大,但整体的经济效益则未必大的情况,因为不定期船舶运输市场是不确定的。假如有 A、B 两个航线,A 航线的航次每营运天利润低于 B 航线的航次每营运天利润,但 A 航线的卸货港比 B 航线的卸货港更接近船东预计的下一航次的装货港,如果把这些因素都考虑在内,选择 A 航线可能要比 B 航线更有利。又例如,当航线的航次结束后可获得市场的机会概率大于 B 航线且经济效益亦高,那么从整体考虑,目前选用经济效益差的 A 航线可能更合理。下面仅就上面提到的连续两个航次机会应如何选择进行方案比较。

**例 9-6** 已知 A、B 航线的航次结束后可获得的市场机会的概率及经济效益不同。设航线航次结束后船东可获得较高租金出租船舶的市场机会的概率为 $a_1$,中等租金出租船舶的市场机会的概率为 $a_2$,较低租金出租船舶的市场机会的概率为 $a_3$;B 航线航次结束后可获得较高租金的概率为 $b_1$,中等租金的概率为 $b_2$,较低租金的概率为 $b_3$。设下一租期(航次)时间为 $t_下$(天)。由高、中、低租金费率所决定的航次每营运天利润分别为 $r_1$、$r_2$、$r_3$。这时可先分别计算 A、B 航线的航次以后下一航次每营运天的期望利润:

$$r'_A = a_1 r_1 + a_2 r_2 + a_3 r_3 \tag{9-44}$$

$$r'_B = b_1 r_1 + b_2 r_2 + b_3 r_3 \tag{9-45}$$

以此作为下一航次的每营运天利润,再结合 A、B 航线的每营运天利润 $r_A$、$r_B$,分别计算前后两航次的平均每营运天利润。

A 航线当前航次和下一航次的平均每营运天利润:

$$\bar{r}_A = \frac{t_{次A} r_A + t_{次} r'_A}{t_{次A} + t_{下A}} \tag{9-46}$$

B 航线当前航次和下一航次的平均每营运天利润:

$$\bar{r}_B = \frac{t_{次B} r_B + t_{次} r'_B}{t_{次B} + t_{下B}} \tag{9-47}$$

式中:$t_{次A}$——A 航线时间;

$t_{次B}$——B 航线时间。

通过 $\bar{r}_A$ 和 $\bar{r}_B$ 的比较可作出具体的选线决策。

## 二、具体航次选船决策

当船公司拥有一定数量的船舶,在不定期船运输生产实际中就有可能出现对所承揽的某航次货载选派船舶的问题。从定性的角度出发,所选派的船舶必须和航线途经海区吃水限制及有关港口条件、所揽货载相适应,既保证船舶技术上的可行性,又能使船舶的载货能力得到充分发挥,并尽量减少船舶的空航时间和非生产性停泊时间,就近选择船舶。然而,除了技术上的可行性外,不同船舶对不同的货流及航线也存在经济上的合理性。所以当存在多种派船方案时,有必要根据航线的参数及货流资料对拟派船舶进行定量分析,从中选择最优船舶。在进行具体航次选船时,应先对不同船舶完成该航次货载的效益进行航次估算。

设货运量确定且不同的备选船舶均能一个航次完成,仅装载率不同。决策模型描述如下:在一般情况下,应就近选用吨位接近载货量的船舶。当发生距离接近与吨位接近矛盾时,就需借助于定量分析。

首先,分别就两艘船舶对完成该航次货载进行航次估算,分别算出航次利润。值得指出的是,虽然假定航次货运量相同,但由于选用不同的船舶,其性能不完全一样,实际完成该货载的时间及货运量产生的差异在洽谈运费或租金时将会出现差别,从而导致航次收入有所不同。

其次,计算船舶吨天利润。由于船舶吨位不同,故应采用船吨天利润指标,并应选用船吨天利润高的船舶来完成该航次货运,算式如下:

$$r_{吨天} = W_{次}/(D_{定} t_{次}) \tag{9-48}$$

由于吨位较大的船舶完成同样货载量的航次任务其装载率较低,在货源充足时就存在较高的市场机会损失,故在实际进行决策时,还应考虑机会损失的影响,处理方法如下。

假定小吨位船若不承运上述航次货载而在市场上另找机会出租,其期望吨天利润为 $r_{小}$,大吨位船在市场上找机会出租的期望吨天利润为 $r_{大}$,小船承运的航次时间为 $t_{小}$,大船承运的航次时间为 $t_{大}$,则大、小船的平均利润为:

(1)小船承运、大船出租

$$r_1 = \frac{W_{小} + D_{大} t_{小} r_{大}}{D_{小} t_{小} + D_{大} t_{大}} \tag{9-49}$$

式中:$r_1$——小船承运、大船出租的平均吨天利润(元);

$W_{小}$——小船的航次利润(元);

$D_{小}$——小船的定额载重量(t);

$D_{大}$——大船的定额载重量(t);

$t_{小}$——小船的航次时间(d);

$t_{大}$——大船的航次时间(d)。

(2)大船承运、小船出租

$$r_2 = \frac{W_{大} + D_{小} t_{大} r_{小}}{D_{小} t_{小} + D_{大} t_{大}} \tag{9-50}$$

式中:$r_2$——大船承运、小船出租的平均吨天利润(元);

$W_{大}$——大船的航次利润(元)。

通过 $r_1$ 和 $r_2$ 的比较,可作出具体的选船决策。

严格地讲,当 $t_{小}$、$t_{大}$ 相差较大时,上述方法还存在一定的缺陷,但当船舶性能相差不是太大,$t_{小}$、$t_{大}$ 就比较接近,上述方法基本上能满足日常决策的要求。

### 三、具体航次船舶航行路线决策

海上航线往往会在两个港口之间,存在着多条航行路线可供选择。当然,不同的航线存在着航行距离和吃水限制等差别。假定自然条件相似,在不同的可行航线中存在航行距离短、水深条件好的航线,这无疑就是最佳选择。但事情往往难以两全其美,更多的情况是:距离短的航线,其吃水限制也大,而吃水不受限制的航线,其航行距离就长。

如某船冬季航行于北太平洋航线,装货港处于可使用夏季载重线的地区,该船在运用载重线方面有两种不同的选择:其一,选择最短航线。此时船舶应使用冬季载重线,货载数量相对减少。其二,将航路南移,使船以按夏季载重线装载,增加载货量,但航程较长。

又如某船从哥本哈根装运散货到不来梅。有两条航行线路可选择:其一,走基尔运河,航行距离较短,但由于运河吃水有限,只能减载通过。其二,过卡特加特海峡和斯卡格拉克海峡入北海到不来梅,航行距离较长,但可满载。

上述问题的决策可取平均每营运天利润作为评价标准。

## 四、航次货载的最佳选择

船舶在确定航次货载时,应尽可能使船舶载重量与载货容积能得到充分利用,并优先装运运费高的货物,从而达到提高船舶的使用效率和经济效益的目的。所谓航次货载的最佳选择,就是指在充分利用船舶装载能力的前提下,如何使运费收入最大。

为了解决这个问题,假定:某船舶的载货能力为 $D(t)$,载货容积为 $V(m^3)$,共有 $n$ 种货物 $C_1$、$C_2$、$C_3$、$\cdots$、$C_n$ 可供选择装运,这几种货物的运费率分别为 $f_1$、$f_2$、$\cdots$、$f_n$(元/t),货物的积载因素分别为 $\mu_1$、$\mu_2$、$\mu_3$、$\cdots$、$\mu_n$($m^3$/t),各种货物能提供的装运量为 $Q_1$、$Q_2$、$\cdots$、$Q_n(t)$。为了使运费收入最高,每种货应各装多少?

由于所提供的各种货物数量、性质、要求往往是不一样的,下面以简单航次的不同情况分别讨论。

**1. 货载数量无限**

货载数量无限是指提供的各种货物数量都大于或等于船舶的净载重量(即 $Q_i \geq D, i = 1, 2, \cdots, n$)且都没有其他要求。

在这种情况下,确定船舶最佳货载问题的数学模型为:

目标函数

$$\max F = \sum_{i=1}^{n} f_i x_i \tag{9-51}$$

约束条件

$$\sum_{i=1}^{n} x_i \leq D \tag{9-52a}$$

$$\sum_{i=1}^{n} \mu_i x_i \leq V \tag{9-52b}$$

$$x_i \geq 0, i = 1, 2, 3, \cdots, n \tag{9-52c}$$

其中决策变量 $x_i$ 表示第 $i$ 种货物 $C_i$ 的装载量。目标函数为追求总运费收入最大,约束条件公式[9-52a)、b)、c)]分别是船舶载重量约束、船舶容积约束和变量非负性约束。

这是一个简单的线性规划模型,可以用单纯形法求解。但是鉴于实际的约束条件(不计变量非负性约束)只有两个,故可通过转换成对偶问题而采用图解法求解,在此基础上进一步推导出下列的实际配载规则:

(1)把提供的所有货物以每吨运费率递减次序排列并编号。

(2)计算出各种货物每立方米的相应费率 $f_i/\mu_i$。

(3)用方框框出排列在第一项的货物 $f_1/\mu_1$,记为 $f_{i1}/\mu_{i1}$,并以此为基础,框出递增的 $f_i/\mu_i$,依次记为 $f_{i2}/\mu_{i2}$、$f_{i3}/\mu_{i3}$ 等。这些货是可能选择的货物,把这些货物的积载因数列出,如表9-6所示。

(4)计算中心比值 $P_i$。

货物积载因素和运价表　　　　　　　　　表9-6

| 货种 $n$ | 1 | 2 | 3 | … | $n$ |
|---|---|---|---|---|---|
| 每吨运价(元/t) | $f_1$ | $f_2$ | $f_3$ | … | $f_n$ |
| 积载因素(m³/t) | $\mu_1$ | $\mu_2$ | $\mu_3$ | … | $\mu_n$ |
| 每1m³运价(m³/t) | $f_1/\mu_1$ | $f_2/\mu_2$ | $f_3/\mu_3$ | … | $f_n/\mu_n$ |
| $P_i$ | $\dfrac{f_1-f_2}{\mu_1-\mu_2}$ | $\dfrac{f_2-f_3}{\mu_2-\mu_3}$ | $\dfrac{f_3-f_4}{\mu_3-\mu_4}$ | … | |

(5)从可能选中的货物中,找出其积载因数与船舶舱容系数 $\omega$ 最邻近的两种轻重货物 $C_l$、$C_h$(即 $\mu_l > \omega > \mu_h$),这两种货便是要选择的收入之和最大的货物,此时若有一种可选货的积载因素正好等于舱容系数,则选取此一种货装满船就已完成配载任务。这是当 $P_j$ 值随 $i$ 的增加呈递增状态时所进行的选择。但是如果 $P_j$ 值随 $i$ 的增加不出现递增的规律(有时增加,有时减少),则需要从积载因数大于舱容系数和小于舱容系数的两类货物中,各选一种货物,按下述(6)中所述的方法计算出当满舱满载时的运费收入值。分别计算完任意一种轻货与重货搭配的运费收入值后,从中选出一种使航次运费收入为最大的搭配 $C_l$ 和 $G_h$。问题得到解决。

(6)根据 $X_l + X_h = D$ 和 $\mu_l X_l + \mu_l X_h = V$ 可求出最优搭配的货物数量 $X_l$、$X_h$:

$$X_l = D(\omega - \mu_h)/(\mu_l - \mu_h) \tag{9-53}$$

$$X_h = D(\mu_l - \omega)/(\mu_l - \mu_h) \tag{9-54}$$

最大运费收入为:

$$F_{\max} = f_l X_l + f_h X_h \tag{9-55}$$

**2. 货载数量有限**

货载数量有限是指提供的某些货物的数量小于船舶的净载重量(即存在 $i:Q_i < D, i = 1,2,\cdots,n$),但没有其他要求。下面借用前面的方法来求解该问题。

首先,按照货物数量都没有限制时的求解方法,选择出最优搭配的两种货物。这样选择出的货物可能有三种情况。

第一种情况:所选择出的两种货物其数量都不受限制(求解值小于实有数)。在这种情况下,所求得这两种货物及其数量就是最优解。

第二种情况:所选择出的两种货物中一种数量上受限制(求解值大于实有数),另一种数量上不受限制。假设轻货 $C_l$ 有限制,重货物 $C_h$ 不受限制。这时,应先将有限制的 $C_l$ 货种全部纳入装载计划,然后按下式计算船舶剩余载重量 $D'$ 和剩余舱容 $V'$ 以及新的舱容系数 $\omega'$。

$$D' = D - Q_l \quad (\text{t}) \tag{9-56}$$

$$V' = V - \mu_l Q_l \quad (\text{m}^3) \tag{9-57}$$

$$\omega' = V'/D' \quad (\text{m}^3/\text{t}) \tag{9-58}$$

下一步仍按前述方法重新开始计算,直到船舶的载重能力或舱容全部用完为止。这里要注意的是,必须要用受限制的货物纳入装载计划来计算。

第三种情况:所选择出的两种货物数量上都受限制。这时,可先在所选择出的两种货物($C_l$ 和 $C_h$)中任选一种(不妨设为 $C_l$)货种全数纳入装载计划,然后计算船舶的剩余载重量 $D'$ 和剩余舱容 $V'$ 及新的舱容系数 $\omega'$:

$$D' = D - Q_l \tag{9-59}$$

$$V' = V - \mu_l Q_l \tag{9-60}$$

$$\omega' = V'/D' \tag{9-61}$$

在余下的货种中重新进行最优选择,当新的选择中,货种 $C_h$ 的数量小于限制数,则继续往下计算,直至装满为止。当新的选择中,货种 $C_h$ 的数量大于限制数,则一开始不应将货种 $C_l$ 而应将货种 $C_h$ 全数纳入装载计划,这时,就要重新开始,类似前面的步骤计算船舶的剩余载重量 $D'$ 和剩余舱容 $V'$ 及新的舱容系数 $\omega'$:

$$D' = D - Q_h \tag{9-62}$$

$$V' = V - \mu_h Q_h \tag{9-63}$$

$$\omega' = V'/D' \tag{9-64}$$

同样,在余下的货种中重新进行最优选择,直至装满为止。

### 五、船舶封存问题

由于航运市场的不稳定,投放的运力和实际运输需求之间出现不平衡的现象时有发生,当运力大于需求时,就会产生船舶的吨位过剩,这时就要考虑船舶是否"封存"(停止营运)的问题。虽然,船舶"封存"决策更大程度上取决于船舶经营者对市场前景的预见及国家政策的许可等因素,但仍存在基本经济数据的测算问题。

$C/B$(航次收入)与 $H/B$(营运成本)是运输船舶进行经济核算的重要指标。$C/B$ 与 $H/B$ 之差可以看成是营运船舶损益核算的分歧点。

当 $C/B$ 与 $H/B$ 之值相减为正数时,说明该船舶营运经济效益良好,有赢利的余地;

当 $C/B$ 与 $H/B$ 的值相等时,利润为零,但尚能保本,船舶可以继续参加营运;

当 $C/B$ 与 $H/B$ 的值为负数时,说明船舶费用支出大于船舶的收入,船舶营运出现亏损。

但并非一旦亏损就必须封存,因为船舶封存,虽无营业成本,但仍需要一定的维持费用,如留守人员工资、机器定期运转的燃料消耗、租用停泊锚地费用等,即存在一个封存成本。若船舶的亏损额小于船舶封存成本,则继续营运;若船舶营运的亏损额等于船舶封存成本,从理论上看,停止或继续营运在经济上没有什么区别,考虑到营运的社会效益及影响,通常继续营运更为有利。只有当船舶的营运亏损额大于船舶封有成本,才应停止营运,实施封存。

在实际工作中,上述亏损额与封存成本之间比较可以转换为费率之间的比较。设船舶航次总成本为 $K_{次}$,航次运量运费率 $f$,停泊期间船天维持费为 $K_{维}$,航次时间为 $t_{次}$,则停船时的运费率为:

$$K_{次} - fQ = t_{次} K_{维} \tag{9-65}$$

则: $$f = (K_{次} - t_{次} K_{维})/Q \quad (元/t) \tag{9-66}$$

当运费率等于 $f$ 时是一个经济分界点,又称为"停船点"。当运费大于 $f$ 时,船舶营运有利;当运费小于 $f$ 时,则应考虑是否采取停泊的问题。例如,可先争取开辟新航线,或船舶进行适当技术改装去装运其他种类的货物,或把船暂时以期租形式出租给别的航运企业或货主等。只有在不得已的情况下才考虑封船。

对于期租形式出租的船舶,亦存在类似的临界租金费率。设船舶总载重吨为 DW,租期为 $t_{期}$,$F'$ 为一个月出租 1 载重吨船的租金收入(租金费率),$K_{固}$ 为每营运天的固定费用,则停船点的租金费率为:

$$K_{固} t_{期} - F' t_{期}/30 = t_{期} K_{维} \tag{9-67}$$

则: $$F' = (K_{固} - K_{维}) \times 30/DW \tag{9-68}$$

当租金率大于 $F'$,则可以出租,否则应考虑停航封存。

## ◀ 活动九　不定期船营运优化 ▶

| 时间 | 课内 180 分钟 | 地点 | 教室 |
|---|---|---|---|
| 教学资料 | 国内某船舶营运相关参数 | | |
| 教学目标 | 通过本活动的实践,要求学生掌握船舶航次成本以及航速优化的测算 | | |

| 活动要求 | 某船舶及航线参数见下表(燃油以 180CST 为基准,柴油以轻柴油为基准,不计资金成本)。<br>航次:舟山—秦皇岛;航距:690n mile;航次:共 18 个,下列数据取平均值 |
|---|---|

| 船名 | ZC18 | 总长(m) | 144 | 型宽(m) | 20.5 | 型深(m) | 12.45 |
|---|---|---|---|---|---|---|---|
| 建造日期 | 1976 年 | 总吨 | 9 208 | 净吨 | 5 961 | 夏季载重(t) | 15 189 |
| 夏季满载吃水(m) | 前<br>9.16 | 中<br>9.5 | 后<br>9.33 | 空船吃水(m) | 前<br>2.2 | 中<br>5.0 | 后<br>3.6 |
| 满载航速(n mile/h) | 9 | 空载航速(n mile/h) | 10.5 | 主机功率(kW) | 7 800 | | |
| 满载油耗(t/d) | 燃油<br>8 | 柴油<br>1.4 | 空载油耗(t/d) | 燃油<br>7 | 柴油<br>1.4 | 停泊(t/d) | 柴油<br>0.8 |
| 装货时间(d) | 2 | 卸货时间(d) | 3 | 每天固定费用(元) | 20 000 | | |
| 载重量(t) | 15 000 | 港口使费(元) | 30 000 | | | | |

(1) 假设燃油费率 4 000 元/t,柴油费率 5 000 元/t,运价以 30 元/t 为基值,若油价不变,当运价每上浮 10% 后,计算出该船每天的赢利,填入下表。

| 运价(元/t) | 30 | 33 | 36 | 40 | 44 | 48 | 53 | 58 | 64 | 70 | 77 | 85 |
|---|---|---|---|---|---|---|---|---|---|---|---|---|
| 每天赢利 | | | | | | | | | | | | |

(2) 假设燃油费率 3 000 元/t,柴油费率 4 000 元/t,运价以 45 元/t 为基值,若运价不变,当油价每上浮 10% 后,计算出该船每天的赢利,填入下表。

| 油价(元/t) | 燃油<br>3 000 | 柴油<br>4 000 | 燃油<br>3 300 | 柴油<br>4 400 | 燃油<br>3 630 | 柴油<br>4 840 | 燃油<br>3 993 | 柴油<br>5 324 | 燃油<br>4 392 | 柴油<br>5 856 | 燃油<br>4 832 | 柴油<br>6 442 | 燃油<br>5 315 | 柴油<br>7 086 |
|---|---|---|---|---|---|---|---|---|---|---|---|---|---|---|
| 每天赢利 | | | | | | | | | | | | | | |

(3) 在上述(1)、(2)基础上,若考虑空载航行段影响,优化空载和满载后的航速,重新测算不同运价(油价不变)、不同油价(运价不变)的每天赢利,比较后可得出哪些结论?

(4) 思考:在油价一定情况下,在不考虑船舶资金成本的情况下,船舶回收期长短与是否采用航速优化有什么样的关系,即运价达到什么样的水平下,采用航速优化对降耗增收很有必要。

| 活动程序 | (1) 每班分成四组,课外完成上述测算,课内时间用于讲解;<br>(2) 根据教师的讲解与提示,完成活动要求第(4)小点作业 |
|---|---|
| 活动评价方式 | 教师点评结合 |
| 活动小贴士 | 通过对各个航次之间的航次估算结果的比较,船舶经营人能够找出赢利最好、最合适的航次。它是航次租船决策的基础,被广泛应用在不定期船的经营管理中 |

# 学习情境 10　船舶生产计划与调度管理

　　船舶生产计划是航运企业综合经营计划的主体,是企业在计划期内实现生产目标的行动纲领。它是在综合考虑企业外部要求及内部条件的基础上,对运输船舶的生产作出统筹,并规定了企业在计划期内应完成的各项指标。编制船舶生产计划,实施有效的调度管理是航运企业生产管理的一项重要工作。

◆ **教学目标**

| 终极目标 | 通过船舶生产计划与调度管理内容的讲解,让学生学会如何合理安排生产作业程序,掌握作业调整的能力,能根据统计要求编制统计表格,学会简单的数据分析 | |
|---|---|---|
| 促成目标 | 知识点 | ①船舶生产计划体系;②船舶调度原则与职责;③航次调度作业管理 |
| | 技能点 | ①船舶生产计划的编制;②生产能力的核定与调整;③统计表格制作 |

◆ **教学要求**

本情境参考学时为 4 学时,一般理论教学为 4 学时,不安排活动教学时间

## 任务一　船舶生产计划编制

### 一、生产计划概述

　　生产计划是关于企业生产运作系统总体方面的计划,是企业在计划期应达到的产品品种、质量、产量和产值等生产任务的计划和对产品生产进度的安排。它反映的并非是某几个生产岗位或某一条生产线的生产活动,也并非是产品生产的细节问题以及一些具体的机器设备、人力和其他生产资源的使用安排问题,而是指导企业计划期生产活动的纲领性方案。

　　生产计划一方面要满足客户要求的三要素,即交期、品质和成本;另一方面又要使企业能获得适当利益,针对生产的三要素即材料、人员、机器设备而做出适当准备、分配及使用的计划。因此,一个优化的生产计划必须具备以下三个特征:

　　(1)有利于充分利用销售机会,满足市场需求;

　　(2)有利于充分利用赢利机会,实现生产成本最低化;

　　(3)有利于充分利用生产资源,最大限度地减少生产资源的闲置和浪费。

　　生产计划的编制要注意全局性、效益性、平衡性、群众性和应变性。在编制生产计划时,一般应遵循以下四个步骤:

(1)收集资料,分项研究。编制生产计划所需的资源信息和生产信息。

(2)拟定优化计划方案统筹安排。初步确定各项生产计划指标,包括产量指标的优选和确定、质量指标的确定、产品品种的合理搭配、产品出产进度的合理安排。

(3)编制计划草案做好生产计划的平衡工作。主要是生产指标与生产能力的平衡;测算企业主要生产设备和生产面积对生产任务的保证程度;生产任务与劳动力、物资供应、能源、生产技术准备能力之间的平衡;生产指标与资金、成本、利润等指标之间的平衡。

(4)讨论修正与定稿报批通过综合平衡,对计划做适当调整,正确制定各项生产指标。

## 二、船舶生产计划体系

航运企业为了生存发展和有条不紊地开展生产,根据市场需求的预测以及营运合同而制定出具有适应性和灵活性的各种计划,保障企业的各项活动有序进行。为了达到航运企业经营目标,必须对船舶营运做出相关的计划与安排。

航运企业生产计划按时间可以分为长期计划、中期计划、年度计划和近期计划等四种类型。长期生产计划即企业的长远规划,一般都按5年或5年以上的年限进行编制;中期生产计划则按2年或3年的期限进行编制;年度生产计划逐年编制;近期生产计划包括班轮船期表和船舶航次计划,班轮船期表按季度或月度编制。

企业的长远规划是为本企业在较长一段时间内的生产、技术、经济发展而编制的纲领性计划。企业长远规划的主要内容有:生产发展方向,生产发展规模,技术发展水平,实现规划目标的具体步骤,各阶段采取的措施等。

企业的中期生产计划是企业长远规划的具体实施步骤中的一个环节,是长远规划在不同时间段的分解结果。

企业的年度生产计划历来是企业年度综合经营计划的主体,是编制其他计划的重要依据。航运企业年度生产计划的主要内容有:运输计划(运输量、周转量、主要货种运输量、集装箱运量),财务计划(收入、成本、利润),船舶修理与更新计划,船舶使用效率计划等。企业年度生产计划不仅是实现企业经营目标的重要手段,也是组织企业生产经营活动有计划地均衡进行的主要依据。企业年度生产计划编制和执行得如何,既关系到本企业生产经营的效益和今后的发展,同时又影响到其他企业的生产经营活动和整个国民经济的发展。

近期生产计划是生产执行计划。班轮船期表是以表格的形式反映船舶在空间上和时间上运行程序的计划文件。船舶航次计划是以航次命令的形式下达到船舶,指挥船舶航次生产活动中的具体指标。

图10-1给出了某航运企业的生产计划体系图。

## 三、船舶生产计划编制

**1. 船舶生产计划的基本任务**

根据国家的方针、政策和计划年度发展国民经济的总任务,在经济调查与市场研究的基础上,分析航运市场及相关市场的变化趋势及货流、运力、吞吐能力的变化;核定企业的船舶运输能力或港口通过能力;对运输任务和生产能力进行综合平衡,合理确定企业在计划年度生产发展的速度和规模,保证国民经济和人民生活对航运的需要。

**2. 船舶生产计划编制原则**

航运企业生产计划编制应遵循以下原则:一是航运企业生产与国民经济的需求相适应;二

是航运企业生产计划的弹性与客观环境变化相协调；三是综合平衡与动态发展相统一；四是航运企业生产计划的严肃性与科学性相结合。

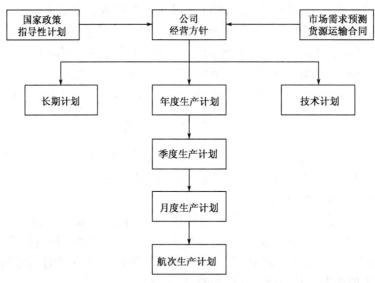

图 10-1　航运公司生产计划体系图

在实务上，货源状况是编制生产计划的主要根据。季度计划要服从年度计划的完成，月度计划要服从季度计划的完成，旬度计划要服从月度计划的完成，航次计划要服从旬度计划的完成。先计划内，后计划外；先重点，后一般；先到先运，后到后运。要努力组织均衡营运，尽量做到日保旬，旬保月，防止出现上、中、下旬生产的不均衡现象。经济合理地使用船舶，努力缩短船舶在港停留时间，提高船舶生产效率。

**3. 船舶生产计划的编制依据**

运输船舶工作的条件极为复杂，影响生产计划的因素较多，弄清楚各种影响因素，对于编制生产计划、分析检查工作、制定提高计划指标的有效措施均有十分重要的意义。船舶生产计划编制的依据有：

(1) 国家任务及市场需求。国家任务是指由上级主管机关（如交通部）下达的计划指标及有关指示文件。如能源（煤炭、原油）、矿石、粮谷等主要大宗物资的运输仍通过月度平衡会议由交通部直接组织落实。企业在编制生产计划过程中，首先要考虑国家指令性任务的完成，还要综合考虑利润要求，以实现全面综合效益。市场需求是指企业通过对市场的调查了解和预测，掌握市场动态，以确定社会对运输的需求量。

(2) 企业生产能力。企业生产的可能性主要取决于运输船舶的生产能力。船舶的生产能力由船舶的数量（艘数、吨位）船舶的利用情况（营运率）以及船舶的使用效率（生产率）指标决定，而这些指标又受经济因素、技术因素、职工素质、管理水平等因素的影响。

(3) 经济因素。包括货物种类，客货流分布、流量、流向及运输距离，客货流在各季节的平衡程度，船舶造价，客货运价，燃油、物料价格，职工工资水平等。

(4) 运输合同及上年度执行情况。企业本年度已取得的货物运输合同，以及上年度货运合同执行情况，未完成的运输指标在今年的安排计划。

(5) 技术因素。港口技术因素包括港口的泊位数、码头前沿长度、吃水限制、装卸设备及效率、吞吐能力及适应货种等内容。船舶技术因素包括船舶类型、吨位、容积、船长、吃水、航速等。航道技术因素包括各航段水深、流速、浅滩最浅水深等。

(6)船舶年度修理计划。本年度航运企业对船舶年度修理的安排情况,包括船名、修理种类、修理起讫日期、修理厂家等主要内容。

(7)航行条件和水文气象情况。计划期内航运企业生产营运所涉及的海区、航线历年航行条件和水文气象情况的分析总结及对计划期的预测等。

(8)职工素质及营运管理因素。包括职工的文化、技术水平及运输过程的组织与管理质量。

**4. 月度生产计划编制**

船舶月度生产计划是航运公司生产计划的组成部分,它是在航运公司已定的年、季度生产计划的基础上根据本月的货源、运力等具体情况所作出的近期计划。

船舶月度生产计划主要包括:客货营运量、周转量计划,重点物资营运计划、船舶运力计划、运力安排计划及其相应的要求和措施等。不同的航运公司有不同的计划内容,也会出现不同的计划表格形式,但其基本形式分别见表10-1~表10-4。

**客货营运量、周转量计划** 表10-1

| 单位 \ 项目 | 货运量（万t） | 货运周转量（亿t·km） | 客运量（万人） | 客运周转量（万人·n mile） |
|---|---|---|---|---|
| 全公司累计<br>一船队<br>二船队<br>⋮ | | | | |

**重点物资生产计划** 表10-2

| 航线 \ 货种 | 货种1 | 货种2 | 货种3 | … |
|---|---|---|---|---|
| 总计<br>航线1<br>航线2<br>⋮ | | | | |

**船舶运力计划** 表10-3

| 项目 \ 单位 | 合计 | 一船队 | 二船队 | … |
|---|---|---|---|---|
| 艘数<br>载重吨<br>营运千吨天<br>营运率 | | | | |

**船舶运力安排计划** 表10-4

| 项目 \ 航线 | 合计 | 航线1 | 航线2 | … |
|---|---|---|---|---|
| 艘数<br>载重吨<br>营运千吨天<br>比重 | | | | |

船舶月度生产计划除上述内容外,还有其相应的要求和措施,包括:计划月的形势及对生产的要求,货源、船舶及港口的基本情况、目前存在的问题,计划月的总客、货运量和周转量占年、季度的百分比,具体执行计划的措施,为保证计划任务的完成与有关部门达成的协议以及应注意的事项等。

**5. 旬度生产计划编制**

月度计划编制完毕,只是月度生产管理的开始,为了保证计划的完成,调整在营运生产活动中出现新的不平衡,还必须相继分旬编制旬度作业计划。旬度作业计划不是简单的重复月度营运计划,而是在月度营运计划及船舶运行图的基础上,为每一环节规定更具体的旬度工作计划。

旬度作业计划的内容主要是旬度货流计划与旬度船舶运行计划。旬度货流计划是月度货运计划在具体旬度的分解与落实。旬度船舶生产计划则是指挥船舶生产的详细文件,它确定了船舶在本旬度内的具体安排,涉及分航线、货种、运量、船舶密度、船名、船期及主要措施等。其包括旬度装(卸)船计划、旬度船舶编组及到发船计划、旬度拖(顶)轮调拨及驳船交接计划、旬度计划总表、附表。除旬度计划外,根据船舶所驶航线的距离及航次时间的长短,有的航运公司还编制5日或日作业计划,其目的也是为了掌握生产进度,及时预测影响计划完成的各种因素,调整营运中出现的不平衡,保证船舶正常生产。

在编制旬度生产计划时,除了编制月度生产计划所需要的那些信息以外,还应掌握计划期初的船舶动态(船舶初始状态)、船舶在各港的等泊时间等。对船舶技术性能和经济性能资料、有关港口技术资料、气象情况和海况等要求更为具体详细。

通常,作业计划编制工作量较大,而且时间越长,航次越多,越复杂,计划的实际兑现率就越低,易失去应有的指导意义。

**6. 昼夜到发船作业计划编制**

昼夜到发船作业计划更具体地规定了每昼夜船舶、港口生产活动事项。它根据当天面临的实际条件、具体情况和变化,既执行旬计划,又会根据实际情况对旬计划作出相应调整和修改,它是保证完成月度计划的可靠手段。

昼夜到发船作业计划的编制,一般在每天的15时由船公司调度室提出下昼夜计划预告,列出到发船预告,到达发出的时间,船队则需初步提出发出船舶编组计划。它是当天下午对第二天18时至第三天18时的预告。第二天9时船公司调度室根据计划预告,正式确定到船时间,其发船部分需再次联系港口调度室确定编组发船计划。它是当天上午对当天18时至第二天18时的确报及安排。

**7. 船舶航次计划**

船舶航次计划(又称"航次命令"或"航次指示")是根据船舶作业计划对具体船舶提出的一个航次的具体任务,是在航次开始之前由企业调度部门发给船舶的必须执行的正式文件。每一个航次的质量都关系到运输计划完成得好坏及经济效果。尤其是对远洋运输船舶来说,一个航次的时间长,在一年中完成的航次数不多,组织好航次生产(如正确选择停靠港口、充分利用船舶的装载能力、合理选择燃油补给地点等)显得更重要。

## 四、航运企业生产能力的核定

运输能力是企业各个环节的工作和管理水平的综合反映。船舶运行组织人员的主要任务,在于合理组织船舶生产,在不增加运输工具和设备的条件下,挖掘潜力,完成更多的运输任务,取得更好的经济效益。所有船舶的运输能力核定以后,通过加总求和,则可得企业的生产能力,称为核定能力。企业生产能力的核定应该从基层开始,对航运企业来说,则应从船舶开始。

船舶运输能力是指在一定时期内根据一定的营运经济条件、一定的运输设备条件和一定的生产组织能力,船舶所能完成的最大客货运输量或周转量。它可以根据船舶生产率指标、各类船舶数量及其营运时间来确定。以货船为例:

货船运输能力=吨天产量指标×营运船舶总吨天数=吨天产量指标×营运率×在册船舶总吨天数,或者根据单位船产量指标与平均每天船舶保有量来确定。

货船运输能力=吨船产量指标×平均船舶数=吨船产量指标×在册船舶总吨天数/日历天数。如果用货吨数表示运输能力,将上式计算数字除以货物平均运距即得。

根据上述计算运输能力的公式,如已知计划期的营运船舶吨位(客位、马力)和天数,或计划期在册船舶吨位(客位、马力)、天数和计划营运率,以及船舶的计划生产率指标,即可求得计划期内船舶能完成多少货(客)运周转量;或者已知计划期内在册船舶吨位(客位、马力)、天数与单位船产量指标,也可求得计划期内船舶能完成多少货(客)运周转量。

**例 10-1** 已知明年矿石运输任务是 1 200 百万吨·n mile,货船计划生产率是 120 t·n mile/(t·d),营运率为 90%,全公司有矿砂船 3.2 万吨,试问能否完成明年矿石运输任务?

**解**:矿砂船运输能力 = 120×0.9×3.2×365 = 1 261.44 百万吨·n mile。

因此,矿砂船运输能力大于矿石运输任务,故可以完成任务。

### 五、生产能力和生产任务之间的平衡

设备的更新、生产管理和组织水平的提高、工艺的改进、运输对象的改变等因素,都会使企业的生产能力发生变化。上述核定的生产能力数值只能反映企业在一定时期内的生产能力水平,在编制年度、季度生产计划和编制月度生产计划时,还需要核算现有能力(又称为计划能力)。现有能力的核算必须和企业的生产计划相适应,亦即要进行生产能力和生产任务之间的平衡。由于具体船舶在不同的组织条件下,安排在不同的航线上,其运输能力是不一样的。生产能力和生产任务之间的平衡就是在全面考虑企业所有船舶在各航线上合理安排的情况下测算可能达到的运输能力,各航线上运力的安排必须和该航线上可能的运输任务相匹配。计划能力的正确测算可以为编制确切的生产计划创造条件。

测算生产能力和生产任务的综合平衡,还可以发现生产中的薄弱环节,为有目的地采取技术组织措施及早提供信息,亦为投资建造新船舶指明方向。

## 任务二 船舶生产调度

运输船舶的生产活动有线长、面广,流动分散,环节众多,受自然因素影响大,时间性、涉外性、军事性强等特点,而且时间上有连续性。在这样的条件下要使各有关部门、环节间能够协调而有节奏地进行生产,合理地使用各种技术工具设备,完成运输任务,提高经济效益,就必须有一个集中统一的、有效的组织指挥机构来安排指挥生产,连续不间断地监督生产和随时调整生产中出现的不平衡。这个机构就是水运生产中的调度部门。

### 一、调度的任务与原则

水运生产调度部门的基本任务是:以客货运输为中心,掌握市场信息,编制和执行水运生产计划,经济合理地利用船舶、港口设备能力,搞好与有关部门之间的协作,加速车、船、货周

转,多、快、好、省地完成客货运输任务,努力为国民经济、对外贸易、人民生活和国防建设服务。水运生产调度工作的原则是:严格执行国家运输政策,贯彻"安全质量第一"的方针,加强计划管理,组织均衡生产,客货并重,正点运行,确保重点、兼顾一般,按经济规律办事。

水运生产调度工作的原则是:

(1)严格执行国家营运政策、法令,贯彻"安全质量第一"方针的原则。

(2)加强计划管理,组织均衡生产的原则。

(3)执行客货并重、正点运行、确保重点、兼顾一般,按经济规律办事的原则。

各级生产调度工作人员必须树立政策观点、服务观点、全局观点、协作观点;努力学习先进科学技术和管理知识,精通本职业务;本着一切从实际出发的原则,经常调查研究,为基层生产服务;加强内外协作;工作主动、热情、耐心、细致,做到情况明、判断准、决心强、办事快、指挥灵,养成谦虚谨慎、坚决果断的工作作风。

## 二、航运企业船舶调度的主要工作

**1. 计划和组织安排船舶的生产活动**

调度工作的首要内容是科学地组织船舶的生产活动,并通过一系列的作业计划来具体贯彻国家的运输政策,协调运输过程中各个环节(路、港、厂、航道、船、货等)的工作,保证完成客货运输任务,不断提高运输效率和经济效益。

**2. 不间断地监督、指导船舶在港作业和安全航行**

调度机构的日常工作就是昼夜不间断地监督和指导船舶在港作业和安全航行。要做到这一点,就必须切实掌握船舶生产活动的情况。为此,各航运企业应制定专门的调度通信规程,明确规定船舶在生产过程中的通信报告制度,所有船舶都必须严格遵照规定,按时向调度室报告船舶航行位置或在港作业进度。如船舶在航行中必须按时拍发"船位电报",拍发到港预报和确报,以及其他特别报告;在港船舶必须按时拍发装卸进度报告。

调度室听取(如收取)船舶生产活动的各项报告,不只是了解和掌握船舶生产活动的情况,重要的是分析这些报告,采取措施帮助船舶安全航行,加快装卸进度,提高客货运输质量,解决生产中的各项困难。只有这样,调度机构才起到监督和指导船舶生产的作用。

**3. 不断了解和分析计划执行过程中各有关环节的变动情况,及时协调各方面的工作,提出作业调整的措施**

船舶工作的技术营运经济条件,都会不断变化,调度人员必须经常预测、研究,分析这些动态因素并及时做出调整,使在新的情况下仍能保证运输计划的完成,并取得良好的经济效果。

水运生产的主要环节是船舶和港口。船舶在港口的作业情况,是影响船舶工作效率的一项重要因素。所以,搞好港航协作,帮助港口解决困难,提高港口通过能力,对缩短船舶在港停泊时间,提高船舶工作效率和经济效益具有十分重要的意义。

调度部门还必须与货主及其他运输部门建立密切的联系,经常掌握分析辖区内的客货源情况,研究其他运输工具的情况,掌握生产管理的主动性。

**4. 进行船舶生产活动的统计、业务核算、分析工作**

汇报制度规定船舶在每航次结束后,应立即向调度室送交"航次总结报告"或拍发"航次总结电报",核算人员接到航次总结以后,首先对总结进行审核,对航次完成的运量按同一船型或航线就报告月内完成航次进行累计、汇总,计算运输量、周转量、载重量利用率、收入等指标,将这些指标的实绩和计划与上期、与去年同期进行比较。从中可以检查船舶本期营运指标,现计划的程度和进度,同时也可以利用营运指标来分析运输组织方法的效果。扬长避短,指导以后的船舶运行安排。

## 三、调度室工作人员的职责及分工

航运企业要保证船舶的安全合理生产,必须建有船舶生产调度部门。生产调度部门具体职责包括如下几个方面:

(1)根据航运公司的月度计划,编制船舶月度、旬度运行计划和下达航次任务,并组织全面完成;

(2)准确掌握船舶航行动态、装卸进度和货物集中疏运情况,及时调整船舶密度,保持航区正常的航运秩序;

(3)与有关单位加强联系,做好技术、辅助作业安排,消除营运中的脱节现象,大力压缩非生产性停泊时间,加速船舶周转,督促船舶充分利用载重量和载货容积;

(4)掌握气象变化情况,会同安全监督部门对灾害性气象采取防范措施;

(5)对船舶海事、人身事故采取救护措施;

(6)常深入现场了解安全、生产、客货营运的情况,分析存在问题,提出改进措施;

(7)制定成组、集装、特运、成套设备和重大件技术装载方案并组织实施;

(8)向调度会议汇报安全、生产、客货营运情况和存在问题,督促检查有关营运生产执行情况;

(9)负责营运生产日报和营运统计的编制工作;

(10)分析营运形势,研究改进船舶运行组织,按旬、月做出调度工作小结,推广调度先进工作经验,不断提高调度工作水平;

(11)参加货源调查,组织合理营运,搞好货物集疏运工作。

调度部门要完成以上工作,一般要设3类人员,即业务计划人员、值班调度人员和业务核算与分析人员,他们之间既有分工又有密切的联系。

业务计划人员是运输生产的具体组织者和策划者,其主要职责是论证船舶运行组织的最优方案,编制月度、旬度作业计划,经常与各有关港口和有关部门联系,掌握生产进度,了解生产中各方面的情况,如果有了变化,应及时提出作业调整方案,采取一切措施保证运输计划的完成。值班调度人员负责昼夜不间断地监督船舶按计划安全航行与在港作业,贯彻调度会议的有关决议和上级的指示,及时收发有关通信电报,收听、分析气象预报,全面掌握船舶动态及事故的预防和处理,填写各种调度文件等。业务核算与分析人员,负责运输生产者快速统计,逐日统计客、货及重点物资的运出量、完成量和周转量,并定时向上级报告计划的执行情况。

## 四、其他相关调度工作

**1. 调度会议**

调度部门在执行其工作的过程中,经常与其他职能科室(如货运商务、机务、安全、客运、供应等部门)发生联系,各部门为了共同搞好工作,应该互相支持、互相配合、发扬协作精神。调度部门与其他部门除日常工作联系外,还都定时参加调度会议。

调度会议每日召开一次,由主管业务的企业领导主持。会议旨在总结和检查上昼夜计划与决议的执行情况,研究生产中发生的问题,提出办法、做出决议,责成有关部门执行及指导下昼夜的工作。调度会议是企业内部各有关部门紧密联系、互相配合的一种良好方式,是民主集中制原则的具体体现。

**2. 调度命令**

由调度下达给船舶的指示或命令,船长应认真执行。调度命令的内容包括:编号、签发人、受命人、发布时间及命令内容。它是分清调度与船方责任的依据。每位调度都要对上级领导的指示、决定坚决执行;对船长或下级调度部门提出的问题和意见准确记录,及时答复和处理。

**3. 调度通信**

为了调度室、航运企业有关人员以及上级领导机构及时了解船舶运作实况,掌握计划完成的水平,对远离企业所在地的船舶实施有效的控制,调度管理制度应包括完整的汇报及通信规程。岸上管理部门和船舶都必须严格执行《水运调度通信规程》(试行)的各项规定,保持船与调度之间的密切联系。

**4. 值班制度**

为保证调度人员不间断地组织、指挥运输生产,调度部门应实行每天 24 小时连续值班制度。

## 五、调度作业调整及管理

水运生产的条件复杂,可变因素很多,对于已编制好的船舶运行组织方案和作业计划,往往会在执行过程中发现客观条件发生了变化或原来的认识不符合客观实际。在这种情况下,需要调度人员对原来的安排及时作出调整和管理。

**(一) 调度作业调整**

作业调整的对象包括船、港、货三个方面。调整的内容和方法多种多样,主要可概括为船舶在港作业的调整、运行作业调整和在港密度调整。

**1. 船舶在港作业调整**

假如某船上航次已经迟到,或者在港口因某种原因而延误,为了使船舶能按计划开航,必须采取相应的有效措施。例如,集中装卸机械和人力、组织多路作业;合并某些作业;调换货种;对驳船队请港口协助编队缩短编队作业时间等。采用这些措施时,应充分依靠群众,要与港口协商,取得港口工作人员和船员的密切协作配合。

有时由于某种原因,如货源中断,或装卸机械故障,或气象原因,不能按计划时间装满货物。这时有两个方案等待调度人员及时选择。第一是船舶等待装货,满载开航;第二是船舶虽未达到满载而立即开航。哪个方案经济合理,必须作出选择。

**2. 船舶运行作业调整**

如果船舶已延迟发船,或在航行途中由于某种原因而延误,通过运行作业来调整,如可以在港组织多路作业,集中装卸机械和人力,加强装卸组织,合并某些作业或考虑调换货种等。航运企业更多地采用提高船舶航速,拖(推)船队可变更换拖(推)地点,在航行中加减驳船,另派拖(推)船至途中接送驳等方法。

提高船舶(船队)航速的方法有:船舶主机在安全前提下超负荷工作。对机动货船可以收到一定效果,但采用此法只能在一定时间内允许,能赶出的时间也是有限的。蒸汽动力装置在这方面有较好的性能,但速度提高也只能达 $0.5 \sim 1.0$ n mile/h,对客船而言,其动力装置通常都有相当的储备功率(约 10% 左右),提高航速有一定的潜力,拖(推)船队可采用增加拖(推)船或调换大功率拖(推)船以及减少驳船的方法提高航速,需视当时的具体可能而采用。

拖(推)船队变更换拖地点,也是运行作业调整的一种方法。当换拖航线上某一段船队不能按时抵达换拖港时,可令该航线另一段能按时抵达换拖港的船队继续航行,直至与延误的船队相适地点换拖而不在原定的换拖港口等待。但是,如果由于技术营运性能的限制,拖(推)船不能超越原换拖港或拖(推)船需要补给燃料而不能抵达时,便不能采用这种方法。

**3. 船舶在港密度的调整**

控制船舶在港密度,也是船舶作业调整工作的重要内容。如果到港船舶的密度过大,港口装卸能力不足,不仅会引起港口堵塞,造成大量船舶的非生产性停泊。影响船舶在港密度的因素很多,有属于航运部门主观的因素,如营运安排不当、调度不当、港口装卸效率降低等;有属于其他部门的因素,如货物集中不均衡或火车到达不均衡以及外轮进港不均衡等;也有客观因素的影响,如大风、雨、雾等气象影响。

衡量船舶在港密度合理性的标准,是上级规定的各港同时装卸货物的舱口数。它是根据各港的泊位数、装卸设备以及工人情况等因素制定的。要想控制好船舶在港密度,前提条件是船舶的发展与港口的发展相适应,即使在总的船港能力相适应的情况下,仍然会经常出现不平衡的问题,需要进行调整。

要能及时有效地调整好船舶在港密度,必须经常了解和研究各港的货流集中情况和趋势,掌握船舶在港的装卸作业进度,港口的库场堆存量、劳动力和装卸机械的情况,外轮抵港预报和其他运输工具的情况,以及气象变化趋势等。

调整船舶在港密度的方法,因情况不同而异。一般常用的方法有:临时改变卸货的港口,船舶排空到某港去装货;控制船舶运行速度;重点突出集中装卸等。

最后应当指出,上面谈到的一些调整方法,都是要具备一定的条件的。要使作业调整方法在水运生产中顺利运用和取得效果,首先必须要有协作思想,另外还需要有组织保证或经济手段。

**(二)航次调度作业管理**

船舶航次生产管理在时间上是不能分割的,它所包含的内容也是很广的,其目标是要监督和保证船舶按航次指标完成航次任务。航运调度人员对船舶航次的具体管理,早在航次生产组织阶段就已开始,大体可分为以下几个时间阶段。

**1. 船舶开航前的调度管理内容**

(1)审查积载计划。审查大副编制的航次货物积载计划时主要从以下几方面着手:

①是否符合"安全第一"的要求,其中包括船舶安全和货物安全;

②是否有利于"快速周转"的要求,其中包括快装和快卸;

③是否已落实特殊措施,其中包括危险货物、重大件、贵重物品等的特殊装载,以及冷冻冷藏货、动植物等的特殊保管。

(2)督促装货准备。督促船舶做好装货准备是调度管理人员在航次开始前就应从事的基本任务,在国内港口始发的航次,应由航运调度指派人员到现场协助工作并加以督促。装货准备工作包括货舱扫洗、为特殊货载增设必要的辅助设备和一般垫舱物料准备,以及必要的安全检查等。

(3)掌握装船进度。掌握装船进度主要是及时处理并解决装船(箱)过程中出现的各种实际问题,其中包括:货物退关(要区分是货主原因还是配载不当所致)、紧急加载,以及货物的申报尺码或申报性质有出入而影响装船或装箱进度等。

(4)与各有关单位的联系是否到位。

(5)船舶的各种补给是否完成。

**2. 船舶航行中的调度管理内容**

船舶在国内最后的装货港起航后，或在国外始发港起航后，调度管理人员应按照公司制定的与船舶联系的规程，按时收录船舶的船位报告，以掌握船舶航行动态。发现船位不正常时，应及时查询；船舶可能遇到灾害性气象袭击时，应根据上级指示会同有关部门采取措施，并给船舶以具体的指示；船舶发生海事海难等情况时，应及时向上级汇报，并迅速组织救援和详细记录处理过程等情况；船舶在航行途中因遇雾、机器故障、操纵失灵等原因电告停航时，应及时复电给予指示(船舶在问题解决后应拍发续航电报)；船舶电告其他情况，如航行途中遇有敌情或在国外因自然因素或人为因素的限制而无法进港等，应根据上级指示给船舶以具体的解决办法。

**3. 航次结束前的调度管理内容**

船舶抵达卸货港之前，调度管理人员应及时与有关港口代理联系，以解决可能需处理的货运或机务方面的问题。船舶抵港卸货过程中遇有特殊情况，在国外应及时通过驻外航运机构和代理予以解决。国外一些航运公司，当遇有此类情况时，通常派员深入现场解决问题。船舶在最后的卸货港卸货完毕，则该航次即告结束，但就航次生产管理而言，船舶还必须在航次结束后递交航次报告表，管理部门应根据航次报告表及时进行统计，分析航次生产活动情况。

# 任务三　航运统计表格设计

统计分析是航运企业科学管理不可缺少的一项工具。通过统计分析，航运企业不仅可以了解企业的生产结构、规模水平及其增长变化速度，而且可以发现生产经营中存在的某些问题，从而有利于经营者采取措施，加以改进。本任务将介绍航运业务统计的内容及一些常用的统计表格。

## 一、航运业务统计所需的资料

**1. 分舱电报**

分舱电报主要是指船舶离开本航次最后一个装货港后6小时之内发给公司，同时也发给下一港口代理的分舱电报(俗称货电)。

分舱电报的内容有：电报类型、船名及代码、舱号/舱层、装货港/卸货港、货类/件数(箱数/吨数)等。

《水运调度通信规程》(试行)规定，远洋航区船舶在国外最后一港装完货物后，即督促代理将积载图邮寄给卸货港代理和所属远洋公司各一份，其作用和内容与分舱电报相同。

对当日18时前离港但仍未收到分舱电报的，可直接根据航次计划或通过港口代理获得数据统计其发运量，待分舱电报到后再行修改。

**2. 航次总结报告**

根据汇报制度，船舶在每一航次结束后，即应在一定期限内向运务部或调度室送交航次总结报告或拍发航次总结电报。航次总结报告的内容主要包括：船舶名称(代码)，航次编号，航线代码，航次开始的日期、时间，航次结束的日期、时间，起始港，装货港，中途挂靠港，卸货港，到离各港的日期、时间，开装/开卸的日期、时间，航次开始时船上所剩柴油、燃料油量，航次所加柴油、燃料油量，加油港，航次结束时船上所剩柴油、燃料油量，报告日期，船长名，备注。中远集团的航次总结报告格式如表10-5~表10-7所示。

表 10-5

## 航次报告表(一)

_____号船 第_____号  统编表号：_____
航次起讫时间：自____年___月___日___时___分起 至____年___月___日___时___分止  制表单位：_____
航次总时间：_____小时_____分

| 港口名称 | 抵港 | | | 离港 | | | 实际航行里程 | 实际航行时间 | 装卸作业 | | | 生产性停泊 | | | | | | | | 非生产性停泊 | | | | | | | | 气象及其他停泊(含途中耽搁) | | | | 非营运时间 | |
|---|---|---|---|---|---|---|---|---|---|---|---|---|---|---|---|---|---|---|---|---|---|---|---|---|---|---|---|---|---|---|---|---|
| | 月日 | 时分 | 吃水(m) 前/后 | 月日 | 时分 | 吃水(m) 前/后 | | | 联检 | 纯装货 | 纯卸货 | 合计 | 靠离码头准备 | 装卸整理船舱 | 移泊 | 补给 | 工票人休息 | 商检洗舱 | 其他 | 合计 | 等泊位 | 等引航员 | 等联检 | 等货 | 等补给 | 待命 | 无事故性停泊 | 船员工班 | 其他 | 起讫时间 时分 | 地点 | 原因 | 类别 | 起讫时间 时分 |
| | | | | | | | | | | | | | | | | | | | | | | | | | | | | | | | | | | |
| … | | | | | | | | | | | | | | | | | | | | | | | | | | | | | | | | | | |
| 合计 | | | | | | | | | | | | | | | | | | | | | | | | | | | | | | | | | | |

记事说明：

船长：_____  填表人：_____  填表日期：_____年___月___日___时

(1) 本报表必须在航次终了后 12 小时内提出一式一分寄送公司计划统计部门。
(2) 航次时间均以北京时间为准。

统编表号：＿＿＿＿＿＿  ＿＿＿＿＿＿号船第＿＿＿＿＿＿航次报告表（二）  制表单位：＿＿＿＿＿＿  表10-6

| 货种\装货港/卸货港 | 合计 | 煤炭 | 原油 | 成品油 | 金属矿石 | 钢铁 | 矿建材料 | 水泥 | 木材 | 非金属矿石 | 化肥农药 | 盐 | 粮食 |
|---|---|---|---|---|---|---|---|---|---|---|---|---|---|
| … |  |  |  |  |  |  |  |  |  |  |  |  |  |
| 合计 |  |  |  |  |  |  |  |  |  |  |  |  |  |

| 装货港/卸货港 | 箱型 | 合计 | | | | 冷藏箱 | | | | | 干货箱 | | | | |
|---|---|---|---|---|---|---|---|---|---|---|---|---|---|---|---|
| | | 重箱数 | 空箱数 | 重箱 | | 空箱 | 重箱 | | | 空箱 | | 重箱 | | 空箱 | |
| | | | | 毛重 | 货重 | 个 | 毛重 | | 货重 | 个 | 货重 | 毛重 | 货重 | 个 | 货重 |
| | | | | 吨 | | | 吨 | | | | | 吨 | | | |
| … | 20' |  |  |  |  |  |  |  |  |  |  |  |  |  |  |
|  | 40' |  |  |  |  |  |  |  |  |  |  |  |  |  |  |
|  | 20' |  |  |  |  |  |  |  |  |  |  |  |  |  |  |
|  | 40' |  |  |  |  |  |  |  |  |  |  |  |  |  |  |
| 合计 | 20' |  |  |  |  |  |  |  |  |  |  |  |  |  |  |
|  | 40' |  |  |  |  |  |  |  |  |  |  |  |  |  |  |

记事说明：＿＿＿＿＿＿

表 10-7

## 船舶航次油料消耗报告

航次开始： 年 月 日 时 分
航次终了： 年 月 日 时 分
共计 小时 分钟

船名 _____
航次 _____

航线 _____
航行里程 _____

| 航线 | 航行时间(h) | | 停泊时间(h) | | | 其他时间(h) | | 实际燃油消耗(t) | | | | | | | 燃油消耗节超计算 | | | |
|---|---|---|---|---|---|---|---|---|---|---|---|---|---|---|---|---|---|---|
| 主机快车/平均转速(r/min) | 快车 | 慢车 | 船机装卸 | 非装卸和非船机装卸 | 修船楼岸电 | 冷藏货 | 冬天停泊开暖气 | 航行 | | | 停泊 | | 柴油 | 燃润料 | 定额 | 实际 | 节约量(+)超耗量(-) |
| | | | | | | | | 燃料油 | 重柴油 | 燃料油 | 重柴油 | | | 燃油(t) | | | |
| | | | | | | | | | | | | | | 润料(kg) | | | |

主机机油(kg) 汽缸油(kg) 柴油(t) 副机机油(kg) 透平油(kg) 液压油(kg) 其他滑油(kg)

总计

燃润料等的计算：

| | | 燃料油(t) | 重柴油(t) | 柴油(t) | | | | | | | |
|---|---|---|---|---|---|---|---|---|---|---|---|
| 前存量 | | | | | | | | | | | |
| 新领 | 日期 | | | | | | | | | | |
| | 港口名称 | | | | | | | | | | |
| | 数量 | | | | | | | | | | |
| 合存量 | | | | | | | | | | | |
| 消耗量 | | | | | | | | | | | |
| 结存量 | | | | | | | | | | | |

说明

注：1. 本报告由船舶填写一式四份，于航次结束后寄公司船技部门、财务部门、统计部门各一份，一份存船。
2. 油料消耗节超计算由船舶做，统计部门负责审核。

## 二、常见航运业务统计表格

航运业务统计是对船舶生产活动进行不间断的审核与计算,并及时向业务计划人员、调度人员和企业负责人汇报运输生产成果以及存在的问题。

航运业务统计内容主要包括:日报表、船舶生产效率统计、燃油消耗统计以及经营效益分析。

### 1. 日报表

快速统计就是在值班调度人员的协助下,由负责快速统计的人员按日、月、旬统计船舶运输生产完成情况,并按统一的格式编制日报、月报、旬报的统计工作,为企业内部和上级提供生产情况的信息。

航运企业生产日报的内容为客货运输任务完成实绩,包括运输量和运输周转量、分货类货运量、分航线货运量等。报表格式虽然各航运企业有所不同,但包含的栏目是大致相同的。分货类船舶生产日报的报表格式如表10-8所示。分航线船舶生产日报的报表格式如表10-9所示。

××公司船舶生产日报(分货类)　　　　　　　表10-8

| 日期 | 客运量 | | 货运量 | | 货物分类 | | | | | | | | | | | | 备注 |
|---|---|---|---|---|---|---|---|---|---|---|---|---|---|---|---|---|---|
| | 人 | 千人海里 | 吨 | 千吨海里 | 煤炭 | 石油 | 其中原油 | 矿石 | 钢铁 | 矿建 | 水泥 | 木材 | 非矿 | 化肥 | 盐 | 粮谷 | 其他 | |
| 1 | | | | | | | | | | | | | | | | | | |
| 2 | | | | | | | | | | | | | | | | | | |
| 3 | | | | | | | | | | | | | | | | | | |
| ⋮ | | | | | | | | | | | | | | | | | | |
| 合计 | | | | | | | | | | | | | | | | | | |

日期:　　　　　　　　　　　　　　　　　　　统计员:_____　审核:_____

××公司生产日报(分航线)　　　　　　　表10-9

| 日期 | 客运量 | | 货运量 | | 航线分类 | | | ⋯ | 备注 |
|---|---|---|---|---|---|---|---|---|---|
| | 人 | 千人海里 | 吨 | 千吨海里 | | | | | |
| 1 | | | | | | | | | |
| 2 | | | | | | | | | |
| 3 | | | | | | | | | |
| ⋮ | | | | | | | | | |
| 合计 | | | | | | | | | |

日期:　　　　　　　　　　　　　　　　　　　统计员:_____　审核:_____

还可将表10-8、表10-9综合在一起,形成货物分类流向表。

对于开辟集装箱航班的航运公司,除了统计货运量,还要统计箱运量,可采用如表10-10所示的统计报表。

××公司集装箱运输统计日报　　　　　　　　　　　表10-10

| 日期 | 货运量 | | 箱运量 | | 航线分类 | | | | ... | 备注 |
|---|---|---|---|---|---|---|---|---|---|---|
| | 吨 | 千吨海里 | TEU | TEU海里 | | | | | | |
| 1 | | | | | | | | | | |
| 2 | | | | | | | | | | |
| 3 | | | | | | | | | | |
| ⋮ | | | | | | | | | | |
| 合计 | | | | | | | | | | |

日期：　　　　　　　　　　　　　　　　　　　统计员：_____　审核：_____

这里要注意几个问题：

（1）当日船舶客（货）运量是指前一天18时到当日18时装船完毕离港的客（货）运量。报告日的船舶客（货）运量是按上月末日18时至报告日18时的船舶客（货）运量的累计数（报表中的sum行）。

（2）每月逢1日、11日、21日将日报内容综合累计并校对后形成旬报。全月快速统计则是对整个月的日报内容的综合累计，应在次月2日生成。月报、旬报的报表格式与日报大致相同，所不同的是时间累计不是取1天而是取10天或1个月。

（3）转口货物在转口港不列入"发出"货运量。一般进出口的货物，如铁路、公路转水运的货物，在转口港都应列入"发出"货运量。

**2. 船舶生产效率统计**

除上述统计内容以外，航运企业还按月对船舶营运工作的效率及燃油消耗进行核算和分析。通过核算各种船型的营运指标，生成"船舶生产效率月报"，如表10-11所示。

××公司船舶生产效率月报　　　　　　　　　　　表10-11

填报单位：　　　　　　　　　　　　　　　　　　统编表号：
报告期：　　年　　月　　　　　　　　　　　　　报送期限：

| 船名 | 货运量 | 货物周转量 | 载重量利用率 | 营运率 | 航行率 | 平均航行速度 | 吨天产量 | 吨船产量 |
|---|---|---|---|---|---|---|---|---|
| 散货船合计 | | | | | | | | |
| 船名1 船名2 | | | | | | | | |
| 油轮合计 | | | | | | | | |
| 船名1 船名2 | | | | | | | | |
| 杂货船合计 | | | | | | | | |
| 船名1 船名2 | | | | | | | | |
| 集装箱船合计 | | | | | | | | |
| 船名1 船名2 | | | | | | | | |
| 综合 | | | | | | | | |

对集装箱船,还需统计箱位利用率,其报表格式如表 10-12 所示。

**集装箱船箱位利用率** 表 10-12

填报单位:　　　　　　　　　　　　　　　　　　　　　　　统编表号:

报告期:　年　月　　　　　　　　　　　　　　　　　　　　报送期限:

| 项目<br>航线 | 箱位数合计(个) | 箱位海里数合计(千个海里) | 货运箱数(个) | | 箱海里数(千个海里) | | 箱位利用率(%) | 载重箱利用率 |
|---|---|---|---|---|---|---|---|---|
| | | | 合计 | 重箱数 | 合计 | 重箱海里数 | | |
| 合计 | | | | | | | | |
| 国内 | | | | | | | | |
| 日本 | | | | | | | | |
| 朝鲜 | | | | | | | | |
| 新马线 | | | | | | | | |
| 东南亚 | | | | | | | | |
| 波斯湾 | | | | | | | | |
| 西北欧 | | | | | | | | |
| 大洋洲 | | | | | | | | |
| 美东 | | | | | | | | |
| 美西 | | | | | | | | |
| 加东 | | | | | | | | |
| 第三国 | | | | | | | | |

负责人:　　　　审核人:　　　　　　　　　　　　　　　　报出日期:　年　月　日

为掌握并分析船舶时间利用情况,还可进行船舶在港时间统计,报表格式如表 10-13 所示。

**船舶在港停泊时间** 表 10-13

填报单位:　　　　　　　　　　　　　　　　　　　　　　　统编表号:

| 港口 | 艘次 | 总计 | 平均停时 | 装卸量 | 生产性停泊 | | 生产性停泊 | | | | | | 气象停泊 | 装卸效率(d/艘天) | |
|---|---|---|---|---|---|---|---|---|---|---|---|---|---|---|---|
| | | | | | 小计 | 内:装卸 | 小计 | 内:停泊 | 内:等货 | 内:无工班 | 内:等命令 | 内:等船员 | | 总效率 | 纯效率 |
| | | 艘天 | d/艘次 | t | 艘天 | 艘天 | 艘天 | 艘天 | 艘天 | 艘天 | 艘天 | 艘天 | 艘天 | | |
| 日本 | | | | | | | | | | | | | | | |
| 新马线 | | | | | | | | | | | | | | | |
| 东南亚 | | | | | | | | | | | | | | | |
| 孟加拉湾 | | | | | | | | | | | | | | | |
| 波斯湾 | | | | | | | | | | | | | | | |
| 东非红海 | | | | | | | | | | | | | | | |
| ⋮ | | | | | | | | | | | | | | | |
| 合计 | | | | | | | | | | | | | | | |

注:本表已扣除国家征用、光船出租、期租租入、程租租入、代管船和航次报告未到航次。

负责人:　　　　　　　　　　　　　　　　　　　　　　　　报出日期:　年　月　日

将表 10-11 和表 10-13 进行综合,可以形成表 10-14。

船舶运输效率表  表 10-14a

| 单位 | 航次 | | 总时间 | 营运时间 | 航行时间 | 停泊时间 | 船舶吨位海里 | 货运 | | 平均使用船舶数 |
|---|---|---|---|---|---|---|---|---|---|---|
| | 次数 | 千吨次 | 千吨天 | 千吨天 | 千吨天 | 千吨天 | 千吨海里 | 吨 | 千吨海里 | 吨 |
| | | | | | | | | | | |

船舶运输效率表(续)  表 10-14b

| 营运率 | 航行率 | 平均航速 | 载重量利用率 | 营运吨天产量 | 报告期吨船产量 | 每吨货占用运力 | 平均航次周转期 | 平均运距 | 实载率 | 平均每航次在港停时 |
|---|---|---|---|---|---|---|---|---|---|---|
| % | % | n mile/d | % | 吨海里 | 吨海里 | 吨天 | d/次 | 海里 | % | d |
| | | | | | | | | | | |

**3. 燃油消耗统计**

燃油消耗统计报表格式如表 10-15 所示。

燃油消耗统计  表 10-15

填报单位:　　　　　　　　　　　　　　　　　　报送期限:
报 告 期:　　年　月　　　　　　　　　　　　　统编表号:

| 项 目 | | 计量单位 | 年初计划 | 实际消耗 | | 年实际消耗占年初计划的比例(%) |
|---|---|---|---|---|---|---|
| | | | | 本月 | 自年初累计 | |
| 燃油消耗 | 合计 | 每千吨海里耗油 | kg | | | | |
| | | 燃油消耗 | t | | | | |
| | | 周转量 | kt·(n mile) | | | | |
| | 杂货船 | 每千吨海里耗油 | kg | | | | |
| | | 燃油消耗 | t | | | | |
| | | 周转量 | kt·(n mile) | | | | |
| | 散货船 | 每千吨海里耗油 | kg | | | | |
| | | 燃油消耗 | t | | | | |
| | | 周转量 | kt·(n mile) | | | | |
| | ⋮ | ⋮ | ⋮ | | | | |

填表人:　　　　　　　负责人:　　　　　　　电话:　　　　　　　填表日期:

**4. 经营效益分析表**

根据以上一些统计表格,可以进行经营效益的分析,如表 10-16 所示。

表 10-16

经 营 效 益 分 析 表

填报单位：　　　　　　　年　　月　　　　　　　　　　　　　　　统编表号：
报告期：　　　　　　　　　　　　　　　　　　　　　　　　　　　　报送期限：

| 港口 | 进出口 | 箱量 | | | | 收入 | 成本 | 利润 | 各项成本 | | | | | | | | | | |
|---|---|---|---|---|---|---|---|---|---|---|---|---|---|---|---|---|---|---|---|
| | | 合计 | 重 | | 空 | | | | 重 | | | | | 空 | | | | | |
| | | | 20 | 40 | 20 | 40 | | | | 合计 | 装卸费 | 代理费 | 箱务费 | 港杂 | 租金 | 油 | 合计 | 装卸费 | 代理费 | 箱务费 | 港杂 | 租金 | 油 |
| 网点 | | | | | | | | | | | | | | | | | | | |
| 总计 | 合计 | | | | | | | | | | | | | | | | | | |
| | 进 | | | | | | | | | | | | | | | | | | |
| | 出 | | | | | | | | | | | | | | | | | | |
| 码头 1 | 进 | | | | | | | | | | | | | | | | | | |
| | 出 | | | | | | | | | | | | | | | | | | |
| 码头 2 | 进 | | | | | | | | | | | | | | | | | | |
| | 出 | | | | | | | | | | | | | | | | | | |
| 码头 3 | 进 | | | | | | | | | | | | | | | | | | |
| | 出 | | | | | | | | | | | | | | | | | | |
| 码头 4 | 进 | | | | | | | | | | | | | | | | | | |
| | 出 | | | | | | | | | | | | | | | | | | |
| 码头 5 | 进 | | | | | | | | | | | | | | | | | | |
| | 出 | | | | | | | | | | | | | | | | | | |
| … | | | | | | | | | | | | | | | | | | | |

# 学习情境 11　船舶运输成本管理

船舶运输成本管理在运输经济学中十分重要。在市场经济条件下,任何运输经济活动都有自己的成本,无论是运输企业的微观决策,还是政府的宏观决策,都不能不考虑成本问题。

◆ **教学目标**

| 终极目标 | | 通过对船舶运输成本构成的了解,熟悉影响船舶运输成本的主要因素,掌握船舶运输成本的控制方法 |
| --- | --- | --- |
| 促成目标 | 知识点 | ①船舶运输成本的概念与分类;②船舶运输成本的构成与特点;③船舶运输成本的影响因素 |
| | 技能点 | ①船舶资本成本的控制措施;②船舶经营成本的控制措施;③船舶航次成本的控制措施 |

◆ **教学要求**

本情境参考学时为6学时,其中理论教学为6学时,不安排活动教学时间。该学习情境可作为选修项目,由任课教师根据教学需要是否安排教学

## 任务一　船舶运输成本认知

### 一、船舶运输成本

对海运企业而言,船舶运输成本就是为完成特定客货位移而消耗的物化劳动与活劳动的总和。广义的船舶运输成本还包括海运企业中间接为运输劳务提供服务的后勤部门所耗费的劳动。

**(一)传统以对外报告为目的的船舶运输成本构成**

按成本与船舶营运的关系,船舶运输成本可分为固定成本和变动成本。

**1. 固定成本**

固定成本是指为维持船舶的营运状态所发生的费用,它在一定时间与运力范围内,发生总额不受运量增减变动的影响而相对固定。由以下费用构成:船员工资及伙食津贴等附加费、船舶折旧费、船舶修理费、船用物油费、船舶保险费、船舶共同分摊费、企业管理分摊费及其他固定费用等。

对集装箱班轮公司来说,还应包括集装箱固定费用,指企业自有或租用他人的集装箱在营运过程中发生的固定费用,如集装箱折旧费、修理费、保管费、租费、保险费、底盘车费用、清洁费、熏箱费等。

**2. 变动成本**

变动成本是指船舶在航次营运过程中为运输货物所发生的费用。变动成本费用的大小与

航距、挂靠港口、货物种类和数量、航速燃油消耗，以及航次中航行和停泊时间的比例等各种因素有关，并随不同航次情况而变动。由以下费用构成：燃油费、港口费（货物装卸作业费用及各种使费）、运河费、垫舱物料费、佣金、事故损失费及其他变动费用等。

需加以说明的是，船舶运输成本中固定成本与变动成本并不是绝对的。由于航运经营存在着多种方式，如班轮运输、航次租船、长期运输合同、包运合同、期租船、航次期租、光租船等，在不同的经营方式下，固定成本与变动成本各有着不同的内容。在班轮运输中，航运企业一旦开辟一条班轮航线，不论是否满载，船舶必须按固定航线、固定船期及固定挂靠港口营运，所以，大部分成本包括船舶资金成本、经营成本以及除装卸费以外的航次成本都是固定成本，它们与运输量没有直接关系，唯一与运输量有直接关系的变动成本是装卸费。在不定期船运输中，航运企业把航次作为决策计算单位，即船东一般都通过航次估算做出是否从事特定航次运输的决策，所以航次成本与企业的运输量有直接关系，全部航次成本都是变动成本，而其中的装卸费是由船东负担还是由租船人负担则根据运输合同而定。

### (二)现代以对内管理为目的的船舶运输成本构成

现代航运企业为了便于在成本核算时对船舶不同的经营状态进行资金、成本、利润分析，将运输成本划分为船舶资本成本、经营成本、航次成本三部分。

**1. 船舶资本成本**

船舶资本成本是船舶最基本的成本，即船舶购置资金。它包括贷款利息、税金和折旧等。从短期看，船舶资本成本可以视为固定成本，但也可以通过期租船或光租船的手段转化为可变成本。

**2. 经营成本**

经营成本是为保持船舶适航状态所需要的经常性维持费用。包括船员工资、保险费、保赔费、船舶维修费、润料费、物料费、供应费、管理费、其他营运费用等。

(1)船员工资：船员的基本工资、各种补贴与津贴、奖金、社会福利费，差旅培训费等。

(2)保险费：船舶（船体和主机）险、运费险、船员险等。

(3)保赔费：许多船舶都加入保赔协会，以便使船东免遭因罢工、检疫限制、故障等而引起的损失，并防止因疏忽而造成的索赔。

(4)船舶维修费：船舶日常维护与修理所发生的经常性维修费用和船舶定期修理的费用。定期修理可分为大修、小修和航修。

(5)润料费：船舶主机与辅机使用的润料的费用。

(6)物料费：船舶耗用的各种材料、备品、备件的费用。

(7)供应费：船员的食品供应、服装等费用。

(8)管理费：船公司设立的各种管理部门和代理机构，从事营运需要的调度、商务、财务、机务、安全监督、法律事务、物资供应、市场开发等管理工作所发生的一切费用之和。

(9)其他营运费用：不属于上述项目的船舶日常营运费用。

**3. 航次成本**

航次成本是船舶为从事特定航次的运输所发生的费用，包括燃油费、港口与运河费、货物装卸费和其他航次费用。

(1)燃油费：船舶在航行、停泊、装卸作业时所耗用的各种燃油费用之和。这是航次成本构成中的主要部分。

(2)港口与运河费：船舶进出港口与通过运河所发生的费用，包括船舶吨税、停泊费、码头费、引航费、拖船费、解缆费、检疫费、海关检验费、灯塔费、运河与海峡通过费等。

(3)货物装卸费:与装卸货物有关的一切费用之和,包括理货费、开关舱费、待时费、加班费、平舱费、绑扎费及货物装卸的直接费用。

(4)其他航次费用:不属于上述项目的费用。

对于集装箱运输来说,航次成本中还应包括集装箱使用成本。

### (三)单位运输成本

单位运输成本反映一定时期内船舶完成单位运输量(吨或吨海里)所消耗的费用,它是反映船舶工作质量的综合性指标。

船舶在营运过程中的任何变动,最终都通过营运费用或运输量的变动反映到该指标上来。因此,它能反映出船舶运行组织的好坏、生产活动的物质消耗和货币支出,以及技术装备利用水平和劳动生产率水平。其计算公式如下:

$$每吨货成本 = \frac{运输成本}{货运量}(元/吨) \tag{11-1a}$$

$$每吨海里成本 = \frac{运输成本}{换算周转量}(元/换算吨海里) \tag{11-1b}$$

## 二、船舶运输成本的性质

船舶运输成本在不同的运输模式下其成本性质有所不同,在不同的租船合同下其成本分摊亦不相同,如表11-1所示。需要注意的是不同船种、船型,不同公司的财务计算方法、不同的年份以及价格因素的变动所对应的成本比例是各不相同的。

船舶运输成本性质与分摊　　　　表11-1

| 成本项目 | | 成本性质 | | 不同运输方式下成本分摊 | | | |
|---|---|---|---|---|---|---|---|
| 成本分类 | 成本构成 | 定期船运输 | 不定期船运输 | 光租船 | 期租船 航次租船 | 航次租船包运合同长期运输合同 | 班轮运输 |
| 资本成本 | 船价 船价利息 税费 | | | 船东负担 | | | |
| 营运成本 | 保险费 保赔费 维修费 物料费 润料费 备件费 管理费 船员费 通信费 劳保费 招待费 检验费 其他非航次费用 | 固定成本 | 固定成本 | 租船人负担 | 船东负担 | 船东负担 | 船东负担 |
| 航次成本 | 燃料费 港口、运河费 装卸费 运费税 | 直接变动成本 间接变动成本 | 直接变动成本 | 租船人负担 | 合同约定 | | |

### 三、船舶运输成本的作用

运输成本是反映运输企业生产和经营管理水平及企业经济效益的综合性指标,它包括运输企业在完成运输服务过程中所消耗的各项费用,运输生产过程中的每一个环节进行的状况如何,都会影响运输成本的高低。运输成本低,企业在运输生产的营运组织中所消耗的物化劳动与活劳动就少,取得的经济效益就大;反之,运输成本高,就意味着运输生产中所消耗的物化劳动与活劳动多,取得的赢利就小,甚至会亏本。运输成本也是运输企业进行决策的重要依据,无论是运输企业的投资决策、技术决策,还是管理决策,都必须考虑成本这一重要因素,对不同技术经济方案的成本进行分析比较,是运输企业进行各项决策的重要依据。

运输成本是决定运价的关键性因素,运输成本的高低决定着运价的高低,如果运输企业的成本降下来了,全社会的运价也必然随之降低,而运价又是物价的重要组成部分,运输业劳动生产率的提高,管理水平的提高,成本和运价的降低必然带来全社会物价总水平的下降,创造十分可观的宏观经济效益,使广大老百姓得到更多的实惠。

### 四、船舶运输成本的研究意义

**1. 有利于提高海运企业的经济效益**

船舶运输成本是反映海运企业生产经营管理水平及企业经济效益的综合性指标,包括海运企业在完成船舶运输服务过程中所消耗的各项费用。运输生产过程中每一个环节进行的状况如何,都会影响运输成本的高低。运输成本低,则意味着企业能在同等条件取得更大的经济效益;反之,运输成本高,则意味着赢利空间有限,甚至亏损。而且,运输成本作为海运企业进行决策的重要依据,无论是投资决策、技术决策,还是管理决策,都是必须考虑的重要因素。

**2. 有利于改善海运企业成本控制水平**

船舶运输成本作为海运企业计算盈亏的基础、制定合理运价的依据、考核经济效益的重要指标和反映经营管理水平高低的经济指标,对其研究有利于发现成本控制中的不足,从而促使海运企业不断改善成本控制水平。

**3. 有利于提高海运企业的市场竞争能力**

船舶运输成本作为决定海运企业竞争能力的一个重要因素,对其进行研究有利于全面掌握船舶运输成本情况,从各个层面提高成本控制水平,从而最终达到提高企业竞争能力的目的。

## 任务二 船舶运输成本分析控制

### 一、船舶资本成本的分析与控制

船舶资本成本是船舶最基本的成本,即船舶购置资金。对运输船舶要实行增收节支,首先要控制好船舶的资本成本,重点是船舶投融资模式和船舶折旧的选取。

船舶投资属于航运企业的固定资产投资,是形成企业的生产经营能力的基础投资。从对生产经营的影响程度看,船舶投资是涉及航运企业生产经营全局,改变生产经营方向和结构的战略性投资。船舶投资直接决定着公司未来的资源配置状况,直接改变着企业的生产内容、结构与能力,且在效益上、影响上也将是长期的。海运业作为一种特殊的行业,导致船舶投资除了有投资的一般特点以外,还具有投资额巨大、投资回收期长、投资货币币种多样化、投资内容和操作复杂、投资风险大以及投资时机难以把控等特殊性。

因此,投资主体在实施投资之前,需对投资的各种可行性方案分析和对比,从中确定出赢利多、回收快、质量好、资金成本低的、有利于公司发展的最优方案,即所谓的船舶投资决策。船舶投资的性质决定了船舶投资决策是涉及航运企业经济活动全局性、长远性和方向性问题的重大战略决策。船舶投资决策贯穿于整个经营管理过程的始终,是航运企业经营管理的关键与核心。决策的正确与否,直接决定了企业经济活动系统的发展方向和成败。

要合理控制船舶资本成本,关键是合理折旧。海运企业的生产经营性投资的基本特征之一是其回流性。企业投资购置船舶就要保证其投资能在尽可能短的时间内得以回流,即回收投入到生产运营中的船舶的那部分货币资金,然后希望在较长的时间内不断取得利润,获取最大限度的投资增益。因此,在研究船舶投资活动时,必须注重其投资回收问题,而投资回收问题的关键在于怎样回收投资,即回收投资的资金来源问题。

**1. 船舶折旧的提取与经济意义**

折旧是某一资产(扣除残值)的成本在使用期内有计划地分摊。根据我国财政部的有关规定,所有实行独立经济核算的海运企业,下列固定资产实行计提折旧:

(1)使用中的固定资产,包括运输船舶、房屋、建筑物、辅助运输设备、机器设备、工具、器具、仪器、仪表、计算机、办公设备等;
(2)季节性停用和大修理停用的固定资产;
(3)已经营租赁方式租出的固定资产;
(4)以融资租赁方式租入的固定资产;
(5)已满耐用年限,未提足折旧继续使用的固定资产。

下列固定资产不计提折旧:

(1)房屋、建筑物以外的未使用、不需用固定资产;
(2)以经营方式租入的固定资产;
(3)已提足折旧继续使用的固定资产;
(4)提前报废的固定资产;
(5)停办企业的固定资产。

通常航运投资项目投入营运后,其新增利润是回收投资的一种资金来源,但是投资增益的价值量并不仅仅是新增利润,而且只有纳税后的增益(收入)才属于企业所得的纯利润。这个利润在投资开始的前几年可能不是很大,甚至可能没有利润或者产生亏损。但是,自项目开始营运之日起,随着船舶的使用,船舶的折旧便月积年累,逐渐积累了一笔货币资金,形成了企业内部积累资金的主要来源。因此,即使在没有利润的条件下,海运企业也可以回收投资,折旧就是回收投资的主要方法。

船舶折旧能成为回收船舶投资的主要资金来源的另一个重要原因,在于折旧费不用纳税。从海运企业本身的利益出发,早些回收船舶的投资比晚些回收投资好,因为愈是早期回收投资,由于折旧费不纳税,则利用折旧早期回收投资就意味着早期付税少,海运企业内部积累资金在投资初期就会增多,投资回流的速度就会加快,若考虑货币的时间价值,由于企业晚期付税比早期付税更有利,且同一个折旧金额早期获得又比晚期获得更有价值,就更加突出了折旧的经济意义。

**2. 船舶折旧的依据**

(1) 船舶原值

计算船舶折旧的依据或基数是船舶的原值,即船舶的购置费用或建造费用。

(2) 船舶残值

船舶残值是指船舶作为固定资产使用期终了时估计还会有的残余价值,在计算折旧时,无论用何种折旧方法,都不对残值以下的资产价值进行折旧,即必须把固定资产净残值(即固定资产残值减清理费用)从固定资产原值中扣除。

(3) 船舶折旧年限

计算船舶固定资产折旧的年限,应根据各类船舶实物磨损和自然磨损的价值大小确定。对于技术发展较快的船舶设备等,可适当考虑无形损耗的因素。船舶资产的折旧年限应按国家或主管部门规定加以确定。国内运输船舶的折旧年限一般取 15~18 年,残值为 5%。

**3. 船舶折旧的计算方法**

(1) 直线分析法

各种折旧法中最简单、最著名的是直线分析法。用这种方法计算出的折旧费额是一常数,折旧费总额除以使用期,即可得出年折旧费。

(2) 年数总加折旧法

在使用期内分摊扣除残值的船舶资产原值的方法,称为年数总加折旧法。此法和结果与直线折旧法比较,在资产使用期期初的折旧较高,接近船舶资产使用期期末时的折旧费较低。计算各年折旧费的方法是各年年初的剩余使用期除以使用期年数总加再乘以折旧费总和,见式(11-2)。

$$年折旧费 = (年初剩余使用期/使用期年数总加) \times 折旧费总和 \tag{11-2}$$

式中:使用期年数总加 $= 1 + 2 + 3 + \cdots + (n-1) + n$

(3) 余额递减折旧法

该方法是先确定折旧率 $r$,每年折旧额就是用折旧率乘以当年尚未收回的投资额(即设备剩余的账面价值)。到折旧寿命终了,即第 $n$ 年末,设备的账面价值应该等于其原先规定的残值 $L$,所以有:

$$P(1-r)^n = L \tag{11-3}$$

由此可确定折旧率:

$$r = 1 - \left(\frac{L}{P}\right)^{\frac{1}{n}} \tag{11-4}$$

第 $t$ 年的折旧费:

$$D_t = Pr(1-r)^{t-1} \tag{11-5}$$

第 $t$ 年折旧后还剩余的账面价值:

$$P_t = P(1-r)^t \tag{11-6}$$

上述是最常用的几种折旧算法,因折旧被用于回收投资的账面价值,显然越早收回折旧费对企业越有利,直线折旧法是匀速折旧法,折旧率为 $1/n$。余额递减折旧法和年数加总折旧法是加速折旧法,能在设备使用年限一半左右的时间补偿设备的大部分价值,对设备提前更新极为有利。所以采用快速折旧法与缩短折旧期限总是对企业有利的。

由于折旧对企业的发展有重大的影响,有些国家还采用一些更为灵活、更快的折旧方法。

例如,有的国家(英国)准许第一年就100%地折旧;也有的国家(美国)对船舶这样的大设备,准许在5年之内折旧完毕。有些国家已对折旧的概念作了新的发展,称之为"资本回收",可见性质发生了变化。过去我国长期不允许企业快速折旧,规定采用直线折旧法,这对于风险大、投资大、使用期长的航运企业的设备更新是不利的。新的技术经济政策已准许航运企业采用快速折旧法和较短的折旧寿命。

## 二、船舶经营成本的分析与控制

船舶经营成本是为保持船舶适航状态所需要的经常性维持费用。对运输船舶要实行增收节支,其次要控制好船舶经营成本,重点是船员费用、备件与物料费用以及维修费用的分析与控制。

### (一)船员费用的分析与控制

船员工资费用大约占船舶营运成本的25%~45%。近几年来,全球包括我国船员数量短缺现象严重,特别是高级船员的缺口很大,从而导致船舶工资水平一年比一年看涨,船员工资费用占船舶营运成本的比重越来越大。航运企业要控制船员费用的支出,关键要做好采取合理船员管理模式和进行合理定员定编两个基础工作,重点要做好培训费用和人员更换费用的控制。

**1. 船员费用的控制**

(1)采取合理的船员管理模式

船员管理模式主要包括自有自用、完全租用、自有加租用、自有并出租或混合使用等几种方法。船公司可根据自己船队的规模合理选择船员管理模式。船公司在对船员管理模式进行选择时,因根据企业自身条件和实力来合理选取上述模式。一般而言,单船公司采用自有自用的方式,中等规模的船公司采用自有加租用,大型船公司可采用自有、租用、出租等混合采用的方法。

(2)合理进行定员定编

先进合理的编制定员是以合理的劳动人事组织为基础的,反过来又会促进企业不断地改善劳动人事组织,有效地提高劳动生产率。船公司要采用先进合理的船员定编方法,有计划地、分期分批地按需招收和配备船员,确保船员的比例和数量。

**2. 船员费用控制的措施**

(1)培训费的控制

船员的培训费由差旅费、伙食补贴、培训项目费用组成。船员素质与业务能的高低,间接影响到船舶成本的多少。既要保证船员有足够的培训来提高其业务技能,又要合理降低船员培训费用的支出。因此,在船员培训费用的控制上,一方面要提高船员在船的培训力度来加强船员的感性认识和应变能力,另一方面要好抓培训质量关,要让公司培训费用的支出切实换来船员业务素质和工作能力的提高,争取培训项目一次通过考核。

(2)更换费用的控制

由于船舶生产及船员的个人需求,船员更换会产生相关费用,主要包括交替船员的交通费、住宿费、代理费。为节省船员更换费用,主要做好以下三个方面:一是合理选择交接班的时间与地点,尽可能在方便的港口进行更替;二是充分做好更替的准备工作;三是尽量在国内更换船舶。

### (二)船舶备件与物料费的分析与控制

船舶备件和物料费用的支出是船舶营运成本的主要组成部分,不同船舶因船况不同和管理不同而产生相应的备件费用和物料费用也大不相同。船舶备件和物流的需求具有以下两个特点:一是设备的部分部件由于各种自然或人为的原因损坏,需要更换才能正常工作。二是设备中一些动静配合的部件,由于磨损,其配合尺寸已超过说明书允许使用的极限,需要更换才能保证设备安全运转。因此,在满足船舶适航需求的基础上降低备件与物料费用支出的控制措施着重在管理方法、申购程序和库存补货等三个方面。

**1. 采用合理的管理方法**

船舶备件和物料管理,实行计划费用指标与备件和物料消耗定额、储备定额相结合的管理办法。加强基础工作,要建立备件和物料账册,重点物品、技术性物料还要建立档案。船舶备件和物料的管理工作,要科学化、规范化、现代化和制度化,要应用计算机进行管理,使备件和物料管理工作提高到一个新水平。

**2. 实行规定的申购程序**

应按年度计划指标,消耗定额、储备定额、计划申购,经公司主管部门审批后,由公司安排供给,船舶无权自行购买备件和物料。在购买前,就填写《船舶备件和物料申请单》,明确备件和物料的名称、规格、型号和数量,经相关部门长同意后报公司船技处,经岸基同意后进行采购,未经岸基部门同意,不予安排供料。对急需的备件和物料,在不能请示公司的情况下,船长可视情况决定购买,但事后应书面向公司申明,由公司主管部门检查核实。

**3. 采取动态可行的补货原则**

对船舶备件和物料的控制方法可对不同备件进行分类,对日常保养需经常更换的,采用定量补货法;对定期保养需经常更换的设备,可采取定时补货方法;对应急的备件和物料,需根据体系要求,保持一定量的水平。

### (三)船舶维修费的分析与控制

船舶维修方式主要分为厂修、航修和自修三种。

**1. 厂修**

厂修是根据船舶的状况、规范的要求由船东有计划的安排船舶进入专业修船厂进行全面的检查、修理以及船舶证书的办理。要有效控制厂修费用,重点做好以下五方面工作。

(1)做好修船前的准备工作

船方须向公司如实地、客观地反映问题,规范、有条理地编制出修船单。船舶进厂前船方要从备件、物料及人员方面做好充分的准备。尤其人员方面,避免船员大换班,在船人员对修理项目的状况、技术要求、备件情况及专用工具、验收标准等都要有所了解和准备,防止误工、误期。

(2)规范开列修理单据

对所修理项目要表示的清清楚楚,除注明必要的设备名称和型号外,还要注明需要解决的问题和各种尺寸。对修理部位的备件、物料和专用工具的供给要给予说明,尤其是备件的供应,对费用和修期都至关重要,不可疏忽大意。

(3)择优选择修理厂家

要对厂方的报价逐项审核、评判,掌握有力证据以便与厂方就单独项目进行交涉,达到压低修船费用的目的。对修船厂的修船能力、技术状况、坞期和码头状况进行全面的考察和了解,确保修理质量和压缩修期,达到降低船舶费用的目的。

(4) 严格审核项目和控制追加项目

船舶提交给船公司的修理单,船公司仍需对修理项目严格审核。在修船过程中,对追加项目要严格进行控制。

(5) 做好修理工程的验收和认可

按照惯例,修船结束后厂方向船方提交完整的完工单,由船方有关人员对所修理项目进行审核、验收、认可。船公司根据船方的认可来与厂方协商有关价格与费用。

**2. 航修**

航修是充分利用船舶在港等装卸的有利时机,解决船方亟待解决的故障和问题,达到既不停航又进行了必要修理的目的,提高了船舶的营运率,降低船舶成本。一般来讲航修主要解决影响船舶航行安全问题的紧急修理。但就修理项目的准备和程序仍要求按照厂修程序进行,还要做好充分的准备,按惯例航修费用略高于厂修费用,这就要求船方对航修项目进行适当控制,尽量不要将范围做的太大。

**3. 自修**

自修可分为营运期间的自修和厂修期间的自修两种。采用船舶自修,对机舱设备来讲相对广泛,对船体结构自修来讲困难较大。机舱设备自修范围,如主机、副机按维修时间正常的吊缸、维护,各设备按周期进行的常规开放检查,各水泵、阀门的维修和小口径管道换新等。从修船厂反映的情况来看,类似主、副机吊缸之类的工程基本都由船员自修来完成。

### 三、船舶航次成本的分析与控制

航次成本是船舶为从事特定航次的运输所发生的费用。控制航次成本的核心是利用运价、油价与航速的关系节约燃油费用的支出。

**1. 处理好燃油价格与质量的关系**

燃油质量问题影响主机缸套和活塞环的磨损,加快高压油泵柱塞偶件和油头针阀偶件的过渡磨损,会造成主机启动困难、燃烧不良、转速下降、功率不足、低转速运行不稳定等一系列故障。在价格与质量之间,价格不是唯一的评判标准。燃油的成本降低了,但维修费用、备件费用上升了,工作量加大了,船舶的技术状况变差了,反而导致总成本增加了。同时,充分理解有关船用燃油规格的标准,规范船舶用油质量,选择良好的燃油供应商合作等。因此,在品质与价格二者之间进行抉择时,必须就成本、效益的关系加以统一考虑。

**2. 合理使用航速**

燃油的消耗量与航速的关系并不是一般的线性比例关系。一般来说,航速的变化与主机功率及燃油消耗量呈三次方关系。也就是说若航速减慢10%,则燃油消耗可减少30%。尽管有的航运界人士对此不太认同,认为刻意减速,不符合市场要求,且船舶使用率降低,但众多航运企业还是在船期允许的条件下尽量选择最经济的航速。航速的合理选择需要综合考虑班期、港口装卸效率、港口拥挤情况、航次装货量、气象条件和潮、流等因素而做出科学的优化决策。科学、经济的航线,可以有效降低燃油成本。因此航运公司在布局航线时,要统筹考虑航道特点、所投船舶的适航能力、海洋水文、气象条件、货流情况,尽可能优化运输路线,缩短航距。船舶在保证安全、遵循航道规则的前提下尽可能提高行船技术,走经济航线,减少不必要绕航。

# 任务三　船舶投资决策

## 一、船舶投融资

**1. 船舶投资**

投资指货币转化为资本的过程。从商品经济的一般角度来看，投资即投资者将货币或实物预先投放于社会再生产领域，以形成某种资产，并借以获得未来收益的经济活动。今天，投资已成为现代经济生活中最为重要的内容之一。无论政府、企业、金融组织，还是个人，作为经济主体，都在不同程度上以不同的方式直接或间接地参与投资活动。作为特定性质的经营活动，投资体现为一种资源垫付行为，投资活动的直接结果，是形成某种生产能力（或某种具有获利能力的资产）。

船舶投资是航运企业经济活动的最初环节和最为重要的内容之一。从物质运动内容上看，船舶投资发生的过程，也就是货币、物质、劳动力、技术、管理、信息等资源的投放、消耗或运用的过程。投资收益只有在投资形成的生产经营或获利能力有效发挥时才能逐步实现。因此，广义上讲，船舶投资贯穿船舶建造（买卖）和船舶营运全过程的经济活动，船舶投资效益的好坏将直接影响航运企业今后的效益。

与其他投资活动一样，从事船舶投资，也必须有投资活动的主体，即船舶投资主体。在海运领域中，投资的主体由海运企业或船公司构成，当然也包括其他一些非航运企业，如一些货主企业、商社、公司或金融实体。在某些情况下，由于所涉及到的投资巨大，因此也会出现投资主体由几个经济实体构成的情况，从而形成联合投资体。

**2. 船舶融资**

从狭义上讲，融资即是一个企业的资金筹集的行为与过程。也就是公司根据自身的生产经营状况、资金拥有的状况，以及公司未来经营发展的需要，通过科学的预测和决策，采用一定的方式，从一定的渠道向公司的投资者和债权人去筹集资金，组织资金的供应，以保证公司正常生产需要，经营管理活动需要的理财行为。公司筹集资金的动机应该遵循一定的原则，通过一定的渠道和一定的方式去进行。从广义上讲，融资也叫金融，就是货币资金的融通，当事人通过各种方式到金融市场上筹措或贷放资金的行为。

所谓融资方式，即企业融资的渠道。它可以分为两类：债务性融资和权益性融资。前者包括银行贷款、发行债券和应付票据、应付账款等，后者主要指股票融资。债务性融资构成负债，企业要按期偿还约定的本息，债权人一般不参与企业的经营决策，对资金的运用也没有决策权。权益性融资构成企业的自有资金，投资者有权参与企业的经营决策，有权获得企业的红利，但无权撤退资金。

船舶融资是指企业通过各种形式从企业外部或内部为船舶筹集资金的经济活动。目前，船舶的大型化和现代化发展趋势使船舶价值日益昂贵，通常情况下，船舶的投资回收期都在10年以上，10年船龄的船舶投资回收期一般也在5年以上。因此，船舶融资对航运企业来说，不仅资金需求量很大，船舶融资的投资回收期相对较长，而且受外部因素诸如政治风险、市场风险、金融风险、财务风险等影响，船舶融资具有复杂性和不可预见性，这就导致船舶筹集资金十分困难。

## 二、船舶投资决策

所谓船舶融资决策,就是在多种可行的融资方案中,选取最佳的融资组合方案,较好地平衡最低融资成本与最小融资风险的关系,以满足企业扩充船舶运力所需的最低资金数量。这是一个多决策变量、多决策目标的系统优化问题。随着我国现代航运企业制度的建立与逐步完善,企业作为一个自主经营、自负盈亏的市场主体,船舶融资决策质量的好坏,直接关系到船舶投资效益和企业结构的好坏。

**1. 船舶投资决策**

在市场经济条件下,船舶投资是作为市场主体的航运企业进行的以资金运用为内容的独立经济活动,船舶投资是维持航运企业简单再生产和扩大再生产,调整动力结构、开拓市场、提高竞争能力和市场定位的重要保证。船舶投资的性质决定了船舶投资决策是涉及航运企业经济活动全局性、长远性、方向性问题的重大战略决策。决策的正确与否,直接决定企业经济活动系统的发展方向和成败。船舶投资决策正反两方面的实例也有力地证明了这一点。

船舶投资决策是一个复杂的过程。船舶投资本身所具有的特点,如投资量巨大和过程的长期性、内容和操作的复杂性、行为的高风险性,以及对外部直辖市与支持条件的强依赖性等,决定了船舶投资决策不应是一个瞬间完成的过程,而是一个严谨细致的过程。船舶投资决策须经过广泛的调查研究,掌握大量的信息资料,运用多种技术手段反复进行分析、预测、计算、比较的基础上才能科学地做出。同时,从决策在管理活动中的作用来看,在同样的条件下,决策水平不同会得到不同的结果。如在有利条件下,由于决策错误造成失败,在不利条件下,由于决策正确,会变不利为有利,从而得到成功。由此可见,船舶投资决策贯穿于整个经营管理过程的始终,是航运企业经营管理的关键和核心。

**2. 船舶投资决策程序**

船舶投资决策从产生意向到付诸实施,要经历一个过程。如果把决策当作由决策主体、决策方法、决策手段以及决策对象构成的系统,那么,该系统的运行表现为逻辑分析和综合判断的过程,其中包括一系列的具体阶段或步骤,构成了决策程序。船舶投资决策程序主要包括以下内容。

(1)确定决策目标

确定目标是进行决策的前提,也是整个决策过程的出发点。决策目标是在一定的条件下,决策者希望达到的标准,也是衡量决策执行结果的基本尺度。明确合理的决策目标,有助于决策的制定和执行。为此,决策目标的确定需要做好以下工作:

①在调查研究的基础上发现问题和提出问题。船舶投资决策是航运企业整体发展战略的重要组成部分,从航运市场学的角度分析,决策目标的确定,首先要了解世界经济、航运市场以及买、造船等相关市场状况,分析研究世界经济对航运市场的影响和航运市场本身的发展趋势;分析公司船队结构状况,从而对企业目前存在的问题和今后的发展方向做出正确的分析判断。

②提出明确的决策目标(效益目标和运力指标)。决策目标是制定和实施决策的基础,确定的目标含义明确,内容具体,才会对控制和实施决策起到指导和依据作用。在调查研究和分析的基础上,提出明确的决策目标。船舶投资决策目标包括两个方面,效益目标和运力指标,即竞争条件下,航运企业在航运市场中的期望利润、市场占有率以及船舶投资期望达到的运力增长量等。

③确定决策目标,做到需要与可能的统一。决策目标的确定,除考虑其先进性,更重要的是其合理性和可行性,三个方面要相互协调一致,即技术上的先进性、经济上的合理性和客观条件的可能性相结合。

(2) 拟订备选方案

拟订备选方案就是针对已确定的决策目标,制订多套可能的方案,以供选择。拟订备选方案的目的是为达到决策目标寻求最佳途径。由于实现目标的途径在多数情况下不是单一的,因此拟订的方案也不应是只有一个。拟订尽可能详尽的备选方案,是抉择最优方案的基础,也是决策程序中必不可少的一个环节。决策质量的好坏,在很大程度上受到备选方案的制约。

(3) 评价选择最优方案

在拟订备选方案的基础上,对各种方案进行总体评价和全面比较,以便从中选择出最有利于实现决策目标的优化方案。评价选择方案是决策的关键,决策的成败不仅仅取决于备选方案的优劣,更主要是取决于最终所选择的实施方案是否最优。对备选方案进行评价选择,包括两个相互联系的过程,即评价阶段与选择阶段。

(4) 控制实施方案

把投资决策看作一个严密、动态的过程,则最优方案的确定,并不意味着决策过程的终结,完整的决策系统运行过程还应包括决策方案的实施和修改完善,以确保决策取得较好的效果。因此,在决策方案实施过程中,往往还需要随着实践中变化的情况进行不断地修改与充实;已做出的决策是否科学,也必须从实践结果中得到检验。事实上,任何系统性、多内容的决策,都难以做到完美无缺;而船舶投资的复杂性,更决定偏差存在的普遍性。这就需要重视决策执行的效应,不断、及时地组织信息反馈,以发现原来决策存在的错误,弥补其缺陷,随着实践的要求对原定目标及其趋近手段加以调整,从而使决策内容臻于完善。

## 三、航运企业新增运力的方式

航运企业对船舶进行投资的最终目的,是要使本企业拥有一支在数量上能满足市场需要;在船舶类型构成及船舶吨级构成上,能适应市场需求;在船龄构成、技术装备、船舶安全、服务质量或标准,及经济上具有竞争能力的船队。因此,企业在拟订船舶的投资方案时,要全面地考虑所投入船舶的类型、吨位结构、配置的航线以及投资方式(造新船、购买二手船或租船),以便于根据企业的财力,选择合适的投资方案和满足运量需求的船舶数量,从而制定出合理的投资船舶的吨位与配置航线、投资方式的拟订,进行详细的分析。

**1. 订造新船**

如果船舶所有人拥有足够的资金,通常都选择投建新船的方式来发展航运,因为订造新船具有以下优点:

(1) 通常是为特定的贸易或服务建造的,船舶的吨位、航速等主要的技术营运参数均经过优化论证而选定,因此,新造船可以在速度、船舶规格、技术性能等方面满足所服务航线的要求,它可以以最经济的成本提供最优的服务。

(2) 新造船通常可以提高服务质量,以吸引更多的运输量,这对于当前存在的激烈的货源竞争尤为重要。

(3) 建造新船有利于船舶营运最优化。

(4) 新建造的船舶可提高服务的可靠性。

(5) 新建造的船舶维修、检验及保险费用等低廉。

(6)新建船可与港口装卸设施的现代化协调发展,加快船舶装卸速度。

(7)新船投资易获得政府或其他金融机构在财政补助及贷款等方面给予优惠。

与其他方式相比,新船也存在一些缺点,例如:船价昂贵;从船舶订造到如营运耗时较长,在此期间资金无法回收,且航运市场往往会与订造初期发生变化,造成机会损失,风险增大,在国外造船时,因需支付外币,还要承担其间可能产生的汇率风险;新船的维持成本较高,因而一旦闲置其经济损失也较大。

因此,作出造船决策之前要认真研究市场发展动态,测算长期的还款能力与盈亏情况,同时注意寻求有利的筹资途径和造船厂。

**2. 购买二手船**

与建造新船相比,购买二手船有以下优点:

(1)资本成本较低。二手船的价格一般为新船价格的1/2～1/3,因而资本成本较低,这对于资金缺乏的企业来说,购买二手船是较为现实的方案。尤其随着船价的不断上涨,购买一艘相当现代化的、船龄超过5年的二手船,对船舶所有人将是一件极有吸引力的事。当然,对所购买的二手船通常要进行某些改装,但在造船厂缺乏新船订单时,改装成本是比较低的。由于资本成本较低,而营运性能也不见得比新船差很多,因而使航运公司购买二手船的偿还能力较好,造成资金的时间价值损失及风险也相对较小。另外,购买二手船还可减少或避免订造新船中面临的市场恶化和延期交船的风险。

(2)即期交付使用。航运市场是瞬息万变的,成功的航运经营者往往能把握住最佳时机,购买船舶随即投入营运从而获利。可以设想,如果航运市场的运费一直上涨或者某条航线上运量上升,产生新需求,此时购买二手船即可立即投入营运产生赢利。

(3)易于掌握船舶性能。一艘船舶在投入营运前,要通过试航来了解该船的性能,而对于一艘旧船,它的营运状况和航行性能已经有了一定的显示。买主在购买旧船时,无疑要通过该船的船舶资料,了解船舶的营运历史和基本性能如机型、航速各项消耗等,当船舶各个方面的条件都符合要求时才能购买。一般来说,了解一艘旧船的营运状况和性能要比了解一艘新船来得容易些。

由于二手船具有以上一些优点,因此,世界上很多船东都把目标瞄准二手船市场,我国在组建远洋船队的初期,就是从买卖船市场上购买大量二手船来发展船队的。但是也应看到,因为二手船一般为旧船,故也存在着因有形磨损及无形磨损所导致的一系列缺点:如因技术性能变差,使得装卸能力下降,主机功率下降,航速降低,营运率下降等;因经济性能较差,能耗高、燃润料费用大,而且维护、修理、检验、保险等费用也相对较高;因营运性能差,难以与特定的营运条件相适应,将造成因装卸效率不高,而延长船舶在港停泊时间;因运输服务质量较低,竞争能力较差等。而且,因购买的是旧船,也难以获得优惠的贷款条件或补助,同时,若取与新船相同的使用期作比较的话,其总投资也不见得少。另外,目前,我国规定,购买国外二手船要有配额,从提出购买生产的申请,到上级主管部门审批直至看船、买船,周期也要一年左右,航运市场的变化,对投资效果也会产生很大影响。

**3. 租船**

以租船方式补充运力,主要是一种解决短期内运力不足的临时措施。它具有租费小和能即时获得船舶的突出优点,无需等措巨额款项和每期还本付息,而只需按租约规定如期支付租金。此外,它与购置船舶(含购置旧船或新船)相比,还可以减少购置船舶因不能连续使用而限制运力所造成的经济损失。国际上,船舶租赁方式可分为三大类:航次租船、定期租船和光船租船。不同的租船方式下,船东和租船人的费用分摊有所不同,但总的来说,租船经营的资本负担较轻,适用于航运公司在某段时期内缺少船舶或希望扩充船队而又不愿花大笔资金去买船,或者筹资有困难而买不起船舶的情况。

　　租船的缺点在于它的收益率可能不及自有船舶,而且它的技术性能与营运性能不一定能完全满足承租人的要求,尤其是不能与按船型论证结论而订造的新船相比。但是,租船收益率的高低与租船市场的行情及机遇有关,如果机遇好,租进时的租金较低,且租期又长的话,则租船的收益率也不见得很低;若以光船方式租入船舶,则更可因使用本国船员,从而降低船员工资支出及总成本,仍可使收益率得到提高。

# 学习情境 12　航运企业经营管理

21世纪以来，随着航运市场的逐渐放开，航运企业得到了日益发展的同时也使得航运市场竞争日益激烈。为了在激烈的市场竞争中立于不败之地，航运企业必须把握住环境的现状及变化趋势，利用有利于企业发展的机会，避开环境威胁的因素，从而谋求企业的生存与再发展。

◆ **教学目标**

| 终极目标 | | 通过航运企业经营管理的讲解，让学生了解航运企业经营管理的基本知识，掌握航运企业竞争力的诊断和分析，熟知航运企业经营管理中常用的经营战略和策略 |
|---|---|---|
| 促成目标 | 知识点 | ①经营与管理；②航运企业竞争力；③航运企业经营战略；④航运企业经营策略 |
| | 技能点 | ①航运企业竞争力诊断与分析；②航运企业经营战略的制定与实施；③航运企业经营策略的制定与实施 |

◆ **教学要求**

本情境参考学时为8学时，一般理论教学为6学时，活动教学为2学时，任课教师可以根据学生掌握的情况安排课外活动教学

## 任务一　航运企业竞争力分析

航运企业竞争力是独立经营的航运企业在市场经济中相对于竞争对手所表现出来的生存能力和发展能力的总和。对于航运企业来说，通过对竞争力的关键因素分析，可明确自己的竞争力状况及所处的竞争地位，根据自身的优、劣势，制定相应的战略。从而有助于航运企业挖掘自身潜力，提高经济效益；有助于航运企业完善和提高自身的管理水平，为企业自身的发展提供决策支持。

### 一、企业竞争力的概念和内涵

**1. 企业竞争力**

国内外研究者从不同的角度来认识企业竞争力，因而对企业竞争力的理论描述也存在一些差别，但是，对企业竞争力的基本含义的理解是大致相同的：即企业竞争力是指，在竞争性市场中，一个企业所具有的能够持续的比其他企业更有效地向市场(消费者，包括生产性消费者)提供产品或服务，并获得赢利和自身发展的综合素质。企业竞争力这一概念包括五个基本含义：

第一,企业竞争力所涉及的企业,是竞争的和开放的市场。

第二,企业竞争力的实质是一个企业同其他企业相比较的生产率。

第三,企业竞争力体现在消费者价值和企业自身利益两个方面,而且两方面密不可分。

第四,企业竞争力决定了企业的长期存在状态,因此企业竞争力具有持续性和非偶然性的特点。

第五,企业竞争力是企业所具有的综合性质,决定和影响因素非常多,而这些因素也常常相互影响。所以企业竞争力的各种因素都不是孤立存在的,它们总是作为一个整体而对企业的存在状态发生作用。

**2. 企业竞争力要素**

企业竞争力的组成要素,主要包括四个方面:

第一类因素,企业在竞争过程中所发生的或者可以形成的各种"关系"。广义的"关系"包括有关各方面的"环境"。企业竞争力研究所涉及的关系可以包括:所在企业的状况、与相关企业的关系、企业活动与国家政策的关联度、企业活动所处的国际经济关系、企业活动与经济社会及政治环境的关系。

第二类因素,企业所拥有的或者可以获得的各种"资源",包括外部资源和内部资源,从而使企业具有某些优势,如人力资源、原材料资源、土地资源、技术资源、资金资源、组织资源、社会关系资源、区位优势、所在地的基础设施等。

第三类因素,能够保证企业生存和发展以及实施战略的"能力",对企业能力的研究更强调企业自身的素质,即企业对环境的适应性、对资源开发控制的能动性以及创新性等。

第四类因素,不受物质资源约束而本身却能够物化成为企业"资源"和"能力"的"知识"或者"学识",包括独特创意、观念、战略、体制、机制管理、商业模式、团队默契等。

企业竞争力的上述四类要素相互之间具有可转换性。关系是形成企业竞争力的十分重要的条件,可以增强或者削弱能力,实现或者消耗资源。资源是形成优势关系的实力前提,具有基础性和可实现性。能力是最主要的资源,具有开拓性和动员性,决定企业对市场变化的适应性。知识是能力的内在因素,具有创造性和决定性。一般来说,知识居于竞争力因素的最里层,能力、资源处于较外层,关系处于最外层。

**3. 企业竞争力特点**

(1) 效率性。竞争是各行为主体之间的相互较量,企业竞争力源自企业所拥有的能够在相互较量中获取优势的能力与资源,因此,企业竞争力的首要特征就是效率性或有用性,即能够提升企业的行为效率和经营业绩。

(2) 比较性。企业竞争力是一个相对的、比较的概念,说一个企业有竞争力总是指对谁而言有竞争力。正是在市场竞争的比较中,同行业的企业表现出竞争的优势和劣势。

(3) 动态性。企业的竞争力随着市场结构和竞争行为的变化而变化,企业竞争的优势或劣势不是绝对持久的,优势企业可能变为劣势企业甚至消亡,劣势企业可能变为优势企业。

(4) 层次性。企业竞争力是一个具有层次性、综合性的系统。一方面,企业竞争力最终体现在竞争业绩中,包括产品的市场控制力和企业财务状况。另一方面,企业竞争力在内体现为企业所拥有的各类竞争资源与能力,它们是企业竞争业绩的内部支撑力,是企业竞争力的深层次土壤和真正的源泉。

**4. 企业竞争力架构设计考虑因素**

企业竞争力的构架设计因其所处的竞争环境、所属的企业类型与时代背景而有所不同。

(1) 竞争环境

竞争环境是指影响企业竞争态势的一些因素与条件。这些因素可以是经济上的、政策上的、法律上的，也可以是文化上的；可以是企业内部的，也可以是企业外部的。从不同的角度，可以划分为宏观环境和微观环境、内部环境与外部环境以及国际环境与国内环境等。

竞争环境不同，竞争力构架也有所不同。以政策环境为例，假定一定时期，其他条件（这里的其他条件包括企业类型、产品、价格、企业经营管理等除政策以外的一切条件）相同的情况下，处于不同政策环境下的企业，其竞争力很大程度上受到政策取向的制约，政策"支持"、"鼓励发展"的企业，其竞争力相对于那些"限制发展"的企业的竞争力要强。

又如国际环境，受到他国"关税壁垒"、"价格限制"的企业相对于不受这些限制的企业具有更弱的国际竞争力。

再从企业的内部环境与外部环境看，企业面临的竞争制度、竞争政策、市场评价与监控体系、完善的产业基础设施及产业链等外部市场环境以及企业内部的产品成本、质量、差异化、品牌形象、人才优势、管理优势、技术优势和创新优势等因素，都影响着企业竞争力的大小。

(2) 企业类型

企业类型是指企业所属的产业类型（一、二、三、四产业等）和企业所有权类型（包括国有与私有、国营与民营），不同类型企业的竞争力不能一概而论。不同类型的企业由于企业组织形式、组织结构、资金构成等特点的不同，其竞争力的构架也应有所不同。换言之，企业竞争力构架应依据企业类型不同而有所不同，这不仅涉及到企业本身竞争力的评价与提升竞争力对策的制定，也涉及不同企业类型的企业竞争力的比较问题。

比如国营企业与民营企业，国营企业是国家管理，而民营企业（指狭义的民营企业）则集中反映在自主经营，自负盈亏，自主决策，适应市场的变化，进行独立的经营管理上。由此可以看出，国营企业的竞争力的强弱主要在于管理的好坏，而民营企业的竞争力则主要体现在以市场竞争力为主的竞争能力的集合。

(3) 时代背景

不同时代具有不同的经济特征与市场取向，从而也成为影响企业竞争力构架的因素之一。计划经济时代，企业竞争力主要体现在取得国家配额的多少，计划量决定了企业市场的大小；市场经济时代则主要表现在满足市场需求的能力；知识经济时代则取决于企业学习和应用知识、进行技术创新从而创造需求等方面的能力。

以上三大因素可以看出，企业竞争力构架不仅受竞争环境的影响、因企业类型而异、随着时代变化而不同，同时也可以看出，构成企业竞争力的因素应该是依据条件、环境不同而不断变化的，企业竞争力构架在一定条件下应该是动态的、可比的。

## 二、航运企业发展环境分析

### 1. 航运业的经营特点

从宏观角度看，航运业包括多种类型的企业，既包括自身拥有船舶，以经营远洋和近洋航线上的船舶运输为核心业务的船公司，又包括本身不拥有船舶，替船东管理与经营船舶的船舶管理公司；既包括货运代理企业和船舶代理企业等航运服务企业，又包括促使船舶定舱、买卖、租赁交易的经纪人。

我国航运业的经营特点具体表现为：

(1) 航运业是特殊的物质生产部门。航运作为运输活动的一种形式，是一种特殊的物质生产活动,它不直接生产有形的物质产品或半成品,它的产品是改变运输对象(主要指货物)位置和场所的变化,使其产生位移,从而创造商品的空间转换价值。

(2)航运业是资金和技术密集型产业。航运企业的运作需要的投资额巨大,随着当今船舶大型化、自动化、高速化的发展趋势,仅造买船一项,其投资额动辄数千万美元,除了庞大的固定资产投资,还要承担巨额的日常管理费用、船舶燃料费用等变动成本;航运企业内部管理复杂,需要有高超的科学管理手段,与此同时船舶的管理又需要有现代化的专业技术作为保障。

(3)航运业竞争激烈。在社会主义市场经济体制下,我国航运企业既要与其他运输方式企业竞争,又要与航运企业展开激烈的竞争,其中以同行业间的竞争最为激烈。近年来我国国内航运市场竞争过渡,导致运力严重过剩,尤其是在加入 WTO 以后,国外的航运企业进一步占据了我国航运市场份额,与其相比,国内航运企业在企业经营管理水平、资金、技术等方面都存在差距。虽然我国的贸易量在逐年增加,货运量在逐年扩大,但面对这种差距,国内的航运企业占有的市场份额很有可能负增长。因此为了保障我国航运企业在激烈的市场竞争能够立于不败之地,就必须采取科学的管理手段,增强企业的核心竞争力。

(4)航运业经营风险巨大。航运业的发展与世界经济和贸易息息相关,它始终遵循着"复苏—发展—波峰—萎缩—低谷—复苏"的变化规律,并且处于波峰的时间很短,而处于波谷的时间较长,这无疑会给投资大、回收期长的航运企业带来很大的投资风险。面对巨大的经营风险,企业的投资决策就显得格外重要,建立指标体系作为企业决策的理论依据就显得格外重要。

(5)航运企业内部管理复杂。航运企业在经营管理过程中联系部门众多,且要经过许多环节,船舶运输组织点多线长,受自然条件影响大且不容易控制,因此需要有一个工作效率高,信息传递畅通迅速的组织机构,并有相适应的评价指标。

**2. 我国航运企业发展环境分析**

航运企业发展环境的要素是指对航运企业的经营与发展方向有直接或间接影响的变量,它通过对企业经营组织管理的影响而影响到航运公司经营管理指标体系的制定、实施、控制和修订。一般来讲环境因素对企业的影响是广泛和持久的,主要由政策、经济、社会等因素组成。在对航运企业的发展环境进行分析时,主要是针对政策环境、经济环境、我国加入 WTO 所面临的新环境进行研究。

(1)政策环境

随着我国航运业的蓬勃发展,我国政府部门在航运业的管理方面采取了一系列的改革措施,以便使我国航运业更加规范,加快与国际市场接轨。这些改革措施主要包括:

①基本取消了货载保留

自 1988 年起,我国取消了国货国运政策,政府不再为国轮船队保留货运份额。目前我国只与极少数几个国家签订的双边海运协定中还保留有货载分配条款,新签的双边海运协定已不再有货载份额的条款。

②海运运价已基本开放

20 世纪 80 年代后期,我国航运业的另一项重要的改革措施是我国的航运运价基本放开,政府不再干预海运费率的制定,由承运人和托运人双方根据市场的供求关系,按照商业惯例自由定价,定价随行就市。

③对外开放航运市场

允许外国船公司在我国从事营业活动。从1985年起,我国陆续颁布一系列的法令法规,允许国外船公司可以以合资、独资的形式在我国从事正常的业务活动,国外航运企业随之纷纷涌入我国航运市场。

总体来看,我国目前的航运政策使我国的航运企业处于不太有利的地位。一方面,虽然近年来我国在航运政策方面实施了一系列的改革措施,使得我国的航运企业脱离传统的计划经济模式,向成为自主的市场经营主体方向转化,然而其变革的措施并不完全适应我国航运企业向市场经济过渡的实际情况和承受能力。另一方面,当前世界上还有多个国家采取公开的或者隐蔽的航运政策,如货载保留政策、造买船补贴政策,对本国的航运业进行保护,导致我国的航运企业在世界航运市场上受到不公平的待遇。

2001年12月下旬国务院发布的《中华人民共和国海运条例》中规定,经营国际船舶运输、国际船舶代理业务的中外合资、合作经营企业,企业中外商出资比例不得超过49%。同时,最近我国实施了对国内航运企业建造远洋船舶实行退税的政策。这些新政策法规的颁布无疑将为我国的航运企业发展带来新的机遇。

(2) 经济环境

航运是贸易的派生性需求,而贸易又是经济的派生需求,所以经济和贸易的发展变化对航运企业的发展能产生决定性影响。

特别是加入WTO后,我国参加国际航运事物谈判的地位明显得到了加强和改善,可直接参与WTO中有关航运事物的多边谈判和决策程序。我国可借助WTO条款中关于"公正、平等处理贸易争端的原则",妥善处理双边海运服务贸易中所产生的诸多摩擦,维护我国航运企业的合法权益。在促进和推动我国航运业发展的同时,航运业也迎来了更为激烈的竞争。经过几十年的发展,我国航运业已具备了一定的开放程度,特别是远洋航运,具有了一定的规模。但是,与国际大航运企业相比,无论是在经营管理水平上,还是在船队规模和资金运作上,还略有一定的差距。当前越来越多的国外航运企业进入我国航运市场,将自己的服务网络逐步延伸到全国各地,造成原本就是"运力大于运量"的我国航运市场竞争更加激烈。面对竞争,我国的航运企业还将会失去部分运输市场,流失一些人才,使得航运企业经营更加艰难。

在国际经济发展方面,2008年美国"次贷危机"所引发的全球性金融危机以来,世界经济整体处于萧条时期。相对于世界经济的跌宕起伏,我国经济受世界金融危机短暂影响后,又开始进入一个相对稳定、健康的增长阶段,GDP的增长速度仍然超过了7%,对外贸易发展迅速。我国不但克服了世界金融危机带来影响,而且利用这个机遇空前的发展了我国的国民经济。究其原因,一方面由于我国政府继续实行积极的扩大内需的财政和金融政策,出台了多项刺激投资和消费的措施,宏观经济出现明显好转,国内经济快速增长,出口货源供应充足;另一方面国内需求尤其是工业需求明显扩张,工业的快速复苏有效地带动了国内市场对国外产品的需求。

## 三、航运企业竞争力影响因素的选取

### 1. 航运企业竞争力因素选取的原则

影响航运企业竞争力的因素主要有三种:

第一类因素,航运企业所拥有的或者可以获得的各种"资源",包括外部资源和内部资源,如船舶总动力、船队结构、船员素质等,从而使航运企业具有某些优势。

第二类因素,能够保证航运企业生存和发展以及实施战略的"能力"。对企业能力的研究更强调企业自身的素质,即企业对环境的适应性、对资源开发控制的能动性以及创新性等。

第三类因素,不受物质资源约束而本身却能够物化为航运企业的"资源"和"能力"的"知识"或者"学识",包括航运企业的品牌、观念、战略、体制、机制、经营管理、商业模式、团队默契等。从其性质来看,知识本身也是一种能力。

航运企业具有一般企业的性质,同时又具有航运企业的特殊性。航运经济的特点是资本密集型的,因此航运企业拥有大量的资本,一般具有一定的规模,有的中型企业也具有集团性质。同时通常拥有完整的机构,系统的组织(不一定是有效的),是复杂的竞争参与者。因此,建立航运企业竞争力的因素分析体系时,应注意以下两方面:

一方面,航运企业竞争能力的系统性需要系统的研究方法。航运企业竞争能力是由相互联系、相互作用的若干要素构成的有机整体,可称为一个系统。而指标体系以多层次、多指标的方式,揭示事物间的相关性和系统性。它使一个复杂的问题分解为多个相互联系的组成部分,构成一个有序的阶层结构,使其概念化、条理化、层次化。通过研究系统各组成部分、要素的相互关系与功能的相互作用,以及它们对整个系统的影响,以达到对系统整体的全面评价。

另一方面,航运企业竞争能力的复杂性,有的需要进行直观评定。对于航运企业竞争力因素的选取,既可以是定量的,也可以是定性的。通过确定各项因素的计算方法,再逐层综合,可以实现问题的定量分析,使复杂的问题直观化,增强决策者对最终结果的满意度和把握度。

因此,在确定航运企业竞争力因素体系时,应遵循以下基本原则:

(1)科学性原则

因素分析体系是理论与实际结合的产物,它必须是对客观实际的抽象描述。航运企业竞争能力涉及的因素很多,如何对其进行高度的抽象、概括,如何在抽象、概括中抓住本质的、有代表性的影响因素,是设计因素分析体系的关键和难点。对客观实际抽象描述越清楚、越简练、越符合实际,其科学性也就越强。另外,评估的内容也要有科学的规定,每个影响因素指标的概念要科学、确切,要有精确的内涵和外延。

(2)系统性原则

航运企业竞争能力的强弱是由自身的船队状况、船员素质、组织管理能力以及财务状况等因素所决定,同时也受到外部环境的影响,是所有要素组合效应的综合反映。因此,对竞争能力的影响因素分析就必须采取系统设计、系统分析的原则,才能全面、客观地作出合理地分析。

(3)可行性原则

影响因素分析体系的具体指标设置应尽量与现行的船队指标、船员素质指标、组织管理指标、管理财务核算指标统一,使评估指标所需的数据易于采集;指标体系要简繁适中,计算、评估方法简便、明确、易于操作;各项评估指标及其相应的计算方法、各项数据,都要标准化和规范化。

**2.航运企业竞争力因素的分析**

航运企业竞争力的因素分析主要应从航运企业竞争力的表现形式、形成方式与构造、决定因素与力度等方面来进行。一个航运企业在竞争中,必须努力寻找与建立相对有利的竞争地位,谋取竞争优势,从而在争夺生存所需要资源的竞争中获胜。

因此,航运企业竞争力将通过航运企业市场竞争优势和企业所开展的每一项竞争行为(包括企业内部与外部行为)的力度得到体现。航运企业竞争力又是一个综合的概念,一个航运企业在航运市场中所表现出竞争性体现与所面临的挑战性压力是通过竞争资源与优势的合理配置与组合表现出来的,不仅需要有效的市场竞争活动,而且需要能够支撑外部竞争行为的内部力量与能力,只有这样才能形成持久的市场竞争地位。由于航运企业竞争力内涵的复杂性与多层面性,所以只有通过对航运企业竞争力的分解才能加以清楚地认识与理解。

图 12-1 为竞争力构成的分解示意图。从图中可见,航运企业竞争力的构成可以分解为三个依次相关、但不可相互替代的层面。它的外层是航运企业竞争力的外显特征,即航运竞争力行为特点与业绩,中心是航运企业竞争优势与市场地位,里层是竞争资源要素与能力。这是航运企业竞争力的主结构。同时,航运企业的外部环境对航运企业竞争力也起着关键的作用。

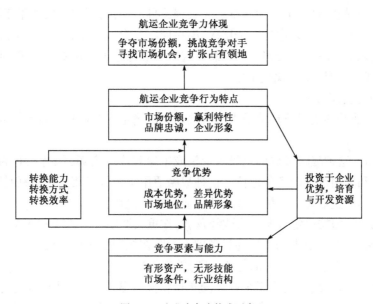

图 12-1 企业竞争力构成要素

## 任务二 航运企业经营战略

战略一词出自军事术语。《孙子兵法》云:"上兵伐谋",谋就是战略。英文的战略一词是希腊语"将军"的衍化,意指将军的用兵艺术。现代社会常把战略用于政治与经济领域,20 世纪 60 年代开始用于企业,出现了战略经营(经营战略)或战略管理。

### 一、企业经营战略概述

**1. 经营战略的定义**

经营战略,是指企业面对激烈变化的环境,严峻挑战的竞争,为谋求生存和不断发展而作出的总体性、长远性的谋划和方略,是企业家用来指挥竞争的经营艺术。具体地说,经营战略是在符合和保证实现企业使命的条件下,在充分利用环境中存在的各种机会和创造新机会的基础上,确定企业同环境的关系,规定企业从事的事业范围、成长方向和竞争对策,合理地调整企业结构和分配企业的全部资源。从其制定要求看,经营战略就是用机会和威胁评价现在和未来的环境,用优势和劣势评价企业现状,进而选择和确定企业的总体、长远目标,制定和抉择实现目标的行动方案。

我国学者刘春勤、彭好荣主编的《企业经营管理》一书中把企业经营战略定义为:在竞争的环境里为企业确定长期成长目标并选择实现这些目标的途径和取得竞争优势的方针对策所进行的谋划。这个定义说明:①战略是有形的,不仅是一种指导思想或原则,而且是一种具体设计或规划。②这个规划首先是根据对竞争环境的形势分析,为企业确定长期发展或成长的目标。③战略的重点是选择实现企业成长目标的途径或指导方针。实现企业成长目标的途径与指导方针的选择,必须以扬长避短、发挥企业竞争优势为基准。

**2. 企业经营战略分类**

企业经营战略可以按其层次、态势、规模和行业市场竞争特性等几方面进行分类。

(1) 按企业经营决策层次分类

大型企业经营战略是一个庞大复杂的大系统,可以分解为不同层次的子系统。一般来讲,对于大型企业,企业经营战略包括三个层次:第一层次是公司级战略;第二层次是事业部级战略;第三层次是职能级战略。公司在制定总体战略时要考虑下一层次的情况;而下一层次的战略应服从和体现上一层次的战略意图。

(2) 按企业经营态势分类

根据企业所处的环境以及环境的未来发展趋势而确定的企业总的行动方向。它有三种基本类型:

①稳定战略。这种战略强调的是投入少量或中等程度的资源,保持现有的产销规模和市场占有率,稳定和巩固现有的竞争地位。这种战略适用于效益已相当不错,而暂时又没有进一步发展的机会、其他企业进入屏障又较大的企业。具体包括:

a. 无变化战略,即按原定方向和模式经营,不作重大调整;

b. 利润战略,即在已取得的市场优势基础上力图在短期更多地获利;

c. 暂停战略,即为了巩固已有的优势,暂时放慢发展速度。

②发展战略。这种战略适用于企业有发展和壮大自己的机会,其特点是:投入大量资源,扩大产销规模,提高竞争地位,提高现有产品的市场占有率或用新产品开辟新市场,这是一种进攻型的态势。具体包括:

a. 垂直一体化战略,即在原有经营领域的基础上分别从前向或后向开拓发展;

b. 水平一体化战略,即在技术经济性质类似的经营领域内横向扩大发展;

c. 多角化战略,即向完全不同于原有的经营领域扩大发展。

③紧缩战略。又称"撤退战略",这种战略适用于外部环境与内部条件都十分不利,企业只有采取撤退措施才能避免更大的损失的情况。具体包括:

a. 削减战略,即逐步减少生产或收回资金,但不完全放弃,以等待时机;

b. 放弃战略,即对无法挽回的产品等经营领域予以转让,收回资金另作他图;

c. 清算战略,即企业无力扭亏增盈,濒临破产时予以清算,整体转让。

(3) 按企业规模分类

①中小型企业经营战略。随着市场的充分发育,市场交易费用不断降低,中小企业专业化强、管理方便,在国民经济发展中占重要地位。适合中小企业的经营战略有:小而专、小而精战略:即通过细分市场,选择能发挥企业自身专业化优势而进行生产经营的战略;钻空隙战略:即通过调查,发现市场供应空缺之处,凭借中小企业快速灵活的优势,进入空隙市场;经营特色战略:由于中小企业容易接近顾客,能够通过使自己的产品或服务具有与众不同的特色来吸引消费者,从而取得成功。承包、联营战略:即中小企业紧密地依附于一个大企业或企业集团,接它们的长期订货,成为它们的一个加工承包单位或联营企业。

②大型企业经营战略。大型企业一般都有经济规模的要求,即生产或加工过程要达到一

定规模才能显示其经济效益。制定企业战略应考虑其规模大、管理层次多、信息传递慢、对市场环境变化反应相对迟钝等不足,发挥其规模效益等长处,避免其短处。

**3. 影响企业经营战略的要素**

影响企业经营战略的基本要素主要有三个方面,即企业的经营环境与服务范围、企业的发展目标、企业的经营结构与竞争优势。

(1)企业的经营环境与服务范围

企业的服务范围指的是企业所从事的产业或行业。这是企业进行竞争角逐的舞台,也是企业赖以生存的业务项目和活动空间。企业的经营环境是处于变化之中的,影响其变化的因素既有社会政治方面的,也有技术和经济方面的。其中经常发生作用的是技术和经济方面的因素。在企业的服务范围(产品和市场)这一直接环境中,供求关系的任何变化既可能给企业的发展提供机会,也可能对企业的生存造成一定的威胁。环境的变化既对企业提出了客观要求——进行战略经营,以应变战略接受环境变化的挑战,充分利用环境变化所带来的契机,把经营风险减小到最低限度,同时又制约着企业的经营战略。因此,企业的经营战略必须以对环境的科学分析为依据,顺应环境的变化。战略的有效性也要受环境变化的检验。如果战略目标、方针与环境变化趋势相适应,战略是有效的;如果战略目标、方针同环境变化趋势相悖,则要调整或改变战略。

(2)企业的发展目标

企业的发展目标也就是成长向量。目标既包含方向的选择,又包含数量的确定。在这里,最重要的是发展方向,方向选对了,就会事半功倍,数量可以根据趋势外延来规定。方向选错了,不仅会事倍功半,甚至会倒退、破产,数量会变得毫无意义。安索夫认为,在企业的服务范围内,企业发展方向的选择,取决于产品、市场这两个因素的组合。产品与市场组合派生出四个方向:①市场渗透;②市场开发;③产品开发;④多角化。企业的成长方向具有相对的独立性。它一方面受创业环境,特别是企业服务范围的制约,另一方面又受企业经营结构与竞争优势的制约。

(3)企业的经营结构与竞争优势

企业的经营结构是指能用来满足社会某种需要以维持其生存发展的一切手段,包括人力、物力、资金等资源结构,生产设备、工艺等技术结构,产品结构,经营组织结构等。企业的经营结构是企业经营战略的物质基础和内部条件。战略是不能超越物质基础的,否则只能是纸上谈兵。物质条件作用的充分发挥又依赖正确的经营战略。正确的经营战略必须是充分地利用了行业环境所提供的机会,又充分地利用了企业的物质基础和内部条件。充分利用企业外部环境和内部条件的前提是扬长避短,发挥自己的竞争优势。寻求竞争优势有两个途径:一是研究需求特性和进行市场细分,或在服务于现在需要的同时发现潜在需要和萌发需要,先发制胜,或以特定的产品服务于特定的市场,保持局部优势。二是发挥协同效果。协同效果也称乘数效果,就是在制定战略时,正确地处理"弃旧"与"图新"的关系,利用旧基础,改造旧基础,推陈出新,锦上添花,而不是一切从头来,使企业的优势能够逐步积累,由量变转为质变。

**4. 经营战略的内容**

一般而言,一个战略系统都需要包括三项基本内容,即战略目标、战略方针和战略规划。经营战略的内容,也可从以下六个方面来进行阐述:

(1)战略思想,即指导经营战略制定和实施的基本思想,是企业领导者和职工群众在生产经营中发生的各种重大关系和重大问题的认识和态度的总和,对企业经营者和职工群众在生产经营活动中,起着统率作用、灵魂作用和导向作用。

(2)战略目标,是指企业以战略思想为指导,根据主客观条件的分析,在战略期内要达到的总水平,是经营战略的实质性内容,是构成战略的核心,正确的战略目标是评价和选择经营战略方案的基本依据。

(3)战略重点,是指那些对于实现战略目标具有关键性作用而又具有发展优势或自身需要加强的方面,是企业资金、劳动和技术投入的重点,是决策人员实行战略指导的重点。

(4)战略方针,是指企业为贯彻战略思想和思想战略目标、战略重点,所确定的生产经营活动应遵循的基本原则、指导规范和行动方略,起着指导作用、指针作用和准则作用,包括综合性方针和单项性方针;目的性方针和手段性方针。

(5)战略阶段,是根据战略目标的要求,在规定的战略期内,所划分的若干阶段。

(6)战略对策,又称经营策略,是指为实行战略目标而采取的重要措施和重要手段,具有阶段性、方针性、具体性、多重性的特点。

**5. 战略管理的内容**

从企业未来发展的角度来看,战略表现为一种计划,而从企业过去发展历程的角度来看,战略则表现为一种模式。如果从产业层次来看,战略表现为一种定位,而从企业层次来看,战略则表现为一种观念。此外,战略也表现为企业在竞争中采用的一种计谋。这是关于企业战略比较全面的看法,即著名的5P模型(Mintzberg,et 1998)。

通常认为,战略管理是指企业确定其使命,根据组织外部环境和内部条件设定企业的战略目标,为保证目标的正确落实和实现进度谋划,并依靠企业内部能力将这种谋划和决策付诸实施,以及在实施过程中进行控制的一个动态管理过程。

综观不同学者和企业家的不同见解,战略管理可以归纳为两种类型,即广义的战略管理和狭义的战略管理。广义的战略管理是指运用战略对整个企业进行管理。狭义的战略管理是指对战略管理的制定、实施、控制和修正进行的管理。目前,居主流地位的是狭义的战略管理,在狭义战略管理观下,战略管理包括以下几点含义:

(1)战略管理是决定企业长期问题的一系列重大管理决策和行动,包括企业战略的制定、实施、评价和控制。

(2)战略管理是企业制定长期战略和贯彻这种战略的活动。

(3)战略管理是企业处理自身与环境关系过程中实现其愿景的管理过程。

战略管理内容包括三大阶段:即战略设计、战略实施和战略评估。

战略设计是指提出一个机构业务的主体任务,确认一个机构的外界机会和威胁,确定机构内部的强项和弱势,建立一个长远目标,形成可供选择的几种战略和选择可操作的战略方针。战略设计问题包括决定一个机构什么样业务要拓展,什么样的业务将放弃,如何有效地利用现有的资源,是否扩大业务或多种经营,是否进入国际市场,是否要兼并企业或举办合资企业,以及如何避免被竞争对手吞并等。由于每一个机构的资源有限,战略家提供何种战略决策将更适合于某一企业或机构,并达到最佳效益,这就要从科学准确的角度,提出一个机构或企业的专门产品市场占有率和开发研究技术的可能性和可行性,以及确定长期的竞争优势。经验表明,较高的决策成功率建立在科学的基础上,成功或失败的决策,关系到一个企业或机构的兴衰。

战略实施是战略管理的第二个阶段,通常称为战略管理的行动阶段。战略实施要求一个机构建立一个年度目标,制定相应的政策,激励雇员和有效调配资源,以保证建立的战略能够实施。战略实施包括制定出战略支撑文化，创造一个有效的机构组织，调整市场，准备预算，开发和利用信息支持系统并调动每一位雇员参与战略实施的积极性。

战略评估是战略管理中最后一个阶段。评估战略规划，是在战略实施过程中不断修改变化着的目标，因为外部和内部环境的因素通常是要改变的。评估工作包括，回顾和评价外部和内部的因素，作为战略方针选择的基础，判断战略实施的成绩和争取正确的行动解决实施过程中所出现的未曾预料的各种问题。如何科学、客观地判断战略实施过程的成绩和不足，这对一个企业或机构今后发展目标的确定关系重大。随着信息高速公路的不断发展，战略管理的决策更加依赖于信息来源的准确性。分析过程的科学和准确，对战略实施关系重大，如果设计的目标没有建立在较科学的基础上，这样的目标注定是不能够实现的。因此，评估的重要性从根本上讲是：成功的今天并不代表明天会继续成功，成功的背后同样会存在各种各样的问题，经验表明，自我满足的机构必然会走向灭亡。

战略管理的三个阶段，相辅相成，融为一体，战略设计是战略实施的基础，战略实施又是战略评估的依据，而战略评估反过来又为战略设计和实施提供经验和教训。三个阶段的系统设计和衔接，可以保证取得整体效益和最佳结果。

## 二、航运企业战略规划

航运业是贸易的派生产业，航运企业时刻处于一个多变复杂的市场环境之中。航运企业要生存，必须根据自身的现状，结合市场环境的发展态势，合理制定出一个长期的战略规划，以适应变化着的市场环境。战略规划对于一个企业的生存和发展，具有决定性的指导作用。制定正确的战略规划，是航运企业进行经营决策和管理的出发点，而经营管理过程的有效实施，将是航运企业经营成败的关键。

**1. 航运企业战略规划的意义**

综观目前国际、国内航运市场，开放和竞争是主流，垄断格局不断被激烈的竞争所打破，导致市场的重新划分与组合。例如，发展中国家的航运业日益壮大，旧班轮公会正逐渐被新型的航运联营体和航运联盟所替代；国内航运市场也已初步形成多种所有制形式并存、多家经营、公平竞争的格局。这些都表明，我国的航运企业同样必须以战略规划为先导，才能在国内外航运市场的激烈竞争中占据主动。

航运企业战略规划是指航运企业为了使自己的资源和能力，包括船舶运力、资金、人才、经营能力和管理能力等，与不断变化的航运市场环境相适应，加强自己的应变能力和竞争能力以谋求企业的生存和发展而制定的长期性、全局性、方向性的规划。这种规划一般要指出企业在 10～20 年之内的发展方向，并且随着企业内外部环境的变化而不断进行修正。

航运市场极易受到各种政治、经济因素变化的冲击，这种冲击时刻给航运企业的生存和发展带来新的机会或造成新的威胁。航运企业的发展，必然导致规模扩大、经营内容和范围日益复杂。现代化航运企业的经营活动是一个从市场到市场的大规模循环活动系统，其中任何一个环节都不能脱节，否则就会成为整个系统的"瓶颈"，使整个系统的效益受到影响。所以，航运企业的发展过程中，经营者必须对每一个环节的未来作长远的战略打算，不能仅满足于眼前的平衡。

**2. 航运企业战略规划的内容**

航运企业战略规划的主要内容和制定过程是：第一，在整体层次上确定航运企业的基本任务；第二，根据企业基本任务的要求确定航运企业的目标；第三，安排航运企业的业务经营组合,确定企业资源在各业务单位(或航运产品)之间的分配比例;第四,制定实现企业战略规划的各业务单位、产品、市场层次上的营销计划和职能计划(如财务、生产、劳动人事等计划)。

(1) 确定航运企业的基本任务

企业的基本任务是指在一定的时期内确定企业市场营销工作的服务对象,具体表现为确定企业的经营范围和领域。企业的基本任务是企业寻求和判别战略机会的活动空间和依据。一个企业在创立时,一般都有比较明确的基本任务,但这并非固定不变。随着时间的推移和内外环境的不断变化,企业的任务也要相应地改变。

航运企业在规定、调整其任务或制定正式的任务计划时,都应该对这样一些问题作出回答:本企业经营的业务是什么?本企业的客户是谁?客户的主要需求是什么?本企业应该怎样去满足客户的这些需求(也即企业将要经营的业务及发展方向)?一个成功的航运企业应该不断地向自己提出这些问题,并审慎而全面地作出回答。通过对这些问题的回答,也就明确了航运企业基本任务的内容。

航运企业的基本任务应体现一系列鲜明的特点,才能保证其最大程度有效。首先,要以现代营销观念为导向,在规定企业的经营范围时,要体现以市场为中心的现代市场营销观念,即以明确地满足外部市场的某种需要的方式来表达。其次,航运企业的任务要具有可行性,企业的业务领域不宜规定得过窄或者过宽,要基于本身的行业特色,以一业为主,兼顾其他,这样才能显得切实可行。第三,航运企业的任务必须具有激励性,企业的任务应能使全体员工感受到他们所从事的工作的重要性,从而鼓舞员工的士气,调动员工的积极性和创造性。第四,航运企业的任务应该具体明确,强调企业的优良传统和共同价值观,使全体员工共同遵循。

(2) 确定航运企业的目标

当航运企业的基本任务确定以后,还要将这些任务具体化为企业各管理层次的目标,形成一套完整的目标体系,使每个管理人员都有自己明确的目标,并担负起实现这些目标的责任,这一过程被称为"目标管理"。航运企业管理目标有广义和狭义之分。

广义的管理目标,一般包括以下几个方面:

①社会效益目标。主要是指航运企业满足国民经济发展及人民生活水平提高对航运需求的程度,如上交国家税收的完成情况和人才培养等方面的目标。

②市场目标。指企业在提高市场竞争能力、增加市场份额和开拓国际市场等方面的目标。

③企业发展目标。指企业在开辟新的航线、提供新的运输服务、开发或引进先进的运输工艺技术及推行企业现代化管理等方面的目标。

④企业利益目标。指航运企业自身的经济效益目标,主要是利润目标,并涉及企业的收入、成本、资金等方面的目标。

狭义的管理目标,一般包括以下几个方面:

①船舶营运目标。船舶营运指标是以实物形式反映船舶运输生产活动情况和运用效率的指标,它由营运数量指标、营运质量指标、营运效益指标、货运安全指标四个部分组成。主要包括船舶运输工作量指标、船舶生产能力、船舶装载率、平均航速、营运率、重航率、单位运输成本、吨船贡献毛利、期租水平、运输质量、货运安全赔付率等。

②船舶管理目标。鉴于船员管理、船务管理工作与船技管理紧密联系,统称为船舶管理。国内外的航运企业都会设置船技部门来负责船舶工程技术与船舶技术监督管理,并设置相关的船舶技术管理、船员管理、船务管理指标。主要包括:单船营运率、燃油应消耗量、燃油单耗、船员工资与营运成本比、证书管理、船员责任事故、备件物料费用、船舶维修频率等。

③安全管理目标。安全是习惯化、制度化行为,影响企业的组织变革、感召力和员工。对于航运企业来说,安全工作显得更加重要,而人、船的安全更是第一位的。航运企业安全管理主要涉及船舶安全、人身安全两个方面,主要包括各类海损事故件数、船舶安全面、平均航次安全生产率、千吨海里经济损失、人身伤亡事故数、职工因公伤亡率等。

④财务管理目标。财务职能是航运企业职能划分的一个重要组成部分,既是考核、评价企业经营管理的主要条件,也是企业决策的重要依据。财务管理指标主要包括偿债能力、资金营运能力和获利能力三个部分。由于这部分指标在企业的财务报表上都有相应的会计科目,比较容易计算。主要包括:资产负债率、流动比率、固定资产周转率、流动资产周转率、EVA、营收利润率等。

⑤人力资源管理目标。人力资源是航运企业的核心资源,人力资源管理的结果和最终目的是提高员工的工作效率和企业的效益,从而提高企业的竞争力。人力资源管理指标的设置主要围绕人力资源结构、招聘、培训、使用等方面进行。主要包括在岗职工文化状况、在岗职工年龄结构、企业管理人员比率、企业技术人员比率、招聘完成比、招聘成本、人员培训率、人员流动率、劳动合同执行率、薪酬福利等。

(3)安排航运企业的业务经营组合

航运企业在明确了自己的基本任务和目标之后,其最高管理层还要进一步分析目前所经营的业务项目或确认每项业务的具体内容,从中寻找出最能使企业发挥竞争优势、扬长避短,从而最有效利用市场机会的业务项目。这项工作一般分两个步骤进行:第一步是分析航运企业现有业务项目的现状,以确定对哪些业务增加投入、对哪些业务减少投入;第二步是制定企业的增长战略,即增加哪些新的业务。

航运企业战略规划的重要内容之一是它的业务组合分析。通过分析,企业管理层可对各项业务进行分类、评估,根据其经营业绩的好坏决定取舍。对有发展前景、业绩好的业务追加投入,对亏损的业务按性质决定维持或淘汰,从而使企业的有限资源得到合理的配置。

(4)制订实现航运企业战略规划的职能计划

在确定了航运企业的任务、目标、发展方向与增长战略,并对各战略业务单位作出安排后,航运企业的战略规划还未能真正完成。作为反馈,航运企业的各战略业务单位都有责任向管理层提供有关的信息和建议,并且为实现企业的任务和目标,要各自制订具体的职能计划。

职能计划一般要包括市场营销计划、财务计划、生产计划、资金计划、物资设备供应计划、人事计划等内容。航运企业在制订职能计划时,首要问题是明确市场营销在企业战略规划中的地位,处理好各种职能之间、各个部门之间的关系,特别是营销部门同其他职能部门之间的关系,正确解决好各个职能部门之间的矛盾。这又可以集中表现在航运企业营销计划的地位和作用上。

制订营销计划是航运企业实现战略规划的关键一环,也是各项职能计划的核心。因为营销计划就是确定满足客户运输需求的目标要求,确定实现目标所需的资源,而财务、生产、人事等计划就是为了保证营销计划所确定的资源供给,即资金、船舶设备、人员等的支持,所以,战略规划的制定和实施,也就是对营销的管理和控制过程。

**3. 航运企业的增长战略**

航运企业的增长战略主要有三种:密集型增长战略、一体化增长战略和多元化增长战略。

(1)密集型增长战略。密集型增长战略是指航运企业将资源力量集中在现有的某一个或某几个业务上,促使其继续有所发展。密集型增长战略适合于现有的业务和市场还有发展潜

力,而本身力量相对薄弱、资源有限的中小型航运企业。密集型增长战略可以采取以下三种具体形式:

①市场渗透。即努力在现有的市场上增加本企业的份额,提高市场占有率。航运企业的市场渗透主要是通过增加新的客户、与竞争对手争夺客户等途径来进行。例如,在与其他运输方式(铁路、公路)平行的线路上吸引新的客户,吸引其他航运企业的客户等。

②业务发展。发展和改进现有业务,提高服务质量,吸引更多客户。例如,可以在原先单纯的运输业务上简化托运手续,降低费用,及时通知收货人或送货上门等。

③市场拓展。即以现有的业务开辟新的市场,增加市场面。例如,将航线延长,扩大营运的区域,增加停靠的港站,争取更多的货源等。

(2)一体化增长战略。一体化增长战略是指航运企业以自己的资源,如运力、资金等来联合或控制竞争中的某些外在因素或环节,促进其所从事的业务的发展,巩固竞争优势。在行业吸引力和增长潜力都比较大时,规模较大、实力较强的航运企业适宜于采用这种战略。通过实行一体化,可以提高企业的效率、赢利能力和控制能力。航运企业的一体化战略可以是纵向一体化,也可以是横向一体化。

①纵向一体化。航运企业的纵向一体化主要是指航运企业与货主、客源单位、其他运输方式(铁路、公路、航空)的企业联合,和对航运的主要环节如代理、港口等加以控制,目的是掌握稳定的货源和客源。例如,航运企业可以通过参与投资货主的某些项目或签订长期运输合同来获得稳定的货源供应。在世界石油和矿石的海上运输市场上,许多船公司就是以牺牲一部分船舶控制权来换取大货主们的长期运输合同,尽管显得被动,但也增强了抗衡航运市场波动的能力。

②横向一体化。横向一体化主要是指相互间有竞争关系的航运企业的联合。这种联合可以是实力雄厚的大航运公司兼并或控制一些弱小企业,也可以是一些弱小企业的联合,或是大企业之间的联合。通过横向一体化可以扩大经营规模,增加市场份额,提高企业的竞争能力。

(3)多元化增长战略。航运企业的多元化增长战略即指向航运业以外的行业发展,扩大业务范围,实行跨行业经营。当航运企业的实力极其雄厚,而航运业竞争激烈,良机难觅,其他行业却颇具吸引力时,可以实行这种战略。但多元化并不意味着毫无选择地利用一切可以获得的机会,而是要求企业扬长避短,结合自身的资源优势来选择市场机会,取得最佳效益,分散经营风险。我国中远集团、中海集团都制定了"海运为主,多元发展"的经营方针。

### 三、航运企业战略管理

航运企业战略管理就是在符合和保证实现航运企业使命的条件、充分利用国际环境中存在的各种机会和创造新机会的基础上,确定航运企业同环境的关系,规定企业从事的业务范围、发展方向和竞争策略,合理地调整企业结构和分配企业的全部资源的行为过程。在当代错综复杂的国际经济条件下,我国航运企业要成功地实现全球性的经营,取得国际航运市场竞争中的有利地位,得到发展和壮大,需要许多内部和外部条件的配合。航运企业应根据自身的特点加强经营管理,而战略管理则是其核心。

航运企业战略管理的内容主要包括战略制定、战略执行和战略控制三个部分。

#### (一)航运企业战略制定

航运企业战略制定是企业经营管理者在内外环境分析的基础上,组织力量,按一定的程序和方法，拟定企业可以采用的若干种战略备选方案，通过对各个方案的评价，从中选择最可行的方案。

**1. 企业环境分析**

航运企业的内外环境是制定和选择战略的前提、依据和限制条件。战略选择必须透彻地了解航运企业经营的外部环境和企业的内部条件，把握形成现状和发展趋势的诸多因素，为合理而恰当的战略选择提供充分的判断基础和逻辑前提。

（1）一般环境因素分析

一般环境因素是指产生于航运企业的外部，但不受企业经营活动所影响的因素，主要指社会文化环境、政治环境、经济环境、法律环境等。社会文化环境影响航运企业的市场调查，市场营销活动，航运企业应根据不同的社会文化环境制订不同的社会营销战略。政治环境，如战争、码头工人罢工等对航运业的影响甚大。经济环境，由于航运需求是一个派生于贸易的需求，而国际贸易和国内贸易是受全球经济或地区经济的影响，各国各地区的资源状况、经济发展水平的不同就形成了当今世界和地区贸易的基本格局。法律环境，航运企业的经营活动具有很强的涉外性，从事航运经营活动不仅受国内法的制约，而且还要受外国法律和国际性的公约的制约，熟悉法律环境是航运企业进行战略管理的重要基础。

（2）特定环境因素分析

特定环境是指航运企业所属特定产业的环境，特定环境分析指对航运业的特点、航运市场的特征和未来走势的预测、造船市场和拆船市场的情况、货主的情况、物流的变化、竞争对手的情况等进行分析和研究。

**2. 企业内部条件分析**

航运企业内部条件分析主要是对企业的组织结构、市场营销、财务、企业的研究发展能力、人力资源、企业经营管理能力等的分析。通过对这几个方面的分析，就可以对企业进行正确的市场定位。

**3. 确定战略目标**

航运企业战略目标是企业经营活动在一定时间内所预期要获得的成果或所追求的期望值。必须在对航运企业外部环境和内部条件全面分析的基础上，按照一定的程序，制定出客观可行的战略目标。在制定战略目标时，要遵循数量化、合理化、民主化原则，要有较强的可操作性。

**4. 战略类型的选择**

航运企业应根据其外部环境和内部条件，结合具体的战略目标，选择适当的战略类型。

（1）成长型战略

成长型战略是航运企业在现有基础和水平上向更高一级的方向发展。它是企业在处于有利的竞争条件下，充分发挥自己在运输服务和市场方面的潜力以及各种竞争优势，求得成长发展的一种战略。

（2）稳定型战略

稳定型战略是指企业经过各种条件分析后，只能保持在现有战略基础地位和水平上，或者仅有较少的增长，并采用各种措施防御竞争对手。

（3）退却型战略

退却型战略是指采取从企业现有战略基础起点向后倒退的战略，它是企业在现有经营领域中处于不利位置，又无法改变这种现状时，逐步收缩甚至退出现有经营领域，收回资金，另找出路的一种战略。退却型战略的实施可以从航运业转向其他产业,将航运企业出售或进行破产清算等。

### (二)航运企业战略执行

航运企业战略执行是战略的具体贯彻和付诸实施的过程,是航运企业按照战略方案的要求在全球范围内合理有效地配置资源,发挥优势,把握时机实现航运企业战略目标的具体行动。

在航运企业战略管理过程中,制定一个好的战略固然重要,然而只有将它正确地付诸执行,它才会发挥效力。航运企业战略执行可从宏观和微观两个方面进行,宏观上,应建立与航运企业战略类型相匹配的企业组织结构,为执行企业的战略目标制订一系列功能性的策略。微观上,应当营造良好的企业文化,制订战略执行过程中发生突发情况的应急措施,解决执行过程中的具体问题。

### (三)航运企业战略控制

航运企业战略控制是指在战略计划执行过程中要选择恰当的战略控制方式和手段,将实际工作的进展情况和计划要求加以对比,发现偏差,分析其原因并采取改进措施,通过战略控制可以保证战略计划的准确执行和及早实现。现实中,航运业的经营环境和自身条件是不断变化的。战略控制就是要在这种变化的环境条件下确保既定战略目标的实现。航运企业战略控制由建立控制标准、衡量绩效与控制标准的比较、采取适当行动修正偏差等内容组成。

航运企业的战略管理活动是紧紧围绕战略制定、战略执行和战略控制三个方面的内容展开的,这些内容之间存在着逻辑递进关系,它们紧密相连,相互影响,靠战略管理活动达到彼此间的协调和实现企业目标。但由于航运企业所处环境以及企业自身条件的变化,这就要求对上述内容进行必要的调整和改进。因而,航运企业战略管理是一个动态的过程。

## 任务三 航运企业经营策略

所谓经营策略,就是在企业经营管理中,为了实现某一经营目标,在一定的市场环境条件下,所有可能实现经营目标采取的行动及其行动方针,方案和竞争方式,均可称为经营策略。航运企业常见的经营策略主要包括合作策略、竞争策略、定价策略和多元化经营策略。

### 一、航运企业合作策略

航运合作,也称为航运联营,是航运业之间或航运业与其他相关行业之间实行联合经营的一种组织形式,也是当今航运界比较盛行的一种经营策略。

#### (一)航运合作的目的

**1. 有利于改善形象**

船东之间合作经营,可以在船队规模和开拓业务方面提高其经济实力,有助于在国际市场上树立起更好的形象,提高其在服务对象中的地位,增强其竞争能力。

**2. 有利于节约开支**

在船东合作实体内,可以充分发挥规模经济的作用,降低船舶管理费用和其他营运费用。尤其是集装箱运输行业之间的合作,可以大幅度降低有关集装箱使用和管理方面的费用。

**3. 有利于资金周转**

对于规模较小的航运企业来说,组成联营体后,就能以整个联营合作收入为基础,克服资金短缺的困难,资金周转问题得以妥善解决。

**4. 有利于增强适应能力**

船东之间组成联营合作体,不仅能扩大其市场占有率,而且还可以灵活地以较多的船舶去适应租船市场内的各种不同需求,同时还可以提高营运的经济效果。

### (二)航运企业的合作模式

**1. 按行业隶属关系分**

按照合作企业双方所属行业的相互关系,可以把航运企业合作划分为纵向合作和横向合作。

纵向合作是一种垂直方式的合作模式,其实质是将从事同一产品的不同阶段生产的企业相互衔接起来,以组合成提供纵向一条龙服务的企业形式。这种合作模式主要存在于加工制造业和与此相联系的原材料、运输、销售等行业之间。对于航运界而言一,目前比较热门的是在整个物资流动的全过程实现各个环节的纵向合作,这就是综合物流领域的合作。纵向合作的优势在于合作双方能获得自然的协同效应:一方面使需求方获得了稳定的需求来源,从而节省了交易成本;另一方面使供应者获得了稳定的销售渠道。纵向合作在航运业的发展潜力主要集中在国际多式联运业务及综合物流领域,实践中已出现多种形式的垂直联合,其中包括仓储、陆运、报关、商检、代理、供应等多种服务企业参与到合作当中。航运企业纵向合作的另一个策略是与内陆运输部门、航运企业与货代公司、货主等的纵向联合。

横向合作是指两个或两个以上从事性质相同或相似活动的企业间的联合,是一种水平方式的合作模式。横向合作的优点在于:在市场竞争中,当行业内存在较多数量的竞争者并势均力敌时,各企业只能保持最低的利润水平,而企业通过合作,一方面扩大了规模,降低了单位产品成本,提高了效率,形成了规模经济;另一方面,横向合作造成卖方集中的局面,增加了形成市场势力的机会,可以有效地减少竞争压力,增加创造垄断利润水平的可能性。在航运企业之间常采用的横向合作,如联盟、并购等。

**2. 按企业合作紧密程度分分**

航运企业的横向合作模式按其合作紧密程度的不同,可以进一步划分为三大类:资源合作、战略联盟和并购,他们的合作紧密程度由小到大,如图12-2所示。

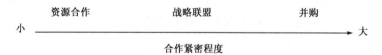

图 12-2 按合作紧密程度划分的航运合作

值得注意的是,企业对合作模式的选择并不一定趋向合作紧密程度的扩大,而是要根据企业自身的发展,以及市场对企业经营规模的经济性要求来定。

(1)资源合作

资源合作是航运企业为减少投入,充分利用各自的已有资源,在个别航线进行的舱位以及设备使用方面的合作。根据合作形式不同,又可划分为以下几类:

①舱位租用。舱位租用是合作一方作为承租人向合作的另一方租用部分舱位的合作形式。这种情况下舱位承租人并不参与合作航线的任何决策活动。舱位租用通常有两种情形:

一种是双方针对一方的某条航线订立舱位租用协议;另一种是合作双方租用对方不同性质航线的部分舱位。这种合作方式以承租方按协议定期向对方支付固定舱位租金为基本特征,无论舱位实际使用与否。优点是,通过舱位租用,拥有过剩舱位的船公司可以减少亏舱,增加收入;而承租一方则可以利用对方公司现有的航线,以较低的舱位成本增加发船密度,增加覆盖面。缺点是,租出舱位的船公司会因此在无形中为自己增加一个市场竞争对手,并将丧失一部分潜在或现有的客户。

②舱位互换。舱位互换中的合作各方维持原有独立经营的航线,但各自拿出部分舱位来换取对方类似航线的等量舱位。此类合作的优点是,合作各方可以在不增加或调整任何航线和船舶投入的情况下,增加发船密度,拓宽挂靠港口的覆盖面,尤其是当某一方因政治或政策原因无法直接挂靠某些港口时,航运企业可以通过舱位互换的合作来利用对方在这些港口的优势,从而达到优势互补。

③舱位共享。舱位共享即航运企业之间共同派船,是一种较高形式的合作。两个或两个以上航运企业就同一条航线的营运达成协议,规定各方投入船舶的具体数量,按投船比例确定各方在每艘船的舱位分配数量。这种方式最明显的特征是合作各方经营同一航线,按共同的船期表、挂靠港来营运。但各方所投的运力不尽相同,各方负责各自投入船舶的营运,各方船舶在各港使用的码头由于各种原因可能不同,各自使用自己的代理,保持独立的市场营销和运价政策。这种形式的合作可使各合作方利用较少的投入就能开辟新航线服务,达到事半功倍的效果。在当今船舶投资巨大,但回报率极低的情况下,该种合作形式越来越受到航运企业的重视,目前,航运界存在的几大联盟多数属于此类性质的合作。

综上分析,各种资源合作的模式都能使合作企业通过对资源的充分利用而降低成本,但这种合作是建立在策略基础上的,为解决企业内部某一具体问题而采取的权益之计。因此,这种资源合作方式一般较为松散,合作方无明确的长期战略目标,因而其能够获得的利益是有限的。

(2)战略联盟

战略联盟是企业间为了实现战略目标达成的长期合作安排,它既包括从事类似活动的企业间的联合,也包括从事互补性活动的企业间的合作,既包括强强联合也包括强弱联合。战略联盟是在资源合作的基础上发展起来的一种合作方式,这种合作不仅停留在调剂资源余缺的层面上,而是以长期战略合作为目标,以涉及多条航线、采用多种合作方式、合作范围广泛(从船舶经营的合作到码头共享和设备管理)为标志,在合作层次上更深入。战略联盟涉及企业的战略思考,是企业为了长远的生存或发展而采取的重大步骤。

战略联盟的三个必要和充分的特征条件:

①两个或两个以上企业联合致力于一系列目标,并在联盟后保持独立性;

②合作企业分享联盟的收益并控制特定业务的绩效;

③合作企业在一个或多个关键战略领域如技术、产品等方面持续作出贡献。

航运企业战略联盟的优点在于:由于是以长期的战略性合作为目的,合作各方更重视合作的稳定性和长期利益,因而合作范围更广,合作程度也更深,建立在长期信任基础上的合作无疑降低了交易成本,贡献于企业长期竞争力的形成,因而获得的长期利益也就更多。例如,可以在不增加船舶投入的情况下扩大自己市场的覆盖面,成为全球承运人;通过增加某一港口或地区的发船密度,提高周转量;可以通过码头设备共享降低经营成本;同时,由于联盟的规模大,增强了其与港口谈判的实力,有利于获得优惠的装卸费率;另外,联盟规模大,调整的余地也大,因而比较容易根据市场的变化来部署、调整航线,提高自己的竞争实力。

然而,战略联盟也存在一些影响其稳定性的因素:一是合作各方的增值结构不对称。联盟各方的收益结构有一部分是共享的,其他部分则不能共享。其次是战略目标兼容性问题。战略联盟是以目标、任务、观念、经济以及文化的共同协议为基础的,它要求联盟的各方共同遵守这一游戏基本规则,在战略和行动上加以合作,但是联盟伙伴的各方又都是独立的实体,都有着自己固有的文化传统、管理作风、组织结构和战略目标,这些企业背景的不同使得联盟的战略兼容变得困难。

(3)并购

并购是兼并与收购的总称。兼并是指一个企业购买其他企业的产权,使其他企业失去法人资格或改变法人实体的一种行为。收购是指一个企业取得对其他企业的一定控制权的一种行为。企业兼并的基本点是合并或吸收其他企法人资产,从而实现产权转移和所有权变更,其根本标志是被兼并企业法人地位的丧失和转移。而在收购中,收购方取得被收购企业的控制权后,可将被收购企业解散,也可保留其法人地位,让其作为收购方的子公司继续存在。

战略上的调整和运输业务的重组是各大船公司之间实施并购的最基本原因。在世界经济一体化的今天,随着各国经济开放程度的提高,整个航运市场正在逐步形成一个全球化的发展格局,企业的经营活动范围已从一个国家或地区扩展到全世界,但是单个航运企业受自身条件的限制,不可能在所有区域的航线内取得竞争优势,而通过企业间的并购,以资产为纽带把合作伙伴联结起来,可以在短期内充分发挥联盟的规模经济优势,壮大实力,提高竞争力,为打入全球其他市场,扩大竞争优势创造有利条件。

并购可使国际化的航运企业实现规模化、网络化经营,提高规模经济效益和全球市场占有率;可盘活航运企业存量资产,实现优势互补;可降低企业经营成本,增加经营收入;可有效遏止航线上运力严重过剩所引起的恶性竞争。

虽然并购可以给航运企业带来以上好处,但是目前航运企业的并购仍存在着一些困难。首先,在并购实施阶段,并购活动会占用企业大量的流动资源,从而降低企业对外部环境变化的快速反应能力和适应能力,增加企业运营的风险;其次,在并购企业文化整合过程中,如果并购双方的企业文化相互冲突时,可能会导致在一个公司内出现对立的双方,而不是相互的合作,导致并购后的企业低效运行;此外,当需要对市场做出判断时,独立身份的丧失可能导致灵活性受限制。并购需要合理的战略,即使在最有利的情况下,如果做不到这一点,企业就会陷入旷日持久的消耗而代价沉重,因为并购时间的推迟,加上资金筹措问题,可能会大大增加营运费用。

## 二、航运企业竞争策略

在航运市场上,尤其是在不定期船市场上,多数情况下是买方市场占据着市场的主导地位,从而导致船公司之间的竞争趋于激烈,因此,经常研究和采取灵活的竞争策略,争取稳定的货源,乃是航运公司永恒的课题。综合众多航运公司的经验,它们所采取的竞争策略主要有成本水平领先策略、差异化策略、优质服务策略、合作竞争策略等。

### 1. 成本水平领先策略

成本水平领先策略的含义是以低成本保持成本水平处于领先地位,因为只有低成本,才能做到低运价或低租价,才有可能给货主以延期递增回扣的优惠条件,这样才能使自己在竞争中处于有利的地位。在全球航运市场中,成本领先正日益与规模经济紧密相关,为了寻求规模经济，目前国外多数航运企业主要采取了船舶大型化战略。

由于受无可争辩的规模经济理论的影响，航运船队的规模已经持续增长。通常，随着船体规模的增加，单位运输服务成本将减少。一个必然结果是如果运费率维持不变，单位运输服务的收益将随着船舶规模的增加而增长。另外，在建造更大型船舶过程中也存在规模经济。由于建造成本并不相应地随着船体载货容量的增加而按同比例增加，在干线上经营的主要航运企业如果想要保持竞争优势，唯有通过运营和建造具有更大经济性的大型化船舶。然而，当少数航运企业为获得规模经济采用超大型船舶后，其他航运企业为获得同样的规模经济而紧随其后，从而为整个航运市场带来了运力过剩的压力。

实施成本水平领先策略，首先要求企业必须拥有先进的设备和生产设施，并能有效地提高设备利用率；其次是要利用管理经验，加强成本与管理费用的控制，全力以赴地降低成本；最后是最大限度地减少研究开发、推销、广告、服务等方面的费用支出。总之，要采用各种措施降低经营总成本，使成本低于竞争对手，依靠处于领先地位的低成本获得高额利润，使企业在竞争中占据有利的地位。

要做到低成本，除了要不断改善企业经营管理，从各个方面降低成本外，许多船公司很重视新船型及新设备的开发，以高科技促进成本降低，如船舶日趋大型化，采用浅肥型船（包括超巴拿马型船等）、散货自卸船，开发未来型、节能型船舶等。此外，国外政府也很重视对航运企业采取一系列倾斜的保护政策，航运企业有了国家作为强大的后盾，才更有可能采取"压价竞争"的策略。

**2. 差异化策略**

差异化策略主要是为了向客户提供更高层次的服务，当前国内外航运公司主要采取开展综合物流服务和信息服务的方法。

（1）综合物流服务策略。当前许多船公司正在把业务向物流业扩展，这已成为众多船公司竞争的新领域。不少航运企业在实践中逐渐认识到，在海洋运输基础上，全面介入物流服务，积极配合货主对运输服务更层次的要求，以货主为中心全面提高门到门运输的服务水平，将给自身带来多方面的竞争优势。基于上述认识，不少国际知名航运企业积极开始了向综合物流服务的迈进。发展综合物流服务给这些企业带来了崭新的发展空间和丰厚的利润源泉，而且极大地巩固和增强了这些企业在航运主业上的竞争优势。事实表明，发展综合物流服务是航运企业面临的又一次发展机遇。从海洋运输向综合物流服务转变，已经成为航运企业发展的大方向。

（2）信息服务策略。未来的时代是信息的时代，未来的竞争也将是信息的竞争。因此，信息服务是创造航运企业经营特色的重要途径，也是竞争的重要手段。因为只有完善的信息服务，才能向货主提供方便、快速的多式联运服务，可以及时提供货物的动态信息服务，满足货主日益增长的货运需求。以马士基、铁行渣华和东方海外等为代表的国际航运企业不惜花费巨资投入技术开发，特别是信息技术的开发，从而形成了公司鲜明的经营特色，提高了服务质量，赢得了市场。

**3. 优质服务策略**

优质服务的含义是要完整无损、迅速及时地把货物运抵目的地。在航运界主张"高服务、高成本、高收益"竞争策略的有马士基海陆公司、美国总统轮船公司（已被东方海皇收购）、台湾地区长荣公司等著名的航运公司。他们主张为货主提供更多更好的优质服务，认为此举乃是竞争策略的核心和立足点。因此，近几年来他们大力发展高速度、多箱位的集装箱船，通过高质量的服务拓展海上集装箱运输的市场份额,运输的高效率给他们带来高效益。

为了做到优质服务,航运企业要建立起信息管理系统,并与货主联网,及时了解货运质量和运输被阻的主要环节及主要原因,避免有货无船承运和有船无货来装。另外,航运企业在运输前要到货主单位咨询并征求意见;运输中要及时为货主提供跟踪服务,使其随时了解自己货物的有关情况;运输后如有索赔要求要及时处理,以便与货主保持友善和经营的联系。要开展送货上门、代办中转或多式联运等服务,简化货运手续,方便货主。

**4. 合作竞争策略**

合作竞争策略模式是基于当前企业竞争环境的变化而产生的。在国际航运业掀起联盟并购以前,由于市场上存在大量或实力相当的卖家(即船公司),在缺乏权威的条件下,为了击败对手,企业间容易发生以价格为主的竞争,并且这种竞争不仅在几个企业中间,而且会波及到整个行业中去。当国际航运业的增长速度缓慢时,行业内企业的竞争将是围绕争夺市场而不是扩大市场的低级竞争中去,并且主要是通过增加船舶运力这种基本的手段或采用低价策略,最终造成费用增加、运力过剩和效益下降等不良后果。由此可见,这种独立经营、单打独斗的竞争模式不但不会增加企业的竞争优势,反而会造成两败俱伤的局面。任何一个企业都不可能永远占领市场,因此企业必须开发新产品,但是任何一个企业的创新能力都是有限的,仅仅依靠企业的自身力量通过人力、物力长期与竞争对手进行竞争很难取得效果,最终只会是败者退、胜者伤,没有好效果。而通过合作可以很好的解决航运服务方式与技术的创新、海上航线的开辟、运输生产能力的提高和运输网络覆盖面的扩大等多方面的难题,使企业能在较少资源成本投入的情况下,扩大生产规模、提高服务质量、迅速进入市场,得到较好的收益。由此可见,通过合作策略可以很好地将成本领先策略与差异化策略融合在一起,从而使企业实现战略目标多赢的局面。

目前,合作已成为当今国际航运企业普遍采用的竞争策略。全球最大的20家航运企业90%以上都采取了不同形式的联合,这20大航运企业占世界航运船舶总载重量的比例由1986年的35%上升到2003年的60%左右。由此看到,航运公司的不断壮大和公司间的联营、并购活动已经使运输能力集中于几个大型的航运联合体中,但是这种集中并不意味着压制竞争、形成垄断,在这些企业密切的合作中,行业内的竞争压力并未减少,航运公司的服务质量不断提高、运价比几年前大幅降低、企业推出新的服务理念的竞赛在加速,新的市场特点是单个营运公司数量减少,竞争由单个企业间的竞争进入群体竞争时代。

合作竞争策略不仅适用于大型的国际航运企业,对于一些实力一般的企业而言也是非常有效的战略模式。这些企业仅仅通过传统的竞争手段和聚变方式要想在短时期内实现质的飞跃与突破这种可能性不是很大,而通过合作策略则可以避免与强大竞争对手的正面交锋,养精蓄锐,通过在合作过程中的不断学习与历练,来培养和提高自身的核心能力,获得竞争优势,从而实现企业能力的裂变。

## 三、航运企业定价策略

企业定价是指企业按照价值规律和供求规律的要求,根据国家的价格政策和规定的作价原则、方法以及市场供求变化情况,制定和调整由企业生产经营的产品或服务价格。企业定价有利于完善企业经营机制,增强企业活力,提高企业市场营销管理水平和经营效益。

企业定价一般遵循5个步骤,如图12-3所示。

根据传统的价格理论,影响企业定价的因素主要包括四个方面,即成本、需求、竞争和定价目标。对于航运企业来说,制定运价和运价竞争是他们无法回避的重要问题。但是许多船公司往往在处理定价时出现错误,如定价过于成本导向,运价不能随市场的变化而及时变化,制定运价时未能将营销组合中的其他要素加以综合考虑等。同时,由于航运产品属于服务产品,航运企业在制定运价策略时,还应考虑服务产品的特征对运价的影响。

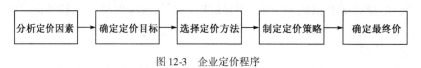

图 12-3　企业定价程序

### (一)商品与服务的差异

服务营销虽不同于商品营销,但商品营销的基本原理同样适用于服务营销。然而,服务营销的几种特性与商品营销有明显的不同,这些特性对于服务营销的定价有不同程度的正反两方面的影响。商品与服务之间的一些主要差异,重点表现在以下几个方面。

**1. 服务的本质与特性**

(1)无形性。商品是有形的,它们既看得见又摸得着。它"不留下任何可以捉摸的、同提供这些服务的人分开存在的结果",在顾客购买之前无法看到、听到或闻到该项服务,也不能对该项服务进行检验和测试。正是由于服务的无形性才使得服务定价十分困难。然而,成功的定价者却可以利用服务的无形性创造出优势。例如,商品容易识别,这样顾客就要依据他们对有形产品的感性认识做出选择,而顾客对无形服务的好奇心却可能增加其销售。

(2)不腐坏性。很多商品(如食品)是容易腐坏的。但一项服务,即使它对一个购买者来讲,可能会因时间而丧失部分价值,却不会直接腐坏。

(3)不可储存性。有形产品必须储存,这一般要发生一笔存货维持费用,其中包括维护商品的费用、移动物品的费用,以及为弥补流动资金短缺而发生的利息费用。原材料、部件、在产品和最终产品都必须储存。虽然提供服务的各种设备可以在需求之前准备,但生产出来的服务如不及时消费掉,就会造成损失。服务不可能像商品那样被储存起来,以备销售人员在市场上出售。所以,服务通常不会产生相应的储存费用、存货费用和运输费用等。

(4)变化性。服务具有高度可塑性。正是由于它的无形性,才无法通过商品的包装、产品的设计等手段来促销,而只能通过广告设计在顾客心目中勾画出服务形象,通过刺激人们的视、听、嗅、味、触来促进销售。有形性允许商品营销者采用富有创造性的产品设计、包装和广告手段。服务则难以推销,因而可以避免推销需要的大量费用。

(5)不可分离性。有形产品在从生产到流通再到消费的过程中,往往要经过若干中间环节,生产过程与消费过程之间有一定的时间间隔。服务产品则不同,它具有不可分离的特征,即服务产品的生产过程和消费过程是同时进行的,两者在时间上是不可分离的。一般而言,总成本随生产时间的增加而增加,所以,服务产品的总成本随时间的增加而增加。

就运输产品而言,由于时间是构成航行距离的要素之一,所以航运产品的总成本随距离的增加而增加。这就决定了航运产品有按距离计价的特点。即其价格构成中也就包括距离这个要素。航运产品的计量单位是吨海里。运价则以每吨海里若干元表示,称作吨海里运价率。运价率实质上是单位距离航运产品的价格。它的形成基础是单位距离的航运成本。由于单位距离的航运成本是随运距的延长而逐渐递减。即单位航运成本递远递减,所以运价率也具有递远递减的特点。运价率随运距延长而递减的特点还具有如下规律,即在近距离递减得快,远距离递减得慢,超过一定距离不再降低。

### 2. 政府法规的限制

由于服务的无形性和难以精确判断,政府很难通过立法来管制服务的营销活动。另一个原因是,由于服务时消费与生产是同时进行的,因而即使购买者不满意,服务也不能被退回。在购买之前进行服务的展示常常是做不到的,而且服务也不能被重新获得。因此,需要制定法规对消费者采取一定的保护措施。政府法规限制方式之一是对一些服务等特殊行业设立特许经营执照,另一种方式对一些服务职业采用资格执照或职称证书制度。

### 3. 顾客的接近性

大多数服务都必须与购买者在地理位置上十分接近,以便于提供服务,而购买者通常也是依距离的远近作为选择服务供应商的标准。商品零售商必须设在接近潜在顾客的地方,同样的道理也适用于服务企业。服务性产品与一般商品的另一个重要差异是表现在运送方式上。商品制造商理论上可以通过中间商将产品行销全球,而服务性产品的运送则必须由生产者直接提供,运送服务性产品的费用要纳入销售价格中。

### 4. 服务性产品的分销

服务性产品的分销方式与一般商品有很多不同。由于顾客必须亲自到服务的场所接受服务,要么就是服务企业到顾客那里提供服务,即它是面对面的服务。所以服务性产品的分销受到地理区域的限制。

## (二)影响航运定价的因素

### 1. 航运成本

航运成本是航运企业提供运输服务所支出的各种费用的总和,它包括所有生产、分销和推销该航运劳务的费用。正常情况下,这些费用应从运价中得到补偿。

### 2. 航运需求

航运需求量与运价是反向关系,即运价越高,需求量越低,表现为一条向右下方倾斜的需求曲线。营销者除了应了解航运需求与运价在变化方向方面的关系,还应了解航运需求量的变动对运价变动的反应程度,即航运需求的价格弹性(简称需求弹性)。

### 3. 竞争者的运价和产品

竞争者的运价和产品是影响航运企业定价的另一个重要因素。货主在选择船东时,总要比较他们所提供的运输产品的质量与运价。企业须了解每一个竞争者提供的航运劳务及其运价。企业可派专人收集竞争者所提供的航运劳务的信息和运价表或报价,比较各船东所提供的航运劳务及其运价。企业还可征询货主,他们认知的运价应是多少,对每一个竞争者提供的航运产品质量感觉如何。

企业在掌握竞争对手的运价和所提供的产品之后,就可把他们作为制定自己运价的一个参照点。

### 4. 定价目标

定价目标是企业市场营销目标体系中的战术性目标之一。营销目标有战略性目标和战术性目标之分,它们共同构成企业的营销目标体系。航运企业的定价目标主要有以下几种:

(1)追求当期利润最大化

利润最大化对航运企业至关重要。资金实力有了保证,才能增强服务顾客的能力。利润最大化意味着服务的定价必须高于其各项成本的总和,以便付出的服务能提供足够的收益,来补偿成本并为企业发展提供必要的资本。

在一个完全自由的市场环境中,当期利润最大化的定价目标并不意味着企业要为运输产品制定一个最高运价水平。按照经济学的理论,利润最大化的必要条件是边际成本等于边际收益。由这个条件所决定的运价,可以是使企业赢利的高价,也可以是使企业亏损的低价,还可以是使企业不盈不亏的保本价。

在完全竞争的情况下,每一个航运企业都是运价的被动接受者,而它们所接受的市场运价,就是能使企业当期利润达到最大的运价。不过,它们还须根据它们的成本来调整它们的运输供给,以满足边际成本等于边际收益这一均衡条件,否则,仅仅接受市场运价还不能保证当期利润达到最大。

就完全垄断和垄断竞争这两种市场结构而言,要想制定一个能达到当期利润最大的运价,航运企业须估计它们的需求和成本,然后,按照边际成本等于边际收益这一条件,选择一个使其当期利润达到最大的运价。

至于处于寡头垄断市场结构的航运企业,若存在勾结,则勾结起来的"卡特尔"组织,如班轮公会,其追求当期利润最大化的定价行为与完全垄断航运企业类似;若不存在勾结,处于支配地位的寡头船东,可按照边际成本等于边际收益这一准则来选择一个使其当期利润达到最大的运价;处于被支配地位的其他寡头,也许只有采用处于支配地位的寡头船东所制定的运价,才能使其当期利润最大化。

(2) 维持企业生存

把维持企业生存作为企业的定价目标,实际上只不过是把追求当期利润最大化作为企业的定价目标的一种特殊形式。当能使企业利润达到最大的单位运价低于企业的平均成本而高于企业的平均变动成本时,企业应维持生产,继续营业。

(3) 提高市场占有率

较高的市场占有率意味着航运企业揽取较多的货载,从而有利于降低单位运输成本。较高的市场占有率便于航运企业运用营销手段与货主建立长期业务关系,实施关系营销,为提高企业赢利率提供可靠保证。当市场需求增加时,拥有较高的市场占有率的航运企业将会获得的往往是高赢利率。因此,许多企业都把提高市场占有率作为自己的定价目标。就航运企业而言,采用这一定价目标,就要制定较低的运价;就是要以低运价来吸引新货主和保持老货主,以达到提高市场占有率的目的。所以,这是一种以牺牲短期利润来获取长期持续高利润的战略性的定价目标。

(4) 树立货运质量领先地位

航运企业可以把树立货运质量领先地位作为定价目标。树立货运质量领先地位要求航运企业能安全、迅速、准确无误地将货物运输到目的地,同时向货主提供优质的附加服务(如为货主提供货物运载情况追踪查询服务),使其货运质量具有超出一般同行的水平。树立货运质量领先地位能使企业在货主的心目中建立良好的信誉,取得货主信任期望获得稳定的货源,使企业赢得长期丰厚的利润。

## (三) 航运定价的策略

### 1. 成本导向定价法

成本导向定价法是指以经营成本为基础,并确定一定的赢利率。通常以成本加上一个标准的或固定的利润来决定产品价格的方法,具体包括成本加成定价法、投资回报率定价法和损益平衡销售量与目标定价法三种方法。

(1) 成本加成定价法

成本加成定价法是指产品的价格由产品的成本加上某一标准比例(或成数)构成。其计算公式为：

$$单位成本 = 单位变动成本 + 单位固定成本$$
$$= 单位变动成本 + 总固定成本/预计销售量$$
$$成本加成价格 = 单位成本/(1 - 期望利润率)$$

(2)投资回报率定价法

投资回报率定价法是指公司首先确定某一比例为公司的投资回报率，然后据此制订目标价格，其计算公式为：

$$目标定价 = 单位成本 + 投资回报率 \times 资本投资/单位销售$$

(3)损益平衡销售量与目标定价法

损益平衡销售量与目标定价法是指厂商考虑在某一特定的目标定价下，万一出现不能完成预期目标的销售量的情况，以不赔本为前提计算损益平衡销售量进而反推产品定价是否合理的定价方法。其计算公式为：

$$损益平衡销售量 = 固定成本/(价格 - 变动成本)$$

成本导向法简单易用，因而被广泛采用。其缺点在于：一是不考虑市场价格及需求变动的关系；二是不考虑市场的竞争问题。成本导向定价法是通过一个假想的期望销售数字而计算出来的定价，如果销售数字没达到预期要求，则必然无法达到预期利润。

**2. 需求导向定价法**

需求导向定价是以货主对航运的需求强度作为定价的基础，在其他条件相同的情况下，航运需求越强烈，航运运价则越高。采用这种定价方法，关键在于提高货主对该航线的认知价值，主要有认知价值定价法和负担能力定价法。

认知价值定价法，又叫觉察价值定价法，也称"感受价值定价法"、"理解价值定价法"，是消费者对产品价值的认识程度来确定产品价格的一种定价方法。航运企业采用此种定价方法，其关键不是船方的成本，而是货主对价值的认知。其定价模式为：

$$运价 = 货主的认知价值 - 佣金$$

货物对运价负担能力定价法是以货物价值为基础、以价值高低来确定其负担能力进而确定运价。通常高价值的货物其运价负担能力较强，运价可以实行高价，反之，低价值的货物，运价不宜定得过高。其定价模式为：

$$运价 = 货物价值 \times 货物负担能力系数$$

**3. 竞争导向定价法**

竞争导向定价法是以市场供求关系为基础，并充分注意竞争者的定价水平，按照行业的平均现行价格水平来定价。在航运界，竞争导向定价法主要有避免竞争的随行就市定价法和开展竞争的建立优势定价法。

(1)随行就市定价法

随行就市定价法又称通行价格定价法。它包括以下两种具体的定价模型。

第一，在完全竞争或接近完全竞争的航运市场上，企业在定价时没有什么选择余地，每个企业都是价格的接受者，只能按照市场的现行运价来定价。不定期船即期市场上常采用此种定价方法。其定价模式为：

$$运价 = 现行市场运价$$

第二，在差别寡头垄断的航运市场上，较弱小的船东根据行业内处于支配地位的船东(价格领袖)所制定的运价来确定自己的运价。弱小的船东所确定的价格往往根据自身特色针对价格领袖的运价确定一个浮动幅度。其定价模式为：

$$运价 = 价格领袖的运价 \pm 浮动幅度$$

(2)建立优势定价法

建立优势定价法是与市场份额领先或产品质量领先发展战略相适应的定价方法。采用这种方法定价的企业，在决定运价时，为了实现自己的发展战略，必须参照竞争对手的运价来制定自己的运价。以市场份额领先为发展战略的企业制定的运价，是在竞争对手制定的运价基础上降低一个幅度的运价，其降低的幅度须大到足以揽取预期规模的货载。其定价模式为：

$$运价 = 竞争对手的运价 - 下调幅度$$

而以产品质量领先为发展战略的企业所制定的运价，则是在竞争对手制定的运价基础上提高一个幅度的运价，其提高的幅度须大到足以反映其运输产品是具有超群质量的。其定价模式为：

$$运价 = 竞争对手的运价 + 上调幅度$$

**4. 利润导向定价法**

利润导向定价法主要依据企业的利润目标来定价。它包括两种具体的定价方法，即最大利润定价法和目标利润定价法。

(1)最大利润定价法的定价模型为：

$$MC(Q) = MR(Q)$$
$$P = f(Q)$$

式中：$Q$——货运量；

$P$——运价；

$MC(Q)$——边际成本函数；

$MR(Q)$——边际收益函数；

$f(Q)$——需求函数的反函数。

(2)目标利润定价法的定价模型为：

$$运价 = 单位成本 \times (1 + 目标利润率)$$

这种定价法类似于成本加成定价法，只不过成本加成定价法侧重考虑的是成本，而目标利润定价法侧重考虑的是一定目标的利润率。

## 四、多元化经营策略

多元化理论研究可以追溯到1957年，安索夫在《多元化战略》中明确提出了企业多元化经营战略的内容。多元化经营一般有两种含义：一种是指一个企业同时在两个或两个以上行业中经营的一种战略。另一种含义是多元化经营是指企业同时生产或提供两种或两种以上的产品或服务的一种经营战略。目前，国内比较公认的定义是在第二种说法上发展起来的：多元化经营是指企业同时生产和提供两种以上基本经济用途不同的产品或劳务的一种经营战略。

根据企业所进入的新经营领域与原有经营领域在产业链条中的相互关系，可以将企业多元化划分为以下四种。

(1)横向多元化：即企业将经营领域扩展到与原有产品存在较高竞争程度的领域。

(2)纵向多元化：即企业进入所从事的生产经营活动或产品的上游产业或下游产业领域。

(3)混合多元化：指企业同时在横向和纵向两个方面扩展自己的经营领域。

(4)无关联多元化：指企业进入与原有经营领域基本不相关的新领域。

目前,航运经营人身份日益复杂已经成为航运经营的一大特点。传统市场上,航运经营人基本上是单一身份,而现在经营人可以集多种身份于一体,如既是船东公司,又可能是租家,也可能是经纪人,也可能是贸易的买方或卖方。可以看出,航运企业已经不在是单纯地从事上述某种经营方式,而是同时涉及不同经营方式的多元化经营模式。

## (一)航运企业多元化经营动因分析

航运企业采取多元化经营主要出于以下目的:

### 1. 分散风险

航运业是一个高风险的行业,因为航运业本身投资大、专业性强,而且航运市场易受各种因素影响,波动频繁。如果航运企业没有其他业务活动作为利润补充的话,当航运市场不景气时,航运业必须承担利润锐减的损失,这对一个企业是极为不利的。因此航运业本身的特点要求航运企业在主业之外进行多元化经营,从而降低企业对航运业务的依赖,达到分散风险的目的。

### 2. 提高企业的竞争力

随着世界各国航运市场的开放,航运市场竞争越加激烈,为了能够在竞争激烈的市场中立于不败之地,各航运必须有目的地进行多元化经营,加速提高企业的竞争力。

### 3. 获得经济利益

企业采用各种战略的目的就是为了获得足够的利润,航运企业采取多元化经营战略也不例外。多元化的经济优势在于将外在的资本市场内部化,实行多元化经营的公司实际上应是一个内部的资本市场,它不但可以为各经营单位更便捷地提供各种信息和帮助,而且可以更充分地利用企业内部各种有形、无形的资源。这样可以加强企业对市场的控制力,从而获得更多的利润。

## (二)航运企业多元化经营利弊分析

### 1. 航运企业实施多元化经营的好处

航运企业对利益最大化的追求,无疑是其作为经济人选择多元化经营战略的主要动机。现代航运企业特别是大中型企业之所以出现多元化经营的发展趋势,是因为它能给企业带来以下利益:

(1)范围经济

范围经济是指关联产品的生产或经营可以节约某些共同费用发生,是因为在一个企业内部,几种产品的生产可以分享共同的信息、机器、设施、设计、营销、管理经验、库存等。显然,航运企业选择相关多元化经营战略,在一定条件下可以获得范围经济。范围经济实质上是一种协同效应,即两个事物有机地结合在一起,发挥出超过两个事物简单总和的联合效果。有相关多元化所带来的范围经济具体表现为技术协同效应、生产协同效应、市场协同效应和管理协同效应。

(2)分散风险

在不同行业、不同种类产品之间,产品市场生命周期、价格变动、机会和风险变化状况是不一样的,另一方面,商业循环的起伏、市场行情的变化、竞争局势的演变,都直接影响着企业的生存和发展。在经济全球化增强,竞争日趋白热化的今天,在任何一个非垄断的、充满竞争的市场上,没有哪个企业能确保拥有稳定且日益增长的市场占有率,尤其是航运市场是高风险的震荡市场。因此航运企业经营单一化的风险日益增大,多元化经营则可以通过把企业业务分散在不同行业和不同种类的产品中,从而分散经营风险,提高经营安全性。

(3) 形成内部市场以节约交易费用

这里的内部市场主要指内部的资本市场和人力资源市场。航运企业在外部资本市场上筹集资金往往需要较高的交易成本。通过实施多元化战略，企业可以在内部建立资本市场，使资金在不同业务之间合理流动，从而提高资金利用效率。其中，内部银行的建立对企业内部资本的形成具有决定性作用。同样，企业可以通过多元化经营形成内部人力资源市场，促进人才在企业内部的合理流动并节省费用。

(4) 充分发挥企业潜能，实现资源的效率配置

航运企业在长期的经营过程中，随着规模的扩大，会不断产生并积蓄超过满足日常生产经营需要的资源，如资金、设备、人员、技术、信息等。航运企业潜在的或可以利用而未开发利用的潜能积累到一定程度时，必然会产生向新的领域开发的强烈欲望，从而形成了企业多元化经营的态势。另一方面，多元化经营，尤其是相关联的多元化经营的各种航运服务如船代、货代、物流等。利用核心业务的统一协调能力，顺利开展其他业务。在市场营销方面，还可以依托航运企业航运业务强大的全球网点，经由现有营销网络、渠道向目标市场输送新服务。

**2. 航运企业实施多元化经营的弊处**

(1) 分散企业资源

由于一个航运企业的资源是有限的，进行多元化经营之后，企业势必要将人财物重新配置，往往会将资源从原有业务分流到新业务中去，同时，多元化经营企业还常常利用其某个行业上的赢利对亏损行业进行补贴，试图达到各行业平行发展，此类行为通常会造成企业处于整体规模庞大，但在每一个业务领域中又达不到规模经营效果，结果既失去了主营业务原有的优势，新的业务也构不成竞争优势。多元化非但没能起到分散风险、稳定经营的目的，反而增加了航运企业经营的不稳定性。

(2) 增加进入新行业风险

进入新的业务领域需要付出更高的成本以克服产业进入壁垒。由于航运企业在刚进入一个新的产业时，不具备在此产业中经营的经验，缺乏必要的人才、技术、市场等资源，就很难在此行业中立足并取得竞争优势，要取得竞争优势就必须付出较高的成本。而且，企业在一个完全陌生的产业环境中经营，往往会遇到较大的风险。

(3) 造成管理冲突

由于航运企业在不同的业务领域经营，因而管理与协调的工作就大大复杂化了。例如，航运企业在一个业务领域内实行成本领先战略，这就要求企业在研究开发、市场营销、原材料采购等各方面降低成本，而同时航运企业在另一个业务领域实行差异化战略，这就要求企业在其整个价值链内寻求差异化的来源，而这种差异化经常以成本的提高为代价，因此，航运企业在这两个业务领域同时经营往往会造成管理理念上的冲突，使管理效率大大降低。

(4) 降低企业整体价值

单一经营的企业作为航运多元化经营企业中的一个部门，很可能在资不抵债时继续生存下去，因为航运多元化经营企业可以用其他行业方向上的赢利对亏损企业进行补贴，但这种补贴会降低航运企业的整体价值。由于内部资本市场为企业创造了较多可供使用的资金，航运企业可能会选择一些效益欠佳的投资项目，从而给企业整体价值带来负面影响。

**(三) 航运企业多运化经营模式的选择**

**1. 多元化经营模式类型**

多元化经营模式分为三种基本类型：集中多元化经营、横向多元化经营和混合多元化

经营。

（1）集中多元化经营

指将一些增加新的但与原有业务相关的产品与服务一同被广泛的称之为集中化经营。这种经营方式的特征是提供的产品或者服务和现有的产品或者服务有一定的相关性，提供的对象有可能是现有的顾客，也可能是新顾客，企业可能投入相当的资源拓展新的市场。

（2）横向多元化经营

指向现有的用户提供新的与原有的业务不相关的产品或者服务。它的特点是提供的产品或服务与现有的产品或服务没有相关性，并且被提供的对象是现有的顾客，而不是新的顾客，也就是利用现有的市场，通过现有的营销网络进行经营。

（3）混合多元化经营

指增加新的与原有的业务不相关的产品或者服务。它的特点是企业提供的产品或者服务和现有的产品或者服务不相关，提供的对象有可能是原来的顾客，也可能是新的顾客，企业有可能投入相当的资源进行新的市场开拓，也有可能通过现有的营销网络进行经营。

**2. 航运企业多元化模式选择**

航运企业多元化发展首先要从自身条件出发。企业的自身条件包括资金、人力、资源等方面。在各方面实力都比较强的大企业可以考虑采取整体多元化的发展模式，而那些实力并不是很强的中小企业在选择多元化经营时，最适宜的模式应该是水平或集中多元化，而且应本着从相关领域到不相关领域的发展顺序进行多元化经营。其次，从各种模式的特点来看，水平多元化适合企业主导产品市场集中度高，行业竞争压力大的企业及产品需求不确定性高，经营波动大的企业。我国航运企业正好符合上述情况。为了分散风险以及确立企业竞争地位，我国航运企业应采取水平多元化。

混合多元化适合生产经营活动独立性比较弱，与产前产后部门联系程度高的企业、航运业在这方面的特点也较突出，因此混合多元化也是我国航运企业值得考虑的多元化模式。在二者的选择上各个企业应从实际出发，权衡利弊加以采用。在选择中应该本着一个原则就是向企业熟悉的领域投资，这样可以减少失败的风险。

**（四）航运企业发展多元化经营的策略**

航运业是一个高风险的行业，因为航运业本身投资大、专业性强，而且航运市场易受各种因素的影响，波动频繁。当航运市场不景气时，航运业必须承担利润锐减的损失，这对一个企业长期发展目标的实现是极其不利的。因此，航运业本身的特点要求航运企业在主业之外进行多元化经营。

**1. 航运企业发展多元化经营步骤**

（1）分析外部形势

外部形势包括外部宏观环境和来自竞争对手的压力。航运业特别是国际航运是派生需求，随着世界经济和区域经济的变化而变动。在确定是否实行多元化经营的时候，首先必须要充分考虑到企业所面临的世界经济和区域经济发展趋势，以及国际政治和法律环境。其次，要考虑到来自强有力的竞争对手的威胁。

实行多元化经营，必定分散在主业上的精力，这样会不会给对手以可乘之机。这在确定实行多元化经营之前也要必须考虑的外部环境。

（2）评估自身

对航运企业的自身状况进行全面的认识。对企业的基础资源及核心竞争能力进行全面的评价,以及实行多元化经营会对企业本身牵扯的人力、物力做全面的评估,充分确定企业有没有能力实行多元化经营。

(3) 确定多元化经营模式

通过对外部环境以及自身特点的充分剖析,结合几种企业多元化模式优缺点,确定航运企业实行多元化经营的具体模式:集中多元化经营、横向多元化经营和混合多元化经营。

(4) 可行性研究

对航运企业实行多元化的市场可行性、技术可行性、财务可行性、管理可行性以及会对航运企业带来的经济效益及弊端,做出全面详细的论证。全面分析实行多元化的利处和弊处。

(5) 执行多元化经营决策,控制全过程

**2. 航运业发展多元化经营的行业选择**

航运企业发展多元化经营,主要有两种选择,即:产业多元化和航运多元化。

航运企业采用多元化经营的策略,不同之处在于部分企业注重产业多元化,将资金投向非航运领域;部分企业注重航运内部的多元化,通过船队结构多样化和服务多样化来规避风险。

航运企业应以自身优势确定目标行业。准确、及时地找到目标市场是任何一个企业生存和发展的关键。航运企业由于业务范围、企业资源、网络规模等诸多因素的限制,使其不可能随心所欲地开展业务,如果没有正确的市场定位,就会对企业的发展甚至生存造成威胁。

航运业尤其是国际航运业,既与国际世界经济、国际贸易有不可分割的紧密联系,又是国际市场的重要组成部分。与航运业息息相关的行业有船员劳务市场、二手船市场、造船市场、修船市场和拆船市场。航运企业在对多元化经营行业进行定位时,可以优先考虑航运业主业涉及的其他业务。

同时,物流业是航运业的衍生业,也可以说是航运业的扩充,也是航运企业进行多元化经营所优先考虑的重点行业。航运企业除了拥有庞大的运输能力之外还具备了从事国际物流业务所需的管理经验,在国外拥有众多网点,有固定的运输设备。这些都有利于国际物流业务的开展。

## ◀ 活动十 航运企业案例分析 ▶

| 时间 | 90 分钟 | 地点 | 教室 |
|---|---|---|---|
| 教学资料 | 国内外某航运企业资料 | | |
| 教学目标 | 通过本活动的实践,要求学生充分认识到企业经营战略与策略对航运企业发展的重要性 | | |
| 活动要求 | 教师选择国内外某航运企业详细的发展背景资料,在课堂上给予讲解,通过讲述,提出问题,要求学生加以分析 | | |
| 活动程序 | (1) 教师讲解案例,提出问题;<br>(2) 学生分析,教师针对学生的分析给予点评 | | |
| 活动评价方式 | 教师点评 | | |
| 活动小贴士 | 航运企业要寻求发展的前提是生存,只有在激烈竞争中生存下来,才有机会去思考企业发展战略,而能否在市场中生存下来,关键是企业的经营策略 | | |

# 学习情境 13　航运企业安全管理

　　《国际安全管理规则》(简称 ISM 规则)和《国内安全管理规则》(简称 NSM 规则)的强制实施推动了两个方面的活动:一是航运公司按照规则的标准建立符合自身特点并有效运行的安全管理体系,使船舶安全营运、管理和操作符合强制性规定,并充分考虑适合本公司特点的建议要求,为海上人命和财产安全,防止海域环境污染,提供了保证基础;二是产生了主管机关、主管机关认可的机构以及应主管机关请求的第三方船旗国政府的安全管理体系审核发证机构,客观判断与评价航运公司的安全管理和安全保证能力是否符合标准。

　　上述两方面活动的开展不仅要求从事的工作人员应具备海上专业技术知识和丰富的航运实践经验,而且还应熟悉 ISM 规则或 NSM 规则的标准,能根据规则的精神建立、运行和审核安全管理体系。

◆ 教学目标

| 终极目标 | | 领会 ISM 规则或 NSM 规则的精神,能按规则要求结合航运企业实际情况建立和运行安全管理体系,并给予合格保持 |
| --- | --- | --- |
| 促成目标 | 知识点 | ①ISM 规则和 NSM 规则的由来;②ISM 规则和 NSM 规则的特征与意义;③NSM 规则条款的含义 |
| | 技能点 | ①NSM 规则条款的理解;②安全管理体系建立程序;③安全管理体系文件结构与要素;④安全管理体系的合格保持 |

◆ 教学要求

　　本情境参考学时为 14 学时,一般理论教学为 8 学时,活动教学为 6 学时。建议有条件的学校可以根据教师自行设计方案或校企合作企业现场教学进行解决,以提高学生的感性认识

## 任务一　安全管理规则解读

　　1993 年 11 月 4 日国际海事组织(IMO)第 18 届大会于通过了 A.741(18)号决议的附件,即《国际船舶安全营运和防止污染管理规则》(简称《国际安全管理规则》或 ISM 规则)。该规则于 1994 年 5 月由《1974 年国际海上人命安全公约》(又称 1974 年 SOLAS 公约或 SOLAS 74 公约)修改为新增第 IX 章,成为强制性规则,于 1998 年 7 月 1 日起适用于客船、高速客船、500 总吨及以上的油船、化学品船、气体运输船、散货船和高速货船;于 2002 年 7 月 1 日起适用于移动式近海钻井装置和 500 总吨及以上其他货船。上述船舶及其公司分别在上述日期前未取得"安全管理证书"和"符合证明"将不得继续从事国际航运。

　　我国作为《1974 年国际海上人命安全公约》的缔约国和国际海事组织 A 类理事国,已按时对国际航行的船舶及其公司强制实施规则。ISM 规则在国际航行的船舶及公司的实施,有

效提高了船舶航行安全和防污染。

继1994年交通部在水运系统推行《安全管理新机制》试点、1996年对海洋运输企业强制推行ISM规则取得巨大成功以来,为了保障水上交通安全、防止人员伤亡,避免对环境,特别是水域环境造成危害以及造成财产损失。2001年7月12日,交通部以交海发[2001]383号文件发布了《中华人民共和国船舶安全营运和防止污染管理规则》(试行)(简称《国内安全管理规则》或NSM规则)。要求自2003年1月1日起对第一批船舶,包括载客定额50人及以上跨省航行的客滚船、旅游船、高速客船和150总吨及以上的气体运输船和散装化学品船生效。自2004年7月1日起对第二批船舶,包括对载客定额50人及以上所有跨省航行的客船(内河客渡船除外)和500总吨及以上的油船(港内作业的除外)生效。自2007年7月1日起对第三批船舶,包括所有经营或管理500总吨及以上沿海跨省航行的散货船和其他货船的航运公司生效。NSM规则的实施,有力地促进了国内船舶安全和防污染管理水平。

# 一、ISM规则概述

## (一)ISM规则产生的背景

20世纪80年代以来,全球海难事故频繁发生,重特大事故呈现上升趋势。1990~1994年的统计数字表明,5年中全世界造成人命损失的散货船沉没事故为25起,导致532人死亡(表13-1)。

**1990~1994年全世界散货船沉没事故统计** 表13-1

| 年　份 | 沉没的散货船艘数 | 死 亡 人 数 | 最大船龄/最小船龄 |
|---|---|---|---|
| 1990年 | 6艘 | 125人 | 23年/15年(1艘) |
| 1991年 | 9艘 | 155人 | 24年/16年(1艘) |
| 1992年 | 2艘 | 30人 | 22年/20年(1艘) |
| 1993年 | 3艘 | 74人 | 24年/18年(1艘) |
| 1994年 | 5艘 | 148人 | 26年/14年(1艘) |
| 总计 | 25艘 | 532人 | |

频繁发生的海难事故,无论是对人命安全还是港口国的海洋环境、保险商利益等均造成巨大损失。一方面引起世界各国政府、国际海事组织、保险商对船舶的安全表现出了前所未有的关注;另一方面,国际海事组织也展开了对海事频发原因的调查。

**1. 船舶老龄化**

据统计,1993年全世界100总吨以上商船为80655艘,其平均船龄已接近18年。船舶老龄化的表面原因是船东要延长现有船舶的服务年限,而深层次原因是由于船多货少。由于海运市场竞争日趋激烈,经营成本提高,货运收益下降,加之船价的上涨使船东无力更新现有船舶。船东为降低成本,推迟船舶更新或淘汰,压缩船舶维修保养开支,使船舶技术状况更趋恶化。表13-1数据显示,沉没的25艘船舶中,船龄最小的14年,最大的26年,其中超过18年船龄的为绝大多数。这充分说明了船龄与事故发生率成正比的关系。

**2. 船员素质下降,配员大幅减少**

在航运不景气的情况下,船东为了降低营运成本,除了减少维修保养开支外,采取的另一重要措施就是雇佣工资低的船员和减少配员。

由于缺乏充分培训和足够的海上资历,或者由于健康条件差和语言不通,这些船员中有许多专业知识、技术能力、交流能力等不符合要求,因而导致了许多事故和险情。另一方面,船上的配员越来越少,有的近10万吨的大船只配15人左右,有的万吨船只配8~9人。尽管现在船舶的自动化程度提高了,但船员的劳动强度却因裁员和船舶周转加快而大大提高,这不仅使在航维修保养受到影响,也给船舶靠离码头和在港作业增加了很大的难度,由于船员过于疲劳而给海上事故的发生埋下了隐患。

**3. 方便旗船、单船公司、无船公司与非标准管理**

方便旗船,是指在船舶登记开放或者宽松的国家进行登记,从而取得该国国籍,并悬挂该国国旗的船舶。方便船籍国由于缺乏经济和技术实力,无法对方便旗船进行有效管辖与管制,加之税收低、船舶最低配员低等因素,在成本上十分有利于船舶所有人,因此方便旗船发展非常迅速。同样,由于方便船籍国普遍缺乏有效的船舶安全立法,不参加相关的国际公约,同时主观上更没有愿望去履行公约义务,因此,方便旗船的海事发生率大大高于正常登记船舶。

单船公司的存在,既有躲避风险和连带责任的原因,也有新兴公司加盟海运的情况,这种公司缺乏必要的岸上管理,与船旗国主管机构之间缺乏必要的联系。而无船公司往往只负责经营而不负责安全和防污染管理。由于不负责安全,船舶经常处于冒险指挥之中。单船公司和无船公司由于实施非标准管理,其所营运船舶的安全,在某种程度上只能听天由命。方便旗船、单船公司和无船公司对船舶的非标准管理,妨碍了强制性规定及规则的贯彻实施,已成为事故多发的重要原因之一。

**4. 通信现代化带来的负面影响**

通信现代化一方面使海运管理的决策水平得到提高,另一方面随着决策权的逐步剥夺,其依赖性越来越明显,责任感也越来越差,使船长的管理权威受到威胁,对船舶安全和防污染带来许多不利的因素。

世界海运的上述四大现象有一个共同的特点,即其与人为因素的相关性。所谓"人为因素",就是船上的操作、防范、维护、应急等,没有符合有关公约和规则的具体规定,全凭岸上管理人员、船长或船员的个人经验行事。联系当前国际上关于人为因素对海事影响的研究,大致认为:即在近期的海上事故中,约80%与人为因素有关;在与人为因素有关的事故中,约80%与管理有关;在与管理有关的事故中,约80%与公司岸上管理有关。如果按照这种逻辑以数学方法计算,即所有事故中51.2%与公司管理有关,12.8%与船上管理有关,36%与非管理因素有关,20%与人为因素无关,这不能不引起海事组织对以往安全和防污染管理的反思。

海难事故的频繁发生,与IMO"使航行更安全、海洋更清洁"的宗旨格格不入。老旧船舶技术状况不佳,船员素质下降,配员大幅减少,方便旗船舶与单船公司及无船公司的低标准管理,以及通信现代化带来船长决策权失落,都说明IMO以往制定的公约、规定和规则,并没有在那些船上履行。

因此,国际海事组织认为,必须严格履约,有效地限制"人为因素"的影响于1991年制定了保证船舶安全和防止海洋污染的综合政策,概括为:

(1)加强技术立法;

(2)严格缔约国履约;

(3)强化船舶检验;

(4)倡导港口国检查。

为了加强这方面的工作,IMO专门设立了船旗国履约分委会,隶属于海安会和环境保护委员会,目的是研究加强对有关国际公约、规则的实施,督促各成员国采取有效措施来履行缔约国义务。1994年5月,在IMO海安会(MSC)第63届大会期间的外交大会上通过了第2号决议,"实施1974年SOLAS公约第Ⅸ章　船舶安全营运",把ISM规则纳入到该公约,使该规则成为强制性要求。ISM规则的产生,提供了船舶安全管理、安全营运和环境保护的国际标准。

**(二)ISM规则的形成**

1979年至1993年期间,国际海事组织先后针对人为因素和管理问题通过了8个大会决议。这些决议的通过,使国际海上安全和防污染公约不断得到修改,随之也增加了一大批新的强制性规则和标准。

大会决议简要介绍如下:

**1. A.441(Ⅺ)号决议和A.443(Ⅺ)号决议(1979)**

1978年"阿莫科·卡的兹"号(Amoco Cadiz)事故以后,国际海事组织于1979年第11届大会通过了A.441(Ⅺ)和A.443(Ⅺ)两个大会决议,分别提出,请主管机关采取措施,保证船公司与船长之间的信息交流,保证船长履行其正常的安全管理和环境保护方面职责,以免贻误工作时机。应当说这是国际海事组织意识到公约管理的重要性和对公司管理的首次间接介入。

**2. A.481(Ⅻ)号决议(1981)**

1981年通过的A.481(Ⅻ)号决议,对船舶安全配员向公司提出要求,明确了船舶最低配员数,要求船舶取得主管机关签发的相应证明文件并存船备查。

**3. A.569(15)号决议(1987)**

1987年3月6日,英国客滚渡"自由企业先驱"号因车辆舱甲板进水,在比利时泽布鲁日(Zeebrugge)港外翻沉,导致193名旅客和船员死亡。国际海事组织以这起事故为教训,在1987年第15届大会上通过了A.569(15)号决议。决议要求海上安全委员会尽快制定一个船舶和"陆地管理部门"对客滚船的安全和防污染管理的指南。这是国际海事组织首次直接针对陆地管理部门提出要求。此后,国际海事组织一直把研究制定这种管理性的规则作为一个重要议题来审议。

**4. A.647(16)号决议(1989)**

根据海安会的建议草案,1989年第16届大会通过了A.647(16)号决议及其附件。该决议说:"本指南在向那些负责营运船舶的人提供正规的制定、实施和评估安全和防止污染管理的结构框架……",该决议的附件《船舶安全操作和防污染指南》可以说是ISM规则的原型。它虽是志愿实施,但实际上一些西方航运大国已经在其本国部分地实施或者已纳入到他们的港口国监督(PSC)检查中。

**5. A.680(17)和A.681(17)号决议(1991)**

A.647(16)号决议及其附件(指南)实施两年后,已取得不少经验。国际海事组织根据一些国家的建议,修订了该指南,将其作为A.680(17)号决议的附件。新指南要求各国政府鼓励股东、经营人采取步骤,按照指南的要求实施船舶安全操作和防污染管理评估。此外,还通过了A.681(17)号决议,要求海上安全委员会和环境保护委员会作为一项紧急事项,尽快制定一个更为详细的,有关船舶安全操作和防污染的监督指南,为操作性监督铺平道路。

**6. A.741(18)和A.742(18)号决议(1993)**

又经过两年的实施和准备,国际海事组织于1993年对A.680(17)和A.681(17)两个决议及其附件作了修改,使这两项指南具有更广泛的适用性和明确的目标。因而,第18届大会通过的 A.741(18)号决议及其附件,取代了 A.680(17)号决议。A.741(18)号决议的附件就是 ISM 规则。第 18 届大会通过的 A742(18)号决议及其附件《船舶安全和防止污染操作性要求监督程序》,取代了 A.681(17)号决议。这是国际海事组织第一个关于对船舶操作性要求进行监督的程序。ISM 规则和操作性要求监督程序的实施,无疑将使公司和船舶的安全和防污染管理更为严格和全面。

ISM 规则就是在这种形势下产生的。国际海事组织为改变船舶频繁发生海难事故的局面,一方面不断修改国际公约以提高船舶技术标准,另一方面制定保证船舶航行安全的综合管理规定,作为防止和减少由于管理不当和操作失误造成海上人命安全和污染事故的主要举措。自 1991 年国际海事组织第 59 届海安会(MCS 59)以来,国际海事组织在各个技术委员会(分委会)广泛开展对海上事故人为因素的研究,并成立了海上安全和环保(MSC/MEPC)联合工作组,探讨、起草了《国际安全管理规则》(ISM CODE)。该规则业经第 62 届海安会和 34 届环保会通过,并于 1993 年 10 月提交第 18 届大会通过。在第 62 届海安会上,提出拟增加 SOLAS 74 公约第 Ⅸ 章的提案,将 ISM 规则变成强制性实施的规定。这是 SOLAS 74 公约的一次重大修改,将原先的纯技术公约变成了"技术 + 安全管理"公约。增加的 SOLAS 74 公约第 Ⅸ 章在 1994 年 5 月第 63 届海安会审议通过后的 18 个月内,无三分之一的国家反对,则公约第 Ⅸ 章即自行生效。自公约生效之日起,ISM 规则即成为强制性实施的规则。

2008 年 12 月 4 日第 85 届海安会第 273 号决议通过的 ISM 规则修正案,修正案对 ISM 规则中涉及的 12 个条款进行适当修改;修正案将于 2010 年 7 月 1 日起生效。

### (三)ISM 规则的特征

**1. 鲜明的针对性**

ISM 规则作为国际性管理规则,所提供的是船舶安全营运和防止污染的管理标准。该标准针对以下三个方面提供了管理要求:

(1)船舶安全管理:要求负责船舶营运的公司制定安全和环境保护方针,并为实现这一方针,建立和实施安全管理体系,从而使公司和船上的管理按照认可的体系要求运作。

(2)船舶安全操作:要求船舶按照体系规定的程序、方案和须知进行操作和维护,从而保证船舶操作和维护的规范化,满足强制性国际、国内规定规则的要求,并尽量符合建议性的要求。

(3)防止船舶污染:要求负责船舶营运的公司在所制定的安全管理体系中包括防止污染的措施、准备方案(计划)和技能等方面的规定,从而使船舶在实现安全操作的过程中同时实现防污染操作。

**2. 全面的相关性**

ISM 规则从管理出发,涉及公司及船舶安全和防止污染管理的方方面面。从传统的管理方式来看,航运公司的安全和防污染管理主要是人事管理、海务管理和机务管理三大方面。

ISM 规则虽仅 16 个章节,却已将上述三大方面包揽无遗。从现代管理方式来分析,任何管理都不外乎组织机构、责任、程序、过程和资源等几个方面,ISM 规则恰恰按照这样的思路对船舶安全和防止污染管理作出了系统的规定。另外,ISM 规则所要求的安全管理体系,不仅已经涉及从事、管理船舶安全和防止污染工作以及从事相关审核的公司及船上的所有人员,而且也涉及船旗国政府主管机关及认可的机构、港口(国)当局等各有关方面。

**3. 完整的系统性**

把公司及船舶安全和防止污染管理作为一个完整的系统对待,再以科学的系统管理方法加以明确规定,这是ISM规则的显著特点之一。

(1)ISM规则强调组织机构方面的系统性,要求在船舶安全和防止污染管理中,不仅要有从船舶到公司最高管理层之间的运作系统,同时还要有一个监控系统。公司最高管理层依靠这两个系统,来确保安全管理体系的有效运行。

(2)ISM规则要求公司实行程序化管理,从而实现对管理过程的全面而系统的控制,这与我国过分地依赖管理执行者平时的主观能动性的传统管理方法有着根本区别,这样既可以避免管理行为的随意性,也可以避免部门之间、岗位之间的争"权"和推诿。

(3)文件化的管理依据本身就是一个系统。按照ISM规则的要求,公司不仅需制定和执行安全和环境保护方针,还要有一系列的管理程序,以使该方针的管理活动得到落实,保证船舶的管理、操作和维护按照已制定的程序、方案和须知进行,从而符合强制性规定和规则。这些方针、程序和方案、须知及其记录构成了一个层次分明、相互联系的文件系统。同时,ISM规则又对这些文件的控制提出要求,从而使这一文件系统更加科学化。

(4)ISM规则本身的逻辑结构为编写公司安全管理手册提供了一个系统的结构基础。

**4. 不断的完善性**

纵观ISM规则通篇,许多条款要求企业根据ISM规则建立起来的安全管理体系(SMS)在运行的过程中,使管理活动处于不断的自我完善的过程之中。许多规则条款并未明确要求管理活动的具体标准或达到某种程度,而是要求根据管理实际不断来完善活动内容尽可能做到航行安全和防污染。

因此,任何一个根据ISM规则建立起来的安全管理体系都是在运行过程中不断发展完善的,没有最好的安全管理体系,只有在运行过程中趋于更好。

**5. 广泛的适用性**

ISM规则从全球航运出发,必须有广泛的适用性。否则,它就没有生命力。规则第1.3条规定:"本规则的要求可适用于所有船舶。"它不说适用于公司和人员,是因为他(它)们是由船舶而导致被适用的。换句话说,国际立法与我国国内立法在适用范围的表达上有差异。当然,从规则内容和实质来看,它不仅适用于船舶,也适用于负责船舶营运的公司及其相关人员。

**(四)ISM规则的实施意义**

实施ISM规则的目的是:保证海上安全,防止人身伤害或生命损失,避免对海洋环境和财产的损害。因此,其意义十分深远。

**1. 实施ISM规则是我国航运公司履行国际义务的要求,是其管理与国际惯例接轨的需要**

世界上已有不少船东,从适应国际贸易的需要出发,纷纷按照ISO 9000标准的要求,建立质量管理和保证体系,并要求按ISO 9000标准对其进行认证,以证实公司具有良好服务度量,从而树立高效、优质的形象。由于ISM规则所要求的安全管理体系,实际上与公司质量管理体系有着十分密切的联系,它所规定的目标与公司的目标利益是一致的,不同之处在于安全管理体系是强制实施要求,因此,不少船东将其与按ISO 9002要求建立的安全管理体系一并考虑,率先树立起公司关注社会利益、执行国际海事组织和政府法令的形象。这是十分有远见的决策。

**2. 实施ISM规则是强化航运企业内部管理的需要**

由于ISM规则从系统管理的角度出发,对船公司如何建立安全管理体系提供了指导,并强制要求按规定原则并结合公司的实际建立、运行和保持安全管理体系,因而,客观上就必须按照规则的要求,对公司及船舶安全防污染管理与操作的情况进行调查分析。同时,还须对公司安全管理的机构设置和职能分配、人员配备和素质情况等进行分析;对安全防污染管理状况以及所执行的法定规则和公司各项规章制度的清理归类并进行系统化、规范化处理和设计。这样的结果,必然会从公司到船舶、公司机关各部门之间以及船舶内部各部门之间在责任、权力和相互关系上做出必要的调整,以适应 ISM 规则的规定。因此,在贯彻实施 ISM 规则的过程中,实际上是对公司及船舶在安全和防污染操作管理上进行一次较大程度的梳理。同样,也是对公司安全管理从框架、管理模式到内部管理标准和内容进行改进的一次挑战和机会。

**3. 实施 ISM 规则可以增强航运企业的市场竞争力**

按照 ISM 规则的规定,建立、运行和保持安全管理体系,强化各类安全活动的程序化操作和管理,规范各项安全活动的具体行为,并保持各类安全活动的良好记录,不断提高整个公司及船舶安全和防污染活动的质量,减少失误,以便大大降低事故率,因此,理所当然地为保险业主和货主所欢迎。当前,港口国政府主管机关在进行港口国检查时,也将核查船舶是否持有 ISM 规则所要求的公司"符合证明"(DOC)副本和船舶"安全管理证书"(SMC)。

## 二、NSM 规则由来

随着我国船舶大型化和技能性能的提高,船舶购置投入与运营成本越来越高。一些载客人数较多的客船、高速客船、客滚船等新船种引入国内,气体运输船和散装化学品船也越来越多,这类船舶一旦发生事故,就会造成巨大的生命财产损失和环境污染。"九五"与"八五"比较,虽然事故件数减少 54.90%,沉船艘数减少 28.30%,但死亡人数上升 9.30%,经济损失上升 43.20%。尤其是"九五"后期相继发生客渡船、客滚船以及液化气船重大或特大事故,震惊国内外,社会影响极坏。如 1998 年"重庆江津 7.9"事故死亡 69 人,1998 年"四川江安 7.12"事故死亡 94 人,1999 年"烟台 11.24"特大海难事故死亡 282 人。1998 年以来相继有 4 艘液化气船倾覆翻沉、1 艘液化气船爆炸起火。这些情况表明,尽管船舶构造和设备质量的提高,但水上交通安全形势仍十分严峻。

分析以往船舶发生的事故表明,由于人为失误或疏忽造成的事故占总事故的 80% 以上,而其中的 50% 左右又与公司岸上的管理有关。深刻的教训使人们认识到,为了保证船舶安全,仅仅从技术上规范要求是不够的,必须对人的行为建立有利的制约机制,合理计划、组织船舶运输过程中的各种活动,并对活动过程进行控制,从根本上改善安全工作。

为贯彻落实国务院所确定的"企业负责,行业管理,国家监察,群众监督,劳动者遵章守纪"安全生产体制原则,1995 年交通部提出水运企业建立安全管理新机制的要求,事实上安全管理新机制的思想和 ISM 规则的中心内容是相符的,但新机制的可操作性和系统性不如 ISM 规则,也不属于强制性规定,因而没能在国内航运企业得到推广。1996 年,ISM 规则在远洋运输企业强制推行并获得巨大的成功,引起了船舶主管机关的高度关注。交通部海事局组织有关部门和专家进行 ISM 规则国内化的研究。通过广泛搜集有关资料信息,对国内航线船舶的安全与防污染管理制度、方法和标准进行调查、分析,并与 ISM 规则的要求进行比较研究,找出存在的主要问题。并通过对存在的问题进行分析研究,认为我国船舶安全管理现状存在以下问题:①船舶老龄化严重,船舶整体技术性能差;②船舶队伍素质较差,船舶日常安全管理水平和船舶操作能力低下;③公司安全管理意识薄弱,不适应船舶安全运输及防污染的需要;④船舶安全事故频发,很难有效地积极预防;⑤我国航运安全管理法律法规不健全。基于上述现行船舶安全管理制度、方法和标准的不足,提出解决问题的有效途径——制定并实施 NSM 规则。

## 三、NSM 规则理解

**前言**

1 为了保障水上交通安全,保护水域环境,应用《国际船舶安全营运和防止污染管理规则》(ISM 规则)的原理,结合我国实际情况,制定本规则。

2 本规则是为了提供船舶安全和防止污染的管理标准。

3 考虑到航运公司及其船舶状况各有不同,本规则依据安全和防污染要求的一般原则和总体目标制定。

4 本规则用概括性术语写成,船岸不同层次的管理人员应当对所列条款具有适应其岗位需要的理解和认识。

5 高级领导层的承诺是做好安全管理工作的基础,各级人员的责任心、能力、态度和主观能动性则对船舶的安全和防污染起决定性作用。

## 第一部分 实　施

**1 总则**

**1.1 定义**

以下定义适用于第一部分和第二部分。

1.1.1 "本规则"系指由中华人民共和国交通部颁布的"中华人民共和国船舶安全营运和防止污染管理规则"。

1.1.2 "公司"系指中国籍船舶的所有人,或已承担船舶所有人的船舶营运责任并同意承担本规则规定的所有责任和义务的任何组织,如船舶管理人或光船承租人。

1.1.3 "主管机关"系指中华人民共和国海事管理机构。

1.1.4 "安全管理体系"系指能使公司人员有效执行公司安全和环境保护方针的结构化和文件化的体系。

1.1.5 "符合证明"系指签发给公司,表明该公司符合本规则要求的证明文件。

1.1.6 "安全管理证书"系指签发给船舶,表明其公司和船上管理已按照认可的安全管理体系运作的证明文件。

1.1.7 "客观证据"系指通过观察、衡量或测试获得并被证实的有关安全或安全管理体系要素的量或质的信息、记录或事实声明。

1.1.8 "不符合规定的情况"系指已发现的客观证据表明不满足某一具体规定要求的情况。

1.1.9 "重大不符合规定的情况"系指已发现的对人员或船舶安全构成严重威胁或对环境构成严重危险,并需要立即采取纠正措施的事项或情况,包括未能有效和系统地实施本规则的有关要求。

1.1.10 "周年日"系指对应于有关证明文件有效截止日期的每年的该月该日。

【理解】 这是对《国内安全管理规则》的界定,也称"NSM"规则。实施 NSM 规则并申请"符合证明"(DOC)的"公司",有以下三种情况:

①船舶所有人,拥有并管理所属船舶;

②船舶经营人,承担船舶经营和管理责任,其中包括 ISM 规则规定的公司的所有责任和

义务；

　　③管理人,负责船舶的管理但不负责其经营。

　　安全管理体系(SMS)是以实施公司安全和环境保护方针为总体目的,有若干相互联系和相互制约的组成部分构成的有机整体。

　　"文件化"(documented)是指将体系以文件的形式表现出来,书面形式或电子文档形式都可以。文件并不仅指红头文件,也不仅指公司的体系文件,它还包括活动记录等所有与体系相关并应以文件形式表现出来的东西。

　　"结构化"(structured)包括体系文件的结构化、组织机构的结构化、职能分配的结构化等。它强调整个体系是由人员、职责、组织机构、程序、过程、资源等所有与安全和防污染有关的要素构成的有机整体,强调与安全和防污染活动有关的所有环节衔接得当,并能有机地整合在一起。

1.2　目标

1.2.1　本规则的目标是保障水上交通安全,防止人员伤亡,避免对环境,特别是水域环境造成危害以及造成财产损失。

1.2.2　公司的安全管理目标应包括：

(1)提供船舶营运的安全做法和安全工作环境；

(2)针对已认定的所有风险制定防范措施；

(3)不断提高船、岸人员的安全管理技能以及安全与环境保护应急反应能力。

1.2.3　公司的安全管理体系应保证：

(1)符合强制性规定和标准；

(2)充分考虑国际海事组织、主管机关、船舶检验机构和行业组织所建议的规则、指南和标准。

　　【理解】　不仅针对海上船舶,还包括内河和湖泊的船舶。

　　"安全做法"通过制定程序和须知提供。这些程序和须知规定船舶的管理、操作、维护和应急等各项工作的执行人员、方法、步骤和标准,为有关人员提供执行的依据,包括将强制性规定及规则和公司决定采用的建议性规则、指南和标准等具体化解为操作要求,并在岸上和船上得到实施,确保管理活动符合有关的规定和标准。

　　"安全工作环境"可大致分为软环境和硬环境。

　　"已认定的所有风险"包括社会公众以及海运行业认知的风险和本公司就自身的具体情况认定的风险。

　　"防范措施"应在分析所有已认定的风险产生的原因的基础上,有针对性地制定相应的程序和须知。

　　"应急准备"可能包括:应急设备(含测试仪器)状况的保持、应急物资(工具、装备、材料、药品和医疗器械等)的配备和保管、应急报警信号的规定、应急部署(应急时的组织和分工)、应急反应措施等。

　　强制性规定及规则包括国际和船旗国两个方面,必须遵守。对于建议性的规则、指南和标准,公司应根据自身具体情况适当采纳,若一经采纳,就应当遵照执行。

1.3　适用范围

　　本规则适用于国内航行船舶及其公司。

　　【理解】　根据国内海事局文件规定符合要求的国内航行船舶及公司。

### 1.4 安全管理体系的功能要求

公司应建立、实施并保持包括以下功能要求的安全管理体系：

(1) 安全和环境保护方针；

(2) 保证船舶的安全和防污染操作符合有关规定和标准的工作程序和须知；

(3) 船、岸人员的职责、权限和相互间的联系渠道；

(4) 事故和不符合规定情况的报告程序；

(5) 对紧急情况的准备和反应程序；

(6) 内部审核、有效性评价和管理复查程序。

【理解】 本条是对安全管理体系功能要求的概括性的总体描述，是对ISM规则后几章内容的归纳。每个公司所建立的SMS是唯一的，执行对象是公司的岸基部门和所管理的船舶。公司所建安全管理体系应当包括条款中的六项功能要求，且每一项功能要求在以后的各章中均有具体描述。除第1、4、5、6项为专章描述外，第2项由本规则第6、7、10和11章分述，第3项由本规则第3、4、5章分述。

要区别内部审核、有效性评价和管理复查程序的相互区别与联系。

## 2 安全和环境保护方针

2.1 公司应制定安全和环境保护方针，其内容应能说明如何实现第1.2条所述目标。

【理解】 安全和环境保护方针的表述无固定的形式，但一定要符合本章的规定，即要说明"如何实现"前述目标。建议将方针分为原则、目标和措施三个层次：原则是对方针的高度概括，以指导公司的安全和防污染工作；目标要突出安全指标的量化内容；措施则为实现目标提供保证。

2.2 公司应当采取措施，确保船岸各级机构均能始终贯彻执行此方针。

【理解】 明确要求"采取措施"，强调"确保"和"始终贯彻"。措施应包括：

(1) 高级领导层予以承诺；

(2) 教育、培训、考核，建立奖惩激励机制等；

(3) 严格实施要求，增强员工遵守体系文件规定的责任意识，保持执行体系文件规定的严肃性。

## 3 公司的责任和权力

3.1 如果负责船舶安全和防污染管理责任的实体不是船舶所有人，则船舶所有人与该实体必须签订符合以下规定的船舶管理协议，并将双方的详细情况报告主管机关：

(1) 当船舶安全和防污染与生产、经营、效益发生矛盾时，应当坚持安全第一和保护环境的原则；

(2) 船舶管理公司同意承担本规则所规定的所有责任和义务；

(3) 在不妨碍船长履行其职责并独立行使其权力的前提下，船舶管理公司对处理涉及船舶安全和防污染的事务具有最终决定权。

【理解】 要求船东和管理船舶的责任人，双方均必须向主管机关报告，并将签订的"船舶管理协议"及其内容与要求符合管理规则的要求。

3.2 对管理、执行以及审核监控安全和防污染工作的所有人员，公司应当用文件形式明确规定其责任、权力及相互关系。

【理解】 此处的"管理"指负责某项工作并使其顺利完成；"执行"即实施；"审核"在这里是监督、核查的意思。

"责任、权力和相互关系"是针对岗位而言的,包括了公司船、岸两方面涉及安全和防污染工作的所有岗位。所涉及岗位或部门的范围,应当根据该岗位或部门(如财务部门或其某个岗位)是否承担了所要求的体系及其活动的职责而确定。体系文件必须规定岗位职责,但不强制要求规定部门职责,是否制定部门职责由公司自定。

一家航运公司中涉及的岗位包括最高管理层、指定人员、海务管理、机务管理、人事管理、航运、调度、文件管理、信息传递、体系审核人员等以及船上在岗的所有人员。

"相互关系"包括管理与被管理的关系、主办与协办的关系、执行与监督的关系等,它是与责任和权力联系在一起的。

各岗位人员共同的责任和权力可能包括:①执行公司的安全和环境保护方针;②(岸上人员)为船舶提供足够的资源和岸上的支持;③熟悉职责和执行与本岗位职责相关的安全管理体系文件;④充分理解有关的规定、规则和指南;⑤搜集和报告职能范围内有关的规定、规则和指南的变更;⑥要求和接受培训,不断提高安全管理技能;⑦主动发现(尤其是职责内)不符合规定情况并报告,纠正相关的不符合规定情况等。

3.3 为使指定人员能够履行职责,公司有责任对其提供足够的资源和岸基支持。

【理解】 本条要求是对指定人员履行其职责提供的前提性保障。公司应提供的资源和岸上的支持大致包括物资、人员、技术、信息等几个方面,采取的途径由公司提供给指定人员,再由指定人员提供给船舶。

所采取的方法可能包括:①把为船舶提供足够的资源和岸上支持,列入各岗位职责;②制定有关程序或须知,使有关人员能够履行其职责;③规定船长有权提出对资源和岸上支持的要求;④船舶与岸上部门有分歧时,船舶经指定人员或直接向公司最高管理层反映,公司领导指示岸上部门(人员)提供;⑤授予指定人员在一定的情况下直接提供资源和岸基支持的控制权等。

## 4 指定人员

4.1 公司应当任命指定人员,以直接同最高管理层联系,提供公司与船舶的联系渠道。

4.2 公司应当以文件形式明确规定指定人员的责任和权力。指定人员的责任和权利应包括:

(1)对公司船岸的安全和防污染工作进行监控;

(2)确保公司向船舶提供足够的资源和岸基支持。

【理解】 指定人员的目的是"直接同最高管理层联系,提供公司与船舶的联系渠道";这种联系渠道不同于船舶在日常操作中与公司间的联系渠道,而是为消除船舶在就安全和防污染事务向公司提出需求或反映问题时可能存在的障碍造成船上与公司最高管理层之间难以有效沟通所提供的特殊联络措施。

指定人员的职责是:①对各船的安全和防污染工作进行监控;②按需向船舶提供足够的资源和岸基的支持;③对岸基安全管理活动进行监控。

指定人员由岸上的人员担任。公司最高管理层应以文件形式任命一名或数名指定人员(需合理分工)。指定人员可下设办事机构,以协助履行其职责。

## 5 船长的责任和权力

5.1 公司应当以文件形式明确规定船长的下列责任:

(1)执行公司的安全和环境保护方针;

(2)激励船员遵守该方针;

(3) 以简明方式发布相应的指令;
(4) 核查具体要求的遵守情况;
(5) 复查安全管理体系并向公司岸上管理部门报告其存在的缺陷。

【理解】 船长是船舶的最高行政长官,对船上的管理全面负责。船长既是安全管理体系在船上实施的责任者又是体系运行的监控者。本条所述船长的五项责任,仅限于安全管理体系运作方面,并不包括船长管理船舶和操纵船舶的责任。

①"执行公司的安全和环境保护方针"是总要求。

②"激励"是要求船长组织船员实施安全管理体系,并通过教育、培训、考核和奖惩等方法,激励和调动船员遵守公司安全和环境保护方针的积极性。

③"核查"指安全管理体系在船上运行情况,它属于船长作为监控人的日常性管理工作之一。

④"复查"是要求船长根据安全管理体系在船上运行的实际情况,审视公司所建立的结构化、文件化的安全管理体系本身(体系文件规定)是否存在问题,并向岸上管理部门报告。要求船长需要以一定的形式和适当的间隔期进行,对于随时发现随时上报的体系存在的缺陷,应在复查时予以汇总。船长复查的频次应高于公司复查频次,船长离任前通常要开展一次复查。

5.2 公司应当保证在安全管理体系中包含一个强调船长权力的明确声明,确立船长的绝对权力和责任,以便船长能够就安全和防污染事务做出决定,并在必要时要求公司给予协助。

【理解】 最高管理层应发布给予船长绝对权力的书面声明,保证船长在必要时得到公司的协助和在安全和防污染事务方面具有绝对的权力,以便从旅客、船员以及船舶和海洋环境的最高利益出发,根据其专业判断采取任何必要的行动。声明中必须明确:①船长根据专业判断做出的有关船舶安全和防污染事务的必要决定不受船东、租船人或任何其他人员的约束;②船长尤应受到国内法律、共同协议或雇用合同中适当规定的保护,包括享有上诉的权利,使其不致因正当执行其专业决定而遭到船东、租船人或其他任何人不公正的解雇或其他不公正的待遇。③船长有权通过有关责任部门或指定人员,要求公司给予协助。船员和旅客(如果有)必须服从船长指挥。

## 6 资源和人员

6.1 公司应当确保船长:
(1) 具有适当的指挥资格;
(2) 完全熟悉公司的安全管理体系;
(3) 得到必要的支持,以便可靠地履行其职责。

【理解】 船长持有相应的适任证书和培训证明,并不等于已具有"适当的指挥资格"。公司应当从资历、业绩、决策能力等方面进行考察,以确定船长的指挥资格。在体系文件中,公司应确定"船长适任指挥资格"的标准,应有具体的考核标准和办法,尤其是对聘用的船长进行考察和控制。

"完全熟悉公司的安全管理体系",是对船长的特殊要求,以使其能够承担第 5 章规定的绝对权力和责任。"完全熟悉"应着重船长对 ISM 规则的充分理解,对公司安全管理体系构成的了解,对体系运作特点的把握,主要管理程序、本公司特殊规定的熟悉等。本规则 6.3 要求的"新聘和转岗人员适当熟悉其职责",虽然也包括新聘船长,但要求熟悉的内容不同。在具体要求上船长有别于其他船员。

完全熟悉安全管理体系的具体方法,可能包括:向船长提供公司的安全管理体系文件和足够的阅读时间;有关责任人与船长讲解和讨论;考试等。

"必要的支持"可能包括:权力、人员、物资、技术和信息等各方面的支持。具体的支持方法应在体系文件中加以体现。

6.2 公司应当保证按照有关规定为每艘船舶配备合格并健康的船员。

【理解】 "配备"是对船上人员的职务和数量的要求,首先应满足《最低安全配员证书》的要求,另外还要充分考虑正常情况下船员职责履行、防止船员疲劳值守、船舶紧急情况时的需要、救生艇筏操纵的需要、急救和医护的需要、船员间、船员与旅客间以及船员与外界的语言交流能力等。

"合格"是指具备相应的能力和素质,包括持有相应的技术适任证书和证明。

"健康"通常指持有相关证书或证明,如船员健康证书、预防接种证明(若需要)、饮食从业人员健康证明(若需要)等。

6.3 公司应当建立有关程序,以便保证涉及安全和环境保护工作的新聘和转岗人员熟悉其职责,凡需在开航前发出的重要指令均应当标明并以书面形式下达。

【理解】 本条是对新聘和换岗人员 SMS 职责熟悉的要求。公司应建立包括船上和岸基的新聘及转岗人员熟悉其职责的程序并做出具体规定,如接受新的工作之前应经过哪些培训,达到什么要求等。公司应对船岸熟悉职责情况进行监控。

"新聘人员"指原不在本公司安全管理体系内工作(包括在本公司但不在体系内工作)新到体系内某岗位任职的人员。

"转岗人员"指原在体系内的某岗位工作,新调至体系内的另一岗位工作的人员。转岗的船员可能包括:本船内职务变动的船员;本公司管理的船舶之间调动的船员;曾在某船某岗位工作,再回到该船原岗位任职的船员,但离开该岗位时间较长,或离开期间安全管理体系发生了较大变化。

熟悉职责的内容,通常包括职责,相关的管理程序、操作方案和须知,相关设备的布置、性能(包括其局限性)及其操作,工作环境尤其是应急环境(如应急设备的布置、撤离路线等)等。要求新聘或转岗人员在规定的时间内完成职责熟悉。

"凡需在开航前发出的重要指令均应当标明并以书面形式下达"在理解上要注意:
①针对新聘及转岗船员;
②在登轮前提供有关安全管理体系及船舶详细情况的资料,使其了解并得到承认;
③为确保安全开航所必须熟悉船上的设备和应急设备;
④公司职能部门对船上货物、航线、性能的特别要求。

所谓"指令"是上岗船员在开航前必须熟悉的操作须知和预案,目的是保证船员在担任船上职责前做好相应准备。新聘或换岗船员应根据其所上船舶种类、性能、航线、职务等需在开航前熟悉主要须知,作为开航前书面指令中的内容下发。船员上船后按规定期限完成其他熟悉并签名确认交船长审核存档。以文件形式下达开航前指令,是确保新聘和转岗人员熟悉其职责的具体措施之一,应在熟悉职责的程序中加以规定。开航前指令的范围和内容,应当由公司根据实际情况确定。某些在船舶开航时就可能需要执行的程序和须知,必须"标明并以文件形式下达",并在开航前熟悉。

6.4 公司应当保证安全管理体系内的所有人员充分地理解有关规定、标准和相关指南。

【理解】 要求公司应采取措施制定有关程序或规定以确保与安全管理体系有关的所有

人员充分理解国际国内强制规定、规则和安全管理体系所采纳的建议性规定、规则与指南。

"保证""充分理解"所采取的措施通常包括：

将"充分理解有关法规、规定、规则和指南"列入人员适任条件并在聘用时严格控制；配备资料并保持最新、有效，以供学习；制定并按照培训计划实施培训；明确考核方法和考核标准，对培训的效果进行考核、评估。

"有关法规、规定、规则和指南"，包括有关强制性法规、规定、规则以及适用的建议性的规则、指南和标准等。

6.5 公司应当建立有关程序，以标识为支持安全管理体系可能需要的任何培训，并保证向所有相关人员提供这种培训。

【理解】 标识的过程，即如何标识，是规则所要求体系文件要解决的问题。安全管理体系文件中必须具有标识的程序，不仅要列出标识的项目或内容。

标识培训项目的方法可以是：定期征集培训需求，包括个人的、部门的、公司指令性的、外部要求的等；认定培训需求，明确哪些是为支持安全管理体系所需要的；根据这些认定的培训项目制定培训计划。

培训计划应规定各项培训的具体内容、对象、责任人、实施期限等，以便于实施和核查。程序中还应包括对培训效果的评估和考核。

6.6 公司应当建立有关程序，确保船员能够及时获得有关安全管理体系的信息。

【理解】 公司应当建立与安全管理体系有关的信息传递的程序，规范信息的采集、鉴别、编写、传递方式和途径等。该程序可以是单独的，也可以与其他工作程序结合在一起。如文件或资料可以按本规则第11章"文件"的有关程序进行控制。

6.7 公司应当保证船员在履行其涉及安全管理体系的职责时能够有效地交流。

【理解】 为了便于船员履行职责，要求船员具备基本的语言交流能力。

# 7 船上操作方案的制定

对涉及船舶安全和防止污染的关键性的船上操作，公司应当建立制订有关方案和须知（包括需要的检查清单）的程序。与之相关的各项工作，应明确规定由适任人员承担。

【理解】 本条要求建立一个描述怎样制定船上关键性操作的方案和须知的程序。这是一个制定所有关键性操作方案的通用程序。由于公司的业务范围和船舶状况各有不同，船上关键性操作项目也各有所异，有了规定的程序，相关部门可以依照程序，通过对船舶操作情况的策划及对影响安全和防污染的操作过程的识别，确定关键性船上操作项目（包括随船舶营运情况变化而产生的新的关键性船上操作项目），以便让员工把最大的注意力集中到关键性的船上操作上。

"关键性的船上操作"是指对船舶安全和防污染具有威胁的重要操作。可分为两类，一类是特殊操作，另一类是临界操作。特殊操作系指其错误仅在已造成危险情况或事故已发生时才会明显看出的操作。由于其具有过失显露的滞后性，在制订方案和须知时应强调预防和操作后的检查，要突出防患于未然。如水密检查、重要设备（如舵机）的可靠性检查、货物系固、稳性及应力计算等。临界操作系指其错误会立即导致事故发生、危及人员、环境安全的操作。在制订方案和须知时应强调严格执行和密切监督，确保万无一失。如进出港或交通密集区域航行、视线不良或气象恶劣条件下航行、危险货物装卸和积载、加油和驳油、特种船的货物操作等。公司应根据自身特点确定关键性船上操作的项目。

船上已有的操作手册（其中有些是经主管机关认可的）可直接作为船舶的操作方案

或须知予以使用,如船舶操纵手册、货物装卸手册、货物系固手册、专用压载舱操作手册、原油洗舱操作手册、惰性气体系统操作手册、程序和布置操作手册、防火安全操作手册等。

"检查清单"是"方案或须知"的一个组成部分,是为便于操作方案或须知的实施以清单形式列出的检查要点,由公司根据实际需要而定。"与之相关的各项工作"是指与"制定船上操作方案"有关的各项工作。

"明确规定由适任人员承担"应当在安全管理体系文件中给予明确规定有关关键性的船上操作由谁来承担,包括标识、方案撰写与操作执行。

# 8 应急准备

8.1 公司应当建立程序,以标识、描述船上可能出现的紧急情况,并明确对这些紧急情况如何做出反应。

【理解】 本条要求建立的程序应当包含对船上可能出现的紧急情况如何标识、如何描述和如何制定应急计划或预案的内容。在船舶的营运过程中出现紧急情况是不可避免的,关键是能在出现紧急情况时立即采取相应措施,及时作出有效反应,避免或减少损失。

"紧急情况"是指船舶的安全面临威胁或船舶对环境构成威胁的情况,包括发生险情或事故,如:结构损坏;船舶失控(包括推进系统故障、电站故障、舵设备或舵系统故障);碰撞;搁浅;触礁;货物移动;货物散漏或污染;火灾;进水;弃船;救助;人员严重受伤;暴力或海盗袭击;恶劣天气损害等。

"标识"是指辨别、找出船舶可能遭遇的紧急情况。

"描述"是指对紧急情况的发生、发展、表现形式、可能产生的危害等予以描述,以便有针对性地制定应急反应措施。如火灾,发生在货舱区域是怎样的情况;发生在机舱或生活区域又会是怎样的情况等。

"反应"是指针对某种紧急情况采取的应急措施和行动。一般都有预定的计划或方案。

8.2 公司应当制定应急行动的训练和演习计划。

【理解】 为提高公司及船舶的应急反应能力,对已标识的紧急情况均应进行应急反应训练和演习,训练和演习要按照制定的计划实施。

"训练"是指为熟悉应急设备及其操作而开展的练习,如救生艇筏的登乘、降落和离开,所有救生属具的使用,防火门的关闭及消防设备的使用等。

"演习"是指针对某种紧急情况按应急反应计划进行的综合性演练活动,如消防演习、弃船演习等。

8.3 安全管理体系应提供措施,确保公司能在任何时候对其船舶所面临的危险、紧急情况和事故做出反应。

【理解】 确保公司有关机构能在任何时候对其船舶所面临的危险、事故和紧急情况做出反应,安全管理体系应提供的措施可能包括:提高岸基人员应急反应能力,岸基24小时不间断的值守,应急联络、通信渠道的保持和畅通,应急资源和人员的配置,应急计划的启动等。

公司岸基也应根据岸上的应急计划或预案定期开展训练和演习,以提高岸基人员的应急反应能力。如机务、海务部门分别开展对某船的资料、布置图、某航区的海图及相关表册准确迅速索取的训练;再如公司选定某一船舶开展船岸联合应急演习等。演习着重应注意:应急启动是否迅速,人员到位是否及时,船岸、岸基部门间联络是否畅通,岸基支持是否得力,指挥是否得当,对外报告求援是否有效等内容。

## 9 不符合规定的情况、事故和险情的报告和分析

9.1 公司应当建立程序,确保不符合规定的情况、事故和险情及时报告公司,并保证进行调查和分析,以便改进安全和防污染工作。

【理解】 本条要求公司建立一个程序以确保不符合规定情况、事故和险情得到报告、调查和分析,从而改进安全和防止污染工作。船岸的不符合规定情况可以通过以下活动得到报告:日常的值班、管理、操作、维护、训练、演习、自查和接受检查、内审和外审等。任何不符合规定情况的报告应包含对情况的描述,不符合规定情况的性质及其存在客观证据的确认等信息。不符合规定情况、事故和险情的报告、调查和分析是为下一步采取纠正措施做准备。

当不符合规定情况、事故和险情得到报告后,公司应开展调查和分析工作。调查和分析可以从以下方面考虑(但不限于此):责任者是否熟悉其职责;是否具备适任资格;是否经过相关培训;是否了解安全管理体系规定的程序和须知;对程序和须知的背离程度;当时的工作环境及其他客观条件;安全管理体系文件是否存在偏差等。

9.2 公司应当建立实施纠正措施的程序。

【理解】 在报告和调查、分析工作完成的基础上,本条要求公司建立另一个程序,以保证不符合规定情况、事故和险情的纠正措施得以落实,从根本上提高和改进安全和防污染管理工作。制定纠正措施的程序用以有效控制纠正措施的具体落实,包括明确有关责任人。如谁负责纠正措施的制定,谁负责纠正措施的实施,谁负责纠正措施的监督验证等。

纠正措施应当切实有效,可以从以下方面考虑(但不限于此):责任者重新学习安全管理体系文件,切实熟悉其职责;调换不适任人员;开展必要的培训;切实掌握安全管理体系规定的程序和须知;提供资源支持改善工作环境及其他客观条件;立即采取纠正行动;复查公司的安全管理体系;对现有的程序和须知进行修改;制定新的预防措施、程序或须知;在公司范围内传播经验教训等。

## 10 船舶和设备的维护

10.1 公司应当制定程序,保证船舶及设备按照有关规定和标准以及公司可能制定的任何附加要求进行维护。

【理解】 本条要求公司应建立文件化的程序,以对船舶和设备的维护方式方法提出具体的措施。维护程序首先应符合有关规定、规则的要求。这里所指的"规定、规则"至少应包括以下内容:适用的国际公约、船旗国和港口国的规则、船级社的规范、制造厂的要求等。其次要充分考虑公司的相关要求和设备制造厂的有关建议,如:公司在船舶和设备维护方面所积累的经验、公司所经营航线的特点对船舶和设备维护提出的要求、公司同类型船舶所得出的经验教训、公司根据设备损坏、故障分析所得出的综合信息,制造厂对所生产设备在维护方面提供的建议等。

10.2 为满足这些要求,公司应当保证:

(1)按照适当的间隔期进行检查;
(2)任何不符合规定的情况及可能的原因得到报告;
(3)采取适当的纠正措施;
(4)保存这些活动的记录。

【理解】 为使船舶和设备的技术状态满足法定规则和建议标准,本条要求公司制定船舶和设备的维护措施,并至少应包括所述四项内容。

"适当的间隔期"应考虑:适用的法规和规范要求、船舶营运和航线的特点、岸上管理人员

和船舶配员情况、船舶和设备的技术状况及制造厂的说明等因素,从而能够保证船舶和设备持续、正常地发挥应有的效能。

"检查"包括船舶自身进行的检查测量和公司管理层组织的监督检查,是对船舶维护工作的检查,是一项管理活动。公司应确定检查的内容和标准,检查的人员应是适任和有经验的船员和岸上人员。

"不符合规定情况"指的是船舶和设备在维护保养方面不符合具体规定的情况,是第9章"不符合规定情况"的一部分。可来自于:港口国检查、船旗国检查、验船师检验、岸上主管人员的检查和船舶自身的检测等。应分析其可能的原因并利用适当的方法、途径向公司报告。但设备本身难以发现的潜在缺陷不属于"不符合规定情况"。

"纠正措施"应包括可以减少或避免上述"不符合规定情况"重复发生的解决办法并在规定的时间内完成。当船上不具备适当的资源和材料以完成纠正措施时,岸上应向船长提供所要求的一切必要支持。

"记录"应包括:船旗国当局或船级社要求的法定检验报告和证书、日常维护报告和日常检查记录、船舶和设备缺陷情况和纠正及预防措施的实施情况等。公司应规定记录的格式及其填写、审批和保管要求等。

10.3 公司应当制定有关程序,以便标识那些会因突发性运行故障而导致险情的设备和技术系统,并提供具体措施,以提高这些设备和系统的可靠性。这些措施应当包括对备用装置及设备或非连续使用的技术系统的定期测试。

【理解】 "会因突发性运行故障而导致险情的设备和技术系统"是指那些在突然出现运行故障时,将会立即置船舶于危险状态的设备和技术系统,通常包括:动力系统、舵系统、供电设备、自动化设备等。所谓"标识"是要求公司根据所管理船舶的类型及营运条件,认定哪些设备和技术系统属于此类。

10.4 第10.2条所述的检查和第10.3条所提及的措施应纳入船舶的日常操作性维护。

【理解】 10.2所述的"检查"和10.3所提及的"措施"是10.1要求的"程序"的组成部分"检查"和"措施"要与船舶日常维护保养工作紧密相结合,即日常维护保养计划里要有"检查"和"措施"的有关内容。

## 11 文件

11.1 公司应当建立有关程序,对与安全管理体系有关的所有文件和资料进行控制。

【理解】 本条是要求公司建立有关文件和资料的控制程序。"有关的文件和资料"可以分为内部产生的文件及外来文件和资料。内部产生的文件包括:体系文件、各类记录及其他文件;外来文件和资料包括:强制性的规则、规范,适用的规则、指南、标准和建议,船旗国、港口国的规定,船级社规范、规则,海图、航海出版物、航海通告,船舶与设备的技术资料,如图纸、操作说明书等。不管是内部文件还是外来文件都必须得到有效控制。但由于内部文件和外来文件的产生、变更和获得的方式方法不同,所以这两类文件的控制方法应有所区别,应在相应的程序或须知中分别作出规定。内部文件。"控制"内容包括:编写、审查、批准、修改、发放、保存、废除等活动;外来文件和资料的控制,主要体现在跟踪、确认、配备和使用有效版本等方面。

11.2 公司应当保证:
(1)在所有相关场所均能够获得有效的文件;
(2)文件的更改应由经授权的人审查批准;
(3)被废止的文件应及时清除。

【理解】 本条是文件控制应达到的目标。

"各有关部门"是指公司各职能部门和办事机构。这些部门均应配备与本部门安全和防污染管理活动有关的有效的全部文件。

文件的更改及修正活动应在控制状况下进行。为保证其适用性，更改后文件的审核和批准应由原文件的审批部门进行。若另有指定的审批部门则该部门或人员应获得原审批部门所提供的有关背景材料。所有更改的内容应以适当的方式予以标识并通知所有使用文件的岸上和船上的有关人员。文件更改后发布和生效的日期应有一定的间隔，以满足船舶周转的需要，确保使用文件的有关人员及时得到更改后的文件。

"废止"是指文件版本过时或内容失效。使用场所应撤出这些已被废止的文件，特别应注意在发放部门也要清除这些文件。公司可以根据实际情况对清除的废止文件进行销毁处理。当被废止的文件需要保留以作为参考时，负责文件控制的人员应作好相应的标识和记录并妥善保存。当船舶脱离公司管理时，岸基的负责人员应收回所有的安全管理体系文件。

11.3 用于阐述和实施安全管理体系的文件可称为"安全管理手册"。公司应以最有效的方式保存文件。每艘船舶均应配备与之有关的全部文件。

【理解】 "安全管理手册"是公司安全管理体系的灵魂和纲领性文件，应详细阐述公司安全和环境保护方针，公司机构、指定人员和船长的权责规定，保证船长绝对权力的声明等，并就如何落实ISM规则的其他条款要求作出恰当的描述。安全管理体系文件的分发方法、存放地点或持有人数等，应考虑公司和船舶的实际以及便于员工和船员的查阅，同时应考虑指定专人负责文件的管理。

与船舶相关的文件即适用于该船舶的文件，主要应考虑船舶的种类和航区范围等。

## 12 内部审核、有效性评价和管理复查

12.1 公司应当定期开展内部审核，以核查安全与防污染活动是否符合安全管理体系的要求。除非由于公司的规模和性质不可能做到，实施内部审核的人员应当不从属于被审核的部门。

【理解】 "内部审核"即内审，是由公司自行组织开展的。目的是核查、验证公司安全和防污染管理工作的具体行为是否与安全管理体系文件规定的要求相一致，是否与有关国际国内的法规、规则、规定的要求相一致，即验证行为活动与文件规定的符合性。通过内审可以及时发现安全管理体系在运行中存在的问题并采取纠正措施以使安全管理体系得到不断改进和完善，并为主管机关的审核（外审）做好准备。

公司应当规定从事内审工作的人员（内审员）的资格。内审员应进行相关知识的培训，经过资格认可并由公司聘任（授权）。内审员应相对独立于被审核的部门，即审核员与受审的活动、受审区域无直接的责任关系。当公司的规模和性质（如员工数量和组织结构）受到限制时，可不作上述要求，但应寻求较为公平、公正的方法，如采用岗位交叉、部门交叉等形式进行审核。在可能时，内审员的组成应来自于各个部门和各个层面。通常船长在履行其职责期间，不应作为内审员对船舶进行内审。内审员的日常管理应纳入议事日程，以不断提高内审的质量。

内审的方法是抽样检查，方式包括面谈、询问、查验记录、观察现场操作等，范围应覆盖NSM规则的所有条款要求、公司体系相关的所有部门和人员，并反映船队整体的运行情况。公司每年至少需要进行一次内审。公司的内审不负责验证安全管理体系文件与NSM规则的符合性。

12.2 公司应当定期评价安全管理体系的有效性,必要时还应当对安全管理体系进行管理复查。

【理解】 对安全管理体系有效性的"评价"应由公司最高管理者或其指定的人员主持,公司管理层及相关人员参加。评价的内容包括安全管理活动和安全管理体系文件、内部审核、培训情况、组织结构、行政管理、资源配置、安全和环境保护目标的实现情况等。各种与体系及其运行有关的情况都可以作为评价的输入。评价的目的是确定体系运行是否有效。

"定期"的时间间隔应以公司实际情况而定。在安全管理体系运行初期,这种时间间隔应相对短些,随着体系运行有效性的提高,可以对时间间隔作适当调整,但至少每年要进行一次。

"复查"应由公司最高管理者主持。根据有效性评价的结果或内、外部条件的变化,公司可决定是否进行管理复查。"必要时"是指安全和防污染管理存在严重问题,如所管理的船舶发生重大事故或连续发生事故,内审发现存在有重大不符合规定情况,有效性评价的结果对体系运行的有效性提出了质疑等。管理复查的对象可以是体系的部分或全部,管理复查一般会导致采取重要的纠正措施。

12.3 内部审核及管理复查的结果应当告知所有负有责任的人员,以提请他们注意。

【理解】 内审、评价和复查的结果和建议均应形成书面材料,并下发告知有关部门和所有负责任的人员。特别应注意将上述活动中发现的不符合规定情况和形成的决议及时传递到所有相关部门及责任人员,以使拟定的纠正措施或制定的预防措施得到落实。

12.4 负有责任的管理人员应当对所发现的缺陷及时采取纠正措施。

【理解】 负有责任的人员对所发现的不符合规定情况和缺陷都应针对其产生的原因采取纠正措施。查验和审核部门还应对纠正措施的实施情况进行跟踪,直到落实解决为止。

责任部门还应按规定提供和保存这些纠正措施已得到实施的充分证据。实施纠正措施有效性的标志是不再重复发生类似的不符合规定情况或缺陷。

12.5 内部审核、有效性评价、管理复查及可能采取的纠正措施应当按文件规定的程序进行。

【理解】 内审、评价和复查是安全管理体系得以保持和完善的一个重要环节。通过内审、评价和复查,对公司安全管理体系的适用性和有效性及其能否实现安全和环境保护目标的情况做出评价,以便采取措施改进和完善安全管理体系,确保安全管理体系正常、有效地运行。内审、评价和复查处于不同层次,在内容、形式、参加者等方面都有所区别。

## 第二部分 审 核 发 证

### 13 发证和定期审核

13.1 船舶应当由已取得与该船相关的"符合证明"或符合14.1条要求的"临时符合证明"的公司营运。

13.2 对于符合本规则要求的公司,主管机关将签发有效期不超过5年的"符合证明"。该证明作为公司符合本规则要求的证据。

13.3 "符合证明"只对适用的船舶种类有效。船舶种类以初次审核确定的为准。"符合证明"新增船种,必须通过审核并证实公司的管理能力满足本规则关于该船种的要求。

13.4 "符合证明"的有效性服从于由主管机关在周年日前、后3个月内进行的年度审核。

13.5 如果公司没有申请13.4条所要求的年度审核，或者有客观证据表明存在重大不符合规定情况的，主管机关将收回"符合证明"。

13.5.1 如果收回"符合证明"，所有相关的"安全管理证书"或"临时安全管理证书"也应收回。

13.6 船上应当保存一份"符合证明"副本，以便船长在接受主管机关查验时出示。

13.7 经审核，船上的管理及操作符合经认可的公司安全管理体系要求的，主管机关或主管机关认可的机构将向船舶签发有效期不超过5年的"安全管理证书"。该证书作为船舶符合本规则有关要求的证据。

13.8 "安全管理证书"的有效性服从于由主管机关或主管机关认可的机构进行的至少一次的中间审核。如果只进行一次中间审核，且"安全管理证书"的有效期为5年，中间审核须在证书的第二和第三个周年日之间进行。

13.9 除了13.5.1条的要求之外，如果公司没有申请13.8条所要求的中间审核，或者有客观证据表明存在重大不符合规定情况的，主管机关将收回"安全管理证书"。

13.10 公司应当在"符合证明"或"安全管理证书"有效期届满前申请换证审核。当换证审核在所持"符合证明"或"安全管理证书"有效期届满之前三个月内完成时，新签发的"符合证明"或"安全管理证书"自完成换证审核之日起有效，且有效期自原证书有效期届满之日起不超过5年。

13.11 当换证审核在所持"符合证明"或"安全管理证书"有效期届满之日3个月前完成时，新签发的"符合证明"或"安全管理证书"自完成换证审核之日起有效，且有效期自完成换证审核之日起不超过5年。

## 14 核发临时证书

14.1 新成立的公司或对"符合证明"增加船种的公司，主管机关在审核公司安全管理体系满足本规则1.2.3条目标要求后，向其签发有效期不超过12个月的"临时符合证明"，但该公司必须做出在"临时符合证明"有效期内实施满足本规则全部要求的安全管理体系的计划。"临时符合证明"的一份副本应当保存在船上，以便船长在接受主管机关查验时出示。

14.2 新造船舶交付使用或公司新承担某一船舶的安全和防污染管理责任的，经主管机关或主管机关认可的机构审核确认满足下述要求后，向船舶签发有效期不超过6个月的"临时安全管理证书"：

(1)"符合证明"或"临时符合证明"覆盖了该船种；
(2)公司以向船舶提供了安全管理体系文件及相关信息；
(3)公司已做好3个月内对该船实施内部审核的计划；
(4)高级船员熟悉安全管理体系及其实施的计划安排；
(5)标明为重要的指令已在开航前下达。

14.3 特殊情况下，主管机关可以对"临时安全管理证书"的有效期做出不超过6个月的展期。

## 15 审核管理

有关安全管理体系审核发证的规则及程序，由中华人民共和国海事局制定。

## 16 证书

"符合证明"、"安全管理证书"、"临时符合证明"和"临时安全管理证书"由中华人民共和国海事局确定格式并统一制作。

# 任务二　安全管理体系建设

安全管理体系(SMS)是依据《国际安全管理规则》(ISM 规则)或《国内安全管理规则》(NSM 规则)的要求,参照国际海事组织、主管机关、船级社和海运行业组织所建议的适用规则、标准和指南,并结合航运企业自身的实际情况而建立的。安全管理体系应覆盖航运企业所有的安全行为,能使公司岸基和船上人员有效实施企业的安全与环境保护方针。因此,建立起符合企业实际的安全管理体系,并使这个体系在实践中不断改进与完善,对每个航运企业来说至关重要。

## 一、安全管理体系概述

安全管理体系(SMS),要求公司以文件的形式落实其管理程序,以保证岸上和船上涉及安全和环保的条件、活动和任务都能按照法定或公司的要求进行计划、组织、审核和检查。

SMS 是由人制定和保持的,因此 SMS 所涉及人员的责任和权力以及有关人员间的联系渠道是该体系的基础。一旦研究并形成文件,岸上和船上有关安全和环保的任务和活动就成为 SMS 的支柱。任何航运企业在编写 SMS 时,应对照文件充分衡量自己的工作能力,并为标明、实施和改进留有充分的余地。

## 二、SMS 建立和运行基本原则

安全管理体系的建立和运行必须遵循以下三个基本原则。

### (一)符合 NSM 规则的要求

NSM 规则在第 1 章总则中对安全管理体系提出了以下六项功能要求:
(1)安全和环境保护方针;
(2)确保船舶的安全营运和环境保护符合有关的国际和船旗国立法的指令和程序;
(3)船、岸人员的权限和相互间的联系渠道;
(4)事故和不符合本规则规定情况的报告程序;
(5)对紧急情况的准备和反应程序;
(6)内部评审和管理性复查程序。

这六项要求在 NSM 规则的第 2 章~第 12 章有详尽的描述。在设计、建立和运行安全管理体系时,必须以 NSM 规则为指导。

### (二)在现行体系的基础上改造、完善

贯彻 NSM 规则的要求,建立安全管理体系,并不是说一定要把现有的安全管理体系推倒,一切从头开始创建一个新的安全管理体系,而是可以、而且应该在现行体系的基础上进行更新、改造和完善,使之符合 NSM 规则的要求。

因此,在编写时航运企业可以把经长年积累并行之有效的诸如健全规章制度、完善的各级责任制度、季节性防范、应急技能、事故后的"三不放过"(没找出原因不放过,没总结教训不放过,没查到责任不放过)、严管善待奖罚分明以及增强全员安全意识教育和重视岗位培训等好经验、好做法,融合到安全管理体系文件中去。

### (三)务求实效,不搞形式主义

有人把建立 SMS 看成是为了取得证书,以能继续经营海运业,这是目的不明确或指导思

想有问题的典型表现。航运企业建立、运行和完善SMS,目的是提高安全管理水平,减少事故。

## 三、安全管理体系建立和运行的步骤

航运企业要建立并完善安全管理体系,大致可按图13-1所示的8个工作步骤进行,即从实施需要到颁发证书,各步骤是一个连续的完整过程,缺一不可,而且都十分重要。它具有较好的可操作性和可检查性。其中,现状评估和体系设计尤为关键。

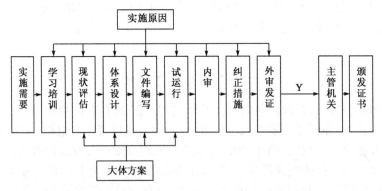

图13-1　SMS建立的大致步骤

对于中、小型航运企业,建立SMS方案既要从适应企业实际现状出发,又要注重先进性。考虑大体方案可按4个主要工作步骤倒排时间计划,即现状调查评估、体系设计、体系文件编写和试运行。估计用半年时间(包括3个月的试运行),可以完成实施准备的主要工作。

**(一)实施需要**

**1. 高层领导的承诺和直接参与**

由于我国航运企业安全管理现状与NSM规则的要求普遍存在差距,要与满足NSM规则要求,需要付出极大努力。特别是需要最高领导能下决心,高度重视,亲自抓好下列关键性工作:

(1)批准并贯彻安全和环境保护方针。
(2)确定安全管理目标及实施办法。
(3)掌握本公司各部门职责和重要的接口方式。
(4)熟悉SMS基本情况和船舶安全工作状态。
(5)协调资源配置与审批专项预算经费。

**2. 摆正船岸关系**

加强船公司本身的规范化管理和理顺船公司对船舶营运的安全和防止污染管理,是建立SMS的主要任务。NSM规则所调整的主体是船公司,而不是对船舶单方面的要求。所以只有船公司加强了对船舶安全营运和防止污染管理,才能真正符合NSM规则的要求,同时才能真正处理好船岸之间的关系。

**3. 保证资源配置**

实施NSM规则需要完成繁重的准备工作,船公司领导应充分估计建立SMS所需要投入大量的人力、财力和物力。或者说,为建立并实施SMS,资源必须得到有力的保证。

资源是SMS的必备条件,是满足ISM规则要求的基础。资源包括:

(1)人才资源和安全操作实践技能。

(2)资金。
(3)船舶。
(4)设备。
(5)专业技术和方法。

### (二)企业现状调查与评估

一般地讲,航运企业已经客观地存在着一个"自在"的安全管理体系,但因其很不完善、很不健全或时而失控,结果往往导致安全质量的波动或下降。因此,企业建立 SMS 只不过是管理标准化的一个完善过程,而不是一切从零开始。

认真地调查企业现有"自在"安全管理体系的活动、内容、经验和做法,加以概括与描述,找出关键问题和薄弱环节,是建立正规的安全管理体系的有效途径。

**1. 现状调查**

现状调查的内容主要包括以下几个方面:

(1)收集船公司及船上原有的安全管理文件。

(2)收集并了解安全管理现状和事故(包括海损、机损和货损)以及各种曾出现的险情等分析处理的资料。

(3)了解安全管理职能以及责任分解落实的情况。

(4)运用 80/20 原则,重点了解属于管理上(占 80%)的薄弱环节。如政出多门、职能交叉、关系不顺、船岸衔接不畅等弊端。

(5)调查船舶和设备的隐患和失修状况。

(6)了解船员情况和安全文化活动的开展。

(7)收集同行业先进企业安全管理方面的资料。

(8)了解实施 NSM 规则准备工作的进展情况。

**2. 对比分析**

通过现状调查的结果,根据 NSM 规则进行对比分析后作出相应评估,为体系设计提供依据。

(1)体系情况分析。即分析本公司"自在"体系情况,以便根据所处的体系状况、等级考虑如何满足 SMS 要素的要求。

(2)组织结构分析。组织的管理机构设置是否适应 SMS 的需要,现行机构设置情况、人员编制情况是否需要调整、职能负责部门及与其他职能部门在职能分工方面是否有交叉。

(3)船舶和设备的运行状况是否符合技术标准、工作标准以及管理标准情况的分析。

(4)管理、技术和操作人员的组成、结构及水平状况分析;工作须知、记录、报表等运转情况的分析。

(5)船舶营运特点分析。即分析船舶的营运方式、航线航区、安全航行等,以确定 SMS 要素的实施程度。

(6)已发生事故及处理情况分析。事故的性质分类(海损、机损、火灾、污染、伤亡、货损事故)、事故的原因分类(责任性、非责任性、可抗拒的、不可抗拒的)以及事故分析、经验教训与预防措施。

(7)管理基础工作情况分析。即标准化、管理责任制、培训教育、信息交流等工作的分析。

**3. 评估报告**

评估报告是为企业建立 SMS,进行体系设计提供真实、可靠的依据,同时也是使企业高层领导清醒地认识自身,下定决心作出决策的根由。所以,评估报告是一份非常重要的书面报告,要以文件形式写出,全面反应企业安全管理的现状,详细描述航运企业的管理体制,机构设置、船舶情况、船员情况、规章制度、事故情况、违章记录以及实施 NSM 规则准备工作等具体情况。

### (三)总体设计

**1. 体系设计的指导思想和目标**

基于对企业安全管理现状的调查及其对比分析,企业安全管理体系设计的指导思想是:以"最好、最实际"的设计原则,根据现代安全管理的客观规律,建立起由一系列通过过程来实施的要素所组成的过程网络结构,并以协调一致的方法来展开过程及其有关的职责、职权、程序和资源。

体系设计的具体目标是:

(1)以深入细致的安全管理体系文件为基础。

(2)实现满足 ISM 规则的要求并对安全管理活动加以切实的管理和控制的目标。

(3)实现有计划、有步骤地把整个船公司的主要安全管理活动按重要顺序进行不断改善的目标。

**2. 体系设计的重要工作内容**

(1)诊断

体系设计要针对企业现状进行,采取对症下药的管理措施。任何船公司的 SMS 都必须符合本公司的实际,没有哪个船公司可以照搬、照抄其他船公司的 SMS。

(2)展开要素

SMS 建设是过程的积累,体系设计要根据规则要求展开成过程和对应的安全管理活动。可以说,任何船公司的 SMS 特性都是通过过程和活动来呈现的。

(3)职能分配

体系设计的核心问题是职能分配。在体系要素展开成对应的安全管理活动以后,必须将活动中相应的工作职责和权限分配到各职能部门。

(4)完善安全管理组织

组织机构设置由于历史沿革,多数并不是按安全管理客观规律来设置相应的职能部门的。因此,要涉及到机构调整,需要进行适当的调配和充实。

(5)确定接口原则

SMS 需要其组成过程的接口的限定,相互协调和相互兼容。为使各过程相协调,保持体系的整体一致性,一般不要让一项安全管理活动由多个职能部门来负责,但一个安全管理部门可以负责或参与多个安全管理活动。

### (四)体系文件编写

安全管理体系文件作为结构化、程序化的文本,根据 NSM 规则精神,要求公司在安全和防止污染活动中对船舶和机关管理人员该做什么、什么时候做、由谁去做、该怎么做、做得怎么样等,都要以文件的形式定下来,让大家一目了然,以保证 SMS 正常运行。

安全管理体系的文件主要包括:

**1. 安全管理手册**

这是公司安全管理体系的基本文件。其作用是阐明公司的安全管理及环境保护方针,并描述安全管理系统。其内容可包括:安全管理方针;组织结构及职责和权限;指定人员;安全管理体系的程序和说明;手册的评审、修改和控制的规定等。

**2. 船上操作程序文件**

如:航行交接班程序;船舶航行安全管理工作程序;防台指挥程序;防止污染工作程序;船用资料管理程序等。

**3. 应急部署程序文件**

如:船舶进水堵漏应急部署程序;船舶倾覆危险应急部署程序;救生演习及人员落水应急程序;船舶碰撞应急部署程序;船舶搁浅、触礁应急部署程序;船上防止油污应急计划等。

**4. 各类须知文件**

如:船舶航行值班须知;停泊值班须知;船舶垃圾处理须知;船舶生活污水排放须知;油污水处理须知;船舶进出港口操作须知;能见度不良情况下船舶航行操作须知等。

**5. 事故处理工作程序文件**

如:海损事故处理工作程序;污染事故处理工作程序等。

**6. 船舶和设备维护规定文件**

如:船舶及设备定期检验、测试规定;船舶及设备日常养护规定;船舶备用装置及设备定期测试规定等。

**7. 安全管理记录**

安全管理记录是反映公司安全管理体系运行状态的文件,它是动态的、内容在不断追加的文件,以往不太被注意,而现今却必须引起足够重视。因为它是反映公司安全管理体系运行是否有效的证据,其目的是为证实可追溯性以及采取预防措施和纠正措施等提供依据。

**(五)新体系的建立和试运行**

待安全管理体系各类文件编制完毕后,新体系可进入试运行阶段。试运行就是为了验证体系的符合性、有效性,培训体系内人员的感性认识,在一定的时间内(一般为3个月)在公司相关部门与某一或某些代表船上运行安全管理体系。这种实施方式称为试运行。从审核发证的角度讲,一般审核发证的程序也要求公司和船舶在体系运行一段时间(3个月)后,才给予审核发证。

## 四、安全管理体系运行的有效性保持

**(一)SMS 的基本要素**

在逻辑上表述一个完整的安全管理活动,构成安全管理体系的基本单元,称为 SMS 要素。SMS 要素具有独立性和相关性。各要素的要求之间存在着接口关系,综合考虑各要素的要求及相关内容,才能保持安全管理体系的有效运行。

NSM 规则列出了船舶安全营运管理所有阶段及其活动有关的 SMS 基本要素,规则提供了共 13 个条目,构成安全和防止污染管理环(图 13-2)。SMS 要素不具有可剪裁性和可选择性,但各航运企业为建立 SMS,实行全过程人为因素控制,根据船公司的船队规模、营运方式、设备状况、船员素质、管理水平等方面的实际情况,对 SMS 要素分解展开为各种安全管理活动时,可以有所不同,有所侧重。应当强调,在 SMS 要素中,操作过程是中心,领导者的责任是关键,组织结构是支柱,工作程序是依据,资源和人员是保证。

**(二)SMS 的运行方式**(PDCA 循环)

PDCA 是英文 Plan-Do-Check-Action 的缩写。PDCA 循环即安全管理循环,是指按照计划

(Plan)、实施(Do)、检查(Check)、处理(Action)4个阶段的顺序不断循环进行管理的一种方式(图 13-3)。它是 SMS 运行的基本方式,它反映了 SMS 活动所应遵循的科学程序。

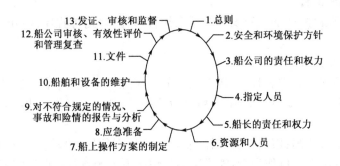

图 13-2　安全和防止污染管理环

PDCA 循环运转时,一般具有以下一些特点:

**1. 大环套小环,子母体系,互相促进**

PDCA 循环作为 SMS 运行的基本方式,适用于任何一个母体系和子体系(图 13-4)。主管机关的安全管理构成一个大环母体系,而各航运公司的安全管理又有各自的小环子体系,从而构成大环套小环的循环体系。或者说,上一级循环是下一级循环的根据,下一级循环是上一级循环的组成部分和保证。通过各个小循环的不停转动,推动上一级循环以至整个循环不停转动。

**2. 循环转动,逐级上升,不断提高**

PDCA 循环每转动一圈就提高一步,多次量的积累形成质的飞跃,可以从原有水平攀上新水平,逐级上升(图 13-5)。这样,不停地运转,即上升到一个新的高度,就有了新的目标和内容,不安全因素得到不断地解决,管理水平得到不断的提高。

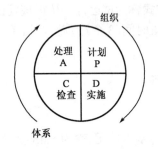　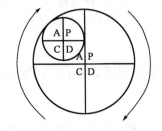　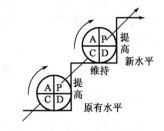

图 13-3　PDCA 循环图　　图 13-4　PDCA 循环子母体系图　　图 13-5　PDCA 循环逐级上升图

**3. 综合处理,紧密衔接,实现目标**

PDCA 循环的有效运行,往往是一个综合性的循环。把管理工作过程划分为 4 个阶段是相对的,不能截然分开,而是紧密衔接、交叉进行的。在实际工作中,边计划边实施、边实施边检查、边检查边处理的情况是经常发生的。但是,实行 PDCA 循环,重要的在于"处理"阶段。如果不重视这一阶段的工作,就等于 PDCA 循环没能转动一圈,半途而废了。大量的实践证明,SMS 运行方式采用内部安全评审和外审发证这两个机制。

内部安全评审,是由公司内部人员进行的安全管理体系审核,审核的对象为企业自身的安全管理体系;审核的根本目的在于改进。NSM 规则要求船公司开展内审,评价 SMS 的有效性,并按文件规定的程序进行。企业在正式认证前,反复进行内审和跟踪落实纠正措施,是在抽样过程中完善监控的有效手段。

外审发证,是由认证机构进行的审核,其目的在于安全管理体系的审核、发证和注册。企业根据内审报告、管理评审报告,请咨询机构对企业进行一次预审,再找出不符合项加以改进、进一步消除 SMS 的不足之处,为正式提出外审发证申请做好充分准备。

## ◀ 活动十一　船舶安全管理体系的编写与修改 ▶

**活动方案设计 1　船舶安全管理体系的编写**

| 时间 | 180 分钟 | 地点 | 教室 |
|---|---|---|---|
| 教学资料 | NSM 规则等 | | |
| 教学目标 | 通过本活动的学习,要求学生学会 SMS 体系中单一文件的编写,掌握单一文件在整个文件体系中相互联系及注意点 | | |
| 活动要求 | 根据 NSM 规则第 6 条"资源和人员"的条款内容,要求学生编写《关于船长任职和考核管理程序》,重点要求写清楚以下几个方面:<br>(1)船长资格的认定条件、手段、考核方式;<br>(2)船舶聘用及熟悉的程序;<br>(3)船舶管理考核的要求、形式等 | | |
| 活动程序 | (1)每班分成四组,每组独立完成;<br>(2)教师点评后,要求学生修改后,再次点评 | | |
| 活动评价方式 | 学生自评与教师点评结合 | | |
| 活动小贴士 | 船长是船舶的最高行政长官,对船上的管理全面负责。船长既是安全管理体系在船上实施的责任者又是体系运行的监控者。航运企业选聘好船长,是保证船舶安全管理体系有效运行的关键 | | |

**活动方案设计 2　船舶安全管理体系的修改**

| 时间 | 90 分钟 | 地点 | 教室 |
|---|---|---|---|
| 教学资料 | NSM 规则、某航运企业 SMS 文件等 | | |
| 教学目标 | 通过本活动的学习,要求学生学会 SMS 体系中单一文件的修改工作,在修改中重点学会把握文件内容是否可操作性、前后是否一致性、内容是否完整规范性等 | | |
| 活动要求 | 教师给出某航运企业 SMS 体系中某单一文件,要求这生找出该文件编写中存在的问题或缺陷,并提出修改意见 | | |
| 活动程序 | (1)每班分成四组,每组独立完成;<br>(2)学生陈述文件存在不足之处,并提出修改意见 | | |
| 活动评价方式 | 教师点评 | | |
| 活动小贴士 | 体系工作是一项复杂的系统工程,SMS 体系编写的好坏直接关系船舶安全管理的实效性,学会发现体系文件中存在的问题,也是改进安全管理体系的一项重要工作 | | |

# 学习情境 14　航运企业信息管理

我国航运业信息化建设普遍从 20 世纪 80 年代起步,走过了管理信息系统(MIS)开发、电子数据交换(EDI)和国际互联网(Internet)应用等几个发展阶段。在近 30 年的信息化发展过程中,一方面网络化的计算机应用已经取得了长足的进步,在航运生产经营管理中发挥着重要的作用;但另一方面,现有的一些计算机信息系统越来越暴露出其不足和问题,不能适应航运业参与市场竞争和持续发展的需要。在总结航运业信息化建设的经验的时候,航运企业可以明显地发现信息资源整合与应用系统集成方面的存在的问题;我国航运业信息化建设进程已经来到了从信息孤岛走向信息大陆的阶段。

◆ 教学目标

| 终极目标 | | 熟悉企业信息管理系统开发建设的基本常识,掌握航运企业信息管理系统建设的基本要求 |
|---|---|---|
| 促成目标 | 知识点 | ①管理信息系统;②管理信息系统的开发方法与网络结构 |
| | 技能点 | 简要了解:①航运经营管理系统;②船舶管理系统;③船员管理系统;④船岸信息交互平台;⑤机务费用审核系统;⑥安全与海运监督系统 |

◆ 教学要求

本情境参考学时为 10 学时,其中理论教学为 2 学时,活动教学为 8 学时。活动教学需要安装相应的航运企业管理软件,有条件的学校可安装中远网络航海科技有限公司(简称中远航科)开发的航运企业系统管理软件(COSEM),也可以安装简单的航运企业管理软件进行训练教学

## 任务一　管理信息系统概述

管理信息系统(MIS,Management Information System)是近 30 年发展起来的一门综合性应用技术,现在 MIS 已经广泛应用到各个领域,随着计算机网络技术,特别是微机 LAN 技术的发展,为提高科学管理的水平发挥了巨大的作用。

### 一、管理信息系统的概念

管理信息系统,不同国家不同学者有不同的叫法,如"信息处理系统"、"信息与决策系统"、"组织的信息系统"等,也有用"信息系统"的。而且对其定义在不同时期不同国家不同学者也有不同说法,比较有代表性的定义如下:

1970 年,Walter T. Kennevan 给刚出现的 MIS 定义为:"以口头或书面的形式,在合适的时

间向经理、职员以及外界人员提供过去的、现在的、预测未来的有关企业内部及其环境的信息，以帮助他们进行决策。"此定义强调了信息支持决策，但并没有强调应用模型，没提到计算机的应用。

朱镕基在《管理现代化》一书中定义 MIS 为："管理信息系统是一个由人、机械（计算机）组成的系统，它从全局出发辅助企业进行决策，利用过去的数据预测未来，实测企业的各种功能情况，利用信息控制企业行为，以期达到企业的长远目标。"这个定义强调了 MIS 的功能和性质，强调了计算机只是管理信息系统的一种工具。

1985 年，管理信息系统创始人，明尼苏达大学卡尔森管理学院的著名教授高登·戴维斯（Gordon B. Davis）给出了 MIS 一个较完整的定义："它是利用计算机硬件和软件，手工作业，分析、计划、控制和决策模型，以及数据库的用户——机器系统。它能提供信息，支持企业或组织的运行、管理和决策功能"。这个定义既说明了 MIS 的目标、功能和组成，而且反映了 MIS 当时已达到的水平。

随着现代管理理念的逐渐完善和信息技术的发展，国内外对管理信息系统的定义进行了明确的界定。管理信息系统是一个以人为主导，利用计算机硬件、软件、网络通信设备以及其他办公设备，进行信息的收集、传输、加工、储存、更新和维护，以企业战略竞优、提高效益和效率为目的，支持企业的高层决策、中层控制、基层运作的集成化的人机系统。

管理信息系统的最初阶段是统计系统，所研究的内容是数量数据间表面的规律。第二阶段是数据更新系统，其典型代表是美国航空公司于 20 世纪 60 年代建成的 SABRE 预约订票系统。它设有 1008 个订票点，在任何一"点"均可以查到某一航班是否有空座位，可以存取 600000 个旅客记录和 27000 个飞行记录，这还只是管理信息系统的低级阶段。第三阶段是状态报告阶段。典型代表是 IBM 公司的生产管理系统。由于公司生产、装配、安装和运输都十分复杂，而且工厂又遍布各地，为保证生产和其他环节的顺利进行，必须要有一个以计算机为基础的生产状态报告系统。最后阶段是决策支持系统，是用来辅助决策的信息系统。该系统可以计划、分析方案，审查解答和求解的误差。

管理信息系统始用于最基础的工作，如打印报表、计算工资、人事管理等，进而发展到企业财务管理、库存管理等单项业务管理，也就是常说的电子数据处理（Electronic Data Processing，EDP）系统。随着数据库技术和计算机网络的发展，从系统观点出发，实施全局规划和设计系统，这就是所谓的管理信息系统。随着计算机技术的进步和人们对系统的需求进一步提高，人们更加强调管理信息系统能否支持企业高层领导的决策这一功能，这便是决策支持系统（Decision Support System，DSS）。

在我国，MIS 系统的起步较晚，直到 20 世纪 70 年代末有少数企业开始 MIS 系统的局部应用。"六五"期间，选择一些大型企业 MIS 的开发试点，比如首都钢铁公司、北京第一棉纺厂、湖北第二汽车制造厂、宁江机床厂等。20 世纪 80 年代中后期，许多企业纷纷从财务管理、人事管理等单项应用入手，尝试建立 MIS，许多公司的 MIS 系统初具规模，如北京内燃机厂、北京电视机厂、天津渤海无线电厂等。"八五"期间，企业逐步走向市场，MIS 系统建设的目标和需求日益明确，许多企业的 MIS 系统已经达到了很高的水平，比如成都飞机制造公司、山西经纬纺织机械厂等。

目前，我国的 MIS 系统已经有了相当的普及率，几乎覆盖了各个行业及各个部门。但是，MIS 系统在航运公司的发展和运用还远远不够，许多大型航运公司目前还只是说这个系统在公司的近期发展计划之列，至于中小的航运公司就更没有应用了。

## 二、管理信息系统的结构

20世纪90年代以来,世界上出现了几种全新的管理技术:

(1)企业过程重组:把企业目前的机构和过程重新组合,做到功能集成化、运营过程化、机构组织扁平化。

(2)智能化决策支持系统:把为中层管理人员的服务转向为经理的决策服务。

(3)精良生产:应用准时生产(Just In Time,JIT)、全面质量管理、并行工程等技术最大限度地缩短产品设计和生产周期、提高产品质量、降低再制品库存。

(4)灵捷制造(Agile Manufacture):其特点是职工素质高、组织机构精简、多功能小组效率高、信息存放灵活、响应客户要求迅速。

相应的MIS开发技术在20世纪90年代也有了新的发展,表现为:

(1)信息综合集成:MIS系统与企业其他系统,如OA、CAD、CAM、CAPP,在线数据采集系统集成,实现办公、管理、计算、设计、控制、监测以及决策等多功能综合。

(2)先进的软件开发工具:目前越来越多的软件开发公司使用先进的软件开发工具或计算机辅助软件工程工具,如各种可视化建模工具、系统分析和设计工具、软件质量测试工具、软件文档建立和管理工具等,这些都极大地方便了MIS系统的开发。

(3)多媒体技术:现在MIS系统采用越来越多的多媒体技术,用图形、图像、声音等给用户提供了一个更加生动真实的应用环境。

管理信息系统的结构是指各部件的构成框架,根据对部件的不同理解就构成了不同的结构方式,其中最重要的是概念结构、功能结构、软件结构和硬件结构。

图14-1 管理信息系统总体结构

**1. 管理信息系统的概念结构**

从概念上看,管理信息系统由四大部件组成,即信息源、信息处理器、信息用户和信息管理者,如图14-1所示。

此结构图中,信息源是信息产生地;信息处理器担负信息的传输、加工、保存等任务;信息用户是信息的使用者,应用信息进行决策;信息管理者负责信息系统的设计实现、运行和调试。

**2. 管理信息系统的功能结构**

从使用者的角度来看,任何管理信息系统总会有一个目标,具有多种功能,各种功能之间又有各种信息联系,构成一个有机结合的整体,形成一个功能结构。如航运公司管理信息系统的功能结构如图14-2所示。在图14-2中,各子系统的名称所标注的是管理的功能或职能,它说明管理信息系统能实现哪些功能的管理,以及各子系统是如何联结起来的。

**3. 管理信息系统的软件结构**

支持管理信息系统各种功能的软件系统或软件模块所组成的系统结构,是管理信息系统的软件结构。一个管理系统通常可用一个功能/层次矩阵表示,如某航运公司管理信息系统的软件结构,即功能/层次矩阵如图14-3所示。其中,每一列代表一种管理功能,每一行代表一个管理层次,行列的交叉表示一种功能子系统。图中,每一个横竖交叉处的深色阴影方框是一段程序或一个文件,每一个纵行是支持某一管理领域的软件系统,它完成某一方面不同层次的功能。

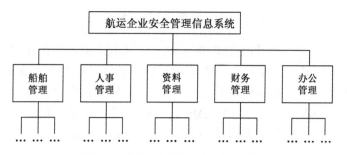

图 14-2 某航运企业安全管理信息系统

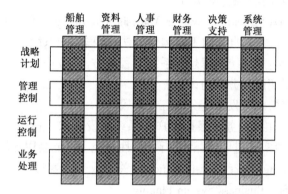

图 14-3 航运企业管理信息系统功能/层次矩阵(功能结构)图

**4. 管理信息系统的硬件结构**

管理信息系统的硬件结构说明硬件的组成及连接方式、硬件所能达到的功能,以及硬件的物理位置安排。通常,硬件结构有两种形式,一种是小型机及终端设备,另一种是用微机网。

根据传输技术,微机网的网络拓扑结构又有两种:广播式和点到点式。

广播式网络仅有一条通信信道,由网络上的所有机器共享。发送的消息,可按某种语法打包后发送,可被网络上的所有计算机接收,接受后判断包中的地址,如果是发送给自己的则处理该包,否则就丢弃。

点对点网络由一对对计算机之间的多条连接构成,为了将包发送到目的地,包可能必须经过一台或多台中间计算机。通常是多条路径,并且长度可能不一样,所以在点对点网络中路由算法十分重要。

点到点式拓扑结构又分三种:星形结构、环形结构和树形结构(图 14-4 ~ 图 14-6)。

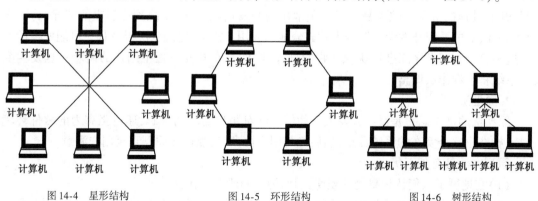

图 14-4 星形结构　　　　图 14-5 环形结构　　　　图 14-6 树形结构

263

## 三、管理信息系统开发方法

MIS 系统开发通常有三种开发方式,即独立开发、委托开发和合作开发。但不论采取哪一种方式,必须要选择正确的开发方法,否则可能事倍功半,甚至无法顺利完成开发工作。

目前,MIS 系统开发常见的有以下四种开发方法:结构化生命周期开发方法(Structured System Development Methodologies,简称 SSDM)、原型法、面向对象的开发方法(Object Oriented,简称 OO 方法)、计算机辅助开发方法(Computer Aided Software Engineering,简称 CASE 方法)等。

**1. 结构化生命周期开发方法(SSDM)**

该方法亦称 SSA&D(Structured System Analysis and Design)或 SADT(Structured Analysis and Design Technologies),它是自顶向下结构化方法、工程化的系统开发方法和生命周期方法的结合,其基本的思想是:用系统的思想和系统工程的方法,按用户至上的原则,结构化、模块化地自上而下对生命周期进行分析与设计。

结构化系统开发将整个开发过程分为五个阶段:

(1)系统规划阶段:主要任务是根据用户的系统开发请求,进行初步调查,确定系统目标和总体结构,确定分阶段实施进度,然后进行可行性研究。可能会用到的系统规划方法有战略目标集转化法(SST, Strategy Set Transformation)、关键成功因素法(CSF, Critical Success Factors)和企业规划法(BSP, Business System Planning)。

(2)系统分析阶段:主要是对组织结构与功能进行分析,理清企业业务流程和数据流程的处理,并且将企业业务流程与数据流程抽象化,通过对功能数据的分析,提出新系统的逻辑方案。

(3)系统设计阶段:主要任务是总体结构设计;代码设计;数据库/文件设计;输入/输出设计;模块结构与功能设计。最终给出设计方案。

(4)系统实施阶段:主要任务是讨论确定设计方案、对系统模块进行调试、进行系统运行所需数据的准备、对相关人员进行培训等。

(5)系统运行阶段:主要任务是进行系统的日常运行管理,评价系统的运行效率,对运行费用和效果进行监理审计,出现问题要对系统进行修改、调整。

这种方法的优点是它强调系统开发过程的整体性和全局性,强调在整体优化的前提下考虑具体的分析设计问题,即自顶向下的观点。同时它也强调严格地区分开发阶段,强调一步一步地严格地进行系统分析和设计,每一步工作都及时地总结,发现问题及时地反馈和纠正,以避免开发过程的混乱。缺点是不可避免地出现开发周期过长、系统预算超支的情况,另一方面,该方法要求系统开发者在调查中就充分地掌握用户需求,管理状况以及预见可能发生的变化,这不符合人们循序渐进地认识事物的规律性,而且在开发过程中用户的需求一旦发生变化,系统将很难作出调整。

**2. 原型法**

原型法的基本思想是系统开发人员凭借自己对用户需求的理解,通过强有力的软件环境支持,构造出一个实在的系统原型,然后经与用户协商,反复修改原型直至用户满意。

原型方法具有如下优点:

(1)它遵循了人们认识事物的规律,因而为人们所普遍接受;

(2)原型方法将模拟手段引入系统分析的初期阶段,沟通了人们的思想,缩短了用户和系

统分析人员之间的距离,使他们之间不存在误解和答非所问的可能性,还能够及早地暴露系统实现后存在的一些问题;

(3)它充分运用了最新的软件工具,使系统开发的时间、费用大大减少,效率、技术等方面大大提高。

原型方法的缺点是:

(1)对于一个大型的系统,如果不经过系统分析来进行整体性划分,想要直接用屏幕来一个一个地模拟是很困难的;

(2)对于具有大量运算、逻辑性较强的程序模块,原型法很难构造出模型来供人评价;

(3)对于一个批处理系统,其大部分是内部处理过程,这时原型方法有一定困难;

(4)此外,对于原基础管理不善、信息处理过程混乱的问题使用有一定困难。

### 3. 面向对象的开发方法(OO)

OO开发方法是20世纪80年代发展起来的一种系统开发方法。OO方法一反那种功能分解方法只能单纯反映管理功能的结构状态,数据流程模型(data flow diagram,简称DFD)只是侧重反映事物的信息特征和流程,信息模拟只能被动地迎合实际问题需要的做法,从面向对象的角度为认识事物,进而开发系统提供了一种全新的方法。

OO方法的基本思想是将客观世界抽象地看成是若干相互联系的对象,然后根据对象和方法的特性研制出一套软件工具,使之能够映射为计算机软件系统结构模型和进程,从而实现信息系统的开发。

### 4. 计算机辅助开发方法(CASE)

CASE方法解决问题的基本思路是:在前面所介绍的任何一种系统开发方法中,如果自对象系统调查后,系统开发过程中的每一步都可以在一定程度上形成对应关系的话,那么就完全可以借助于专门研制的软件工具来实现上述一个个的系统开发过程。这里所说的对应关系包括:结构化生命周期方法中的业务流程分析—数据流程分析—功能模块设计—程序实现;业务功能一览表—数据分析、指标体系—数据/过程分析—数据分布和数据库设计—数据库系统等;OO方法中问题抽象—属性、结构和方法定义—对象分类—确定范式—程序实现等。

## 四、MIS系统常用的网络结构

MIS系统的网络结构也就是MIS系统的运行模式。归纳起来,MIS系统有主机/终端结构(Host)、工作站/文件服务器方式(Workstation/File Server,简称WIN)、客户机/服务器(Client/Server,简称CIS)模式和浏览器/服务器(Browser/Server,简称B/S)模式等四种。

### 1. 主机/终端结构(Host)

主机/终端方式在可靠性、安全性等方面具有一定优势,但由于数据处理工作均由主机承担,负荷过重,因而运行速度明显低于单机系统;数据只能在本系统共享,系统过于封闭,主机需采用大、中、小型计算机,设备昂贵投资巨大,且覆盖面小。

### 2. 工作站/文件服务器(W/S)方式

在W/S方式下,需要处理的数据由服务器通过网络以文件方式传递给工作站,由工作站上的应用程序加以处理,并将处理后的数据文件再经网络送回到服务器中,服务器以文件方式加以管理数据。W/S方式明显存在着两个问题:一是数据以文件方式在工作站与服务器之间相互传递,这无疑加重了网络的负荷;二是数据处理主要由工作站实施,服务器只起管理数据文件的辅助作用,服务器的作用仅仅相当于客户机的外部存储设备,其资源没有得到充分利用。

**3. 客户机/服务器(C/S)模式**

C/S 模式是在工作站/文件服务器(W/S)结构的基础上发展起来的,C/S 模式和 W/S 结构无论在网络硬件组成、网络拓扑上,还是在通信连接上都基本相同,两者最大区别仅在数据管理方法上和数据处理方式上。在 C/S 模式的系统中,对数据的管理已升级为数据库方式,而数据处理则由应用程序的客户端部分(称前台程序)和服务器端部分(称后台程序)共同完成,每当用户需要服务时,由前台程序发出请求,启动后台程序实施数据处理,并将处理结果送回工作站,工作站已不再运行整个应用程序,其地位从工作站变成了"客户机"。

C/N 结构的优点是:高度共享、分散处理、更好地满足了大型系统信息综合化应用要求和安全性要求。缺点是:前台不仅要完成用户界面的工作,而且还要完成应用逻辑的处理工作,导致所谓的"肥客户机"的产生。

**4. 浏览器/服务器(B/S)模式**

为了克服 C/S 模式的缺点产生了 B/S 模式。B/S 结构将应用逻辑从客户机中分离出来,把它们移到中间层 Web 应用服务器上,故 B/S 结构也称 B/W/S 结构,客户机上只装有操作系统、网络协议软件和通用的浏览器软件,成为真正的"瘦客户机",Web 应用服务器负责处理应用逻辑,具体地讲就是接受客户端的服务请求,然后根据这个请求映射执行 CGI 数据库接口程序或 ISAPI 数据库接口程序,数据处理工作则由数据库服务器实施,数据库服务器软件进行数据库操作,再由 CGI 数据库接口程序或 ISAPI 数据库接口程序将执行结果提交给 Web 服务器,最后由 Web 服务器将结果转换为浏览器所能接受的形式传递给浏览器显示输出。用户在客户端浏览器图形用户界面上单击图形或文字,就可方便地完成信息查询、数据处理和企业管理的各项功能。

B/S 结构的最大优点是:由于用户业务逻辑集中到中间的应用服务器层,获得了业务逻辑的独立性,当用户需求改变时,开发人员可以迅速地在中间业务服务器层上更新业务逻辑,而无需将更新后的应用递交到成千上万的用户。B/S 结构的最大缺点是安全性不是太高。

# 任务二 航运管理信息系统简介

航运管理信息系统是一个以航运管理为核心的,集船舶管理、船员管理、安全及体系文件管理、船岸信息交互、航运财务、人力资源管理、协同办公管理为一体的信息化管理平台。该平台可为航运企业业务人员提供快捷的业务操作,为管理人员提供及时、准确的管理数据,为决策人员提供翔实可靠的支持信息。

## 一、航运管理信息系统概念

航运管理信息系统是管理信息系统在航运领域的应用。从广义上说,航运管理信息系统应包括航运业及与航运业相关联的各个领域的信息系统,涵盖运输、仓储、海关、码头、堆场、代理、供应等业务,是一个由计算机、应用软件及其他高科技的设备通过全球通信网络连接起来的、纵横交错的、立体的、动态的、互动的系统。而从狭义上说,航运管理信息系统只是管理信息系统在某一涉及航运的企业中的应用,即某一航运企业、集团企业、跨国公司用于管理其船舶、货物、客户、单证的系统。

**1. 基本要求**

(1)开放性。即便于和外部系统的连接。

(2)可扩展性。即便于系统功能的逐步完善。
(3)安全性。即一要防止信息丢失、被篡改,二要防止信息被盗。
(4)协同性。即企业内部各部门之间的信息要协同,和外部企业之间的信息也要协同。
(5)快速反应。即争取第一时间获得信息,对不正常事件要及时预警。
(6)信息的集成性。即便于信息的统一管理。
(7)支持远程处理。即适应信息网络化的要求。

**2. 开发原则**

(1)经济可行性。即进行投入/产出分析,确定系统有无经济价值。
(2)技术可行性。即在预定的时间与成本限制下,对待开发的航运管理信息系统进行功能、性能和限制条件的分析,确定在当前已经拥有的资源环境中,存在多大的技术风险。
(3)法律可行性。即确认待开发系统是否存在有涉及侵权和责任等问题。
(4)对不同的方案进行评估抉择。

## 二、航运管理信息系统的需求分析

航运管理信息系统的目标以"安全、快速、低耗、高效"的企业管理目标为前提,结合计算机应用特点及实际需求而制定。系统总的目标是:通过计算机管理信息系统的开发和实施,逐步实现信息管理的现代化,在信息的收集、存储、传递、加工及使用等环节上改变信息服务落后于管理工作需要的现状,大幅度地提高信息处理的高效性、准确性和可靠性,为各级管理人员提供完整、准确、及时、有效的信息服务,为实现管理方法的科学化创造条件,为进一步开发航运决策支持系统做好准备。具体有以下几个方面:

(1)信息采集制度化,信息格式标准化,信息传递规范化,信息内容系统化,业务信息的收发、传送和处理自动化,代码统一化。
(2)充分利用通信网络功能,实现系统数据一次录入,全体共享,保证信息的时效性、准确性、一致性和完整性,做到系统接口合理,各子系统间联系畅通。
(3)系统以船舶运输生产组织和调度指挥为中心展开,通过各个子系统的具体功能的实现,全面提高航运管理的水平,从而提高船舶的生产效率和企业的经济效益。
(4)在管理信息系统不断完善的基础上,通过决策支持系统(也可看成是管理信息系统的高级阶段)的开发、实施,充分发挥信息在管理、决策中的作用,全面提高企业经营管理和生产管理的水平,做到科学的经营决策、优化的生产管理。

## 三、航运管理信息系统的功能模块介绍

**1. 航运经营管理系统**

航运经营管理系统主要功能包括货盘管理、合同管理、航次任务管理、船舶调度、船舶动态报文、商务费收管理和航次效益分析等;信息化业务管理范围涵盖了航运经营、航运调度和航运商务、CRM、经营分析等方面。系统以合同、航次号横向、纵向贯穿整个系统;以航次效益预估、航次效益预算、航次效益结算三个效益控制点来控制航次的生产经营效益;以商务的应收、已收、应收未收账款等预警机制监控商务费收的进展情况。航运经营管理系统主要的功能模块包括:

(1)运输计划管理。运输计划管理模块主要用于航运经营管理部门管理生产任务指标,即公司所下达的年度运输计划,航运部分根据年度运输计划,再根据历史的运输情况与市场状

况,分解成季度运输计划与月度运输计划,运输计划与实际的生产经营状况,通过运输计划预警体现。

(2)经营管理。经营管理模块包括有揽货管理、租船管理、合同管理、航次任务管理四大部分,从市场上采用货盘到货盘的洽谈、效益的评估以及合同签订,最后安排船舶进行生产运输,采用流程化的处理机制。

(3)调度管理。调度管理模块是为值班调度或操作部门打造,值班调度人员接到业务调度人员的航次指令后,安排船舶进行运输,监控船舶的生产动态情况。

(4)商务管理。商务管理模块包括有运费管理、租金管理、港口使费管理、佣金管理、劳务费管理、滞期费管理、速遣费管理、燃油费管理等。可采用应收应付、已收已付、应收未付、应收账预警等机制来监控商务费收的情况。

(5)客户关系管理。客户关系管理模块是为了更加有效地管理客户信息,建立详细的客户资料档案,对客户进行分类管理,为公司建立战略合作客户、大客户提供依据。

(6)航次效益管理。航次效益管理模块以三个航次效益为基本控制点,为揽货业务人员提供航次效益预测的支持,在选择货盘时提供参考;为值班调度人员提供航次效益预估,以便值班人员进行有效的成本控制。

(7)统计分析。统计分析模块通过设计一系列的统计分析报表,体现公司的生产经营效益以及成本的状况。

(8)基础资料管理。基础资料管理模块将船舶信息、港口信息、港对里程等资料信息录入数据库,为船舶提供更加有效快捷的查询统计。

**2. 船舶管理系统**

船舶管理系统一般基于航企对船岸两端船舶运营、设备维修保养、安全检查、备件管理等一系列管理工作的需要而开发的管理系统。该系统包括:船舶维护和保养管理、备件和物料采购供应管理、费用管理等。

**3. 船员管理系统**

船员管理系统主要提供对船员的综合能力和智能素质的管理,包括对船员基本信息管理、船员证书管理、船员合同管理、船员培训管理、船员考核管理、船员信息统计分析以及船舶调配与薪资管理等。

**4. 船岸信息交互系统**

船岸信息交互系统就是建立起船舶与岸端的通信规范和信息传递系统,制订出船岸之间有效的信息交换与同步方案,在航运公司与船舶之间建议一个安全、省费、规范的业务数据及各类信息的交互、共享系统。

**5. 机务费用审核系统**

机务费用审核系统是以费用审批和数据查询及统计的软件系统。该系统能够对备件、物料、油漆和修船、检验等费用进行审核、统计和查询,及时掌握和控制公司各项机务费用的开支,为航运企业提高审批效率。

**6. 安全与海运监督系统**

安全及海务监督管理系统主要给航企带来了一种规范化的安全及体系文档维护和存储以及海务相关事务的监督机制,提供从计划到执行、从执行到监督检查、从监督检查到记录分析,从记录分析到最终安全数据统计的覆盖安全管理生命周期等一系列功能的操作系统。

## 参 考 文 献

[1] 赵刚.国际航运管理[M].北京:人民交通出版社,2006.
[2] 宋健.航运管理[M].大连:大连海事大学出版社,2000.
[3] 赵刚.航运企业经营管理[M].北京:人民交通出版社,2005.
[4] 郭萍,韩立新,王欣.航运业务与海商法[M].大连:大连海事大学出版社,1999.
[5] 吕靖.国际航运投资决策[M].北京:人民交通出版社,1998.
[6] 方芳.船舶营运管理学[M].北京:人民交通出版社,2008.
[7] 吕靖,张明,李玖晖.海运金融——船舶投资与融资[M].北京:人民交通出版社,2001.
[8] 刘春勤,彭好荣.企业经营管理[M].北京:经济科学出版社,2002.
[9] 王庆成.财务管理学[M].北京:中国财政经济出版社,1999.
[10] 罗锐韧.哈佛管理全集[M].北京:企业管理出版社,1999.
[11] 汪传旭.国际航运市场与政策[M].北京:人民交通出版社,1999.
[12] 李启明.现代企业管理[M].北京:高等教育出版社,2004.
[13] 杨大楷.投融资学[M].上海:上海财经大学出版社,2008.
[14] 梁文潮.中小企业经营管理[M].武汉:武汉大学出版社,2003.
[15] 季永青.运输管理实务[M].北京:高等教育出版社,2006.
[16] 程言清.港口物流管理[M].北京:电子工业出版社,2007.
[17] 巢国荣,于洪江.航运公司安全管理体系内部审核培训教程[M].上海:上海交通大交通出版社,2005.
[18] 赵一飞.航运与物流管理[M].上海:上海交通大学出版社,2004.
[19] 管永义.ISM规则与海事案例分析[M].大连:大连海事大学出版社,2003.
[20] 陈志开,刘明桂,朱炳琪.ISM code符合性检查[M].北京:人民交通出版社,2003.
[21] 武德春,武骁.港航商务管理[M].北京:机械工业出版社,2009.
[22] 王建平,田佰军,等.海上货物运输[M].北京:人民交通出版社,2001.
[23] 徐新中,段庆礼.国内安全管理规则与实施[M].大连:大连海事大学出版社,2003.
[24] 国家海事局交通安全质量管理体系审核中心.安全管理体系审核指南[M].北京:人民交通出版社,2005.
[25] 张丽君,王玉芬.改革开放30年中国港口经济发展[M].北京:中国经济出版社,2008.
[26] 真虹.港口管理[M].北京:人民交通出版社,2009.
[27] 杨靳.国际航运经济学[M].北京:人民交通出版社,2009.
[28] 王彦,吕靖.国际航运经济与市场[M].大连:大连海事大学出版社,2009.
[29] 国际航运管理人员培训教材编写委员会.国际航运管理基础知识[M].北京:人民交通出版社,2001.
[30] 徐天芳,孙家康.国际航运学[M].大连:大连海事大学出版社,2002.
[31] 邹俊善.现代港口经济学[M].北京:人民交通出版社,1997.
[32] 马家法,孙广.船舶结构与设备[M].大连:大连海事大学出版社,2000.
[33] 刘长国.航运公司管理信息系统的开发与研究[D].武汉:武汉理工大学,2004.
[34] 贾海英.船舶投资决策研究[D].大连:大连海事大学,2001.

[35] 王志鹏.船舶投资时机的研究[D].大连:大连海事大学,2004.
[36] 赵建岐.中小航运企业多元化经营策略的研究与实践[D].大连:大连海事大学,2000.
[37] 杨凤.集装箱班轮航线运行模式决策分析[D].大连:大连海事大学,2008.
[38] 任斐.集装箱班轮航线靠港选择模型问题研究[D].大连:大连海事大学,2007.
[39] 刘建林.不定期船运输系统优化研究[D].大连:大连海事大学,2007.
[40] 石勇.我国航运企业经营管理指标体系研究[D].大连:大连海事大学,2003.
[41] 谢雨蓉.国际班轮公司核心竞争力研究[D].大连:大连海事大学,2004.
[42] 孙磊.集装箱班轮运输航线结构模式选取研究[D].大连:大连海事大学,2009.
[43] 张韫竹.中国国际航运企业竞争战略研究[D].武汉:武汉理工大学,2004.
[44] 栾法敏.集装箱班轮航线配船模型的优化研究[D].青岛:中国海洋大学,2009.
[45] 刘勇.航运企业竞争力关键因素研究[D].大连:大连海事大学,2008.
[46] 江山.航运企业船舶成本及其航次效益研究[D].大连:大连海事大学,1999.
[47] 高敏.船舶融资租赁[D].大连:大连海事大学,2004.
[48] 梁天宁.中小航运企业竞争力分析[D].大连:大连海事大学,2006.
[49] 李颖.中小航运企业融资研究[D].天津:天津财经大学,2009.